Dante Alighieri

神曲

DIVINA COMMEDIA

〔意〕但丁——著　朱维基——译

上海译文出版社

但丁

Dante Alighieri

（约 1265—1321.9.14）

译本序

《神曲》是世界文学史上最重要的作品之一，是欧洲由中世纪过渡到近代资本主义那个时期的文学巨匠、意大利文艺复兴的先驱但丁的代表作。对于这位承上启下、继往开来的诗人，马克思和恩格斯有着很高的评价。恩格斯说："封建的中世纪的终结和现代资本主义纪元的开端，是以一位大人物为标志的。这位人物就是意大利人但丁。他是中世纪的最后一位诗人，同时又是新时代的最初一位诗人。"①并在著作中引用《神曲》中的诗句或人物。

一二六五年五月，但丁诞生在意大利佛罗伦萨一个颇受当地人尊敬的小贵族家庭里。他幼年丧母，大约在他十八岁那年，父亲也去世了。虽然如此，他还是受到了良好的教育。据但丁的早期传记作者薄伽丘(1313—1375)等人记述，他勤奋好学，善于思考，接受过名师指导，也做过长期坚持不懈的自学，对当时的各个学术领域都有着广博的知识，并且很早就开始了诗歌创作。特别值得一提的是，他在钻研各种学问的同时，还参加各种社会活动，和佛罗伦萨各方面的生活保持密切的接触。

在当时的欧洲国家中，意大利的资本主义发展处于领先地位。但丁的故乡佛罗伦萨早在一一一五年便取得了自治权，是意大利星罗棋布的小邦中最大和最繁荣的手工业、商业、文化中心。这里，各种矛盾十分尖锐，而新兴的市民阶级与封建贵族之间的斗争尤为激烈。一二一五年起出现了归尔甫党和基伯林党，前者主要代表新兴的市民阶级和小贵族，主张依靠教皇统一意大利，又称教皇党；后者主要代表封建贵族，又称皇帝党(但后来，两党的阶级内容和政治主张都有了改变)，两者之间相互争斗不止。但丁的家庭是归尔甫党的坚决支持者，他本人也在一二八九年参加了对基伯林党取得决定性胜利的一次战役，并在第一线作战。

但丁于一二九二年结婚，妻子是他依父命早在一二七七年就已订下婚约的杰玛·杜纳底。他们一共生了四个孩子，其中两个儿子是《神曲》最早的传抄者和诠释者。但丁的家庭生活是正常的，但是激发了他创作热情的却是一位他称之为俾德丽采的女子（也有人认为，俾德丽采并无其人，只不过是但丁心目中的理想妇女形象)。但丁在他的另一部作品《新生》中抒写了对俾德丽采的爱，记述了一二七四年第一次见到她时她那宛如“幼小天使”的可爱形象；九年之后，当他再次见到俾德丽采时，心中便充满了对这位少女的爱；一二九〇年俾德丽采逝世，但丁悲痛至极。为了寻找精神寄托，他对哲学和神学作了紧张的研究，所有这些，都为他以后的写作打下了基础。

在但丁的一生中，一二九五年是十分重要的，因为从这一年起他积极地投入了佛罗伦萨的政治活动。根据当时的规定，非豪门贵族只要加入了某个行会，便可担任公职。于是但丁加入了医药行会，次年他成了带市议会性质的百人会议的成员，一三〇〇年六月十五日到八月十五日被任命为六名行政官之一。当时，由于种种错综复杂的因素，佛罗伦萨的归尔甫党已经分裂为黑党和白党(黑党成员大多为封建贵族，而白党则在市民阶级中较有势力)，斗争十分激烈。而当时的教皇菩尼腓斯八世又插手佛罗伦萨的内部事务，使事态更为复杂。但丁站

---

① 恩格斯：《共产党宣言》意大利文版序言(1893)，《马克思恩格斯全集》第 22 卷，第 430 页。

在维护佛罗伦萨利益的立场上，既反对黑白两党的你争我夺，又反对包括教皇在内的一切外来干涉，从而招致了教皇的忌恨。为了防止事态扩大，他建议政府将包括他好友在内的两党领袖放逐。白党领袖服从了这一处置，不久便被召回。但黑党领袖却去寻求教皇的援助。一三〇一年，在但丁奉白党之命出使罗马期间，黑党终于在教皇势力的支援下夺取了佛罗伦萨政权，然后以白党仍在杀戮抢掠为由，于一三〇二年放逐了十多名人士。但丁也在放逐之列，他被判放逐两年，罚款五千小弗罗林，永远不得担任公职；罪名是贪赃枉法，扰乱共和国和平和反对教皇等。显然，“贪赃枉法”之类的罪名完全是无中生有的捏造。之所以要这样迫害但丁，主要原因在于但丁反对教皇及其在佛罗伦萨的追随者。对于这种判决，但丁理所当然地拒不认罪，拒付罚金。于是不久之后他被改判为：没收全部家产，终生放逐(如再进入佛罗伦萨政府所管辖的地区，就得火刑处死)。

在此后的近二十年里，虽然但丁作过多次努力想要重返故里(包括打回去的办法)，但都没有成功，最后终于客死他乡。长期的流放使他成为一位属于整个意大利的公民。他艰辛的走遍了几乎所有说意大利语的地方(甚至还可能到过巴黎)。辛酸的流亡生活使他扩大了视野，增长了阅历，丰富了经验，同时也使他更加怀念故乡，眷恋家人。尽管如此，他还是在一三一五年断然拒绝了在屈辱条件下返回故国的机会(该年十一月又被佛罗伦萨政府缺席判处死刑)，而坚持自己的立场和理想，关心意大利乃至整个基督教世界的前途，并以唤醒人心，为改革开辟道路为己任。他生命中的最后几年是在腊万纳(一译拉温那)度过的。在这段时间里，他生活平静而安适，既受到人们的普遍尊敬，也获得志同道合者的友谊。一三二一年，他衔命去威尼斯谈判，归途中不幸染病，同年九月十四日逝世于腊万纳。

但丁的重要作品几乎全部是在流亡中写成的，其中以《神曲》最为著名。这部作品的具体写作年份不详。一般认为但丁是在一三〇七年左右开始写的，而其完成则在逝世之前不久。《神曲》的原稿早已佚失，流传的各种抄本之间互有出入，现在采用的多为意大利但丁学会的校勘本。

《神曲》是一部比较特殊的史诗，因为诗中叙述的既不是有关某个英雄人物的传说，也不是某一重大历史事件，而是诗人自己想象中的经历。全诗分《地狱》、《炼狱》和《天堂》三部，每部由三十三首“歌”组成，加上全书的序曲，总共有一百首歌之多，计一万四千多行。

这部长诗采用的是中古时期所特有的梦幻文学形式，通过但丁的自叙描述了他在一三〇〇年复活节前的那个星期五凌晨，在一座黑暗的森林里迷了路。黎明时分，他来到一座洒满阳光的小山脚下。他正要登山，却被三只张牙舞爪的野兽（豹、狮、狼，象征淫欲、强暴、贪婪），拦住了去路，情势十分危急。这时，古罗马时代的伟大诗人维吉尔出现了。他受但丁青年时期所爱恋的对象俾德丽采的嘱托前来搭救但丁，然后又作为他的向导带他游历地狱和炼狱。

地狱的形状有点像漏斗，下端直达地心，里面可分成三部分（因为古希腊哲学家亚里士多德把罪恶分成三类：放纵、凶残、恶意）。第一部分在作为冥府首都的狄斯城之外，一共分成五层：第一层收容的是一些异教徒的灵魂，他们生活在基督教出现之前的那些年代里，因此从未受过洗礼，这时正在等待着上帝的审判；第二层里都是些好色之徒，他们所受的惩罚是在深谷里爬行，遭受冰雹的痛击；第三层里都是些犯饕餮罪的，他们陷在泥坑里，受风吹雨打之苦；第四层里收的是些贪婪挥霍者，他们在这层地狱里互相厮打，拼个不休；第五层是一潭污泥浊水，那些在生前动辄发怒的灵魂在这里你撞我咬，打得一个个皮开肉绽。第二部分在狄斯城内。这里共分成三层，收容的都是罪孽深重的灵魂。第一层里烈火熊熊，烧得邪教徒呼天抢地；第二层又分成三级，里面收的是暴君、惯用暴力者、自杀者和蔑视上帝者，他们上受火雨烧灼，下有烫沙煎熬；第三层则又分成十条恶沟，凡生前犯有淫媒、诱奸、贪污、谄媚、伪善、偷盗、买卖圣职、挑拨离间、阴谋诡计、重利盘剥等重罪的灵魂，都在这里遭受酷刑。地狱的第三部分是个分成四层巨大的深井，其底部是个冰湖（冰在这里象征背信弃义者的冷酷无情），凡生前犯有残杀亲人或各种背叛罪行的灵魂都给冻在湖里。深井的井壁极为陡峭，在靠近地心处的井底，只见那号称悲哀之国“皇帝”的琉西斐半个身子冻在那里的冰中动弹不得，而嘴里却还在咀嚼着犹大等几个罪人。在这以后，但丁随着维吉尔通过一条裂罅又重返了地面，来到洗罪涤恶的炼狱山之前。

能够进入炼狱的，是那些生前的罪恶能够通过受罚而得到宽恕的灵魂。这里的刑罚不像地狱里的那样严酷，并且带有一种赎罪的性质，因此灵魂们比较乐于接受。炼狱山的山脚部分可说是炼狱的预备部，收容的都是生前没有来得及忏悔的灵魂。炼狱山的山身部分可说是炼狱本部，共分七级，分别洗净傲慢、嫉妒、愤怒、怠惰、贪财、贪食、贪色七种人类大罪。灵魂在洗去一种罪过的同时，也就上升了一级，如此可逐步升向山顶。山顶上是一座地上乐园。维吉尔把但丁带到这里之后就退去了，改由俾德丽采前来引导但丁，经过了构成天堂的九重天之后，终于到达了上帝面前。这时但丁大彻大悟，他的思想已与上帝的意念融洽无间。整篇史诗到此也就戛然而止了。

但丁的这部作品，同中古时期的其他作品一样，字里行间充满了寓意，引起了注家们的争论。尽管如此，整个作品的主题思想还是比较清楚的，即人经过了迷惘和苦难，到达了真理和至善的境界。

但丁在游历地狱和炼狱时，一路上遇到不少灵魂，这些灵魂生前大多是历史上的或当时的著名人物。但丁通过他们，记录了处于新旧交替时代的意大利社会生活；他通过自己的叙述或通过与鬼魂的谈话，反映了中古时期文化领域内的各种成就，并说出了他对各种事物的看法和评价，有史以来第一次表达了带有新时代特征的新思想和新世界观。

但丁在《神曲》中广泛而深刻地暴露了当时的政治和社会现实。在批判封建主义的同时，他对作为西欧封建制度的精神支柱并垄断了当时全部文化的教会发动了猛烈的攻击。他严厉地批判统治阶级的寡廉鲜耻以及对人民的残酷压榨；他否定神权统治和教会至上的观点，坚决反对教皇掌握世俗权力；他揭露教会的罪恶，谴责僧侣们的无耻勾当。不仅如此，他对新兴市民阶级的自私以及正在形成的资本主义关系的弊端也作了一定的指责。

作为新时代最初的一位诗人，但丁以人为本，强调人是有理性，有自由意志的，因此要对自己的行为负责。《神曲》中写的虽是来世，但反映的却都是现世的事物，这充分显示了但丁对于现世生活的兴趣和关心。他认为人应当克服惰性，追求荣誉；应当以历史上的英雄人物为榜样，学习他们的伟大思想和坚强意志，从而掌握自己的命运。但丁在《神曲》中还反对中世纪的蒙昧主义，提倡发展文化、追求知识、追求真理。他对古典文化也十分敬仰，并以维吉尔作为理性和哲学的化身，引导他游历地狱和炼狱。

然而，但丁毕竟生活在一个新旧交替的时代，他的思想有时也带有某些旧时代的痕迹。神学观点，中世纪的道德观乃至世界观的种种矛盾，都在他的作品中有所流露。例如，《神曲》一书的结构就含有一种神秘意义，这也是中古时期文学作品的特点。但丁在书中揭露了教会的腐败和堕落，却又不从根本上反对教会和宗教。还把信仰和神学置于理性和哲学之上。正因如此，他才安排了俾德丽采来作为他在天堂里的导游。这表明了但丁的这样一种信念：理性和哲学可以帮助人们辨认出邪恶的道路，但要达到至善至美的境界必须依靠信仰和神学。此外，他在对待诗中人物的态度上也常有矛盾之处。

《神曲》中既写了人世的黑暗现实，也写了对来世的美好憧憬。这种既非纯粹的现实主义，又非纯粹的浪漫主义写法，是这部作品的一大特点。但丁观察细致，想象丰富，描写准确鲜明，比喻贴切生动。因此，尽管《神曲》中人物众多，场面千变万化，但诗人往往寥寥数笔，就把人物刻画得栩栩如生，把场景交待得清清楚楚，而所描绘的那些来世景象读来也颇有真实之感。但丁就是靠许许多多写得这样生动的细节，把自己的爱国热情、宗教感情、内心经验以及古往今来的各种事物组织成一个和谐的整体。

《神曲》通篇以格律严谨的三韵句写成。这是但丁根据民间诗歌中一种流行的格律创制的，每行包含六个音步，每三行为一组，每组中第一行与第三行押韵，而第二行则与后一组中的第一行、第三行押韵，也即韵脚的安排为 aba，bcb，cdc……这种形式既适宜于叙述和描绘，又能用来辩驳和抨击，用它写警句也很得力。尤其重要的是，《神曲》不是用当时意大利作家们常用的拉丁语、法语或普罗旺斯语，而是用意大利俗语写的，这对于意大利文学语言以及民族语言的形成和发展都起过重大的作用，并使但丁超越了在他之前的一切意大利作家，成为第一位意大利民族的诗人。

在十六世纪之前，《神曲》名为《喜剧》。这里的喜剧两字并无戏剧的含义，因为当时人们把叙事体的作品也称为悲剧或喜剧；但丁的这部作品结局完满，故称《喜剧》。后来，人们为了表示对这首长诗的崇敬，在“喜剧”之前加上了“神圣的”一词。这就是《神曲》这一名称的由来。

编 者

目 录

地狱篇

炼狱篇

天堂篇

地狱篇

第一歌

序曲：维吉尔救助但丁

就在我们人生旅程的中途，①
　我在一座昏暗的森林②之中醒悟过来，
　因为我在里面迷失了正确的道路。
唉！要说出那是一片如何荒凉、如何崎岖、
　如何原始的森林地是多难的一件事呀，
　我一想起它心中又会惊惧！
那是多么辛酸，死也不过如此；
　可是为了要探讨我在那里发见的善，
　我就得叙一叙我看见的其他事情。
我说不清我怎样走进了那座森林，
　因为在我离弃真理的道路时，
　我是那么睡意沉沉。
但在我走到了那边一座小山的脚边以后
　（那使我心中惊惧的溪谷，
　它的尽头就在那地方），
我抬头一望，看到小山的肩头
　早已披着那座“行星”③的光辉，
　它引导人们在每条路上向前直行。
于是，在我那么凄惨地度过的一夜
　不断地在我的心的湖里
　震荡着的惊惧略微平静了。
好像一个人从海里逃到了岸上，

喘息未定，回过头来

向那险恶的波涛频频观望：

我的仍旧在向前飞奔的心灵

就像那样地回过来观看

那座没有人曾从那里生还的关口。

我让疲乏的身体休息了片刻，

又顺着那座荒崖前行，

我的后脚总是踏得稳些。④

看呀，在陡坡差不多开头的地方，

有一头“豹”，⑤轻巧而又十分矫捷，

身上披着斑斓的皮毛。

它不从我的面前走开；

却那么地挡住我的去路，

我几次想要转身折回。

那是在拂晓时分，

---

① 《旧约 · 诗篇》里说：“我们一生的年日是七十岁。”但丁自己在《飨宴篇》里把人生比作一座穹门，他也说：“这座穹门的顶点在哪里，是很难确定的……但就大多数的生命说，我相信，达到这顶点是在 30 和 40 岁之间。而且我相信，身体组织最健全的人，达到这顶点总是在 35 岁。”但丁生于 1265 年，那末《神曲》的想象的日期是 1300 年。

② “昏暗的森林”有什么寓意，最好用但丁自己的话来说明。他在《飨宴篇》里说：“我们因此一定要知道，正好像一个从没有到过城里的人不能走正确的路，除非由一个已经走过这条路的人指点给他看；所以踏进人生的迷误的森林去的青年不能走那正路，除非由他的长辈指点给他看。”

③ 按照古代埃及天文学家托雷美的体系，太阳是一座“行星”。

④ 这表明诗人是在一步一步上山。

⑤ 但丁描写他遇到三只野兽，他一定有所寓意，那是显然的。但是他究竟指什么，后人只好靠猜测了。有些注释家说，或许“豹”代表淫欲，“狮子”代表骄傲，而“母狼”代表贪婪。这，从诗的本身来看，是比较妥当的。

太阳正和那些星辰一起上升，
当“神爱”最初使这些美丽的事物运行时
它们是和太阳在一起的：①
因而一天中的这个时辰，
一年中的这个温和的季节，
都使我对克服这皮毛斑斓的野兽
怀着极大的希望；可是并不，我却因看到
一头出现在我面前的“狮子”而惊惧。
他直挺着头，带着剧烈的饿火，
似乎要向我身上扑来；
甚至空气也似乎因此而震惊；
还有一只“母狼”，她的瘦削
愈显得她有着无边的欲望；
她以前曾使许多人在烦恼中生活。
她的容貌之恐怖
使我的心头变得这么沉重，
我竟失去了登陟的希望。
如同一个渴望求利的人
在失败临头的时候
哀声哭泣，心中百般痛苦：
那只不肯安静的畜生就把我
弄得这样，她向我走来，
一步步把我逼回到“太阳”在那里沉寂的地方。
当我向下退去的时候，

---

① 按中世纪的传说，在上帝创造宇宙的时候，太阳是安在白羊宫的。托雷美记录这个星座有 18 颗星。太阳在白羊宫的时候是春季，所以《神曲》的想象的日期是 1300 年的春季。

在我的眼前出现了一个人，[1]
他似乎因长久的沉默而声音微弱。
当我看到他站在那穷荒之中时，
我叫道："可怜可怜我呀，
不论你是谁，是鬼魂还是活人！"
他回答我说："不是人，我曾经是人；
我的父母是伦巴人，
但都是孟都亚的公民。
我诞生于朱理亚治下，虽然晚了些；[2]
在伟大的奥古斯都朝代我住在罗马，
那是虚伪说谎的神祇猖獗的时期。
我曾经是一个诗人，歌唱过
安吉西斯的那位公正的儿子，
他在巍峨的伊利阿姆被焚之后来自特洛伊。[3]
但是你，为什么你又归于不宁？
为什么不去攀登那幸福的山，
那山是一切欢乐的开端和原因？"
"那末你就是那位维吉尔，是那喷涌出

① 这是指伟大的罗马诗人维吉尔。他的著名的史诗是《伊尼特》。他是一个为但丁所敬爱的诗人，但丁称他为"大师"和"先辈"。维吉尔领导但丁走过地狱和炼狱，直到"地上的乐园"时才退出，把他交给俾德丽采。

② 维吉尔生于公元前70年。当朱理亚·恺撒于公元前被杀时，维吉尔还没有写出他的史诗《伊尼特》，不能得到恺撒的奖励，所以他说生得晚了些。

③ 这里就是指他的《伊尼特》。安吉西斯的儿子就是伊尼阿，这部史诗的主角。《伊尼特》第3卷里说：
当毁灭了的特洛伊成为希腊人的战利品，
而伊利阿姆的巍峨的城楼化为灰烬时。

如此丰富的语言之流的源泉吗？”
我带着羞赧的容颜回答他。
“哦其他诗人们的荣誉和光明！
但愿那使我探索你的诗卷的
长久的热忱与极大的爱好于我有补。
你是我的大师和我的先辈；
我单单从你那里取得了
那使我受到荣誉的美丽的风格。
请看那只我从她那里折回的畜生；
帮助我摆脱她，你载誉的圣哲；
因为她使我全身的筋脉震惊。”
“你必须走另一条道路，”
他看到我哭时回答说，
“假使你想要逃离这荒凉的地方：
因为这只你因她而哭的畜生
不让人们在她的身边经过；
她要把他们纠缠得直到丧身；
她的秉性是那么乖戾和凶恶，
她竟无法满足自己贪得无厌的食欲；
吃了之后，她比先前更为饥饿。
她与许多野兽交配过，
而且还要与更多的野兽交配，
直到那将使她痛苦而死的‘灵犬’[①]来临。

---

① “灵犬”究竟指什么人，历来《神曲》的注释家有好多猜测，迄今无定论，但这对于我们现在的读者是不重要的。但丁虽是用预言形式的语言，而他的意思却是很明白的。这个人将是意大利的救星，他不是靠土地或财货，却是靠智慧，靠爱，靠刚勇来活命的。而且他要把那只“母狼”从各个城市里驱走，把她重新打入地狱。

他不愿靠土地或财货来活命，
　却要靠智慧，靠爱，靠刚勇；
　他的国度将在番尔脱洛与番尔脱洛之间。
他将成为那谦卑的意大利的救星，
　贞女卡弥拉，欧莱勒斯，透奴斯，
　和尼索斯曾为之负伤而授命；①
他将要把她从每座城市中赶走，
　直到他把她重新打入地狱；
　当初是嫉妒把她从那里放出。
所以我为你考虑，认为这样于你最好，
　就是你跟从我；我将做你的导者，
　领你经过一处永劫的地方，②
在那里你将听到绝望的呼叫，
　将看到古代的鬼魂在痛苦之中，
　他们每一个都祈求第二次的死；③
然后你将看到安于净火中的精魂：④
　因为他们希望会加入蒙庥之群，

---

① 这些人物都见于维吉尔的《伊尼特》。
　　卡弥拉，米泰勃斯王的女儿。她帮助罗脱里亚人的王透奴斯反抗伊尼阿，在戳死了几个特洛伊人后，终为亚隆司所杀（见《伊尼特》第11卷）。
　　欧莱勒斯，特洛伊的青年。他和他的朋友尼索斯伴随伊尼阿到意大利去；有一次在夜袭罗脱里亚人的营寨时，他和尼索斯一同阵亡（见《伊尼特》第9卷）。透奴斯，是在伊尼阿到达意大利时罗脱里亚人的王。他与伊尼阿单独交战时，为后者所杀（见《伊尼特》第12卷）。

② “永劫的地方”指地狱。

③《新约·启示录》第21章第8节里说：“惟有胆怯的，不信的，可憎的，杀人的，淫乱的，行邪术的，拜偶像的，和一切说谎话的，他们的分就在烧着硫磺的火湖里，这是第二次的死。”

④ 这里指炼狱中的幽灵。

不论那是在什么时候；
然后，假使你愿意上升，
将有一位比我高贵的仙灵[①]来领导你；
在我分手时我将把你交给她：
因为那主宰天国的‘上皇’，
为了我背叛他的律法，
不准我走进他的城邑。
凡是他所统治和掌握全权的地方，
他的城邑，他的宝座也就在那里：
哦，他所选去的人是有福了！”
我对他说：“诗人，我恳求你，
凭那你所不知道的上帝之名：[②]
为了我可以逃开这种邪恶和更大的邪恶，
请把我领到你刚才说过的地方去，
好让我看到‘圣彼得之门’，[③]
和那些你讲得那么凄惨的鬼魂。”
于是他行动了，而我在他后面追随。

---

① 这里指俾德丽采。她将引导但丁走过天堂。

② 维吉尔生于耶稣诞生之前，以后基督教所敬奉的上帝当然在他是不知道的。

③ 这里指炼狱之门。门前的天使执管圣彼得的两把钥匙(见《炼狱篇》第十歌)。

第二歌

维吉尔叙述俾德丽采的请求

白昼正在消逝，朦胧的黄昏
　使大地上的动物停止了
　它们一天的辛苦；而我独自一人
正在准备着自己来支持
　旅程和怜悯这两种搏斗，[①]
　这个，我的不误的记忆将要叙述。
哦诗神，哦至高的天才，帮助我吧！
　哦记忆，你曾记下了我所见到的，
　在这里将要显出你的崇尊。
我开始说："引导我的诗人啊，
　在你信任我去作这艰巨行程之前，
　看看我里面有没有足够的品德。
你说西尔维司的父亲，[②]
　在还是带着肉身的时候，
　就走进那不朽的世界里去。
但是假若那'万恶之大敌'，[③]
　考虑到那重大的结果，从他会产生
　什么人和什么事业，[④]因而对他宽大，
这在明哲的人看来没有什么不合：
　因为他在最高天被选定了
　作为堂堂的罗马和她的帝国的父亲；
照实情来说，这两者

是早已为那圣地而设，
大彼得[⑤]的继承人将坐在那儿的宝座上。
由于这次你使他载誉的旅程，
他知道了种种事情，这些事情
就是使他获得胜利和‘教皇圣袍’的原因。[⑥]
以后，那‘拣选的器皿’[⑦]去到彼方，
带来了关于‘信心’的证明，
这‘信心’是到救赎之路去的门径。
但是我呢，为什么要去？谁允许我去？
我不是伊尼阿，也不是保罗；
我自己既不，人家也不以为我配这样做。
因此，假使我听凭自己去，
我怕我的去会显得愚蠢；
你是大哲，你了解得比我所说的还要清楚。”
好像一个人打消他已决定了的，
用新的念头改变他的原意，
以致完全抛弃已开端的事情，

---

① 怀疑的阴影同黄昏的阴影一起降落。那巡礼的孤独，那路途的艰巨，那等待着他的景象的悲惨，以及他自己力量的不确定——这一切都使但丁在犹疑和惊惶中踌躇。

② “西尔维司的父亲”即伊尼阿。维吉尔在《伊尼特》第6卷里，叙述伊尼阿同着巫婆西俾尔到地狱里去找寻他的父亲安吉西斯的幽魂。

③ “万恶之大敌”指上帝。

④ 伊尼阿被认为是罗马缔造者（“什么人”）的祖先，后来罗马成为帝国的首邑（“什么事业”）。

⑤ “大彼得”即圣彼得，耶稣的十二门徒之一。据传说，他是罗马的第一任教皇。他的继承人就是指以后的教皇。

⑥ 伊尼阿在地狱里时，从他的父亲安吉西斯听到从他生出的后裔的伟大（见《伊尼特》第6卷）。

⑦ “拣选的器皿”指耶稣门徒圣保罗。据中世纪传说，他也到地狱里去过。

我在那朦胧的山崖上就像这样：
　因为在开初那么急于要做的事业
　我已在思想中把它消磨掉了。[①]
“假使我没有弄错你的说话，”
　那“雄杰”的幽魂回答说，
　“你的灵魂是为懦怯的恐惧所袭击，
这种恐惧时常阻碍人们，
　使他们从光荣的事业折回；
　如同幻影对于一只受惊的野兽一样。
为着使你解除这个疑惧，
　我要告诉你我为什么来，
　在我对你初生怜悯时听到了什么。
我是在悬而未决者的中间；[②]
　有一个圣女[③]叫唤我，她是
　那么美丽而蒙福，我请她吩咐。
她的眼睛比群星还更光辉；
　她以天使般的声音对我
　轻柔而温和地说出她的言语：
‘彬彬有礼的孟都亚的幽魂啊，
　你的声名仍旧留在人间，
　而且要同岁月一起长存！
我的朋友，不为命运所宠幸，

---

① 在《炼狱篇》第五歌第16～18行里，有和这里相同的意思：

　　心中的念头像潮涌一样的人
　　永远射不中目标，达不到目的，
　　因一个念头对消了另一个念头。

② “悬而未决者”指林莽狱中的幽灵(见本篇第四歌)。

③ 这里的“圣女”指俾德丽采。

在他荒崖的路途上受到了阻挠，
他因恐惧而转身回去；
据我在天上听到的关于他的消息，
他已经那么地深入迷途，
我起身去援救他或许太迟了。
你去吧，用你的优美的言辞，
用对他的得救必要的方法
去帮助他，我就此也可以安心了。
差遣你去的我，是俾德丽采；
我来自我愿意回去的地方；
爱推动了我，爱使我说话。
当我到了我主的面前时，
我要时常向他赞美你。’
她于是沉默了，我开始说：
‘贞淑的圣女啊，
仅仅由于你，人类才比
那圆周最小的天体所包含的万物优越！
你的命令我是那么感激，
即使我已遵从你做了，也显得迟缓；
你不必再向我解释你的心愿。
但是告诉我这缘由：
你为什么甘心离开你急于要归去的
辽阔的地方而降入这下方的中心。’
‘既然你想深究这一点，
我要简略地对你讲，’她回答说，
‘我为什么不怕来到此地。
凡是具有伤害力的东西
才是可怕的；其他的就不，

那些东西并不可怕。
上帝在他的宏恩中把我造成这样，
你们的不幸接触不到我；
这里熊熊的火焰也烧不到我。
天上有一位崇高的圣女，[①]
她为我差遣你去解除的障碍而那么悲悯，
她破除了那天上严厉的戒律。
她叫唤了琉喜霞，[②]嘱咐她道：
“现在那个对你忠心的人需要你；
我就把他托付给你。”
琉喜霞，一切残酷之敌，
站起身来走到那地方，
我和古代的拉结[③]一块坐着的地方。
她说道：“俾德丽采，上帝的真正可称赞的人，
你为什么不去帮助那个人，
他那样地爱你以致他离开芸芸的众生？
你不听到他那悲痛的哭诉么？
你不见到在那大海不能对之骄矜的河流[④]上
他正在和死亡搏斗么？”
在这些话说出来之后，
我立刻离开我的幸福的地方

---

① “崇高的圣女”指圣母马利亚。

② “琉喜霞”是3世纪时西拉叩斯的殉道者。在罗马皇帝戴克里先迫害宗教时，她弄瞎了自己的眼睛，好使自己的美色不引起男子的欲望。因为这故事，她成为害眼病者的护神。但丁最敬拜她，因为他自己害着眼病。

③ 拉结是拉班的次女，雅各的后妻，生约瑟和便雅悯（见《旧约·创世记》第29章）。

④ “河流”指人生的狂暴的河流。

来到这里，世上求福避祸的人
也没有像我那样的迅速；
我信赖你的高贵的言辞，
那使你和听到的人都有光荣的言辞。’
在对我说了这话之后，
她移开她光辉的眼睛哭了；
她就使我更赶快来到这里；
而我依她的愿望到你这里来了；
把你从那野蛮的畜生那里带走，
它使你失去了到那美丽的山上去的捷径。
那末，是怎么一回事？为什么，为什么你迟疑？
为什么你心中怀着这种怯懦的恐惧？
为什么你还不大胆而豪放，
既然三个这样蒙福的圣女
在天庭里那样地关怀你，
我的言辞又向你保证了那么多的幸福时？”
好像为夜间的寒气所弯折
和闭合的小花，一待阳光照耀，
就在茎梗上直立起来，完全开放；
我的萎靡的精神也像这样；
这么多的勇气在我心中洋溢，
我像获得释放似地开始说：
“多情的她啊，她救助了我！
彬彬有礼的你啊，你迅速地
听从她告诉你的真言。
你用你所说的话使我心中
生出这样要去的欲望，
我已恢复了我的原意。

请先行，因为我们只有一个意志；
　　你导者，你圣哲，你夫子。”
　　我这样对他说；于是他行动，
我就踏上了那艰险荒凉的路途。

第三歌

可畏的铭文和黑色的江河

“从我，是进入悲惨之城的道路；
　从我，是进入永恒的痛苦的道路；
　从我，是走进永劫的人群的道路。
正义感动了我的‘至高的造物主’；
　‘神圣的权力’，‘至尊的智慧’，
　以及‘本初的爱’把我造成。
在我之前，没有创造的东西，
　只有永恒的事物；而我永存：
　你们走进这里的，把一切希望捐弃吧。”①
我看到在一座大门之上
　刻着这些模模糊糊的字句；我说：
　“夫子，这些字句于我意义艰深。”
他好像一个深有经验的人，对我说：
　“在这里定要放弃一切的猜疑；
　一切的怯懦定要在这里死灭。
我们已到了我对你说过的地方，
　你要在那里看到悲惨的幽魂，
　他们已失去了理智②的幸福。”
于是把他的手放在我的手上，
　脸上露着使我欣慰的高兴的颜色，
　他把我领到幽冥的事物中去。
这里喟叹，哀哭，和深沉的号泣

响彻了无星的天空：

这在开初时使得我流泪。

奇怪的语言，可怖的叫喊，

痛苦的言词，愤怒的语调，

低沉而喑哑的声音，还有掌击声，

合成了一股喧嚣，无休止地

在那永远漆黑的空中转动，

如同旋风中的飞沙走石一样。

于是，心中怀着恐怖，我说道：

“夫子，这我所听到的是什么？

这些似乎那么地不胜痛苦的人是谁？”

他对我说：“处于这悲惨的命运中的，

是那些人的凄凉的幽魂，

他们在人世过了无毁无誉的一生。

同他们混合在一起的

还有一队卑贱的天使，③他们对神

不叛逆，也不忠诚；只顾到自己。

天堂把他们逐出，为了使自己的美

---

① 在这里，除了可畏的铭文外，没有守卫者，地狱的门是洞开着的。
造成地狱的是“三位一体”，即圣父（“神圣的权力”），圣子（“至尊的智慧”），及圣灵（“本初的爱”）。而感动上帝去造地狱的是“正义”。
在地狱造成以前只有“永恒的事物”。“永恒的事物”指最初的物质，诸天体以及统治诸天体的各级天使。
对于但丁，地狱是永远存在的，而地狱的最可怕的责罚就是它的绝对没有希望。

② 但丁用“理智”一词，与普通用的不同，其意义与我们说的“灵魂”或“精神”相差不远。

③ 这些天使在《圣经》里没有提起过。但丁所根据的显然是民间的传说。

不受损害；幽深的地狱也不收容他们，
怕罪恶之徒还可以向他们夸耀。”①
我说：“夫子，什么事情使他们那么悲痛，
他们要哭得这样地辛酸啊？”
他回答说：“我要十分简单地告诉你。
这些幽魂没有死灭的希望；
他们盲目的生命是那么卑鄙，
凡是其他的命运他们都嫉妒。
他们的消息不许留在人间；
‘慈悲’和‘正义’鄙弃他们：
我们且别谈他们；只是看一看就走。”
我抬头望了，只见有一面旗子
在翻舞着向前疾行，
仿佛无论如何不肯停下来的样子；
后面跟着一个那么长的行列，
我以前决不会相信
死竟使得这么许多人失去生命。
在我认出了其中的一些人之后，
我看到而且认识了一个幽魂，②
他由于懦怯而逊位于人。
我立刻知道而且确信
这就是卑贱者的一群，
他们为上帝和他的敌人所痛恨。
这些从没有生活过的可怜家伙

---

① 其他的罪人至少还能够下一个决心。

② 普通把这个幽魂认为塞莱斯丁五世。他于 1294 年被选为教皇，在位五个月即辞职，让位给菩尼腓斯八世。而菩尼腓斯八世在全诗中是但丁所讥嘲和咒骂的主要对象。

是赤裸着，又为那里的胡蜂
和大黄蜂所痛刺着。
这使得他们血流满面，
血和着泪流到他们的脚边，
又为可憎的蛆虫所吮吸。
于是，当我向前望去时，
我看到一群人在一条大河[①]的岸上；
我就说："夫子，现在请允许
我知道这些人是谁；
而且据我由那微弱的亮光所看到的，
什么规矩使得他们仿佛那么急欲过去。"
他对我说道："当我们在阿刻隆的
阴惨的河边停下我们的脚步时，
你就会知道这些事情。"
然后，我双眼含羞下垂，
恐怕我的说话会触怒他，
一直走到河边时我闭口不言。
看啊！一个须眉皆白的老人，[②]
驾着一只船向我们驶近，
大声叫道："该你们受罪，邪恶的鬼魂们啊！
不要再希望看到天堂：
我来把你们领到对岸；
领到永恒的黑暗；领到烈火和寒冰。
站在那里的你，你是活人，

---

① "大河"指阿刻隆，地狱中四条河流中的第一条，形成地狱本境的边界。

② 指开隆。开隆在地狱中即等于炼狱中的伽图。

快从那些死了的人那里离开。”
但是当他看到我不离开时，
他说道：“你得从别的道路，别的渡口[1]
过去，不能从这里过去：
必得有一只较轻的船[2]渡你。”
我的引导者对他说：“开隆，不要多虑：
这是天上的意志，天命所在，
定能完成；不要再问了。”
立时，那在铅色的沼泽上
停着船的舟子，眼睛周围发着火光，
他的多毛的双颊平静不动了。
但是那些衰弱而赤裸的鬼魂，
一听到这些可怕的言语，
都变了色，牙齿格格作声。
他们亵渎上帝和自己的父母；
亵渎人类；亵渎那地点，那时间，
那传下了他们和他们的子孙的根源。
然后，他们痛哭着，
大家一起逐渐靠近那被诅咒的河岸，
这河岸等待每个不敬畏上帝的人。
有着燃烧的煤块似的眼睛的恶鬼
开隆召唤着他们，把他们赶在一起；
谁踟蹰不前的，他用桨就打。
如同秋天的树叶一片接着一片
飘落下来，直到树枝看见

① “别的道路，别的渡口”，他是指通到炼狱去的路。
② “较轻的船”指《炼狱篇》第二歌里“上天的掌舵者”的轻舟。

自己所有的猎获物[1]都落在地上：
亚当[2]的罪恶的子孙一个一个地
一见招手就从岸上纵身跳下船去，
好像听到呼唤的鸟儿一样。
他们就这样地在褐色的水上离开；
他们还没有登上对岸，
这边岸上又集合了新的一群。
“我的儿子，”那彬彬有礼的夫子说道，
“那些在上帝的盛怒之下死去的人，
从万邦会集在这里；
渡过这条河他们从不延迟，
因为‘神圣的正义’激励他们，
使恐惧变成了愿望。
善良的精灵从来不由这条路经过；
因此，假使开隆对你发什么怨言，
你现在很容易懂得他的意思。”
他说完话之后，那幽冥的境界
发生剧烈的震动，回想起
我那时的恐怖还使我浑身出着冷汗。
那阴惨惨的地上刮起了风，
风中闪出一道红色的电光，
使我全部失去了知觉；
我倒下了，好像一个突然睡去的人。

---

① “猎获物”指树枝上的叶子。
② 亚当就是《旧约 · 创世记》里所谓第一个人类。

第四歌

第一圈：林菩狱；善良的异教徒

一个沉重的雷声打破了
　我头脑里的酣睡；我跳起来，
　就像一个为强力所惊醒的人；
直立起来后，我把休息过的眼光
　向四边移动，凝神观望，
　来看明白我是在什么地方。
千真万确，我发现自己
　在那悲惨的“地狱之谷”的边缘，
　那里回响着一片不绝的雷动的哭声。
那是如此黑暗，幽深，烟雾弥漫，
　我定神向那底下望去时，
　我在那里什么东西都看不见。
“现在让我们走下幽冥的世界去吧，”
　那面色变得完全苍白的诗人开始说，
　“我将在前面走，你跟在后面。”
看到了他的面色，我说道：
　“你一向是我在疑惑中的力量，
　当你恐惧时，我怎能追随呢？”
他对我说：“这里底下的
　人们的痛苦使我的脸孔染上
　怜悯之色，你把它当作恐惧。
我们走吧；路途的遥远要我们赶紧。”

这样他走进了，也使我走进了
那环绕着地狱的第一圈。
在这里，没有哀哭声传进
我们的耳朵，除了叹息声，
它使得永恒的空气震颤。
这种叹息，并不是由于鞭笞，
却是那些大群的男男女女
以及孩童，由于忧愁而起。
那善良的夫子对我说："你不问问
你看到的这些幽魂是谁么？
在你再向前走时，我愿你知道
他们没有犯过罪；虽然他们有优点，
这还不够：因为他们没有受过'洗礼'，
那是你所信奉的宗教之门；
因为他们生于基督教之前，
他们敬拜上帝不能无误；
我自己就是他们中的一个。
为了这种缺点，并不是为了其他错误，
我们堕落了；所受的苦仅是这样，
我们没有希望地生活在欲望之中。"
听到这话，我心中十分忧郁；
因为我知道十分高贵的人
在那林菩狱里悬而未决。
"告诉我，夫子；告诉我，先生，"
对于那克服一切错误的"宗教"
希望获得保证，我问道：
"有过什么人依靠自己的或别人的功德，
从这里走出而以后蒙庥的么？"

他懂得我话里隐含的意思，
回答道："我刚到这里来时，
我看到一个'万能者'[1]来到我们这里，
他戴着胜利的冠冕。
他从我们那里带走了我们的'始祖'，[2]
他的儿子亚伯，和挪亚的幽魂；
立法者和守法者摩西的幽魂；
族长亚伯拉罕；国王大卫；
以色列与他的父亲和子女，
和他的得来不易的拉结的幽魂；[3]
以及其他许多，而都使他们蒙庥了；
我希望你知道，在他们之前，
没有人类的灵魂得救过。"
虽然他在说话，我们并没有停步；
就在这时经过了那座树林，
我是说那座由拥挤的幽灵所形成的树林。
在我沉睡之后我们
还没有走得多远，我就看到一片火光
征服了一个黑暗的区域。
我们离开它还有一些路程；
但是不太远，我还能部分地
看出占据那地方的可尊敬的人。
"尊敬一切科学和艺术的你啊，
请问这些灵魂是谁，竟有这种荣誉，

① "万能者"指耶稣。据传说，耶稣于公元33年（即维吉尔死后52年）到地狱里去释放了一些幽魂。

② "始祖"指亚当。

③ 以上的人名都出自《旧约》。

把他们和其余的灵魂分开？”
他对我说：“在你们人世
传布着他们的光荣的名字，
使他们在天上获得殊恩而超升了他们。”
当时我听到了一个声音：
“尊崇那伟大的诗人！
他离去了的阴魂归来了。”①
那声音停止和静寂了之后，
我看到四个伟大的幽灵向我们走来；
他们的神色既不忧郁，也不快活。
那善良的夫子开始说话：
“看那手拿宝剑，走在三人之前的，
他是他们的魁首：
他就是荷马，至尊的诗人；
跟着来的是讽刺诗人贺拉斯；
奥维德是第三个，最后一个是卢甘。②
因为他们和我相同都具有
那个声音所叫出的称号，
他们才尊崇我，而且做得很对。”
这样我看见了那歌王的赫赫一派

---

① 这是对维吉尔而说的。维吉尔为了去救助但丁暂时离开了林莽狱。

② 荷马是希腊大诗人。他的史诗《奥德赛》和《伊利亚特》都是叙述英雄和战争的故事的，所以但丁描写他手拿宝剑。
贺拉斯是拉丁的讽刺诗人(公元前65—公元8)，著有短歌，抒情诗，讽刺诗，以及诗论等。
奥维德是拉丁诗人(公元前34—公元18)，他留下的著作有《变形记》，《爱经》等。
卢甘是拉丁诗人(39—65)著有长诗《法萨利亚》，诗中详述恺撒和庞培之间的战争。

聚在一起，他们崇高的歌声
像巨鹰一般高翔于余者之上。
他们交谈了一刻之后，
转身过来向我表示敬意；
我的大师看到这个就微笑了。
此外他们给我更多的荣誉；
因为他们把我算在他们的数目中，
我成为这些大智中间的第六个。①
我们就这样向着那火光走去，
谈论着在那时谈论是适当的，
而现在最好保持缄默的事情。②
我们来到一座宏伟的城堡，
有七重高墙把它围住，
一条美丽的溪流在四周卫护。
我们走过它像走过坚土一样；
我同那些圣哲穿过七重大门；
我们走到一片青翠的草地。③
草地上有许多人，眼光缓慢而庄重，
外貌上显得有极大的权威；
他们不大说话，说时也用温和的声音。
这样，我们退到了一边，

---

① 上述四个，加上维吉尔，所以但丁是第六个。但丁这样说法，正见他胸襟的阔大，与气魄的宏伟。

② 这里但丁不写出来不是由于谦逊的缘故。既然他说了上面那样的一句话，在这里自不必再细说了。

③ 在黑暗的地狱中，但丁特地设了这样一块光明美丽的地方，来安置他所敬仰的人物。历来的注释家对于“宏伟的城堡”象征什么，“七重高墙”象征什么，“溪流”象征什么，“七重大门”又象征什么，都有所猜测。但是从但丁的诗的本身中去理解，他的含义倒是容易明白的。

走到一片开旷，光辉，和隆起的地方，
所以我们都能够看到他们。
立刻，在那绿色的珐琅上，
那些伟大的精灵呈显在我眼前，
我心中因看到他们而感到光荣。
我看到伊兰脱拉与许多同伴在一起：
他们中间我认识赫克托和伊尼阿；
戎装的恺撒，眼睛像鹰的一样。①
在另一边，我看到卡弥拉
和潘脱西里；看到拉丁姆的国王
和他的女儿拉文尼亚坐在一起；②
我看到逐出了塔魁因的布鲁塔斯；
琉克利霞，朱利亚，玛夏，和姑乃丽；
我看到萨拉丁独自在一边。③
当我把眼皮抬得稍高时，
我看到智者们的大师，④

---

① 伊兰脱拉是亚脱拉斯的女儿和特洛伊的缔造者大达纳司的母亲。赫克托和伊尼阿是特洛伊的英雄。

恺撒在这里是作为伊尼阿的一个后裔而提到的。

② “卡弥拉”见第一歌注。

潘脱西里是亚马孙人的王后。在赫克托死后，她援助特洛伊人。

拉铁诺（“拉丁姆的国王”）和拉文尼亚是伊尼阿的岳父和妻子。

③ 在塔魁因的儿子奸污了珂拉丁的妻子琉克利霞之后，布鲁塔斯把塔魁因从罗马的皇位上驱逐出去了。

“朱利亚”是恺撒的女儿，嫁给庞培。

玛夏是犹提喀的伽图的妻子（见《炼狱篇》第一歌）。

姑乃丽是格拉克斯的妻子。她生了两个儿子，名铁勃留斯和开雅斯，均为罗马著名的护民官。

萨拉丁，号称伟大的苏丹王，生于 1137 年。他以宽厚闻名于中世纪的欧洲，成为东方君主的典型。他反抗十字军，为狮心王李却所杀。

④ 指希腊大哲学家亚里士多德。

坐在一群哲学家的中间。
大家注视他；大家尊崇他；
这里我看到苏格拉底和柏拉图，①
他们在余者之前，立得和他最靠近；
把宇宙归之机运的德谟颉利图；
代俄哲尼，亚拿萨哥拉和泰利斯；
恩培图克利斯，赫拉克利特和芝诺；②
我看到优良的草药采集者，
我指陶斯科利提斯；又看到奥弗斯，
图雷，兰那斯，和道德家辛尼加；
几何学家欧几里得，和托雷美；
希波克拉底，亚微瑟那，和该楞；
作那伟大的注释的阿弗罗厄。③
我不能详细地把他们都描绘一下：
因为我的冗长的主题驱迫着我，
以致有许多次言语够不上现实。

---

① 苏格拉底和柏拉图都为希腊著名哲学家。柏拉图的影响在中世纪的欧洲没有亚里士多德的那样大。

② 上面三行里所举的都是公元前 7 世纪到公元前 4 世纪间的早期希腊哲学家。

③ 陶斯科利提斯是一本医书的作者，论述植物的本质。
奥弗斯和兰那斯是神话中的希腊的歌者和诗人。
图雷即罗马演说家西塞罗。
辛尼加的伦理著作在中世纪受到广泛的阅读。
托雷美的天文体系在中世纪受到一般的接受，并为但丁所采用。
亚微瑟那(980—1037)和阿弗罗厄(12 世纪)是阿拉伯的医师和哲学家。他们都写过关于亚里士多德的注释。阿弗罗厄的著作于 1250 年译成拉丁文，在欧洲传诵一时；亚里士多德的哲学能在欧洲复活，却要归功于他。
希波克拉底(卒于公元前 377 年)和该楞(卒于 200 年)是古代最著名的两个医师。

六人的一队减到了两人；

　那贤明的导师由另一条路领导我，

　从静穆中走出，进入颤动的空气里。

于是，我来到了无光的一隅。

第五歌

第二圈：里米尼的弗兰采斯加

这样，我从第一圈降到了第二圈，
　那圈围了较少的面积，却包容了
　更多的引起号哭的痛苦的地方。
迈诺斯[①]形容可怖、咬牙切齿地坐着，
　在进口处审查罪行；依照他自己
　缠绕的圈数判决他们，打发他们下去。
我是说，当那生而不良的阴魂
　来到他面前时，便把一切
　都招认；而这位洞察罪孽者
考虑了地狱的什么地方与那罪相当之后，
　便用尾巴在自身上缠绕
　那么多的圈数，恰如他要他下去的度数。
在他前面总是站着一群阴魂；
　他们挨次走去受审判；
　他们述说，和倾听；然后被卷下去。
迈诺斯看到我时，就放下了
　那伟大的职务，并对我说道：
　"来到痛苦的地方的你啊！
注意你怎样进来的，你信托谁，
　不要让进口的宽阔欺骗你。"
　我的导师对他说："你为什么也叫喊？
不要阻拦他命定的行程；

这是天上的意志，天命所在，
定能完成：不要再多问。”
现在悲哀的声音开始
传到我的耳朵；现在我来到
很多的哭声向我袭来的地方。
我进入了一处完全无光的地方，
它像汹涌的大海那样呼啸，
当大海和狂风搏斗的时候。
地狱的暴风雨，无时休止，
把那些阴魂疾扫而前；席卷他们，
鞭打他们，以使他们苦恼。
当他们来到灭亡面前时，
那里就有尖叫声，呻吟声，哀哭声；
那里他们就咒骂神的权力。
我知道了这种刑罚
加于肉体上犯罪的人，
他们使理性受淫欲奴役。
如同在寒冷的季节，大群的椋鸟
结着密集的队形鼓翼而飞：
那阵狂风就像这样把不良的精灵
吹到这里，吹到那里，卷下，卷上。
从没有希望来安慰他们，
没有休息的希望，就连减轻痛苦的希望都没有。
如同群鹤在天空排成长行，
一声长唳，横越而过：

---

① 迈诺斯是克里特的王和立法者，宙斯和欧罗巴的儿子。但丁模仿维吉尔，把地狱里的判官的职务派给他。

我看到那些幽魂那样来到，哀哭着，
为搏斗着的风所卷来；
我说道："夫子，这些人是谁，
他们这样地为厉风所抽打？"
于是他回答："你想要知道的
这些幽魂中的第一个，
是统治许多种族的女皇。
她在穷奢极欲中变得那么无耻，
在敕令中把荒淫视同法律，
以摆脱她所遭到的指谪。
她是塞密拉密斯，[①]我们读到
她是尼那斯的妻子和继承者；
她保有苏丹王所统治的国土。
那另一个是在爱情中自戕，
对西丘斯的尸灰失节的女人；[②]
随后来的是淫荡的克娄巴特拉。[③]
看海伦娜，[④]为了她，那灾难的年月
持续到这样长久；再看那伟大的
阿基利，[⑤]他最后和爱搏斗；

---

① 塞密拉密斯是神话中亚述的皇后，尼尼微帝国的缔造者尼那斯的妻子。她承袭了她丈夫的皇位。她是以荒淫闻名的。

② 这里指黛多，迦太基的皇后。她在她丈夫西丘斯死后矢志守节，可是后来却爱上了伊尼阿。当伊尼阿离开了她到意大利去时，她投在火葬堆上自杀。

③ 克娄巴特拉，埃及的皇后，恺撒和安东尼的情妇。

④ 海伦娜，斯巴达王美内雷阿斯的妻子。她为特洛伊的巴里斯所劫走，因而引起了特洛伊战争。

⑤ 按照中世纪的传说，阿基利在一座特洛伊的寺庙里为巴里斯所杀，他到那寺庙里去是要和巴里斯的妹妹波利克塞那结婚的。

看巴里斯，屈烈斯丹”；[①]他又指给我看
　千余个阴魂，而且用手指指着，
　告诉我因爱而离开人世的人们的名字。
在我听到我的老师历数
　古代英雄美人的名字以后，
　我心中生出怜悯，仿佛又迷惑起来。
我开始说：“诗人，我极愿
　和那两个在一起行走，并显得
　在风上面那么轻的人说话。”
他对我说：“他们靠得更近时，
　你将看到；那时，凭那引导他们的爱，
　恳求他们；他们就会过来。”
一等到风把他们折向我们时，
　我扬声说道：“疲倦的灵魂啊！
　假使没有人禁止，请来和我们说话。”
如同斑鸠为欲望所召唤，
　振起稳定的翅膀穿过天空回到爱巢，
　为它们的意志所催促：
就像这样，这两个精灵[②]离开了
　黛多的一群，穿过恶气向我们飞来：
　我的有深情的叫声就有这种力量。

---

① 屈烈斯丹是亚塔尔王的一个骑士。他爱上了他的叔父康瓦尔的马克王的妻子伊苏尔脱，而被那激怒了的丈夫所杀。

② “这两个精灵”指弗兰采斯加·达·里米尼和保禄·玛拉台斯太。弗兰采斯加是波伦太的归多·万启俄的女儿，于 1275 年为了政治上的理由，嫁给了里米尼的贵族玛拉台斯太的残废了的儿子祈安启托。十年后，祈安启托撞见了他的妻子和他的已经结过婚的弟弟保禄在一起，就用刀把这犯罪的一对情人杀死了。

“宽宏而仁慈的活人啊！
你走过黑暗的空气，
来访问用血玷污土地的我们；
假使宇宙之王是我们的友人，
我们要为你的平安向他祈祷；
因为你怜悯我们不幸的命运。
当风像现在这样为我们沉寂时，
凡是你乐于听取或说出的，
我们都愿意倾听和述说。
我诞生的城市，①是坐落在
波河与它的支流一起
灌注下去休息的大海的岸上。
爱，在温柔的心中一触即发的爱，
以我现在被剥夺了的美好的躯体
迷惑了他；那样儿至今还使我痛苦。
爱，不许任何受到爱的人不爱，
这样强烈地使我欢喜他，以致，
像你看到的，就是现在他也不离开我。
爱使我们同归于死；
该隐狱②在等待那个残害我们生命的人。”
他们向我们说了这些话。
我听到这些负伤的灵魂的话以后，
我低下了头，而且一直低着，
直到那诗人说：“你在想什么？”

---

① 指拉温那。拉温那紧靠亚得里亚海，在波河的入海处。
② “该隐狱”是杀死亲属的罪人在地狱中受罚的地方（见本篇第三十二歌）。

我回答他，开始说道：“唉唉！
　什么甜蜜的念头，什么恋慕
　把他们引到了那可悲的关口！”
于是我又转过身去向他们，
　开始说道：“弗兰采斯加，你的痛苦
　使得我因悲伤和怜悯而流泪。
可是告诉我：在甜蜜地叹息的时候，
　爱凭着什么并且怎样地
　给你知道那些暧昧的欲望？”
她对我说：“在不幸中回忆
　幸福的时光，没有比这更大的痛苦了；
　这一点你的导师知道。
假使你一定要知道
　我们爱情的最初的根源，
　我就要像一边流泪一边诉说的人那样追述。
有一天，为了消遣，我们阅读
　兰塞罗特[1]怎样为爱所掳获的故事；
　我们只有两人，没有什么猜疑。
有几次这阅读使我们眼光相遇，
　又使我们的脸孔变了颜色；
　但把我们征服的却仅仅是一瞬间。
当我们读到那么样的一个情人
　怎样地和那亲切的微笑着的嘴接吻时，
　那从此再不会和我分开的他

---

① 兰塞罗特是圆桌骑士中最著名的一个。在亚塔尔王的朝廷里，他爱上了归内维尔皇后。他是古代法兰西传奇《湖上的兰塞罗特》中的主角。

全身发抖地亲了我的嘴：这本书
　和它的作者都是一个‘加里俄托’；[1]
　那天我们就不再读下去。”
当这个精灵这样地说时，
　另一个那样地哭泣，我竟因怜悯
　而昏晕，似乎我将濒于死亡；
我倒下，如同一个尸首倒下一样。

① 加里俄托是《湖上的兰塞罗特》传奇中的另一角色。兰塞罗特和归内维尔皇后的第一次相会，是由他撺掇而成的，故在这里“加里俄托”是用为“淫媒”的同义字。

第六歌

第三圈：饕餮者

那两个恋人的痛苦使我
　悲哀得昏过去了；
　等到我的知觉逐渐恢复时，
我不论向哪里行动，向哪里转身，
　向哪里注视，我总看到
　新的刑罚，新的受刑罚的幽魂。
我已到了第三圈，那里下着
　永恒的，可诅咒的，寒冷的大雨；
　它的法则和本质从来不变。
巨大的冰雹，混浊的水，和雪
　从那昏暗的天空向下倾倒；
　承受着的土地发出一阵臭气。
塞比猡，①一只凶猛的怪兽，
　有着三个喉咙，像狗一样地
　对着那些浸没在水里的幽魂狂吠。
他的两眼发红，他的胡须油腻而发黑，
　他的肚腹阔大，他的双手有爪；
　他抓住那些阴魂，把他们剥皮，撕裂。
大雨使得他们像狗一般吠叫；
　他们用身体的一边掩盖另一边；
　他们不时转动身体，这些不敬神的恶鬼。
当那巨物塞比猡看见我们时，

他张开他的大口，露出了长牙：
他的肢体只是不肯安静。
我的导师张开两掌抓起了泥土，
就把满满的两把泥土
向他的贪食无餍的咽喉投进。
如同吠叫着求乞的狗
在咬到食物时变得没有声音，
只是使着劲拼命把它吞下：
那有着腌臜的面孔的恶魔
塞比罗就像这样，他向那些幽魂
大发雷霆，他们但愿耳朵聋掉。
我们经过了为滂沱的雨
淋得躺倒的阴魂；我们的脚跟
踏在他们空洞无物的躯壳上。
他们都横躺在地上，只有一个[②]
看到我们在他面前经过时，
从他们中间立刻坐了起来。
“被引导着走过这地狱的你啊，”
他对我说，“假使能够，你认认我吧；
你出世的时候我还没有去世。”
我便对他说：“你所受到的痛苦
也许把你从我的记忆中消除了，
仿佛我从来没有看到过你。
但告诉我，放到这种悲惨的地方，

---

① 塞比罗是希腊神话中有三个头的像狗一般的巨大怪物，守卫着地狱界的入口。在这里，但丁把它当作贪食的典型。

② “只有一个”指“基阿哥”，意大利文“基阿哥”是“猪”的意思。这个人是但丁的同时代人，真名未传，以饕餮著名。

受到这种刑罚的你是谁；或许还有
更重的刑罚，但没有更令人不快的了。”
他便对我说：“你的城，[①]现在那么地充满着
妒恨以致那口袋已经装不下了，
那时却把我包围在明朗的生活中。
你们，市民们，把我叫做‘基阿哥’：
为了那可诅咒的饕餮罪，
你现在看到我在雨中憔悴；
而我，不幸的幽魂，并不孤单，
因为所有罪恶相同的幽魂
受到相同的刑罚；”他不再说下去。
我回答他：“基阿哥，你的惨痛
重重压在我心头，使我要流泪；
但是，假使你能够，告诉我，
这座分裂的城的市民要到什么地步？
有没有正直的人住在那里？
他们为什么竟这样互相倾轧？”
他便对我说：“在长久的斗争之后，
他们要到流血的地步，
森林党将以大量杀伤逐出另一个党。
然后这一党在三年内就该失败。
而另一个党，由于一个不断改变方针的
人的力量，一定会获胜。[②]

---

① “你的城”指佛罗伦萨。

② 上面六行诗中简略地包括了佛罗伦萨从1300年到1302年的政治历史。归尔甫党内的黑党和白党，各以珂索·杜纳底和维利·特·塞尔启为首，于1300年5月1日攻击起来了。1301年5月，白党(即“森林党”，因为它的领袖从阿珂纳和发尔·底·西挨夫的森林 （转下页）

它将在长期内不可一世，
　把另一个党压在重负之下，
　不论它如何啼哭，如何受辱。
正直的人有两个，[①]但是没有人听他们：
　骄傲，妒恨，和贪婪好比三颗星火，
　使一切人的心熊熊燃烧。”
这里他停止了那可怜的声音。
　我便对他说：“我还要你指教我，
　请你再赐给我一些言语。
那么高贵的法利那太和提琪亥俄；
　若珂玻·卢斯提克琪，阿利哥和莫斯加，[②]
　还有其他一心为善的人；
告诉我他们在哪里，让我知道他们：
　极大的欲望催促着我，要我知道
　他们在天堂享福还是在地狱受罪。”
他对我说：“他们是在最苦恼的幽魂中间；
　另一种罪把他们压到地狱的底层；

(接上页)地带来到佛罗伦萨，故名)把黑党逐出了。但是黑党得到了菩尼腓斯八世的秘密援助，重又占了优势，把他们的敌人从城中赶了出去。放逐白党的最后重要的法令是在1302年下半年签署的；而他们的决定性的失败发生于1303年的第一季；所以这两个日期符合于基阿哥所说的“在三年内”。基阿哥说这预言的时候是在1300年4月8日和9日之间的晚上。

① 这两个人究竟指谁，至今无定论。有的注释家说，这就是指但丁自己和归多·加发尔甘底(见本篇第十歌及注)。

② 这些著名的佛罗伦萨人现在都判在地狱中。法利那太在第六圈(见第十歌)，提琪亥俄和若珂玻·卢斯提克琪在第七圈(见第十六歌)，莫斯加在第八圈(见第二十八歌)。阿利哥以后不再提到，但是据说莫斯加谋杀蓬台尔蒙脱时，他是同谋者，因此或许他与莫斯加在第八圈里一同受罪。

假使你走到那里，你可以看到他们。
但是当你回到可爱的人世，
我请求你使人们重新记起我；
再多的我不说了，再多的我不回答了。”
他把直瞪着的眼睛斜过来；
望了我一下；垂下了头，
倒了下去，像他那班盲目的伴侣一样。
我的导师对我说：“直到天使的号角
吹动，他不再醒来；
当他们的大敌‘权能者’来临时，
每一个将重临他的悲惨的坟墓；
将回复他的肉体和形骸；
将听到永远震响着的角声。”①
这样，我们以缓慢的脚步走过
那幽魂和雨水混成一片污秽的地方，
稍微谈论到那未来的生命。
于是我说：“夫子，在伟大的‘审判’后，
这些刑罚还是要加重呢，还是减轻，
还是仍旧像现在这样残酷？”
他对我说：“重温一下你的典籍，②
那上面说：一件事物愈是完整，
它所感到的欢乐和痛苦也愈多。
虽然这些受诅咒的人决不会
达到真正的完整，但看起来

① 这是指“最后审判”（见《新约 · 马太福音》第 25 章）。“权能者”指基督。

② “你的典籍”指亚里士多德的学说。

　后来总要比以往更接近它些。”
我们沿着那条路绕着走去，
　说着比我现在重述的多得多的话；
　我们到达了开始下降的地方；
我们在这里发现了那个大敌普卢塔。

第七歌

第四圈：吝啬者和浪费者

"百辟撒旦，百辟撒旦，阿勒辟！"[①]
普卢塔用咯咯的声音开始说；
那无所不晓的文雅的"圣哲"，
安慰我说："不要让你的恐惧
妨害你：因为不论他有什么权力，
他也不能阻挡你走下这块岩石。"
于是他转身向那红肿的脸孔，
说道："不要出声，可恶的狼！
用你贪婪的怒火烧尽自己的内部吧。
我们到深渊去的旅程并不是没有原由：
这是天上所命定的，在那里
迈克尔[②]对骄傲的淫虐加以惩罚。"
如同桅樯折断时和那为风力鼓满的
帆篷缠结在一起而落下：
那头凶恶的怪物倒在地上。
这样，我们降入了第四凹层，
更多的行走在那悲惨的圈岸，
宇宙间一切罪恶都禁闭在里面。
唉，神圣的正义！谁能用不多的言语
说出我看到的许多新的痛苦和烦恼？
为什么我们的犯罪这样地糟蹋我们？
如同卡利布提斯[③]之上的波浪

向着迎面而来的波浪冲成粉碎：
这里的幽魂必得作互相逆对的舞蹈。
我在这里看到比他处更多的幽魂，
他们分成两边，高声呼号着，
用胸膛的力量滚动重物；
他们互相击撞，然后每个幽魂
就在那里旋转过来，向后滚去，叫着：
“你为什么抓住不放？”和“你为什么放手丢掉？”
这样地，他们沿着那昏暗的圈
从两边各自回到相反的方向，
又用责骂的言语互相叫喊。
然后，每个幽魂到达那里时，
他又从他的半圆形转向他的对手。
而我觉得我的心似乎刺痛了，
说道：“我的夫子，现在请说给我听
这些人是谁；在我们的左边
那些削了发的人是不是教士。”
他对我说：“在他们第一次的生命中，
他们在灵魂里都是觊觎成性，
他们不能正当地使用他们的钱财。
当他们到达圆圈的两端，
相反的犯罪把他们分开时，
他们的叫声极清楚地显出这点。

---

① 这些话不知道属于何种语言。地狱之神普卢塔用人们不懂的言语来恐吓但丁和维吉尔。

② 迈克尔为大天使，他逐出了撒旦(“骄傲的淫虐”)。

③ 卡利布提斯是墨西拿海峡里的旋涡之名，古代航海者认为是最危险的，因为要避开它时，就会触在它对面的名为西拉的礁石上。

这些在他们的头上没有头发

遮盖着的是祭师，他们也是

极端贪婪的教皇和红衣主教。”

我说道：“夫子，在这一类人中，

我当然应该认得几个

为这些罪恶所玷污的人。”

他对我说：“你的想法是枉然的：

他们不明是非的生命曾使他们变得卑污，

现在使他们模糊得认不出来。

他们这样互相击撞要持续到永远；

这些将要捏紧了拳头从坟墓里起来；

而这些将要被削去了头发。

不善用，不善守，使他们失去了

光明的世界，而把他们放在这冲突中；

这是何等的一个冲突，我无需多说。

但是你，我儿，现在可以看到，

人类为之而互相争夺的

为‘命运女神’所掌握的财货真是过眼云烟。

因为月光之下现在或以往

所有的黄金都不能使这些

疲倦的灵魂中的一个得到片刻的安息。”

我对他说：“夫子，也请告诉我：

你对我说的这个‘命运女神’，她是什么样的神，

竟这样地在手中抓住人世的财物？”

他对我说：“愚蠢的人哪，

你怎么竟然会这样的无知！

我愿你听取我关于她的断语。

智慧超越一切的他，

创造了诸天并给它们以指导，
每一部分向另一部分照耀，
把光明分配得均等；同样，
对于人世的荣华，他也任命了
一位普遍的管理者和指导者，
她不受人类智慧的阻碍，
及时地从人到人，从一族
到一族，转移那浮世的财物；
因此一个人繁昌之下，另一个人
便凋落，全凭她的
像丰草中的蛇一样藏匿着的判决。
你的智力不能了解她：
她像其他的神所做的一样，
规定，判断，和维持她的王国。
她的变更没有休止，‘必要’时常
来到她的身边来求取变换，
这样就使她行动迅速起来。
她就是这样的一个神，
甚至被那些该崇赞她的人辱骂，
用恶毒的言语错误地责骂她。
但她是在福佑之中，她听不见：
同着其他欢乐的‘最初的造物’，
她转动她的球体，享受着她的甘露。
但是让我们降入更大的悲惨中去吧；
在我动身时上升的每颗星
已在沉落，①停留得太久是不许的。”

---

① 这是指第一歌里所说的在白羊宫里和太阳一起上升的星辰。这就是说，现在已过了子夜，在次日(4月9日)的清晨了。

我们穿过了本圈，到达对岸，
　靠近一个源泉，泉水从冲开的裂缝
　滚滚地向下涌流而去。
那水是比墨还要黑得多；
　我们随着这黑沉沉的流水，
　由一条奇异的路径走到下面。
这条阴惨惨的小溪向下流到
　那灰色的险恶的悬崖脚下时，
　积成了一个“沼泽”，叫做斯提克斯。
而站在那里凝神注视着的我，
　看到那池沼里有满身泥泞的幽魂，
　大家都赤裸着，脸上带着怒色。
他们在互相殴打，不单用手，
　而且用头，用胸膛，用脚；
　用他们的牙齿互相撕成片片。
那慈祥的夫子说：“儿子，现在看看
　那些为愤怒所制服的人吧；
　而且我也要你确切相信，
那水底下也有人在，
　他们叹息而使水面上起泡；
　不论你向哪里看，都可以看到。
陷住在黏泥里的他们说道：
　‘在光天化日之下的新鲜空气中，
　我们愠怒，心中蕴藏着郁郁的愁云；
现在我们愠怒地躺在黑色的泥潭里。’
　他们这样地在喉咙里咯咯作声，
　因为他们无法用完全的言语说话。”
这样，在干燥的山脚和腐臭的沼泽之间，

我们走完了那可憎的泥沼的一大弯，
眼睛望着那些吞下污水的人；
我们终于来到了一座城楼的脚下。

第八歌

第五圈：愤怒者

我要接着说，早在我们达到
　那高峙的城楼脚下以前，
　我们的眼睛就向上望到塔尖，
我们看到那上面高举着两支烽火，
　而另一支[①]从远处打回信号来，
　远得几乎眼睛看不见它。
我转身向那“智慧之海”，[②]我说道：
　“这支烽火是说的什么？而那边另一支
　回答的又是什么？是谁安排的？”
他对我说：“在那污浊的水上，
　假使沼泽的雾气不把它隐没，
　你已经可以看见所盼望的东西了。”
就是从弦上发出，穿过空中的一支箭
　也决不会像这样的快，
　有如我看到的一只小船
在一个孤单的舟子的操纵下，
　穿过水面，向我们疾驶而来，他叫道：
　“现在你来了么，凶暴的鬼魂？”
“夫雷加斯，[③]夫雷加斯，这次你白白叫喊；”
　我的主宰说道：“你能扣留我们的时间
　不会比我们经过这池沼的时间更长。”
如同一个人听到说他受到了极大的欺骗，

因此便对它产生了剧烈的愤怒：
夫雷加斯也就这样地赫然震怒。
我的导师上了小船，于是
叫我也跟他上去；等到我
在上面的时候，它才似乎载上了重量。④
一等到我的导师和我上了船，
它那古旧的船头就向前穿去，
比以往载着他人⑤时吃水更深。
当我们穿过那死水航行时，
在我面前升起一个满身泥污的人，⑥
他说："不到时候就来了的你是谁？"
我对他说："我虽然来了，并不留下；
但是你是谁？怎么竟这样污秽？"
他回答："你看到我是一个在哭泣的人。"
我便对他说："可诅咒的幽灵，
你永远和哭泣，和烦恼在一起吧！
虽然你全身都是泥污，我认得出你。"
他于是伸出两手向着船舷。
我那谨慎的夫子就把他推开，
一面说："去同其他的狗在一起吧！"

---

① "另一支"是从狄斯城中的高塔上举起的烽火（见第九歌第36行）。

② "智慧之海"指维吉尔。

③ 夫雷加斯为了阿波罗神奸淫了他的女儿科罗尼司，因而大怒，就把阿波罗神在台尔菲的庙放火烧了。阿波罗神为了报复，把他罚入冥国。

④ 但丁是活人，所以有重量。

⑤ "他人"指幽灵。

⑥ "一个满身泥污的人"指腓力波·阿真提。他出身亚地玛利大族，是一个傲慢骄横的贵族，对极小的事情也要发怒。只有在这里，但丁显出了个人的憎恨。

他把两臂搂住我的颈项，
　吻吻我的脸孔，然后说道：
　“愤慨的灵魂啊！愿生下你的她有福了。
在人世时，他是一个傲慢的人物；
　他的一生没有留下一点美名：
　所以他的鬼魂仍在这里暴跳。
世上有多少人现在还自以为
　伟大的帝王，结果将留下千古的罪名，
　到这里来像猪一样躺在泥污里！”
我便说道：“夫子，在我们离开
　这个湖以前，我极愿意
　看到他浸在这污泥里。”
他对我说：“在你看到对岸以前，
　你会得到满足；你这种愿望
　要被满足，那是应该的。”
此后不久，我看到那些满身泥污的人
　那样地把他撕扯着，以致
　我现在还因此赞美和感谢上帝。
大家叫道：“去揍腓力波·阿真提！”
　那愤怒的佛罗伦萨人的鬼魂
　却用牙齿咬着自己的身体。
我们在这里离开了他，我不再讲他；
　但是一片哭声刺进了我的耳朵，
　我就凝神用我的眼睛向前望去。
我那慈祥的夫子说道：“儿子，
　那叫做提斯的城，①和它大群的

---

① 提斯的城是冥国的首都。

罪孽深重的市民，现在渐渐临近了。”
我说道：“夫子，我已经看出
它的寺院清晰地在那山谷里，
红得好像刚从火里出来似的。”
他对我说：“使它们在内部燃烧的
永恒的火，如你看到的，使它们
在这下层地狱里显得通红。”
我们现在来到了环绕着
那不欢之城的深壕里面；
那些城墙在我看来好像铁制的一般。
我们绕了一个大圈之后，
才来到一个地方，那船夫向我们
高声叫道：“下船吧！这里是入口。”
在城门之上我看到千余个
以前从天堂坠落下来的幽灵，①
他们怒声叫喊道：“那是谁，
胆敢没有死便走过死的王国？”
我那贤明的夫子向他们打个手势，
表示希望同他们私下谈谈。
于是他们轻蔑的态度缓和了一点，
而说道：“你一个人来；叫那个人走开，
他那么大胆地走进这个王国。
让他一个人回头走他那愚蠢的路程；
他若能够，让他试试吧：你已护送他走过
一个如此黑暗的国度，你将留下。”
读者，请想一想我听到了

① 指那些同撒旦一起堕落的天使，现在成为恶魔。

这些可恶的话会不会气馁：
我不相信自己会再回到人世。
“我敬爱的导师啊，你已有七次以上
使我重获安全，并救我
脱离当前的大难，
请不要把我留在这么困难的情境中，”
我说；“假使我们再向前走是不许的，
让我们赶快一起回头走吧。”
已把我领到了那边的主宰
对我说：“不要怕，因为没有人能阻挡
我们的行程：这是天上的命令。
你且在这里等我；用美好的希望
来安慰和振奋你那疲倦的精神：
我不会把你抛弃在地狱里。”
我那温和的“父亲”就这样走了，
把我留在这里，而我依然在怀疑：
是和否在我的头脑中斗争。
我听不见他向他们提出了什么；
但是他还没有和他们站了多久，
他们大家又争先恐后冲了进去。
我们的这些敌人把城门
当着我的主人的面关上；
他就转身向我慢慢地走来。
他眼睛望着地面，一切勇气
都在他眉额上消失，叹着气说：
“谁不准我走进那悲哀之屋？”
于是对我说道：“虽然我发怒，
你却不用惊慌：不论里面设法

用什么来阻挡，我一定经得住这考验。
他们这种蛮横并不新鲜：①
在至今还未下闩的较不秘密的门前，
就是你在上面看到死的铭文的地方，
他们也这样要过一次蛮横：
有一个人已在城门这边走下陡壁，
不用人卫护而经过了诸圈，
这座城将由他来向我们开放。”

① 这是说，这些恶魔在基督到林菩狱去的时候，也在地狱之门前拒绝他进去。

第九歌

第六圈：复仇女神和天使

当我看到我的导师折回时
　懦怯染在我脸上的那种颜色，
　又使他刚露出的脸色很快压下了。①
他停下脚步注意着，好像一个
　在倾听的人：因为他的眼睛
　不能从暗空和浓雾中看到远处。
“可是我们应该赢得这场战斗，”
　他开始说；“不然……答允给我们这种帮助。
　哦！我觉得等一个人来是多么长久呀！”
我清楚地看出他如何地
　用后来的话掩饰开头的话，
　后面的话显然与前面不相符合。
但是他的话仍然使我恐惧：
　因为我也许把他断续的说话
　扯到比他原有的更坏的意义上去。
“有谁曾从那仅以断绝希望
　为刑罚的第一圈降到
　这悲惨的地壳的底层的么？”②
我这样问，而他回答我道：
　“我所走的这次行程
　是我辈中人谁都很少走过的。
那是真的，从前有一次，

我为那个招魂还尸的凶恶的挨利克扫[③]
所恳请，到这里来过。
我刚被剥夺了我的肉体不久，
她便要我走进那座城墙，
去从‘犹大狱’引出一个精魂。
那是最低的，最暗的，离开
那包罗一切的天最远的地方；
我很熟悉这条路：所以你放心吧。
这片沼泽，它发着强烈的恶臭，
把那悲哀之城团团围住，
我们现在走进去是不能不发怒的。”
他还说了许多，但是我记不起来：
因为我的眼睛完全把我引到了
那发着红光的高耸的城楼的尖顶，
那里忽然间升起了三个血淋淋的
地狱的复仇女神；
她们有女人的肢体和姿态，
腰间都束着深青色的九头蛇；
她们的头发都是小蛇和角蛇，
用来盘绕她们可憎的鬓角。
他熟悉地知道这些都是

---

① 维吉尔勉强装出镇静的态度，免得但丁更为惊慌。

② 但丁要知道在目前的困难中，维吉尔是否真能帮助他。但是他话说得这么巧妙，不使维吉尔生疑。

③ 挨利克扫是拉丁诗人卢甘在他的长诗中提到的帖撒利的巫婆。在法塞利阿的战役之前，萨克斯都·庞培雅斯吩咐挨利克扫召唤他的一个阵亡战士的魂灵，问他这次战役的胜负。但是挨利克扫要维吉尔的阴灵到犹大狱去救一个鬼魂的故事，却不见于中世纪的传说。

"永恒的悲哀之后"[①]的婢女，
对我说道："看那些凶暴的挨利尼司！
那在左边的是墨加拉；
那在右边哭泣的是阿雷克托；
泰雪风是在中间"；[②]于是他沉默了。
她们各自用爪撕扯自己的胸膛；
用手掌打击自己，又那么高声叫喊，
使我吓得紧紧地贴在那诗人的身边。
"让米杜萨[③]来吧，我们要把他变成顽石，"
她们大家说，向下望着；
"我们对西修司[④]的攻击没有好好报复过。"
"你转过身来，并闭起你的眼睛：
假使戈刚出现，你竟看到了她，
那你就不能再回到人间。"
夫子这样说，亲自使我转过身来，
他不信任我的双手，
却用他自己的手遮住了我的眼睛。
你们有着明晰的理智的人啊，
在这神秘的诗行之间，
擅自读出那深奥的含义吧！
现在从那混浊的波浪上，
传来了一阵可怕的霹雳声，

---

① 这里指普罗塞宾。她为普卢塔劫走，成为地狱之后。

② 挨利尼司即复仇女神。墨加拉，阿雷克托，泰雪风都为复仇女神。

③ 戈刚·米杜萨的头是那么可怕，使看到他的人都会变成石头。

④ 西修司是雅典的王。他企图把普罗塞宾从冥国夺走，但未成功。据较普遍的传说，他因此被罚入地狱永世不能出来。但是但丁却根据另一种传说，说他最后为赫叩利斯从地狱中救出。

两边的河岸也都因之震动；
这声音像一阵风，
猛烈地与逆来的热流相抗，
无休无止地吹打森林，
把树枝震脱，击落，而卷去；
尘土在前飞扬，它席卷前进，
使得野兽和牧人一同逃走。
他把手从我的眼睛前移开，说道：
“现在你转眼看看那古来的烟波，
看那云雾浓密的水面吧。”
如同青蛙在它们的敌人，那巨蛇面前，
分开了水向水里纷纷跳去，
直到各自在河底蹲伏着：
就像这样，我看到一千多个亡魂，
在一个涉过斯提克斯河
而不沾湿脚跟的人面前飞逃。
他拂去他面前的浓雾，
不时用他的左手在前面挥动；
他似乎只为这个烦扰而困倦。
我明白地看出他是一个天国的使者；
我转身向那夫子；他向我示意，
吩咐我肃立，并向他鞠躬致敬。
唉，我看他是怎样地充满着愤慨！
他走到城门前，用一根杖把它开了：
因为里面没有什么抗拒。
“哦天国的遗弃者！卑贱的种族！”
他在那可憎的门槛上开始说，
“你们心中为什么怀着这种骄横？

‘天意’的归趋决不能阻止，

　　并且还要时常增加你们的痛苦，

　　为什么你们要对他违抗？

与‘命运’抵触又有何益？假使你们记得，

　　你们的塞比猡为了这样做，

　　仍然忍受着下颏和喉咙剥了皮的痛苦。”

于是他由那泥污的路回来，

　　没有对我们说什么话；

　　却显得有其他的事情在催促他，

不是为着站在他面前的任何人。

　　听到那神圣的言语而安心了，

　　我们向着那座城走去。

我们一无阻拦地走了进去；

　　急于要看看一座这样的堡垒

　　究竟里面是怎样的一种情形，

我一到里面就向四周观望；

　　看到左右是一片广阔的平地，

　　里面充满着烦恼和凶恶的苦刑。

如同在伦河渟潴之处的阿里，①

　　如同在靠近那限定了意大利的国界、

　　冲洗着她的疆土的夸内罗海湾的波拉，②

那些坟冢使得那些地方都坎坷不平：

---

① 伦河是法国的一条河流，发源于阿尔卑斯山，经过里昂、亚威农和阿里，而在马赛之西数英里流入地中海。这条河在阿里地方开始形成它的三角洲。靠近阿里的阿里司昌地方是以与异教徒作战时而阵亡的基督教徒的坟墓而著名的。

② 波拉是一个靠近伊斯特利阿半岛南端，夸内罗海湾上的海口。这地方至今仍以它的古代遗迹著名。它著名的是一座罗马的圆形剧场，而不是但丁所说的坟冢。

在这里，四边的坟冢也是一样，
只是这里的景象更为凄惨：
因为在坟墓之间到处是火焰，
使得它们全部变得这样灼热，
无论制造什么都不需要更热的铁。
他们的棺盖全都竖了起来，
从中发出那么悲惨的泣声，
正如忧伤而负创的幽魂的泣声一样。
我说道："夫子，这些被埋葬在棺椁里，
用悲苦的叹息使人家听到他们的，
他们究竟是些什么人？"
他对我说："这些是异端的教主
和他们的各种宗派的教徒；
坟墓里葬着的人比你所想的要多得多。
同类的与同类的葬在一起；
墓石的热度有的较高有的较低。"
于是，向右手转过身去之后，
我们在苦刑与巍峨的城垛之间经过。

第十歌

第六圈：乌勃提的法利那太

现在我的夫子沿着
　一条在城墙和苦刑之间的幽径，
　向前行走，而我跟在他后面。
我开始说："至高的'美德'啊！你乐于
　领着我走过这些邪恶的圈子，
　请你向我说话并满足我的愿望。
那些躺在棺材里的人，
　我们可以看么？棺材的盖
　都是揭开的，也没有人看守。"
他对我说："当他们带着他们
　留在人世的躯体从约沙法[①]回来时，
　所有的坟墓都要关闭起来。
在这部分是埋葬着
　使灵魂同肉体一起灭亡的
　伊壁鸠鲁[②]和他所有的门徒。
因此你所提出的问题，
　还有你不让我知道的愿望，
　你都要从这里得到满足。"
我便说道："和善的导师，我并不对你
　隐瞒我的心思，除了为言语的简洁，
　这是你不久前要我这样做的。"
"多斯加纳人啊！你活着走过

烈火之城，并且说话说得这么谦恭，
你是否可以在这地方停留一下。
你说的话明白地显出
你是那个高贵的地方的人民，
当年我也许使它太烦恼了。”③
从一个棺材里突然发出
这个声音：我因此恐惧起来，
与我的导师靠得更近一些。
他对我说：“转过身去；你在做什么？
看那边的法利那太！他已竖起身来；
你可以看到他从腰以上的身体。”
我早已两眼盯着他的眼睛；
他把胸膛和脸孔昂挺起来，
似乎对地狱表示极大的轻蔑；
我的导师用大胆而敏捷的双手
把我从坟墓中间向他推去，
说道：“你的说话要简短。”
当我站在他坟墓旁边的时候，
他望了我一下，然后几乎轻蔑地
问我道：“你的祖宗是些什么人？”
我，愿意顺从，并不隐瞒，

---

① 约沙法是把耶路撒冷从橄榄山隔开的一座山峡的名字。据传说，“最后审判”是要在那里举行的。

② 伊壁鸠鲁(公元前341—前270)是希腊著名哲学家。他在雅典创立一个哲学学派，就叫做“伊壁鸠鲁学派”。他们被放在地狱的异教徒中间，是因为他们否认灵魂的不朽。

③ 说这段话的是法利那太。他属于乌勃提家族，这一家族的人都是佛罗伦萨城中基伯林党的领袖。他生于13世纪初，于1239年成为他家族的族长。

就对他完全说了出来：

他便把眉头略略抬起，

接着说道："他们猛烈地反对我，

反对我的祖先，反对我的党派；

因此我把他们驱散了两次。"①

我回答他说："就是他们被赶出去了，

他们两次都从各方回来，

你们的人却没有学会这种本领。"

于是在他旁边冒起了一个幽魂，②

他只露出面孔；我想

他是跪着冒起来的。

他望望我的四周，似乎想要

看看有没有人和我在一起；

但是当他的期望都落空了时，

他流着泪说道："倘若你凭着

崇高的天才走过这黑暗的牢狱，

我的儿子在哪里，他为什么不和你在一起？"

我对他说："我不是自己来的：

等在那边的他领我走过这地方；

或许你的归多曾经轻视他。"

他的言语和他的那种刑罚

---

① 法利那太在1248年驱逐归尔甫党人时起了主要的作用，可是于1251年归尔甫党人又回来了，几年后把基伯林党人驱逐出去，法利那太也在内。当法利那太与其他的流亡者在西挨那时，他组织了力量在蒙太潘底战败了佛罗伦萨的归尔甫党人以及他们的同盟者。这是在1260年，即法利那太第二次"驱散"归尔甫党人。

② 这个在法利那太旁边的幽魂甘发尔甘台·加发尔甘底，他的儿子是归多·加发尔甘底。归多和但丁是朋友，同为佛罗伦萨抒情诗派的主要代表者。

已经把他的名字告诉了我：
因此我的回答是那么充分。
他立即直竖起来，叫道：
“你怎么说：他曾经？难道他已不在人间了么？
难道他已看不到美丽的阳光了么？”
当他觉察到我回答前的迟疑，
他又倒下去躺在那里，
然后不再抛头露面了。
但是我依从他的愿望停下来的
那崇高的另一个，①神色不变，
既不转颈，也不弯腰。
他继续他先前的话说道：
“假使他们没有把那种本领学好，
这比我这刑床更使我痛苦。
但是不等到那统治此地的
皇后的脸孔再放出五十次光明，
你就会知道那本领的艰难。②
但愿你再返回甜蜜的人世，
请告诉我为什么那些人民
在一切法律上对我的亲属那么苛刻？”
我便对他说：“那以鲜血染红了
亚皋阿河的大破坏和大屠杀，

---

① 这是指法利那太的幽魂。

② 但丁是归尔甫党人。他于1302年被放逐，而教皇本尼提克特十一世要使放逐者归来的努力，于1304年遭到最后的失败，不到法利那太所预言的五十个月。统治冥国的“皇后”是普罗塞宾，亦即月亮。

在我们的庙堂里引起了这种祈祷。”①
他摇了摇头，叹息着，于是说：
“在这件事情上不是我一人；
我和他人一起行动也并非无因；
但是当大家同意把佛罗伦萨荡平时，
我却独持异议；只有我一人
以公开的面目为她辩护。”②
“唉！但愿你的后代得到安息，”
我向他请求，“请你向我解释
我的判断力无法解决的这个谜吧。
假使我没有听错，
你似乎预知未来的事情；
但是对于现状却并不了然。”
他说：“我们就像远视的人，
只能看见远处的事物：
‘至尊的主宰’依然给我们这么多光明；
当事物靠近或在眼前时，我们的眼力
就完全无用；除了他人带给我们的消息，
关于你们人间的情况我们毫无所知。
因此你可以明白：从‘未来’之门
将要被关闭的那时候起，
我们的一切知识都将死灭。”
我为自己的过失表示后悔，

---

① 这里指法利那太发起的蒙太潘底的战役。蒙太潘底是靠近西挨那的一个村庄，位于紧靠亚卑阿河的一座山上。这次战役引起归尔甫党人举行一种“祈祷”，愿基伯林党早日失败。

② 在蒙太潘底战役之后，基伯林党的所有领袖，除了法利那太之外，建议荡平佛罗伦萨城，由于法利那太为其故乡呼吁，才没有那么做。

说道："那末请你告诉那倒下去的人：
他的儿子还活在人世。
假使我先前默不作答，
请你告诉他那是因为我的思想
已陷于你为我解除了的那种迷惑之中。"
现在我的夫子正在叫我回去：
因此我更急忙地请求那幽灵
告诉我谁与他在一起。
他对我说："我与一千多个人躺在这里；
在这儿里面的有腓特烈二世，[①]
还有那红衣主教；[②]其余的我不说了。"
他说了便把自己藏起；我转回脚步
走向那古诗人，心中想着
那句对我似乎怀有敌意的话。
他向前走；当我们在走的时候，
他对我说："你为什么这样惊慌？"
于是我向他说明了缘由。
"你要记住你所听到的
反对你的话，"那圣哲训诫我说；
"现在看这里"：他举起他的手指。
"当你站在那位洞见一切的
'圣女'[③]的祥瑞的光芒之前时，

---

① 腓特烈二世(1194—1250)，西西里和那不勒斯之王。据说，他沉溺于感官的享乐中，不问政事。

② "那红衣主教"指红衣主教奥太维诺(1210—1273)。 他是一个热烈的基伯林党人。据说他在临死前说："若是我有一个灵魂的话，我已为基伯林党失去它一千多次了。"

③ "圣女"指俾德丽采。

　你将从她口中知道你的生命之行程。”
于是他向左面转过他的脚步；
　我们离开了那座城墙，由一条伸入
　山谷去的小路向中间走去，
那山谷甚至从那里已用恶臭侵袭我们。

第十一歌

罪恶的分类和罪人的分布

嶙峋的岩石形成了一座环绕的高岸，
　在这高岸的边缘上，我们看到
　下面有着比以前的更惨苦的众魂；
在这里，由于那深渊发出来的
　一阵阵可怕的臭味，我们躲在
　一座巨大的石碑背后走近它，
我在石碑上看到一行字句，
　字句如下：“我这里葬着为福底奴
　引入邪道的安那斯泰喜教皇。”①
“我们得等一等才下去，
　等到感官稍微习惯于这种恶臭，
　那时候我们就感不到了。”
夫子这么说；我便对他说道：
　“请找个弥补办法，免得时间白白浪费。”
　他说道：“你看到我有这个意思。
我儿，在这些环列的岩山里面，”
　他于是开始说，“有着三层小圈，
　等级不同，像你离开的各圈一样。
它们里面充塞着被诅咒的幽灵；
　但为了你以后一看到这些幽灵就明白一切，
　且听我讲他们怎样和为什么被幽禁。
招致天怒的一切恶意，

其目的是在伤害；每个这样的目的
不是用暴力便是用欺诈来侵害他人。
但是因为欺诈是人类特有的恶德，
它更使上帝不悦；因此欺诈者
是被放置在底下，受到更多的痛苦。
第一圈的全部是为暴虐者而设的；
但是暴力既能施诸于三种人身，
它便分别形成三个圈环。
暴力能施诸于上帝，施诸于自身，
施诸于邻人；我说施诸于他们本身
和他们的事物，这你就会详细听到的。
用暴力，死亡和创伤可加到邻人身上；
而对于他的财产，则能加以
劫掠，放火，和非法的敲诈：
因此第一个圈环分批地折磨着
一切杀人者和一切恶意击人者，
一切掠夺者和一切强盗。
一个人可以用强暴的手段
加到他本身和他的财产上：
因此在第二个圈环里，
凡是戕害自己的生命，赌光荡尽
自己的财富，在应该欢乐的时候
而哭泣的人都要在那里徒然忏悔。
暴力可加于神祇，在心里面

① 但丁把教皇安那斯泰喜二世和安那斯泰喜皇帝混淆起来了。据说，安那斯泰喜皇帝为福底奴所惑，去相信阿开喜斯的邪说，即基督并不因受圣灵感动而生的，而如其他人类一样，也是受孕而生的。

违背他和亵渎他；
对自然和她的宽宏表示轻蔑，
因此那最小的圈环用它的印记
盖上了所多玛和加和尔，[①]
以及所有在心里毁谤上帝的人。
啃嚼着一切良心的欺诈，
一个人可以施用于信任他的人，
也可以施用于不信任他的人。
这后一种方式似乎只足以
把自然所造成的爱的纽带
一刀割断：因此在第二圈里
集居着伪善者，谄媚者，
妖术惑人者，诈取者，窃盗者，买卖圣职者，
诱淫者，污吏，等等卑污龌龊的人。
那另外的一种是忘记了
自然所造成的爱，也忘记了
后来加上而产生特殊信任的爱：
因此在那最小的圈子里，
在宇宙的中心和提斯之城里，
每一个叛贼都受到永劫的痛苦。”
我便说道：“夫子，你解说得
极其清楚，而且把这座深渊
和里面的罪人也辨别得极其详细：
但是请告诉我：那些在油腻腻的沼泽里的；
那些为风所追逐，为雨所打击的；

① 所多玛为帕拉斯丁的古城，因其居民邪恶，为天火所烧（见《旧约 · 创世记》）。加和尔在法兰西南部，在中世纪以其重利盘剥者出名。

那些遇到时总是恶言相向的，——
假使上帝的愤怒已降临他们，
为什么他们不在火之城里受罚？
假使不，他们为什么又处于那种苦境？”
他对我说道：“为什么你的脑筋
比以前更糊涂了呢？要不然，
难道你的思想转到别的地方去了么？
你不记得你大师的《伦理学》[①]里面
曾经说过，有三种恶癖
不为天国的意志所容许，
那就是纵情，恶意，和疯狂的兽性么？
而且纵情如何又触怒上帝较少，
所受到的谴责也较少么？
假使你好好地想一下这个道理，
并回忆一下那些在上面，
即在外面受到惩罚的人是谁，
你就会容易地看出为什么他们
和这些凶恶的幽灵分开，为什么
‘神圣的正义’用较少的愤怒打击他们。”
“太阳哟！你治好一切有病的眼睛，
你解除我的疑惑时使我喜欢，
甚至觉得不知与知是一样可喜。
还请你稍微回过来，”我说道，
“回到你说高利贷使‘神圣的善’
触怒的那地方，并把那个结解开。”

① 指亚里士多德所著的《伦理学》。

他对我说："'哲学'[1]不只在一处
向细心倾听的人指出：
'自然'怎样地从'神圣的理智'
和'神圣的艺术'取得自己的法则；
假使你好好注意你大师的《物理学》，
你就会在第一页以后的不多几页上找到，
你们的艺术尽可能地模仿'自然'，
就像学生模仿老师一样；
因此艺术仿佛是'神灵'的孙儿。
假使你记起创世记的开头，
人应该得到粮食和趋于繁昌，
但这必须依靠'自然'和艺术。
正因为高利贷者走另一条路，
他就轻视'自然'本身和她的
模仿者，把希望寄予别处。
但是我想向前走了，你跟在我后面：
因为双鱼星已在地平线上闪颤，
北斗星也已完全横在西北角上，[2]
我们到远远的那边再走下断崖。"

---

① 指亚里士多德所著的《物理学》。

② 当但丁神游的时候，太阳是在白羊宫。双鱼星座即在白羊宫之前。既然双鱼星现在已在地平线上，那末这里指的时间是太阳上升前的两个钟点。在同一钟点，北斗星的位置是在西北。

第十二歌

第七圈：第一环。施暴力于邻人者

我们为了要走下岸去
　而来到的地方，是像阿尔卑斯山一样，
　那边还有使眼睛避开不看的东西。
如同那次因地震或支柱陷落
　而发生的山崩打击了
　脱伦脱这边的阿的治河的侧岸；
从山崩在那里开始的山顶
　一直到平地，那危岩裂成这样，
　可以为上面的人辟出一条通道：
我们要走下去的那座峭壁也就如此；
　而在那裂罅的顶端之上
　四肢摊开地躺着克里特岛的丑物，①
他是一条伪母牛所孕育的；
　当他看到我们时他啃噬自己，
　有如一个理智已被怒火烧掉的人。
我的哲人向他叫道："或许你以为
　在上面的世界置你于死地的
　雅典的公爵来到这里了么？
你滚开吧，怪物！因为这个人
　并不是受了你姊姊的指点而来，
　而在经过时看看你们受的刑罚。"

如同一条公牛受到了
　致命的打击，把绳索挣脱，
　却不能走动，只是东撞西撞：
我看到密诺太也是那么做。
　我那谨慎的导师叫道：“向通道跑去！
　趁他暴跳的时候，你正好下降。”
我们便在颓崖的石头上，
　向下走我们的行程，这些石头
　不时因异常的重量在我脚下移动。
我一面走一面想，他便说道：
　“你大概在想这座为我刚才压伏的
　暴怒的野兽所看守着的颓崖吧。
我要你知道，当我有一次
　从这里向下走到幽深的地狱时，
　这片山岩还没有坠落。
当然，假使我没有记错，
　在‘他’来到提斯城带走了
　最上圈的伟大战利品以前不久，
那幽深的可憎的山谷
　在四面八方震动得那么厉害，
　甚至我以为宇宙感到了爱，

---

① 指半人半牛的怪物密诺太。克里特王迈诺斯的妻子巴西腓伊和一只公牛相爱，就生下了半人半牛的“密诺太”。“密诺太”被放在克里特岛上的一座迷宫里。迈诺斯因为他的儿子安德罗乔斯为雅典人所杀，就每年向他们勒索七个童男和七个童女给这怪物吞食。最后，雅典王西修司得到迈诺斯的女儿阿利阿德尼的帮助(给他一把剑和探启迷宫的线索)，把那怪物杀死。

有人相信世界时常因爱而变成混沌；[①]

而在那时候，在这里并在别处，

这座远古的岩石那样地崩塌。

但是把你的眼睛注视那山谷：

因为我们就要走近血的河流，

用暴力损害他人的人都在那里烧煮。”

又邪恶又愚蠢的盲目的贪欲啊，

在短促的人世你这样煽惑我们，

而在永恒中把我们浸得这么苦！

我看到一条像弓一样弯曲的

宽阔的壕沟，我的导师

告诉我说它围绕着全部平原；

在壕沟和山脚之间是半人半马兽，

一个跟着一个奔驰，拿着利箭

像他们在人世狩猎时惯做的那样。

他们看到我们走下去时都站定了；

从队伍里走出了三个来，

拿着早已选好的弓箭和标枪。

其中一个从远处叫道：“你们走下

峭壁的，你们去受哪种刑罚？

就在那里回答；不然，我便拉弓。”

我的夫子说：“我们要向就在近边的

吉隆[②]说出我们的答复；可怜，

---

① “有人”指希腊哲学家恩倍图多克勒（公元前490—前430）。他认为宇宙的存在是由于元素的不协和；假使谐和代替了这不协和，那末就会产生一种混沌状态。

② 吉隆是阿基利，赫叩利斯，和其他著名的希腊人的教师。

你的性格总是这样粗鲁。”
然后他推了推我，说道：
“那是内萨斯，[①]他为美丽的地若尼拉而死，
却又为他自己报了仇；
那在中间俯视着自己的胸膛的
是把阿基利扶养大的伟大的吉隆；
那另一个是充满着怒气的福勒斯。[②]
他们成千地绕着壕沟行走，
不论哪个幽灵从血河中冒出身子
超过它的罪孽规定的限度时，就用箭来射。”
我们走近这些迅速奔跑的野兽；
吉隆拿起了一支箭，
用箭筈把胡须拂到下巴两边。
当他露出了他的大嘴时，
他对他的伙伴们说道：“你们看到
那后面的人使他碰到的东西移动么？
死人的脚不会这样的。”
我的好导师已经走到了
那个把人形和兽形合在一起的人面前，
回答道：“他的确是活人，
单靠我带他看那黑暗的山谷；
他到那儿去是由于必要，并不是娱乐。
停止了歌唱赞美歌而来的‘她’[③]

① 内萨斯企图抢走赫叩利斯的妻子地若尼拉时，为赫叩利斯所重伤，但在死前，把一件长袍蘸上自己的血给地若尼拉，对她说这可以保持她丈夫的爱，但结果赫叩利斯却因之而死，而这正是内萨斯所想望的。

② 福勒斯在欢宴赫叩利斯时，偶然为他的一支箭所射死。

③ 指俾德丽采。

给了我这个新的职务；
他不是强盗，我也不是偷偷摸摸的幽灵。
但是凭那我因之能在这么崎岖的路上
移动我的脚步的美德之名，
请你给我们一个人，我们好跟着他走，
他可以把我们带到浅滩所在的地方，
然后把他驮在背上渡过去，
因为他并不是一个能腾空的幽灵。”
吉隆向右面扭转身去，
对内萨斯说道：“回来引导他们吧；
倘若你碰到另外一队，要他们避开。”
我们和我们可靠的向导向前行走，
沿着那沸腾着的血河的边缘，
被烧煮的人在里面尖声叫喊。
我看到里面有甚至没到眉际的；
那巨大的半人半马兽说道：
“这些都是爱杀戮掠夺的暴君。
他们在这里因他们不仁的罪恶而哀哭；
这里是亚历山大；①还有使西西里
过了许多悲痛年头的凶猛的代俄奈修斯；②
那个额角上有那么黑的头发的
是阿左利诺；③而那另一个

① 指亚历山大大帝。
② 代俄奈修斯为西拉叩斯的暴君（公元前405—前367）。
③ 阿左利诺（1194—1259）为意大利北部基伯林党的首领。

有金发的，是伊斯特的俄俾左，[①]
他其实在人世为他的晚子所杀。”
于是我转身向那诗人，他说道：
“现在让他做你的正向导，我做副的。”
再向前些，那半人半马兽
停歇在一群幽魂旁边，
他们从沸川中露出头来，直露到喉咙。
他指给我们看一个离群的幽魂，
说道：“那个人，[②]在上帝的怀抱中，
戳穿了在泰晤士岸上仍被尊敬的那颗心。”
然后我看到一些把头
和全部胸膛露在河面外的幽灵；
他们中间我认出了好多个。
那条血河就这样变得愈来愈浅，
直到它仅仅烧煮到脚背那里；
而这里就是我们过河的地方。
那半人半马兽说道：“正如你看见
那沸腾的川流在这一边
愈来愈浅，我希望你相信，
在那一边的河底是愈来愈低，

---

① 俄俾左(卒于1293年)是一个热烈的归尔甫党人。他是否为他的儿子阿左所杀还是疑问，但是但丁也许根据民间的传说。据说，阿左用一个枕头把他的父亲闷死的。但丁因为这逆天的罪恶，称他做“晚子”。

② 西蒙·特·蒙脱福脱率领了英国的男爵去反对他们的皇帝亨利三世，在挨夫斯哈姆之役里被战败(1265年)，并为亨利的儿子爱德华所杀死。这里指的是西蒙的儿子该依。该依当多斯加纳的代理主教时，在维忒菩的一座教堂里，公开杀死英国皇帝的侄子亨利。把亨利的心装在一只盒子里，安放在伦敦桥的一座柱子的顶上。

一直低下去，直到这河流

和暴君们注定在那里悲泣的地方相汇合。

‘神圣的正义’在这里责罚

那在人世成为灾祸的阿提拉；①

责罚皮洛士②和绥克司都；③

并且用沸血烫科内托·雷内尔

和巴左·雷内尔，使他们永远流泪不止，④

他们生前在公路上那么地行凶作恶。”

然后他转身回去，又渡过了浅滩。

---

① 阿提拉为匈奴王（434—453）。由于他造成的恐怖，他被称为“神鞭”。

② 皮洛士是阿基利的儿子。他参加特洛伊战争，杀死普赖阿姆和他的儿子波利底斯，并且把自己的女儿波利克塞那献祭于阿基利的灵前。

③ 绥克司都指庞培大帝的儿子。他于公元前45年在孟达为恺撒所战败。

④ 这两个人是与但丁同时代的有名的强盗。

第十三歌

第七圈：第二环。自杀者的树林

内萨斯还没有到达对岸，
　我们就开始走进一座树林，
　那里不见有什么路径的痕迹。
树叶不是绿的，而是幽暗的颜色；
　树枝不是光滑的，却是拳曲而多节；
　那边没有苹果，只有含着毒汁的枯枝。
那些憎恨塞西那河与科内托城之间的
　已开垦的地区[①]的野兽，也找不到
　像这样参差，这样浓密的林丛。
在这里，模样可憎的哈比鸟[②]营巢，
　正是它们以预兆灾祸临头的凄厉叫声
　把特洛伊人从斯脱洛番地司群岛吓跑。
它们有阔大的翅膀，人的头颈和脸孔，
　脚上生爪，大肚腹上生着羽毛；
　它们在奇怪的树上作着哀婉的鸣叫。
那和善的夫子开始向我说道：
　“在你再向前走之前，你要知道
　你是在第二环里；直到你走到
那可怖的沙滩，你才算走出这一环。
　所以你好好看吧，你就将看到
　我说出来人家也不会相信的事物。”
我已经听到了四边发出哀鸣，

但是没有看到发出哀鸣的人：
我因此完全吓呆了，站着不动。
我想我的夫子相信我是在想：
这些众多的声音是由那些因为怕我们
而在丛林里隐匿起来的人发出来的。
因此他说："假使你从这些树木中的一株
折下任何一根小小的嫩枝，
你已有的思想会全盘变成错误。"
于是我把我的手稍微向前伸去，
从一棵大荆棘树上攀折一根小枝；
那树干便叫道："你为什么撕扯我？"
而当他因流血而发黑时，
他又开始叫喊："你为何撕破我？
难道你没有一点怜悯心肠的么？
我们以前是人，现在变成了树木：
就算我们是毒蛇的魂灵，
你的手也真应该放仁慈一些。"③
好像一根青青的柴枝
一头燃着，一头滴水，

---

① 这地区名为"多斯加纳的海岸低地"，多瘴气，塞西那河和玛尔脱河（科内托城就在它两岸）是这沼泽地带的北界和南界。

② "哈比鸟"是希腊神话中的鸟身女面的怪物。维吉尔在《伊尼特》第3卷中描写，在斯脱洛番地司群岛上，哈比鸟如何弄脏了特洛伊人的食物，特洛伊人又如何攻击这些面目狰狞的鸟。其中一只叫做西拉诺，它预言了将要降在特洛伊人头上的灾祸，而且他们在达到他们的目的之前要如何遇到饥荒。

③ 这个说话的幽灵是彼尔·台尔·维尼（1190—1249），腓特烈二世的宰相和最宠信的顾问。后来因为有和教皇英诺森四世合谋腓特烈的嫌疑，他就被弄瞎了眼睛监禁起来，最后自杀。

随着枝里冒出的气而嗞嗞作响：
也像这样，血和言语一起
从那根折断的小枝出来。
我丢掉树枝，吃惊地站着。
我的圣哲回答道："受伤的幽灵啊！
假使他以前能够相信
他仅在我的诗篇中看到过的事物，
他就不会伸手来损害你；
但是这事情的令人难信使我
怂恿他去做这件我也为之悲痛的事情。
但是告诉他你是谁；那末，
为了补偿你，他可以在人世刷新
你的名声，他是被允许回到那里去的。"
那树干说道："你这样地用甜言蜜语
来引诱我，我再不能保持沉默了。
假使我话说得长些，你不要觉得累赘。
我就是那个人，手中握住了
腓特烈的心的两把钥匙，①
一启一闭把钥匙转得非常轻巧，
几乎使得没有一个人知道他的秘密；
我对那光荣的职务怀着极大的忠心，
我因此丧失了睡眠和性命。
那娼妇，②公众之毒，宫廷之害，
她那对淫邪的眼睛
永远盯住着恺撒的皇室，

---

① "两把钥匙"指"刑罚"和"仁慈"的钥匙。
② "那娼妇"指"嫉妒"。

煽动一切的人来反对我；
　　这些被煽动的人煽动了奥古斯都，
　　使我欢乐的荣誉变成了可悲的烦恼。
我的在蔑视一切的状态中的灵魂，
　　想用死来逃避人家对我的蔑视，
　　使得对人公正的我对自己不公正。①
我凭这棵树新生的根对你们发誓，
　　我从没有对我的主人失信，
　　他是这么值得人家尊敬。
假使你们中不论哪一个回到人世，
　　请恢复我死后的名声，
　　因为嫉妒的打击已使它一蹶不振。”
诗人听了一会，于是对我说：
　　“既然他沉默了，不要错过时机；
　　假使你要多知道一些，说话吧，问他。”
我便对他说：“请你再去问他，
　　关于你认为可以使我满足的事情；
　　因为我的心已悲不自胜，问不下去了。”
于是他重新说：“受幽禁的灵魂啊，
　　为了使那个人可以爽快地为你做到
　　你用言语恳求他做的事情，请你
再告诉我们，灵魂怎么会束缚于
　　这些结节里；若是你能，也请告诉我们，
　　有没有哪个灵魂曾从这种躯体解脱。”
于是那树干用力地吹着气，
　　这股气不久变成了这些言语：

---

①“对自己不公正”意即自杀。

"你们将得到简短的答复。
当凶恶的灵魂离开肉体时
（它原是硬从肉体挣开的），
迈诺斯就把他打发到第七层地狱。
他落在树林里不是为他选定的地方；
命运把他抛在那里，他就在那里
发芽，就像一粒小麦一样；
先长成一棵树苗，然后长成一棵野树；
哈比鸟以他的树叶为食料，
给他痛苦，又给痛苦以一个出口。
像其他幽灵一样，我们将找寻我们的肉体，
但是目的不在回到肉体里去：
因为一个人不应该复得自己丢掉的东西。
我们要把我们的肉体拖到这里，
它们将要悬在悲号的树林里，
每具尸体悬在受苦的幽魂的多刺的树上。"
我们还在倾听着那树干，
以为他会告诉我们更多的事情，
我们却为一阵响声所惊；
有如一个人感到野猪和猎狗
在渐渐逼近他守望的地方，
却听到这些野兽和树枝撞击的声音。
看呀！在左面，有两个幽灵，①
赤裸而流血，拼命地飞跑，

① 一个是耶珂摩·达·圣安图烈。他是巴丢阿人，以损害自己和人家的财产而出名，他最爱用的手段是放火。
另一个是拉诺，西挨那人。他也是一个浪子。他荡尽了自己的钱财后，让自己在彼夫·台尔·托普的战役里被杀死。

快得冲开了树林里的一切障碍。
在前的说："现在来吧，来吧，死哟！"
那另一个，以为自己是太慢了，
叫道："拉诺，你的两条腿在托普
比武的时候还没有跑得这样快。"
或许因为他的气透不过来了，
他就把自己和一株灌木合成一体。
他们后面，树林里布满了
黑色的母猎狗，奔窜张望，
有如挣脱了皮带的一群猎狗。
他们把牙齿咬进了那蹲下来的幽灵，
并且把他扯成了一片一片；
然后衔走了他的可怜的肢体。
我的导师现在拉住了我的手，
引我走向那株灌木，从那流血的伤口
他在哀哀哭泣，只是徒然地哭泣。
他叫道："圣安图烈的雅珂摩啊，
把我当你的屏障于你又有何益？
你罪恶的生命有什么好归咎于我？"①
当夫子站在他旁边时，他说：
"你是谁呀，从这么许多伤口
含血喷出你的悲哀的言语？"
于是他对我们说："幽灵们啊，
你们是走来看把我的树叶
从我身上折下的可耻的宰割的，

① 这个说话的幽灵究竟是谁，没有被认出来。但有的注释家说，这是一个上吊自杀的佛罗伦萨人。

喔，把树叶收拾到那悲惨的矮树根下吧！

我是那座城市的居民，
他把自己第一个护神调换了‘施洗者’，
因此他要永远用战争使它悲痛；
若不是在阿诺河的水道边
还保留着他的神像的残余，
那末那些在阿提拉所遗下的
废墟之上把这神像重建起来的
市民们，他们的劳苦也会变成白费。
我把自己的住屋做成自己的绞首台。”①

① 在异教时代，佛罗伦萨的护神是马斯，但是当佛罗伦萨人改信基督教的时候，他们在原来是马斯庙的地方造了一座教堂来敬献给施洗者约翰。马斯的神像起先收藏在一座靠近阿诺河的塔楼里。在该城为阿提拉所毁灭的时候，那神像就倒在河中，以后又被建立在维丘桥上，虽然已是残缺的了。据迷信的说法，若不是这样，佛罗伦萨人决不能把他们的城重建起来的。他们又说，城中所以有不断的战争，都是由于触犯了那异教神的缘故。

第十四歌

第七圈：第三环。蔑视上帝者

对我故乡的爱打动了我的心，
　我把散在各处的树叶集在一起，
　归还给喉咙已经发哑的他。
于是我们来到了把第二环
　从第三环分开的边界，在那里
　看到一种正义的可怕的措施。
　了使新的事情显得明白，
　我再说一遍，我们到达了一片平原，
　在这片土地上寸草不长。
那悲哀的树林是一个围绕它的花环
　就像那凄惨的壕沟围绕树林一样；
　我们紧靠它的边缘停下了脚步。
那地方是一片又干燥
　又厚实的砂地，它的样子
　与以前伽图的脚践踏过的沙漠没有不同。①
哦，上帝的复仇！若是有人
　读到那启示给我的眼睛看的景象，
　那你应该怎样地受人畏惧呀！
我看到一群群的赤裸着的魂灵，
　他们都在十分悲惨地恸哭；
　看来加在他们身上的是不同的法律。
有的是在地上仰卧着；

有的是蜷做一团地坐着；

而有的则在一停不停地彷徨着。[②]

那些在四处走动的数目最多；

而那些躺着受苦刑的数目较少，

但是发出声音较高的痛苦的叫喊。

在那全部广大的砂地之上，

慢慢地纷纷落着大片的火焰，

好像阿尔卑斯山上没有风时的雪片一样。

正如亚历山大，[③]在印度的

那些炎热地带，看到火焰降落在

他的军队身上，然后完全降落在地上；

因此，他和他的兵士们

仔细践踏那土地，因为

个别的火更容易扑灭：

那永恒的热火也是这样降落，

沙地全被燃着，就像钢击火石

燃着火绒一般，而倍增痛苦。

那些可怜的手啊挥个不停，

一会这里，一会那里，

不停地躲闪着新的燃烧。

我开始说："夫子，除了在城门那里

跑出来阻止我们进城的那些恶鬼外，

---

① 公元前47年，犹提喀的伽图率领了庞培的军队，越过利比亚沙漠，以与纽玛底亚王朱巴会师。

② 这三种幽灵，第一是亵渎神明者，第二是重利盘剥者，第三是鸡奸者。

③ 在中世纪流行的一封著者不明的书简里，曾说过亚历山大把他在印度所遇到的奇事写下了送给亚里士多德。

你征服一切东西，请问：
那个伟大的幽灵是谁，他似乎对于火
毫不在乎，那么傲慢地歪扭地躺着，
仿佛火雨没有把他烤熟似的？”
他自己看到我在向我的导师
问到关于他的事情，便叫道：
“我活着是什么，死了还是什么。
纵然朱庇特累乏了他的铁匠，
在我的末日他在盛怒之下
从铁匠那里取雷电劈穿了我；
纵然他在吉倍洛山的黑铁厂
累乏了一个个其他的铁匠，
正如他曾在夫尔格拉的战斗里那样
叫喊着：‘帮忙，帮忙，好伏尔根！’
而且用他的全力把雷电向我打来，
然而他还不能够因此对我施以痛快的报复。”①
于是我的导师用一种我
以前从没有听到过的力量说道：
“卡巴纽斯啊！因为你的骄气没有消灭，
你就受到更多的刑罚：给你的暴怒
以痛苦的不是什么酷刑，
而是你自己的这种叫嚣。”
于是他转过身来以较柔和的声音
对我说道：“那是围攻底比斯城的

---

① 在底比斯的城墙前面，当朱庇特用一雷电打卡巴纽斯时，这皇帝并不倒下，却直立在那里死去。吉倍洛山即挨得纳山，在这山中伏尔根和独眼巨人们造朱庇特的雷电。在夫尔格拉的战役里，那些攻打俄利姆巴斯山的巨人们为朱庇特所战败和杀死。

七王之一；他以往，而且现在似乎
还在对上帝抱着侮蔑和轻视的态度；
但是，我已对他说过，他的诽谤
是与他的胸襟十分相称的装饰。
现在跟着我走吧，你留心
可不要把脚踏上燃烧着的砂地；
而永远要紧靠着树林行走。”
我们在沉默中来到了
从树林中流出一条小溪的地方，
这小溪之红至今还使我战栗。
如同从勃里甘姆泉[①]流出
而为有罪的妇女所分享的那条小溪：
这条小溪也顺着砂地流去。
它的河底和渐次倾斜的两岸，
还有靠近的河边都是石头的：
我便看出我们的通道就在那里。
“自从我们走进了那座它的门槛
不拒绝任何人跨过的门，
在我指给你看的一切事物中间，
你的眼睛还没有看到过
像目前这条溪流那么可注意的事物，
它熄灭了它上面的一切火焰。”
这是我的导师所说的话；
我便恳求他把那食物赐给我，
他已引起了我对于它的食欲。

① “勃里甘姆泉”是靠近维忒菩的一座泉水，水中含有硫磺质，颜色微红，这一点使这里的比喻更为确切。

于是他说道："在海的中间
　有一个荒芜的国家，叫做克里特，
　在它的国王治下世人一度是纯洁的。①
那里有一座山，叫做爱达，
　那里曾一度点缀着清水和绿叶，
　但现在却荒芜得像一件古物。
古代的里阿把它选为她儿子的
　忠诚的摇篮；当他哭时，为要把他
　隐藏得更好，她使岛上发出叫声。②
在山中挺立着一个伟大的'老人'，③
　他把背对着达米伊塔，
　而面对着罗马，好像对着镜子一般。
他的头是纯金铸造的，
　他的臂膀和胸部是纹银铸造的；
　然后直到叉开的地方都是黄铜做的；
从此往下都是钢铁做的，
　只有右脚是陶土做的；
　而他的体重却大半放在这只脚上。
除了金的部分，每一部分

---

① 这是指神话中的克里特王萨忒恩治下的"黄金时代"。

② 有人曾向里阿的丈夫萨忒恩预言，他的皇位要被他自己的孩子所推翻，因此在每一个孩子生下时他就把他吃去。为了拯救朱庇特不受到这个命运，里阿就隐到爱达山中，用一块布包着石头来蒙骗萨忒恩，让他吃掉；而且为了更谨慎一些，她吩咐岛上的人高声叫喊，使得孩子的哭声不能听到。

③ "一个伟大的老人"象征人类的历史。它的背对着达米伊塔（埃及的古城），埃及代表过去的文明和帝国。它的面对着罗马，罗马代表在罗马帝国之下近代的思想和行动。四种金属代表四个时代：金的时代、银的时代、黄铜的时代和钢铁的时代。钢铁的左脚代表世俗的权力，陶土的右脚则代表教会的权力。

都有一个从中落下眼泪的裂罅，
汇集的眼泪就从那个洞穴穿出。
它们的流道从岩石到岩石
往下流到这个山谷，形成了阿刻隆，斯提克斯
和火雷哲桑；然后由这狭沟向下流到
那再不能降落的地方；它们形成
科赛忒斯，你将看到那是怎样的湖：
因此在这里我不描写它。”
我对他说道：“假使目前这条小溪
从我们上界这样地向下流到这里，
为什么我们在这边岸上看到它？”
他对我说道：“你知道这地方是圆的；
虽然你永远朝着左边
向那深底走了这么多路，
你还没有转遍全圈：
因此若是有什么新的东西出现，
它不应该使你显出惊奇的脸色。”
我又说道：“夫子，火雷哲桑和里西
在哪里可以找到？因为你没有提到这一条，
只说到那另一条是由这雨水所形成。”
他回答道：“你所问的一切的确
使我喜欢；但是那红水的沸腾
很可以解答你问的两条中的一条。①
你将看到里西河，不过是在这深渊外面，
就在幽灵们用忏悔摆脱了
罪孽之后到那里去洗涤自己的地方。”

① 红色的溪流是火雷哲桑。

他接着说道："现在是应该离开
　这座树林的时候了；你留心跟着我走；
　那不在燃烧的河边是一条路，
在这河边上面一切的火都已熄灭。"

第十五歌

第七圈：第三环。但丁与一个伟大的老师相会

现在一条坚硬的堤岸在我们的脚下，
　小溪之上笼罩着迷漫的水气，
　使溪水和溪岸都受不到火焰。
如同在布鲁日和威桑特之间的
　法兰德斯人惧怕向他们冲来的洪流，
　筑起他们的堤坝来抵御海水；①
又如同在加伦太挪感到热气以前，
　巴丢阿人沿着布伦太河筑起堤坝
　来防护他们的村庄和城堡：②
这些堤岸也像这样造成，
　虽然那建造者，不论他是谁，
　没有把它们造得那么高大。
我们离开树林已经那么远，
　假使我回头望时，
　我会看不到它在什么地方，
那时候我们碰到一队幽灵，
　他们正沿着堤岸走来；
　一个个向我们观望，好像黄昏时分
人们在一钩新月下惯常互相观望一样；
　并且对着我们眯起他们的眼睛，
　如同年老的裁缝穿针引线时的模样。
这群幽灵这样地凝视着，

我为一个幽灵所认出，他拉住了
我的衣边说道：“真是一个奇迹！”
当他伸臂向我时，我凝神
注视他的被火烧烤的容貌，
所以他的焦黑的脸孔
没有使我认不出他来；
我使我的脸孔凑近他的脸孔，
回答他说：“你在这里吗，勃鲁内托先生？”
于是他说：“我儿啊！假使勃鲁内托·拉铁尼[③]
转身过来同你一起走上片刻，
而让他的同伴先走，请你不要讨厌。”
我说道：“我全心全意请你这么办；
如你要我同你坐下，我会这么做，
只要那和我一起走的他答允。”
他说道：“我儿啊！这一群中不论谁
只要停留片刻，此后一百年中
当火焰烧身时他就躺着不能给自己扇一扇。
所以向前走吧；我贴着你的衣边
跟着你走；然后我归到我的队伍，
他们一边走一边哀悼他们的永劫。”

---

① 威桑特在古代为一个重要海港。布鲁日是意大利北部一个繁荣的城市。这两个地方标志着法兰德斯海岸线的东西的界限。

② 在中世纪，加伦太挪的公爵领地伸展到巴丢阿地区。每年山中积雪融化的时候，布伦太河水泛滥，淹没全区，故巴丢阿居民筑堤坝来防御。

③ 勃鲁内托·拉铁尼，哲学家和政治家，约在1210年生于佛罗伦萨，卒于1294年。他是一个热烈的归尔甫党人，也是一个著作家。他的主要的著作是用法文写的，类似百科全书式的散文作品《宝库》。但丁是熟悉他的著作的，而且受到他的不少影响。

我不敢从路上走下来和他
　并肩行走；而是使我的头
　一直向下弯着，仿佛对他表示敬意一样。
他开始说："什么机缘，或是命运，
　把你在你末日前带到这下边来？
　而这个引路的人，他是谁？"
我回答道："在上界，在平静的生活里，
　当我还没有达到壮年的时候，
　我在一座山谷中迷失了自己。
仅在昨天早晨我才把脸背向它；
　当我正在回到那边去时，
　他向我出现，并由这条路又引我回家。"
他又对我说："假使你跟从你的星宿，
　你不会达不到光荣的归宿，
　假使我先前在美好的人间不曾判断错误；
倘若我死得不那么早，
　看到上天对你如此仁慈，
　那我早会在你的工作中鼓励了你。
但是那批古时候从飞亚索勒走下，
　身上至今还带着山林和岩石气息的
　忘恩负义的，心地不良的人民①
会因你的美好的事迹而与你为敌；

① 按照佛罗伦萨的传说，佛罗伦萨城是在飞亚索勒被毁灭之后，由恺撒建立起来的，那里的居民一部分是罗马人，一部分是飞亚索勒人。以后永远的党派纷争也是由此而起。普遍认为佛罗伦萨的平民党（白党）是从飞亚索勒人传下来的，而贵族党（黑党）是从罗马人传下来的。飞亚索勒原来是建立在一座山上的，所以诗中说佛罗伦萨的居民还带着"山林和岩石气息"。

这里是有原因的：在酸的山梨树中间，
甜蜜的无花果树是不适于结果的。
世上古代的传说称他们为盲目，
一批贪婪，妒忌和骄傲的人民：
你要注意，别染上他们的恶习。
你的命运替你保留着这般荣誉，
两个党派[1]都将如饥似渴地需要你；
但是青草必须远远离开山羊。
让飞亚索勒的野兽们把自己
做成草荐，[2]而不去碰那草木，
假使他们的粪堆上还能长出草木的话；
当那地方充满罪恶的时候，有些罗马人
曾留在那里，他们的神圣的种子
或许就在这草木中复活起来。”
我回答他说：“假使我所有的愿望
都能得到完成，你还不会
被遗弃在人类的天性之外：
因为在人世时，当你一点钟一点钟地
教导我人如何使自己成为不朽，
你那种亲切，和善，父亲般的形象
始终固定在我记忆中，现在却涌上心头；
只要我在世一日，我的言语
应该表示我对此如何感激。
你关于我的前程所说的话，我写下；

① “两个党派”指黑党和白党。
② 草荐是兽类睡眠用的。这里的意思是：让飞亚索勒人自己去互相撕扯吧（党派的纷争）。

并把它和另一段记录[1]保存起来让一位圣女解释，
假使我到达她那里，她能够这样做。
我要使你知道的就是这些；
假使良心不责备我，
任凭‘命运’女神怎样安排，我都准备接受。
我并不是初次听到这样的预言：
所以让‘命运’女神欢喜怎样就怎样转动
她的轮盘吧，让农夫任意挥他的鹤嘴锄吧。”
于是我的夫子向右边转回过来，
看了我一下，然后说道：
“谁铭记在心的，就不算白听一番！”
我仍然继续同勃鲁内托先生谈话，
而且问他在他的同伴中
谁最著名而且地位最高。
他对我说：“知道一些人是好的；
关于其余的人我们最好不提，
因为时间太短促不能讲这么多话。
简略说，要知道他们全都是僧侣，
全都是大学者，又都极著名；
在人世都犯了一种同样的罪。
普利喜安和阿科索的佛朗彻斯科[2]
与那些痛苦的众魂同行；还有，
倘若你对这种渣滓有任何怀念，

① “另一段记录”指第十歌里法利那太对但丁所作的预言。
② 普利喜安是 6 世纪初一个著名的拉丁文法学家。
阿科索的佛朗彻斯科(1225—1293)，著名的法学家，曾在波伦亚和牛津讲过学。

你在那里能看到那个人，他被‘万仆之仆’
　从阿诺河迁到巴其略内河，
　他在那里留下了他的误用的聪明。①
我愿意说更多的话，但是我
　不能多走，也不能多说了：因为我看到
　那里新的烟雾又从那大砂地升起。
我不能和他们在一起的人快来到了；
　让我依它而长存的《宝库》
　得到你的赞许；我没有更多的要求。”
然后他转身回去，好像在味罗那
　为了争取绿布穿过广阔的田野
　而赛跑的人们中的一人；②
而他像是其中的得胜者，不是失败者。

① 这个人指安图烈·台·摩齐，1287 年当佛罗伦萨（在阿诺河边）的主教，于 1295 年由菩尼腓斯八世（“万仆之仆”）迁调为维森柴（在巴其略内河边）的主教，到次年就死了。

② 这是在四旬斋（复活节前四十天间）第一个星期日举行的一种赛跑，优胜者奖绿布一块。

第十六歌

第七圈：第三环。佛罗伦萨的三个伟大的市民

我已到了一个地方，在那里听到
　流入另一圈去的河水
　发出像蜂房里蜜蜂的嗡嗡声；
那时候只见三个阴魂离开了
　在灼人的火雨之下行走的队伍，
　一块儿飞快地跑了出来。
他们三个向我们走来，每人都叫道：
　“请你停下来，依你的服装来看，
　你像是从我们那邪恶的国家来的人。”
唉唉！我在他们的肢体上看到了
　多么可怕的被火烧的新创旧痕啊！
　至今我一想起来还感到难受。
我的导师倾听他们的叫喊；
　把他的脸孔转向我，说道：
　“且慢！对他们应该表示敬意；
假使不是为了由于这地方的本质
　而射发出来的火焰，我要说
　应该赶紧的是你，不是他们。”①
我们站着不动时，他们重又开始
　他们的湮古的哀哭；他们三个
　来到我们面前时就围成一个圆圈。
正像赤身涂膏的斗士们的老套，

在没有互相搏斗之前，
窥探着适当的抓处和有利的位置：
他们就这样地团团转着，
每人把脸孔朝我望着，因此他们的头颈
总是同他们的脚相反地转着。
他们中的一个开始说：“假使这
流沙漫漫的地方的惨状，和我们
血迹模糊的面貌叫人瞧不起我们
和我们的恳求，那末希望我们的声名
足以使你愿意告诉我们你是谁，
你这样安稳地用活人的脚走过地狱。
你看到的我踏着他的脚印的那个人，
虽然赤裸着而且被剥了皮，
却是比你所相信的更为显贵。
良善的瓜尔特来达的孙子，
他的名字是归多·该拉；[②]在生前
他以谏议和宝剑做了好多事情。
那在我后面践踏砂地的另一个
是提琪亥俄·阿尔杜勃朗第，[③]
他的声名在人间应令人感谢的。

---

① “赶紧”是说赶紧去向他们致敬。

② 瓜尔特来达是培林西翁·褒悌（见《天堂篇》第十五、十六歌）的美丽和贞洁的女儿。归多·该拉是她第四个儿子的儿子。归多·该拉从1250年到他死的那一年（1272年），在战争与和平的时候，都是多斯加纳地方归尔甫党中的领袖人物，而且在本内文托的战役中有卓越的功绩。

③ 提琪亥俄·阿尔杜勃朗第是一个高贵的佛罗伦萨的归尔甫党人。他和归多·该拉一起，劝阻他的国人不要去进行冒险的战争，但是他们不听，终于在蒙太潘底战败了。他在这战争中显出十分英勇，后来同归尔甫党人在卢加一起避难。

而我，放在他一起受到苦刑的，
　是若珂玻 · 卢斯提克琪；[①]当然，
　我的凶横的老婆比什么都伤害我。”
倘若火烧不到我身上，
　我早已跳到下面的他们中间，
　我相信我的导师会准许我这样。
但是因为那么一来我会被烧被烤，
　恐惧克服了那使我渴望
　去拥抱他们的善良的意愿。
于是我开始说：“你们的境遇
　在我心中引起的不是轻蔑，而是悲哀，
　这种情感深植于心不会很快消逝；
当我这位主人说话，我因而觉得
　像你们这样的人可能快要来到的时候，
　我已经有了这种情感。
我是你们城里的人，而且一向
　怀着热爱叙述和倾听
　你们的事迹和可尊敬的名字。
我离开烦恼去找寻我的
　真实的导师应允我的甜蜜的果子；
　但是我应该先向下走到地球的中心。”
他于是回答道：“但愿你的灵魂
　长久地使你的肢体活动，
　也但愿你的声誉在你身后辉煌；

① 若珂玻 · 卢斯提克琪是一个佛罗伦萨的平民，在归尔甫党人中间是一个相当重要的人物。他因为娶了一个不好的老婆，做出不道德的行为来。

请问，礼仪和英勇是否
　像先前那样地在我们的城里见到，
　还是简直在那里绝迹了呢？
因为最近与我们在一起受苦，
　现在与我们的同伴在那边同行的菩西尔[①]
　用他的言语使我们受到极大的苦痛。”
“暴发户和突来的财富，
　佛罗伦萨哟，在你里面产生了
　你已经为之流泪的骄傲和奢侈。”
我昂起了头这样地叫喊；
　那三个阴魂知道这是一个答复，
　像听到真理时惯做的那样地面面相觑。
他们大家回答道：“假使别的时候
　你毫不费力就能给人满意的答复，
　你这样要说什么就说什么是多幸福啊！
因此，假使你逃出这幽冥的地界
　而回去再看到美丽的星辰；
　当你欢欢喜喜地说‘我到过那里’[②]时，
你千万要向人们提起我们。”
　于是他们把他们围成的圆圈拆散了；
　他们飞奔而去时，他们的腿矫捷如翼，
不到说一声“阿门”的工夫，
　他们就消失不见了：
　因此我的夫子动身前行。

---

① 菩西尔的详细事迹不明，只知道他一度是一个做钱袋者，后来抛弃了这个职业，混在贵族社会中间。

② “到过那里”指到过地狱。

我跟着他；我们还没有走多少路，
　流水的声音是那么地靠近我们，
　我们若是说话就会很难互相听到。
好像那条大河，起先依着自己的河道，
　在亚平宁山的左麓，
　从威索峰向东流去；
在上游，当它还没有流入
　下面的河床之前，被叫做阿奎基太，
　而到了福里就不叫这个名称——①
在可容千人的圣伯纳特多寺院之上，
　从山峰的有一座陡壁的地方
　一泻而下，发出暴吼的声音：
我们看到那条血染的河就像这样
　从一座陡峭的堤岸奔腾而下，
　发出的声音立刻会把耳朵震聋。
我腰里束着一根绳；
　我有一个时候本想用它
　来捕捉那只皮毛斑斓的豹子的。
当我遵照我的导师的吩咐
　把它从我身上完全解下时，
　我把它绕了起来交给他。
于是他向右边弯下身去，
　在离开边缘之外不远的地方，
　把它投掷到绝壁直下的深渊。

---

① “那条大河”指蒙多纳河。这条河先以阿奎基太河的名字，发源于阿尔卑斯山，经过福里和拉温那而流入亚得里亚海。在但丁时代，从那地方发源的许多河流中，只有这一条不流入波河（“依着自己的河道”）。威索峰是波河的发源处。

我心中暗自想道："一定如此，
　一定有新的东西会应这新的举动出现，
　看我的夫子那样地注视着它。"
唉！对于那些不仅看到外表的行动，
　而且以他们的智力看到内心的人，
　我们应该怎样地谨慎小心呀！
他对我说："我所期待的不久
　就会上来；而你心中所幻想的，
　不久一定会出现在你的眼前。"
对于近似虚伪的真理，
　一个人总应该竭力闭口不谈，
　因为他纵然无过，也会遭受谴责；
可是在这里我不能保持沉默，
　读者啊，我凭我这篇《喜剧》[①]的诗章之名——
　但愿它不会得不到长久的宠爱——
对你发誓，我从那沉重而昏暗的空气
　看到一只使得每个沉着的人
　都会惊奇的怪物[②]向上飞翔而来；
正像一个人到水底去了一个时候，
　把那为一块礁石或是为隐在海底的
　什么东西所搁住的铁锚解开之后，
回到上面来张开两臂，并拢双脚那样。

---

① 原来但丁自己称这部史诗为《喜剧》，后来的人加上了"神圣的"一词，故《神曲》直译应为《神圣的喜剧》。

② 这怪物就是基利翁，神话中的西班牙王。按中世纪的传说，他把异乡人诱骗到自己的权力范围内，然后把他们偷偷杀死，因此他在地狱中当欺诈者的守卫人。

第十七歌

第七圈：第三环。奇妙的向下飞行

“看那尖尾巴的凶猛的野兽，
　他穿越山岭，突破城墙和剑林；
　看那糟蹋全世界的怪物。”
我的导师开始对我这样说；
　向他招手，要他在靠近
　我们岩石的道路的尽头上来；
那个不洁的“欺诈”的形象走向前来，
　他只是搁上了他的头和上半身，
　而没有把他的尾巴拖上来。
他的脸孔是一个正人君子的脸孔，
　在外表上有着那么和善的面貌；
　其余的部分全是蛇的身体。
他有两只脚爪，直到腋下都生着毛；
　头颈上，胸膛上，和左右的腰部上
　都画着花结和小圈：
鞑靼人或是突厥人所织的布
　在底子和花样上也没有更多的颜色；[①]
　阿拉克尼[②]的织机上也不曾有这样的布。
好像有时候轻舟搁在岸上，
　一部分在水中，一部分在地上；
　又好像在好酒的日耳曼人所住的地方，
海獭在作好准备以进行搏斗：[③]

那只最凶恶的野兽就像那样地
躺在那以石头围起大沙滩的边崖上。
他的全部尾巴在空中闪动，
向上卷曲着那尖端上的
像蝎子的尾巴一样的毒叉。
我的导师说道："现在我们
必须稍微向前走上一步，
到那凶恶的畜牲横卧着的地方。"
于是我们从右边往下走去，
朝着那边缘走了十步，
这样就可以完全避开沙滩和火焰；
当我们走到他那边时，我看到
在前面不远的沙滩上，
有一群幽魂④靠近空洞的深渊坐着。
于是我的夫子对我说道：
"为了使你充分体验这一环，
你去看看这些灵魂的情况。
你同他们的谈话要简短，

---

① 在中世纪，鞑靼人和突厥人是以他们所织的布的颜色和图案鲜艳美丽而出名。

② 阿拉克尼是神话中利提阿的少女，精于织布。她以自己的技艺而骄傲，因而向密纳发挑战，要她和自己比赛。阿拉克尼织了一块有诸神私通情景的布；密纳发找不到这块布织得有什么缺点，就拿来撕碎了。阿拉克尼在绝望之余上了吊，可是密纳发女神松了绳子，救活了她的性命。绳子变成了蜘蛛网，阿拉克尼却变成了蜘蛛。

③ 在但丁那时候，海獭主要在德国一带海边可以发现，现在则在瑞典和挪威一带。这里但丁说海獭正在安排自己用尾巴来捕捉鱼。

④ 这些幽魂生前是重利盘剥者，现在只能由他们的钱袋来指认他们了。下面所描写的他们钱袋上印着的不同的图案，是代表他们各自的家族的纹章。

在你没回来以前，我得同这畜牲谈谈，
叫他用他那强大的肩膀背我们下去。”
沿着第七圈的极边，
我这样地独自一人
走到悲哀的众魂所在的地方。
他们的悲痛从眼睛中迸发出来；
他们不住地用双手这边那边地挥着，
有时挥去火焰，有时挥去炙土。
在夏天被蚤子，苍蝇或是虻虫
所叮咬的狗所做的，有时用嘴鼻，
有时用脚爪，和这个没有什么不同。
我仔细看了那灼人的火焰
落在他们身上的好几个幽魂的脸孔，
我一个也不认识；我却看到
每个幽魂的颈上都挂着一只钱袋，
袋上有某种颜色和某种印记，
他们的眼睛都似乎在饱看着。
当我走到他们中间去看时，
我看到一只黄色的钱袋上
有一只天蓝色的狮子的形象和姿态。①
于是我继续看下去，
我又看到一只像血一样红的钱袋，
袋上现出一只比乳酪还要白的鹅。②
一个幽魂，他的银白色的小袋上

---

① 这是佛罗伦萨的琴菲格略齐家族的纹章，他们属于归尔甫党中的黑党。

② 这是奥勃略启家族的纹章，他们是佛罗伦萨的基伯林党人。

印着一只天蓝色的大肚子的母猪，[1]
对我说："你在这地坑里做什么？
你走开吧；因为你还是活人，
你要知道我的邻人维太利诺[2]
将要坐在我这里的左边。
我是巴丢阿人，和这些佛罗伦萨人在一起；
他们有好多次震聋我的耳朵，
叫道：'让那高贵的骑士来吧，
他将带来印着三只山羊的钱袋！'"[3]
然后他把他的嘴巴一扭，
伸出舌头来，像一只舔着鼻子的公牛。
我生怕更久的滞留会触怒
告诫我滞留短时间的他，
就从那些早已疲倦的灵魂转身回来。
我找到了我的导师，他已骑上了
那可怖的动物的脊背；
他对我说："现在要坚强而大胆！
现在我们必须由这种阶梯下降；
你骑在前面：因为我愿意在中间，
使那尾巴不致伤害你。"
好像一个害四日疟的人
将近发作，指甲早已发白，
浑身发抖，眼睛一停不停地望着那阴影，

---

① 这个向但丁说话的幽魂是力那尔杜·台里·司格洛维尼，他是巴丢阿人。

② "维太利诺"也是一个巴丢阿的重利盘剥者，他在1300年还活着。

③ 这个所谓"高贵的骑士"是琪俄发尼·菩蒙脱，佛罗伦萨的皮启家族的人，在1300年还活着。

这些话说出时我就变成这样；
　但是他的威吓使我生出了使仆人
　在高贵的主人面前表示勇敢的那种羞惭。
我把自己安放在那巨大的肩膀上；
　我想说，只是说不出
　我想说的话：“请你抱住我。”
但是当我一骑了上去时，在其他时候
　帮助我克服其他困难的他，
　就用两臂抱住我，并把我举起来；
于是他说：“基利翁，现在你行动吧！
　你的圈子要转得大点，你的降落要慢点：
　想想你所负的异常的重量。”
好像小船从停泊处后退复后退，
　那怪物就像那样地从那里移开；
　当他感到自己很松动时，
他把尾巴掉转到他的胸膛原来所在处，
　像鳗一样地把它伸长蠕动，
　并用它的脚掌扇动空气。
我想腓挨顿[①]松脱了缰绳，
　因此天空至今还显得在燃烧着；
　或是可怜的伊卡拉斯[②]感到
他的腰部因蜡的熔化而翅膀脱落，

① 腓挨顿是阿波罗的儿子。为了要证明他是神明的儿子，他要求他的父亲准许他驾驶太阳的车子。结果他控制不住马，把天空烧焦了一部分，而且几乎把地球烧起来了。朱庇特用一个雷电劈死了他，才止住了他的错误的路程。

② 伊卡拉斯的父亲提达拉斯是神话中的工匠。他为自己和他的儿子造了一对翅膀，用蜡胶在腰间。有一次，伊卡拉斯飞得太近太阳，蜡熔化了之后，就坠入海中而死。

他的父亲对他叫道，“你走错了路！”——
他们也没有比我更大的恐惧，
当我看到自己在空中，
四边悬空，而且看到，除了那畜牲，
一切的景象都行消灭。
他慢慢地，慢慢地划着前进；
盘旋而下降；可是我一些也不觉得，
只不过脸上感到一阵从下面吹来的风。
在右边，我已经听到了
旋涡在我们下面发出可怕的吼声；
我就探出头去向下俯望。
这时我对于降落下去觉得
更为怯懦：因为我看到火焰，
听到哀哭，我就浑身发抖，缩做一团。
于是我看到——因为我先前没有看到——
我们在盘旋着下降，因为
四下里的各种苦刑在向我们靠近。
如同一只鹰已飞了好久的时候，
看不到鸟儿或是诱物，
使得放鹰者叫出“唉，唉！你下来吧！”——
没精打采地下降；然后在空中迅速地
盘旋了好几个圈子，远远地离开
它的主人停落，显得轻蔑和沉郁：
基利翁就这样地把我们放落在底层
紧靠到那嵯峨的岩壁的脚下；
从我们的重量下解脱出来后，
他一跃而去就像箭从弦上飞出。

第十八歌

第八圈：第一断层。淫媒和诱奸者
第二断层。阿谀者

地狱里有一个地方叫做“恶囊”，[①]
　全部由石头造成，颜色是铁青的，
　就像它四周环绕着的障壁一样。
在这邪恶的场所的正中，
　一口极广极深的井张着大口，
　它的结构我将在适当的地方说出。[②]
在这口井和高高的石岸的
　底脚之间的边界因此是圆形的；
　它的底层分成了十座山谷。
如同那种地面的形状
　所呈现出的一样，为了要防护城墙，
　重重的壕沟环绕着一座城堡：
这些山谷在这里造成了这种形象；
　又好像从堡垒的门槛
　有桥梁通到外边的堤岸：
就像这样从岩石的基础
　有危岩通出去而跨越堤岸和壕沟，
　降到那把它们截断和集合起来的井。
从基利翁的脊背上被放下来的
　我们就发现自己在这地方；
　诗人向左走去，而我在后面跟着。

在右面我看到了新的悲惨，
  新的苦刑，和新的施刑者，
  那第一断层就为这些所充塞着。
在那底层里的罪人都赤露着身体；
  在正中的这一边，他们向着我们走来；
  在另一边的则与我们同行，但脚步大些：
如同罗马人在大赦年
  为了人们实在拥挤不堪，
  就采取办法使他们能走过桥去：
所以，在一边，大家都面向着
  那“城堡”而向圣彼得教堂走去；
  在另一边，他们往那座“山”而去。[③]
在这边，在那边，沿着那可憎的石头，
  我看到生角的恶鬼拿着大鞭，
  他们从后面狠狠地抽打那些幽魂。
唉！他们怎样地使得幽魂们
  一受到第一鞭就提起腿来了啊！
  确实没有一个等到第二或第三鞭的。
当我向前走时，我的眼光碰到
  一个幽魂，我立刻说道：
  “这个人是我以前看到过的。”
因此我停住了脚步去认他；

---

① 恶囊是十道同中心的大山谷，愈往下则每道山谷的圆周愈小。

② 见第三十二歌第 1 行以下。

③ 罗马教会的第一个大赦年是由教皇菩尼腓斯八世创立的，从 1229 年圣诞节持续到 1300 年圣诞节。由于到圣彼得教堂去的巡礼者来往拥挤不堪，他们在通过圣安石洛城堡桥的时候，必须依一定的方向走：去的人往圣安石洛城堡走，回来的人往乔尔诺山走。

和善的夫子同我站在一块不动，
而且允许我往后退回一些。
那个被鞭打的幽灵想要隐蔽起来，
低下了脸孔；但这对他没有多大用处，
因为我说道："眼睛望着地面的你啊！
假使你的面貌不是虚假的，
你就是维内提珂·卡嘉尼密珂；[①]
但是你为了什么竟陷入这种苦境呢？"
于是他对我说："我不愿意说它；
但是你那清楚的言语使我怀念
以往的世界，所以我不得不说。
是我把美丽的吉苏拉
引去顺从那侯爵的意思，
不论这可耻的故事传说得怎么样。
而我不是在这里哭泣的
仅有的波伦亚人：不，这地方
是这样地充满着我们，在萨维拿河
和累诺河之间也没有这么多的人说'西巴'；[②]
假使你想要保证和证明，
你可以回忆一下我们贪婪的心。"
当他这样说时，一个恶鬼
用鞭子抽打他，说道："滚吧，
王八蛋！这里没有女人替你赚钱。"

---

① 维内提珂·卡嘉尼密珂是波伦亚归尔甫党的领袖之一，在生前但丁认识他。他为了要得到侯爵俄俾左二世（见第十二歌）的宠幸，帮助他去和自己的妹妹吉苏拉成奸。

② 波伦亚位于萨维拿和累诺两河之间。"西巴"是波伦亚语，意即"对的"。

我回到我的护送者那边；
　然后，只走了几步路，我们来到
　一座危岩从那堤岸迤逦而去的地方。
我们不费什么力就登上了它；
　而在它的嶙峋的脊背上转身向右，
　我们离开了那些永恒的圈子。
当我们到达在底下张开大口
　为受鞭挞者留下一条通道的地方时，
　我的导师说道："停下来，你且注视
那些另外的生来作孽的幽灵，
　他们的脸孔你还没有看到，
　因为他们沿着我们同一的方向行走。"
从那远古的桥上我们了望那行列，
　他们正在另一边向着我们走来，
　同样地为鞭子所驱赶着。
和善的夫子不待我问，就对我说：
　"看那个正在走来的伟大的灵魂，
　他仿佛一点不因痛苦而流泪：
他还保持着一副怎样堂皇的外貌啊！
　那是哲孙，①他用勇气和智慧
　使得科尔奇斯人失去了公羊。
他在那些大胆而残忍的妇女
　把所有她们的男子杀死之后，
　曾经在雷姆诺岛旁边经过。

---

① 哲孙乘船到科尔奇斯去寻金羊毛的时候，在路上曾经过雷姆诺岛，诱骗了雷姆诺王图挨斯的女儿希普雪彼尔。在雷姆诺岛的妇女杀死岛上的一切男子时，她救了他父亲的性命。哲孙和她生了两个儿子，终于抛弃了她。

在那里，他用礼物和巧语
　诱骗了年轻的希普雪彼尔，
　她先前也曾欺骗过其他男子。
他使她怀了孕，把她孤零零地留在那里。
　这样的罪恶罚他遭受这样的苦刑；
　而且密提阿[①]也在这里报了仇。
凡是作同样勾当的人和他同行。
　关于第一道山谷和它所吞噬的人，
　你知道了这些就够了。”
我们已经来到了那狭窄的石道，
　穿过第二堤岸并以这堤岸
　作为另一段拱路的扶壁的地方。
这里我们听到了幽魂们
　在另一山沟中啼哭着，从嘴巴
　和鼻孔里喷着气，用手掌拍打着自己。
堤岸上铺着一层从下面来的
　臭气所凝结成的霉东西，
　使得眼睛和鼻子都感到憎恶。
山沟的底是那么地深，若不是
　我们登上危岩在那里耸立得最高的
　那段拱路的背脊，我们什么也看不到。
我们登上了它；从那里我看见
　下面沟里有一群幽魂浸在
　仿佛从茅厕里流出来的粪水里。
当我用眼光往下面探视时，

① 密提阿是科尔奇斯王爱底斯的女儿。她使哲孙得到了金羊毛，因此哲孙和她结婚，而最后抛弃了她。

我看到一个幽魂满头都是污粪，
以致看不出他是僧是俗。
他向我咆哮：“为什么你看我
比看其他污秽的人更仔细呢？”
我对他说：“因为，假使我没有记错，
我从前在你头发没有湿以前看到过你；
你是卢卡的阿莱西俄·英透米内：①
因此我看你比看别的人仔细。”
然后他打着他的脑袋说：
“我的舌头从来不倦于说的
奉承话使得我沉没在这粪水里！”
我的导师便对我说道：
“稍微把你的头伸出去些，
好让你的眼睛完全看到
那个肮脏和头发蓬乱的娼妇的面貌，
她在那里用龌龊的指甲抓着自己，
有时缩做一团，有时站立起来。
她便是妓女塞绮斯，②当她的情人
问她‘你十分感谢我吗？’的时候，
她回答说：‘哎呀，感谢极了。’
我们就看到这里为止吧。”

---

① 关于这个人的事情知道的不多，只知道他的家族是卢加的有名的白党，他在1295年还活着。

② 塞绮斯是罗马古代喜剧诗人忒楞斯的一篇喜剧里的人物，但是这里但丁把她作为一个真的人看待。

第十九歌

第八圈：第三断层。买卖圣职的教皇们

魔法师西门啊！[①]你们这班他的邪恶的
　门徒和盗贼啊！你们为了金银
　奸污了那些应该与正道
联姻的上帝的事物！[②]现在号角
　一定要为你们而吹动：
　因为你们是在第三断层中。
我们已经登上了下一座坟墓，
　就在危岩直接俯临着
　壕沟的中央的那一部分上面。
“至尊的智慧”啊！你在天堂，在地上，
　在罪恶的地狱，显出怎样的匠心，
　你的“善”又是分配得多么公正！
我看到铅色的岩石在四边
　和底下有着许多洞穴，
　都是一样的大小；每个是圆的。
在我看来，在我那美丽的
　圣约翰教堂内造来为施洗者
　立脚的洞穴不见得更宽或更大；
许多年前我曾击破了其中的一个，
　为了救出沉溺在里面的一个小孩：
　让这个作为解除一切人的怀疑的保证。[③]
从每个洞穴的口露出了

一个罪人的双脚和到小腿为止的
双腿；而其余的都留在里面。
他们大家的脚底都在燃烧：
因此腿肉抖动得那么厉害，
什么柳条和草绳都会绷断。
好像有油的东西在燃烧时，
火焰只是在表面上移动：
在那里，从脚跟到脚尖也像这样。
我说道：“夫子！那个在扭曲着自己，
比所有他的同伴们抖得更厉害，
又为更红的火焰所舔着的人是谁？”
于是他对我说：“假使你愿意，我把你
带到那下面去，靠近那较低的堤岸，
你将从他知道他自己和他的罪恶。”
我说道：“随你怎样，我总是高兴的：
你是我的主宰，你知道我不违背你；
你也知道我没有说出来的话。”
于是我们来到了第四条堤岸上；
我们向左边转弯并往下走去，
走到有洞的和狭窄的沟底。
和善的夫子还不让我离开他身边，

---

① 圣彼得曾斥责撒马利亚的西门，因为他认为“上帝的恩赐是可以用钱买的。”

② “事物”即指圣职。

③ 佛罗伦萨的洗礼堂里面的泉井，四周有洞，司仪的牧师站在里面，以避人群的拥挤。但丁有一次击破了围着这样的一只洞的大理石，以救出跌在里面的一个小孩。但丁借这里洗白一下当时对他的指责。

他把我带到那个幽灵[①]的洞口，
他用双腿那样地表示着悲痛。
我开始说道："哦，不幸的幽灵，
你的上身像木桩一样埋在底下，
不论你是谁，假使你能够，说话吧。"
我站在那里就像教士听
奸刁的凶手忏悔，他被倒栽之后，
还在叫教士回来，以延迟死刑。[②]
这个幽魂叫道："你已经站在那里了么，
你已经站在那里了么，菩尼腓斯？[③]
那预言书把我欺骗了好几个年头。
难道你那么快地就餍足了那些财富？
为了这些财富你不怕用欺诈手段
夺去美丽的'圣女'，[④]然后蹂躏她。"
我变得就像一个站着被嘲弄的人，
一点也不懂得他听到的
是什么话，也不知道怎样回答才好。
于是维吉尔说："赶快对他这样说，
'我不是他，我不是你所想的那个人。'"
我就照着吩咐我的那样回答。
那幽灵因此剧烈地扭动他的脚；

---

① 这个幽灵是尼古拉斯三世，他从 1277 年到 1280 年居教皇的职位。他属于奥西尼家族。

② 按照佛罗伦萨的法律，被雇用的凶手处死时，在地上掘一个洞，把他倒栽在里面，然后再用土把洞填满。那时把这叫做"压条法"。

③ 菩尼腓斯八世那时候还是教皇。他是 1303 年死的。

④ "美丽的圣女"指教会。据说菩尼腓斯用欺诈手段夺去塞莱斯丁五世的教皇职位(见第三歌)。

然后叹了口气，用哭泣的声音
对我说道：“那末你要问我什么呢？
假使你这么关心着要知道
我是谁，因此你走下了那堤岸，
那末你要知道我是穿过‘大法袍’的；
我确实是一个‘母熊’①的儿子，
那么急切地想使自己的‘仔子’繁昌，
我在人世装进了钱财，在这里装了自己。
其他在我之前犯买卖圣职罪的人
都在我的头的下面被拖曳着，
在石头的裂缝里缩做一团。
等那个人来时，我也要堕落到
那下面去，刚才我突然问你时，
我原以为你就是那个人哩。
我在这里双脚被烤，身体倒栽，
这样过的时间已比那个也将来到这里
双脚发红地倒栽着的人长久了：
因为在他之后，从西方将要来到
一个做过更丑恶的事情的不法的
‘牧羊人’，②他应当掩盖在他和我的上面。
他将是一个新的哲孙，我们在《玛加培书》中

---

① “母熊”是奥西尼家族的纹章。

② 这是指克雷门特五世。他以前当过波尔多的主教，于 1305 年被选为教皇后，把教廷迁至亚威农，受法兰西王的节制。据说他获得教皇的权位，是由于法兰西王的恩赐。他卒于 1314 年。因此，尼古拉斯三世在地狱中要等待二十三年，菩尼腓斯八世才会来到，而菩尼腓斯八世只要等待十一年，克雷门特五世就会来到。

读到哲孙的事迹；如同国王听从哲孙，[①]
统治法兰西的国王也将听从这个牧师。”
我不知道在这里是否太残忍，
因为我用这种语调回答他：
“唉！现在你告诉我，我们的‘主’
向圣彼得要求多少钱财，
才把钥匙交给他保管？
当然他除了‘跟我来！’之外并没要求什么。
当选择马提亚来充当那个该死的人
所失去的职务时，[②]彼得或是
其他的人也并没向他索取金银。
因此你留在这里吧，因为你受到的
刑罚是公正的，而且好好守住
那使你胆敢反对查尔斯的不义之财吧。[③]
对于你在欢乐的人间所掌管的
‘神圣的钥匙’的敬畏在阻止着我，
假若不是这样的话，
我还要使用更严厉的言语呢：
因为你的贪婪使世界陷于悲惨，
把好人蹂躏，把恶人提升。

---

① 这是指《次经 · 玛加培书》中的哲孙。他用贿赂诱致国王安的丘斯任命他为大祭师。但丁把克雷门特五世比作新的哲孙，因为他的教皇职位也是由法兰西王的恩赐而得来的。

② “该死的人”指出卖耶稣的犹大。犹大出走后，马提亚被选为十二门徒之一。

③ 尼古拉斯三世曾受培利俄罗加斯皇帝的贿赂，帮助普罗契达的约翰来反对安如王室，结果于1282年在西西利岛向法国人进行大屠杀，历史上名为“西西利晚祷钟声”（即以此为信号进行屠杀）。

当著述福音者看到
　那坐在水上的女人和帝王们通奸时，
　他就知道像你们这样的牧羊人；
她生下的时候有七个头，
　只要她的丈夫爱好美德，
　她的十只角就得到保证。[①]
你们把金银做你们的上帝：
　你们和偶像崇拜者有什么不同，
　除了他们崇拜一个，你们崇拜一百个？
唉，康司坦丁！[②]不是由于你的改教，
　而是由于第一个富有的'父亲'
　从你拿去的赠与，产生了多少罪恶！"
当我这样地向他歌唱时，
　不知道啃噬他的是愤怒还是良心，
　他用他的双脚剧烈地挣扎。
我想这真的使我的导师喜欢，
　他显出那么满意的神色
　听着我说出来的真实的言语的声音。
因此他用两只手臂抱住了我；
　一边把我紧紧地抱在他怀中，
　一边就登上他下来时走的路；
他这样把我抱着也不感到疲倦，

---

① "著述福音者"指约翰。"坐在水上的女人"指腐败的教会，"她的丈夫"指教皇，"七个头"指七德，"十只角"指十诫。

② 康司坦丁大帝，从306到337年为罗马皇帝。据说，他于312年进军罗马时，见天空有一发光的十字架而改信基督教。据中世纪流行的传说，他从罗马迁都到拜占庭之前，把西方的政权都交给了教会。这就叫做"康司坦丁的馈赠"。

　一直把我带到拱路的顶点，
　那是一条从第四到第五堤岸去的横道。
他在这里从容不迫地把我
　放在那崎岖峭拔的断崖上，
　那地方对于山羊也会是艰苦难行的道路；
在那里另一座山谷在我面前显出。

第二十歌

第八圈：第四断层。占卜者。孟都亚的起源

我的诗歌现在应该歌唱新的刑罚，
　这将是讲到沉沦者的
　第一篇的第二十歌的题材。
我现在是完全准备好了，
　向下朝那显现在我眼前的深渊望去，
　那地方是为痛苦之泪水所浸透；
我看到一群幽魂默默地哀哭着
　从那环形的山谷走来，他们的脚步
　就像在这人世唱着祈祷文的合唱队一样。
当我更向下细看他们时，
　就看到他们每一个从下颏
　到胸膛的顶端都是奇怪地歪扭着：
因为脸孔是向着背腰转过去；
　而且他们不得不退着走，
　因为他们是不许往前看的。
他们的形貌歪扭得这样厉害，
　或许是由于中风的缘故吧；
　但是我既没有看见过，也不相信会这样。
读者，愿上帝让你从你的阅读中
　获得教益，现在你自己想一想，
　当我就在身边看到了
我们人的形象被弄得那样歪扭

以致眼睛流出的泪水湿透了
后面的部分时，我怎能不泪流满面呢？
当然我哭了，身体斜倚着
那危崖的一块岩石，因此我的护送者
对我说：“你也变得像那些蠢人一样了么？
在这里怜悯完全死灭时，才显得是怜悯。
有什么人比一个对上帝的判决
表示悲痛的人更不虔敬呢？
抬起你的头来，抬起来，你看那个人，①
为了他地面在底比斯人的眼前裂开，
那时他们都叫道：‘你向哪里跑，
阿姆费劳斯？你为什么临阵脱逃？’
他并不停止向下一直跑到
那抓住每个罪人的迈诺斯那边去。
注意看他怎样地把肩背变成胸膛：
因为他要向前看得太远，
现在他向后看和退着走。
看那改变了自己的模样的
泰利西亚斯，②当他从男人
变成女人时，他的肢体全部变了形；
而后来，在他能够重新恢复
他的男子的模样之前，他又不得不
用手杖打那两条纠缠在一起的蛇。

---

① “那个人”指阿姆费劳斯，亚各斯的预言家和勇士。他是攻打底比斯城的七王之一，在那里为裂开的土地所吞没。

② 泰利西亚斯，底比斯的盲目的占卜者。据奥维德在《变形记》中说，他因为用手杖打了两条互缠在一起的蛇而变为女人；七年后，他又打了那两条蛇，复变为男人。

那在他前面退着走的是阿伦斯，①
　他原在卢尼的群山里面
　（住在山下的喀拉拉人在那里耕锄），
在白云石中间把山洞作为居处，
　他能够从那里一览无遗地
　观望天上的星辰和下面的海洋。
那个用她的飘下的头发遮起
　她的为你所不能见到的胸膛，
　而她的生毛的皮肤都在背后的，
就是孟都，②她寻遍了各地，
　最后定居在我出生的地方：
　因此我愿意你稍微听我说一下。
在她的父亲离去了人世，
　酒神之城受到了奴役之后，③
　她长期地在各处漫游。
在上面美丽的意大利，在提罗尔之上
　成为日耳曼的屏障的阿尔卑斯山边，
　有一个名叫俾内克斯的湖。
渟潴在那湖里的水，通过了
　大概总有一千多泉源，灌溉着
　加尔达和卡蒙尼卡谷之间的亚平宁山。
在湖的中央有一个地方，脱伦脱，
　布里西亚和味罗那的牧师在那里

① 阿伦斯，伊特拉斯康的占卜者。他预言了恺撒得胜而庞培殒命的内战。
② 孟都是泰利西亚斯的女儿，在这里说她是孟都亚的创建者。
③ 底比斯是酒神巴卡斯的诞生地。底比斯曾受过克利翁的暴虐统治。

可以举行祝福仪式，[①]假使他们往那里去。
在周围的湖岸最低的地方矗立着
培斯基拉，一座美丽而坚固的堡垒，
用来抵抗布里西亚人和贝加摩人的进犯。
俾内克斯湖容纳不下的水
不得不往下流注，成为一条河，
穿过绿色的草原向下流去。
等到湖水向前奔腾时，它不再
叫做俾内克斯，而叫做明韶，
到高浮诺地方时就注入波河。
它还没有流得远，就找到一片平地，
它在上面展开而成为一片沼泽，
那里在夏天时常发生瘟疫。
那残忍的处女经过那里时
在沼泽中间看到一片土地，
未被开垦也没有一个居民。
她和她的仆从停留在那里行使
她的妖术，为了断绝一切人世的来往；
她在那里生活也留下了她的躯壳。
以后四散在各处的人们
在那地方聚集了起来，
这地方因四边有沼泽而形势坚固。
他们就在那些尸骨上面建起了那座城；
为了纪念第一个选择这地点的她，
他们不作其他占卜就把它命名为孟都亚。

① 牧师(即主教)只能在自己的主管教区行祝福仪式。这里只是说，脱伦脱，布里西亚和味罗那三个教区在这地方会合。

在卡萨洛底的愚妄
　受到毕纳蒙脱的欺骗之前，①
　城里的居民原是更稠密的。
因此我嘱咐你，假使你竟听到
　关于我的城市的起源有其他说法，
　且莫让伪说把真理蒙混。”
我说道：“夫子，你的言语在我听来
　是那么明确，那么使我深信，
　一切其他说法对于我都将是熄灭的煤。
但是对我讲那些在经过的人，
　假使你看到其中有值得注意的：
　因为我只是时时想起这一点。”
于是他对我说道：“那一个他的胡须
　从面颊拖到黑色的肩膀上去的
　是一个占卜者，他那时候希腊的男子
是那么稀少，就是在摇篮里的也没有几个；
　在奥利斯，他和卡尔卡斯一起
　定出了割断第一根绳缆的时间。
他的名字是攸利彼勒斯；②我的崇高的
　‘悲剧’曾在一个地方这样地歌唱过他：
　熟悉全篇的你一定很知道这一点。
那另一个腰身那么细的

---

① 卡萨洛底的阿尔倍多原为孟都亚的君主，1272 年，由于毕纳蒙脱的阴谋，被逐，杀死居民很多。

② 在特洛伊战争时期，所有的希腊人离开了故乡，参加围攻特洛伊。但在希腊人离开奥利斯之前，卡尔卡斯忠告阿加孟农牺牲伊非基奈阿。可是攸利彼勒斯并未参与其事。

是米雪尔·司各脱；[①]老实说，
他熟悉用妖术来行骗的方法。
看归多·菩内底；[②]看阿斯邓脱，[③]
他现在但愿从前专心于
他的皮革和线，但是已后悔不及。
看那些不幸的女人，她们抛弃了
针线，梭子和纺锤而成为巫婆；
她们用药草和蜡像来行使妖术。
但是来吧！因为该隐和他的荆棘[④]
正在两个半球的分界线上，
而且在塞维尔下面与海水相接；
在昨夜月亮已经是圆的；
你一定还很记得：因为你在深林里
她始终没有损害你。”
他这样地对我说，我们便向前走去。

---

① 米雪尔·司各脱（1190—1250），著名的占星家。

② 归多·菩内底是福里的著名占星家，原为瓦匠。

③ 阿斯邓脱（“无牙者”），原名朋维纳多，是一个鞋匠，却想占卜未来。他约死于1284年。

④ “该隐和他的荆棘”即月亮。在但丁时代，塞维尔被认为是地球的极西边。这里描写月亮沉落。

第二十一歌

第八圈：第五断层。贪官污吏

我们这样从一座桥走到另一座桥，
　作着其他的谈话，我的“喜剧”不愿
　在这里细说；到达拱顶的时候，
我们停下来看“恶囊”的另一个裂罅
　和另外的徒然的哀哭；
　我发现那地方是骇人地黑暗。
如同在威匿斯人的造船所里
　在冬天熬煮粘韧的沥青
　来填塞他们的受损坏的船只，
这些船只已不能航行；为代替它们，
　有的把他的船重新造过，
　有的修补作了多次航行的船骨；
有的在船首锤击，有的在船尾锤击；
　有的在造桨，有的在绞绳；
　有的在缝补三角帆，有的在缝补中下帆：
这样地不是用火而用神的艺术，
　一汪稠稠的沥青在那下面煎煮，
　而把堤岸的四边都涂了个遍。
我看到它；但在那里面看不到什么，
　除了那些因煮沸而升起的气泡，
　和那整片沥青的涌起与平伏。
当我眼睛一动不动地向下注视着时，

我的导师一面说着“留心，留心！”
一面把我从我站立的地方拉到他身边。
于是我转过身来，好像一个人
急想看他必须避开的东西，
可是感到突然的恐惧，
因此他一边看，一边赶快逃走；
我在我们后面看到了
一个黑鬼在跑上危岩来。
唉，他的形状是多么狰狞！
他的姿态在我看来是多么凶恶，
张开了翅膀，脚步又矫捷！
他的尖而高的肩膀上背着
一个罪人的两爿后臀；
他抓住了每只脚的脚筋。
他说道：“我们的石桥的‘恶爪鬼’呀！
看这圣齐太的一个长老！①
把他抛到底下去，我就回到
那座城去再捉拿，我已在那里准备了好多；
那边除了庞得洛②每个人都是贪官；
他们可以为了金钱把‘非’变成‘是’。”
他把他抛了下去，然后顺着
那岩石旋转而去；纵身跃出的猛犬
从来没有这样快地去追赶盗贼。
那罪人投入了水中，然后又歪扭着

---

① 圣齐太是卢加的护神；“长老”是卢加的地方长官。这个长老据说是一个叫做马蒂诺·菩泰俄的人，死于1300年。

② 庞得洛·达蒂是那时候卢加的平民党的首领。这里用的是讥嘲的口吻，其实他是该城最大的贪官。

浮了起来；但是那些在桥底下的
恶鬼却叫道："在这里'圣像'[1]并不显灵；
你们在这里游泳不像在塞淖河[2]里那样；
所以，除非你愿意尝一尝我们的钢叉，
你就不要露到沥青的外边来。"
然后他们用钢叉把他打了一百多下，
并且说道："在这里你得要在遮盖之下跳舞；
好吧，若是能够，你就私下偷摸吧。"
这正好像厨师们要他们的下手
用钩子把肉浸在锅子的水里
使它不致再浮起来一样。
和善的夫子对我说道："为了免得让人
看到你在这里，你蹲在一块岩石背后吧，
这样你可以有了一些掩蔽；
不论他们对我会做出什么轻举妄动，
你不要怕：因为我知道这些事情，
我以前曾经遇到过相同的纷争。"[3]
于是他走到了桥头的那边；
当他到达了第六堤岸上面时，
他必须显出沉着坚定的态度。
像群犬向一个在自己突然站住的地方
伸手请求施舍的穷苦人
扑上去时那样地凶猛和狂暴，
那些恶鬼从桥底下冲出

---

① "圣像"是保藏在圣马蒂诺的教堂里的基督像，人民有灾难的时候常去向它乞灵。

② 塞淖河在卢加之北数英里。

③ 见前面第九歌，在那里维吉尔说过他到过最底层的地狱。

把他们所有的钢叉对准着他；
但是他大声喝道："你们一个也不许乱动！
在你们把叉子碰到我的身体之前，
让你们中的一个走出来听我说，
然后商量钩刺我的事情。"
大家叫道："让玛拉珂达去"；有一个鬼
便行动起来，其余的站着不动，
并且来到他面前说："这对他有什么用处？"
我的夫子说："玛拉珂达，你以为
我克服了你们所有的阻碍
安全地来到了这里，
是没有神意和幸运的么?
让我过去：因为上天已经命定
我要引导另一个人走过这崎岖之路。"
于是他的骄气尽丧，他让钢叉
落在自己脚边，对其余的鬼
说道："现在不要打他吧！"
我的导师对我说道："蹲着
坐在桥的大碎片中间的你啊，
现在你安然回到我这里来吧！"
我便行动起来，迅速地走到他那里；
恶鬼们都逼向前来，
我生怕他们会不守约。
我以前曾看到过这样的步兵，
他们依据条约从卡普洛拿①走出，

① 1289年8月多斯加纳的归尔甫党人夺获了比萨人的城堡卡普洛拿。但丁自己也参与这次战役。

因看到自己在这么许多敌人中间而恐惧。
我全身逐渐靠近我的导师，
但是目不转睛地注视着
他们的不怀好意的面貌。
他们平放了他们的钢叉，继续
交谈着：“我刺他的屁股好么？”
回答是：“好的，你就把他刺一下。”
但是那个和我的导师在说话的恶鬼
立刻转过身去说道：
“不要出声，不要出声，斯加密朗！”
于是他对我们说：“沿着这座危岩
再往前走是不可能的：
因第六座桥全部断落在底下；
假使你们的意思还要往前去，
那末请你们沿着这座山脊走：
附近有另一座危岩所形成的一条小路。
昨天，比此刻迟五个小时，
正是这里的这条道路
断裂了以后的一千二百六十六年。①
我派遣我的一些人到那边去
看看有什么罪人出来吹风；
跟他们一同去，他们不会靠不住。”
他就开始说：“走出来，阿利乞诺
和卡尔卡勃利拿，你也来，卡格纳左；
让巴勃利祈亚带领你们十个。

① 但丁在《飨宴篇》里说过耶稣死于中午，所以现在是早晨七时。关于耶稣到地狱后地震事见前面第十二歌。

此外让利别珂珂走出，还有特拉吉纳左，
　长牙的雪拉托，格拉费阿根，
　法法来洛，和凶猛的路别根脱。①
你们绕着沸腾的沥青巡逻一番；
　把这两位小心护送到那另一座危岩，
　它绵亘不断地横过那些溪谷。”
我说：“哦！夫子，我看到的是什么景象？
　唉，假使你熟悉这条路，让我们
　不用护送者自行走去；我不希望护送！
假使你像惯常那样地留神，
　难道你没有看到他们怎样磨牙切齿，
　皱眉弄眼地向我们显示恶意么？”
他对我说：“我不希望你这样害怕；
　他们要磨牙让他们磨吧：
　因为他们是对那些被煮熬的罪人做的。”
他们向左边的堤岸转弯过去；
　但是他们每一个先向他们的队长
　从上下齿间伸出舌头作为信号；
而他从他的臀部做出一个号角声。

① 这些有着奇怪的名字的“恶爪鬼”或许代表但丁在佛罗伦萨的市民中的敌人。他们百般诬蔑但丁贪污，把他放逐。

第二十二歌

第八圈：第五断层。恶鬼的趣剧

我以前曾见过骑兵拔营，
　开始进攻，举行检阅，
　和有时从敌人前撤退逃窜。
阿累提诺人啊！我看到过你们的
　故土的骏马，粮草征发队的行进，
　马上比枪的冲击和竞驰，
时而用号角，时而用钟，①
　时而用鼓和堡垒的信号，
　时而用本地和外来的方法：
可是我还没有见过骑兵或步兵，
　或以陆地和星辰的标志定方向的船只，
　依着这么不可思议的号筒声行动。
我们和那十个恶鬼同行：
　唉，可憎的同伴！但是，
　“在教堂里和圣徒一起，在酒店里和酒徒一起。”
可是我的心思是在那沥青上，
　要看那断层的每种特性
　和那些在里面燃烧着的人。
如同海豚用拱形的背
　向航海者做出信号
　要他们作好准备保全船只：②
有的罪人就像这样地不时

露出背来以减少他的痛苦，
然后不到闪电一亮的工夫就隐匿不见。
有如在一条狭沟的水边，
青蛙站在那里只露出了口鼻，
它们把脚和其他部分都隐藏起来：
罪人们就像这样地在各处站着；
但是当巴勃利祈亚走近时，
他们立刻缩到沸水的底下。
我看到，现在想到这事我的心还发抖，
有一个罪人滞留着，正如有时候
其他的青蛙都跳走了，有一只留下来。
最靠近他的格拉费阿根钩住了
他的沾满沥青的头发把他拖起，
他在我看来就像一只水獭。
我早已知道了每个人的名字，
他们被挑选出来时我仔细注意了他们，
当他们互相叫唤时，我听他们怎样叫。
“路别根脱呀，你务必把你的脚爪
插到他肉里去，剥他的皮！”
所有那被诅咒的一伙同声高喊。
我说：“夫子，假使你能够，
请去问一问，那个落在
他的敌人手中的可怜家伙是谁。”
我的导师走近了他的身边

① 在战场上，每个意大利城有自己的一辆车子，上面有钟，作为战役中的集合点。
② 这是但丁那时候民间流行的迷信：当海豚露出海面时，暴风雨即将来临。

问他来自什么地方；他回答说：
“我生于那瓦王国。
我的母亲送我去做一个贵族的奴仆；
因为她嫁了一个下流的浪子，生下了我，
那浪子耗尽了生命，荡尽了财产。
后来我做良善的国王提菩尔德的家臣；
在那里我就从事于受贿的勾当，
我这罪恶在这沸水里得到清算。”①
而雪拉托，从他嘴的两边伸出长牙
就像从一只野猪的嘴里伸出的一样，
使他感到有一只长牙在怎样咬他。
老鼠来到了恶猫的中间；
但是巴勃利祈亚把他紧抱在两臂中，
说道：“在我叉住他时，你们站开！”
他把脸孔转向我的夫子，说道：
“假使你想从他口中听到更多的事情，
趁别人还没有把他结果，再问下去。”
导师因此说：“现在你说，在沥青底下
其他的罪人中间你知道
有拉丁人么？”他说道：“我刚才
离开了一个罪人，他是在另一边的
他们的邻人；但愿我仍旧和他
浸在一起，那我就不怕脚爪或钩子了！”
利别珂珂叫道：“我们忍耐太久了！”
就用钩子钩住了他，一阵乱戳，

① 这个说话的人，只知道他的名字是叫齐安保罗；他的事迹，除了但丁在这里所说的以外，就不详细。

戳去了下肢的一部分肌肉。

特拉吉纳左，他也想要

叉住在下面的腿；因此他们的首领

露出可怖的脸色团团转着。

在他们稍微被镇慑了之后，

我的导师毫不延迟地问

那仍旧在注视自己伤口的人：

“你说你不幸离开了他

而到岸上来的那个人是谁？”

他回答说：“那是戈弥太法师，

加勒拉人，是一个无恶不作的人，

他把他主人的敌人掌握在自己手中，

却把他们弄得没有一个不赞扬他：

他拿到了钱，就把他们撤职，如他所说的

不留一丝痕迹；在他其他的职务中，

他不是一个不足道的，而是十足的受贿者。

同他勾结在一起的是罗哥杜洛的

唐·密舍尔·尚奇；在谈论

撒地尼亚时他们的嘴舌不感到疲倦。①

唉唉！看那另一个正在露齿而笑；

我本想多说点话；但是我怕

他正在预备抓我的头皮。”

---

① 撒地尼亚分成四个区域，即加格里利，罗哥杜洛，加勒拉和阿善里亚，每个区域由一个法官管辖。戈弥太法师是加勒拉的法官尼诺·维司康蒂的大臣。戈弥太收受贿赂，纵容他所管的囚犯越狱逃走，因此被尼诺·维司康蒂判处绞刑。密舍尔·尚奇是恩齐俄王的主教。他在罗哥杜洛也做同样的勾当，约于1290年被他的女婿勃兰加·杜利亚所谋害。

他们的大头目，当他转过身来
　向那溜动着眼珠预备要打的
　法法来洛时，说道："你滚开，恶鸟！"
那受惊的罪人重新开始说：
　"假使你要看或是听多斯加纳人
　或是伦巴人，我可以叫他们来。
但是让这班恶爪鬼稍微退后一点，
　他们才不会惧怕受到报复；
　而我呢则坐在这地方不动，
我虽是一个人，却会使七个人走来，
　只要吹一声口哨，我们中有谁
　出来的时候，我们惯于这么办。"
卡格纳左听了这些话翘起了鼻子，
　摇着他的头，说道："听他
　为了自己好跳下去而起的恶意吧！"
满肚子都是阴谋诡计的他
　立刻回答道："确实太恶毒了！
　当我替我的同伴策划更大的苦恼时。"
阿利乞诺再忍不住了，
　却违反大家的意见说道：
　"假使你纵身跳下去，我不跟你下去，
却要在沥青之上扇动我的翅膀；
　让我们离开高处，以堤岸做掩蔽，
　看你一个人能不能占我们的上风。"
读者啊，你将听到新鲜的把戏！
　大家都掉转眼睛望着另一边，
　那个最不肯这么办的鬼却首先这么办。
那个那瓦人选择了很好的时机；

他站稳了脚跟后，马上就跳下去，
而使自己摆脱了他们的恶意。
每一个都为这罪过感到痛苦；
但是那铸成这错误的恶鬼却感受最深；
因此他奔窜而出，叫道：“你被捉住了！”
但是这对他没有多大用处；因为翅膀
赶不上恐怖；那罪人已在下面；
而他飞着，挺起了他的胸膛；
这正像老鹰飞近的时候，
野鸭突然潜入水底，他只能
愤怒地，沮丧地飞回到天空。
卡尔卡勃利拿对这把戏怒不可遏，
老是飞着追他，希望这罪人
逃脱了，可以引起一场争吵。
当那受贿者隐没不见时，
他把双爪转向他的伙伴，
就在沥青之上和他扭打成一团。
但那另一个真是一只鹞鹰，
狠狠地抓住了他，于是他们两个
就一同跌落在沸池的中央。
沸池的滚烫立刻使他们松开；
但是他们却飞不起来，
因为他们的翅膀是牢牢地粘住了。
巴勃利祈亚和别人一同哀伤，
叫他们中的四个拿着全副钢叉
飞到对面的岸上去；极其迅速地
他们从两边降落在各自的岗位上；

　他们把钢叉伸向那粘住的一双，
　他们的皮肉早已被烫伤；
他们这样乱糟糟时，我们就离开了。

第二十三歌

第八圈：第六断层。穿铅袈裟的伪善者

沉默，单独，而且没有护送者
　我们前行，一个在前而一个在后；
　如同圣方济派的修道士走路一样。
看到刚才的纷争
　我想到了伊索寓言中的
　青蛙和老鼠的故事：①
假使仔细地把这两桩事情的
　开端和结束互相比较，
　那末它们就像"是呀"和"不错"那样吻合。
如同一个思想从另一个思想产生，
　那时从我这思想产生另一个思想，
　使我的第一个恐惧加倍起来。
我自己这样想："这些罪人由于我们
　而受到了讥笑，我相信这种损害
　和愚弄一定使他们十分恼怒。
假使他们的恶意再加上了愤怒，
　他们一定要追逐我们，
　比恶狗猛扑小兔还要凶横。"
我已经吓得毛发直竖；
　我往后面仔细望着，说道：
　"夫子，假使你不迅速地
把你自己和我隐藏起来，我怕

恶爪鬼：他们已经在追赶我们了；
我仿佛已经听到他们的声音。”
他说：“假使我是一面明镜，
我反映你的外貌不会
比反映你的内心更快。
甚至现在你的思想已和我的思想
渗透在一起，作用和面貌互相类似；
我就把它们变成一个主意。
假使那右边的堤岸那么倾斜，
我们可以降到另一个断层的话，
我们将避免那料想中的追逐。”
他还没有把这个主意说完，
我就看到他们在不远处
张着翅膀飞来，一心要抓住我们。
我的导师突然抱起我来，
好像一个母亲为闹声所惊醒，
看到她的身边烈焰熊熊，
立刻抱起她的孩子奔逃，
只顾到他而不顾到自己，
甚至没有停下来穿上一件内衣；
从那坚硬的堤岸的顶端，
他仰身向下滑到那悬空的岩石，
这岩石闸住了另一断层的一边。
从水槽里流出去转动

---

① 一只青蛙愿意把一只老鼠渡过水去，其实想要把它淹死。突然有一只鹞鹰飞下来了，把青蛙吃去，而那老鼠却逃走了。上面一歌中的齐安保罗比作老鼠，阿利乞诺比作青蛙，卡尔卡勃利拿比作鹞鹰。

一座陆地磨坊的车轮的水
在最靠近戽斗时也没有这么迅速，
好像我的夫子滑下那堤岸，
把我抱在他的怀中带走，
像他的儿子而不像他的伴侣。
他的脚还没有踏到下面的沟底，
他们已到达在我们之上的山头；
但是这并不使他恐惧：
因为至高的“天命”已命定了
把他们放在第五沟里遭受奴役，
他们要从那里离开的权力已被剥夺。
在那底下我们发现一群涂着彩色的人，
他们以极其缓慢的脚步环行，
哭泣着，神色显得疲乏而颓丧。
他们穿着大袍，他们的眼睛面前
遮着深的风帽，其样式就像
他们为哥伦的僧人所做的一样。
大袍的外面镀着金，使人目眩；
但是里面都是铅块，那么沉重，
腓特烈的铅衣比起来时像草一样。①
哦令人疲倦的永恒的衣袍啊！
我们又向左手转弯，和他们并行，
密切注视着他们寂寞的哭泣；
但是这班为他们的重负
所累乏的人来得那么慢，
我们每摆动一下腰部就碰到新的同伴。

① 腓特烈二世把犯叛国罪的人穿上铅衣，在火上熔化。

因此我对我的导师说："请你留神看出
　一个因事迹或名字为人所知的人；
　我们向前走时请你向四面观望。"
一个懂多斯加纳语的人
　在我们后面叫道："请你们停步，
　你们在昏沉的空气中跑得这么快的人啊！
或许你可以从我的口中听到你想问的事情。"
　我的导师就回过身去说道：
　"等一等，然后照着他的步子走。"
我站着不动，看到两个人，
　他们的神色显得急急要和我在一起；
　但是那重负和狭路使他们行动迟缓。
当他们走上来时，他们斜着眼睛
　望了我好久，不发一言；
　然后他们面对面私下说道：
"这一个，看他喉咙的动作好像活人；
　假使他们是死人，凭什么特权
　他们可以不穿沉重的袈裟而行走？"
然后他们对我说："多斯加纳人呀，
　你来到了忧郁的伪善者的书院里！
　不要不屑于告诉我们你是谁。"
我便对他们说："在美丽的阿诺河边上，
　我在那伟大的城市里诞生和长大；
　我是带着我一向带着的躯体。
但是你们，你们是谁，我看到
　顺着你们的面颊流下那么伤心的眼泪？
　在你们身上闪闪发光的是什么刑罚？"
他们中的一个答复我：

“我们橙黄色的衣袍是用厚铅做的，
　以致秤锤把天平压得格格作声。
我们是‘快活僧’，波伦亚人：
　我叫喀太拉诺，他叫罗特林哥；
　你的城市选了我们两人
来维持和平，照惯例本来
　只选一人；我们的政绩怎样，
　在加丁哥一带还可以看出。”[①]
我开始说：“僧徒们呀，你们的罪恶——”
　但是我不说下去，因为我看到
　一个罪人用三根木桩成十字形地钉在地上。
当他看到我时，他全身扭动，
　连连吸气，吹动着他的胡子；
　僧徒喀太拉诺看到了这种情形，
就对我说道：“你所注视着的
　那个被钉住的人向法利赛人献计：
　为了全民使一人受苦刑是最为得策。[②]
你看到他赤裸着身体
　横躺在路上；而且要感受到
　每个走过的人的重量；
在这道沟里受同样酷刑的有

① “快活僧”是叫做“圣马利亚骑士”的一个军事教派的讥称，建立这教派的目的是在调解两党的纷争和帮助弱者。在1266年，它的两个主要创建者，即归尔甫党人喀太拉诺和基伯林党人罗特林哥，从波伦亚召来，一同当佛罗伦萨的长官，原想他们可以用不偏的态度来改良政府。但是他们以伪善和腐败被指控，并被逐出佛罗伦萨——在骚乱中，加丁哥这区域完全受到破坏。

② 这是大司祭该亚法用计要害死耶稣向法利赛人所说的话。他的岳父名叫亚那。

他的岳父，还有那议会的其他人物，
这议会成为犹太人的祸患之根。”
于是我看到维吉尔惊讶地
望着那张开在十字架上的罪人
那么可耻地受到永恒的放逐。
后来他向那僧徒说出这些话：
“但愿我的要求不会使你不快，
如果你同意，请你告诉我们在右边
有没有我们可从这里出去的路，
而不必要那些‘黑天使’中的哪一个
走来把我们从这深沟引导出去。”
他这么回答：“比你所想象的更近，
有一块岩石从环列的峭壁伸出来，
架在所有那些残酷的山谷之上，
除了在这里它是断的，没有穿过山谷：
你们能够从它的废墟上攀登，
这废墟在山边斜下去，在底下聚成石堆。”
导师一动不动地站了一刻，
垂着头，于是说道：“在那里
叉钩罪人的人没有老实地说这条路。”①
那僧徒说：“我以前在波伦亚听到
人家说起魔鬼的许多罪恶；
我特别听到他是撒谎者和撒谎者之父。”
于是我的导师大步向前行走，
他的神色显得稍微有些愤怒；
因此我就离开那些背着重荷的幽灵，
追随着他那可爱的双脚的脚印。

① 玛拉珂达向维吉尔指路的事，见前面第二十一歌。

第二十四歌

第八圈：第七断层。盗贼与蛇

在一年的开初，当太阳
　在宝瓶宫底下调理自己的头发，
　而黑夜逐渐退到和白昼相等，[①]
当皓霜在地面上摹绘
　他的白姐姐的形象，
　但他的笔的硬性持续不久时，[②]
秣草不足的农民起身，观望，
　并看到田野全是一片白色；
　他因此拍了一下大腿，
回到屋子里去，走来走去，
　像一个不知道怎么办的可怜人那样叹气；
　于是又到外边去，而恢复了希望，
他已看到世界怎样在短时间内
　改变了面目；就拿起牧杖，
　把他的羊群赶出去喂草：
夫子就像这样地使我沮丧，
　当我看到他的神色那么困惑；
　药膏也像这样迅速地搽好创伤。
因为我们到达那断桥时，
　我的导师用那我最近在山麓下
　看到的和蔼的面容对着我。
他先仔细地看了看那废墟，

胸中有了成竹之后，
张开了两臂把我抱起。
好像一个一边工作一边计算
而似乎永远事先有准备的人：
就像这样，他在把我举到
一块大石的顶上去时，又在看
另一块碎石，说道："现在爬到
那上面去，但先试一试是否载得起你。"
这不是给穿铅袍的人走的路；
就是我们，他虽轻，我虽被推着前进，
也几乎不能从这巉岩攀上那巉岩。
而若不是这地方的上坡路
比那另一地方的短些，关于他
我不知道，但是我一定要被难住。
但是因为那"恶囊"全部都向着
那在最下面的圆井的入口倾斜，
每座山谷的形势必须是
一边高起而另一边低落；
可是我们终于来到了一个地点，
最后一块石头从那里崩裂开去。
我爬上去时，我一点气力
都没有了，不能再往前走了；
甚至，我一到那里就坐了下来。
夫子说："现在你应该从怠惰中
摆脱出来，因为坐在绒毛上面，

---

① 太阳在宝瓶宫是在1月21日和2月21日之间，那时昼夜逐渐相等。
② 霜比雪（"白姐姐"）融化得快。

或是睡在被窝里的人是不会成名的；
没有名声而蹉跎一生，
人们在人世留下的痕迹，
就像空中的烟云，水上的泡沫；
因此起来吧！用那战胜一切战役的
灵魂来战胜你的气喘，
假使灵魂不和沉重的躯壳一起下沉。
一架更长的梯子还需要爬登：
走过了这些地方还不够；你若懂得我，
那末起来吧，这对你有好处。”
我就站了起来，在外表上装得
并没有那么喘不过气来，而且说道：
“走吧，因为我是有力而满怀信心。”
我们顺那危岩往上爬去，
它是崎岖，狭隘，难通行，
要比先前的一座陡得多了。
我一面走一面说话，免得显出懦弱；
那时从另一道壕沟里传来了
一个还不够形成语言的声音。
我不知道它说的什么，虽然我
早已爬到横跨在那里的拱桥的顶上；
但是那说话的人似乎被激怒了。
我转身下望；但我这活人的眼睛
因那黑暗而看不到深底；
我就说道：“夫子，请你设法
走到那另一座环带去，让我们走下
这座石壁：因为正如我听而不懂，
我往下看却什么都看不到。”

他说道："我要给你的回答
　只是行动：因为一个恰当的要求
　应该随之以默默的工作。"
我们走下桥去，来到这座桥
　和第八堤岸相接合的桥头；
　于是那深沟在我的眼前现出：
我看到里面有一群可怕的蛇，
　蛇的形状是那么怪异，
　甚至现在想起时，也会使我的血凝结。
让利比亚①的沙漠不要再夸耀了；
　因为，虽然它产生了彻来特里，
　查克利，巴利亚，森克利和安费司比纳，②
却没有显出过这么多或这么可憎的灾殃，
　无论是全部伊索比亚，③
　或是沿红海一带地方④也都比不上。
在这残忍和最为可怖的蛇群中间
　赤裸和惊骇的灵魂在奔驰，
　没有希望得到藏身洞或隐形石。
他们的双手被蛇给反缚在背后；
　这些蛇的首尾穿过他们的腰部，
　而在前面盘绕起来成为结子。
看呀！向着靠近我们河岸的
　一个灵魂，一条蛇直跃而起，
　咬穿了他的颈项和肩头相接之处。

---

① 利比亚是罗马帝国在北非洲的省份，这里泛指非洲。
② 这些是毒蛇的名字。
③ 伊索比亚是古代在埃及之南的非洲的地区。
④ "沿红海一带地方"指阿拉伯。

还不到写完“O”或“I”的工夫，
　他就着上了火燃烧起来，
　然后倒下去，全部化为灰烬；
在他这样地焚化在地上之后，
　那灰末又自行结合了起来
　而立刻恢复了先前的形状：
如伟大的哲人所宣说的，
　凤凰在活到五百年的时候
　就像这样地焚化和再生；
它生前不食草木或五谷，
　只饮乳香和豆蔻的流汁；
　松香和没药是它最后的尸衣。
如同一个人跌倒而不知道怎样会跌倒，
　是由于把他拖在地上的恶鬼的力量呢，
　还是由于把人绊住的其他障碍；①
当他站起来时，他定睛向四周观望，
　因他所经过的极大的痛苦
　而完全怔住了，一面观望一面呻吟：
那罪人站起来时也像这样。
　上帝的权力啊！哦多么严厉啊，
　你在惩罚中像雨点般洒下这种打击！
导师便问他是谁；他就此
　回答说：“在不久之前，我
　从多斯加纳落进这凶险的峡谷。
我喜爱畜牲的生活，不喜爱人的生活，
　我真是一条骡子；我是野兽，名叫

① 但丁在这里似乎在描写一个患癫痫病者。

凡尼·甫齐；[①]彼斯托雅是和我相称的兽窝。”
我对导师说：“告诉他不要动；
问他什么罪恶把他抛到这下面，
因为我曾看到他是一个凶暴好杀的人。”[②]
那罪人听到了并不装佯；
却把他的内心和外貌对着我，
显出一种满面羞惭的神情；
然后他说：“给你在这里
看到我凄惨的景况，这比我
从人世被捉来时更使我痛苦。
我不能拒绝你所问的：
我被判罚在这么低下的地方，
因为我盗窃了圣库里的美丽的器具；
而又把这罪过推到别人身上。
但是为了使你不因看到这景象而喜悦，
假使你竟离开这幽冥的境界，
张开你的耳朵听我来预言吧：
彼斯托雅先因驱逐黑党而人口稀疏；
然后佛罗伦萨要变换她的人民和法律。
战神从玛加拉山谷带来一阵火的烟雾，
这阵烟雾卷在浓密的云层里，
并且以一种狂风暴雨之势
一个战役将在彼西诺的田野上进行；

---

① 凡尼·甫齐是彼斯托雅的一个黑党党人。他于1293年与两个帮手，盗窃了圣齐诺教堂的财宝。真正的罪犯有一年没有被侦察出来，可是在这期间好几个无辜者被牵连入狱，有一个被绞死。

② 愤怒者应被抛入斯提克斯，强暴者则应被抛入火雷哲桑。

这个战役将突然拨开云雾，

而每个白党人将因而受伤。[①]

我说这话是要使你悲痛。”

① 凡尼·甫齐预言白党即将遇到的祸患。1301 年 5 月，那时在佛罗伦萨掌握主权的白党，把黑党从彼斯托雅逐出。11 月，黑党得到瓦罗亚的查理的援助，进入了佛罗伦萨，并于 1302 年 4 月把白党逐出，因此使那城市“变换她的人民和法律”。彼斯托雅现在成为白党在多斯加纳的最后集合点，直到玛加拉山谷的领主摩罗洛·玛拉斯比那的胜利最后打破了他们的希望。“彼西诺的田野”指彼斯托雅的邻近地方。

第二十五歌

第八圈：第七断层。五个盗贼的变形

在他的言语结束之后，
　那盗贼举起双手，用手指做出侮辱的姿势，[①]
　叫道："你受着吧，上帝，因为我是准对你的！"
从这时候起蛇成了我的朋友；
　因为其中的一条立刻把他的颈项
　盘绕起来，仿佛在说："你不要再说话！"
又有一条盘绕他的双臂；
　它又把他缚住，牢牢地在前面绞紧，
　以致他一动也不能动。
唉，彼斯托雅！彼斯托雅！既然你
　在作恶上超过了你的子孙，你为什么
　不注定自己化为灰烬而不再存在呢？
通过地狱所有黑暗的环层，
　我没有见过哪个幽灵对上帝这么骄横，
　甚至那在底比斯从城墙上倒下的人[②]也没有这样。
他不再说一句话就逃走了；
　我看到一个半人半马兽充满着愤怒
　跑来叫道："那个骄横的东西在哪里？"
我确实相信他在后臀上面，
　直到人的形状开始的地方所缠的蛇，
　就是马来玛[③]地方的蛇也没有这么多。
一条飞龙张开了翅膀，

停在他脖颈后的肩膀上；
它碰到谁就把谁点上火。
我的夫子说："那是加克斯，④
他在阿文丁山的岩壁下
时常使得血流成河。
他不和他的弟兄们走一条路，⑤
因为他狡猾地盗窃了
在他附近的大批牛群中的牛：
在赫叩利斯的棍子下他停止了
他的不端行为，他或许打了他一百棍；
可是他连头十棍都没挨满就死了。"
当他这样说时，那半人半马兽跑了过去，
在我们下面又走来了三个幽灵，
我和我的导师都没有注意，
直到他们叫出："你们是谁呀？"
我们的故事就因此停顿，
我们于是专门注意他们。⑥

---

① 这个侮辱的姿势是把拇指插在食指和中指之间。

② 指卡巴纽斯（见上第十四歌）。

③ 马来玛是沿多斯加纳海岸的沼泽地带，多瘴气。

④ 加克斯是一个怪物，住在阿文丁山的一个山洞内，以盗窃著名。有一次他把赫叩利斯从吉利翁盗来的牛拉了几只到自己的山洞里，因此为赫叩利斯所杀。

⑤ "他的弟兄们"指半人半马兽，他们是在守卫施行暴力者（见第十二歌）。

⑥ 下面但丁要描写一幕异常奇特的景象。这是由五个佛罗伦萨贵族的幽灵演出的，他们生前都是以盗窃而生活。他们是阿格内洛，布索，普祈俄，齐安法和弗兰彻斯科。头三个出现的时候是人的形状。齐安法是一条六脚蛇，他纠缠在阿格内洛身上，和他合成一个怪物。最后出现的青黑色的小蛇是弗兰彻斯科，他使布索失去了人的形状，而变成一条蛇。只有普祈俄没有变化。

我不认识他们；但是，正如平常
　偶然会发生的那样，恰巧一个人
　有说出另一个人的名字的必要，
他说："齐安法滞留在哪里？"
　我为了要使我的导师也能注意，
　把一个手指放在从下颏到鼻子的地方。
读者啊，假使你现在不易相信
　我要说出的东西，这是不足怪的：
　因为我虽亲眼看见，也难以相信。
当我继续注视着他们时，看呀！
　一条六脚蛇在一个幽灵面前
　直蹿而上，完全纠缠在他身上。
它用中间的两脚抱住他的肚腹，
　用前面的两脚抓住他的双臂；
　然后用牙齿咬住了他的面颊。
它把后面的两脚顺着他的两腿伸去；
　然后把尾巴放在那两腿之间，
　而向上钩到他的腰部后面。
从没有过茑萝像那样地盘绕
　一棵树，如同那可憎的怪物
　把自己的肢体和另一个的交缠在一起；
然后他们粘合起来，像熔蜡一样，
　并混合了他们的颜色；这一个
　或那一个现在都不像先前的模样：
正如在纸上一种焦黄的颜色
　还没有变黑而在火焰之前
　卷去，而白的颜色渐渐消失。
另外两个在旁观望，各自叫道：

“天呀！阿格内洛，你变成什么样了！
看呀，你已经既不像两个，又不像一个！”
两个头现在已经变成了一个，
那时在我们看来两个模样
合成了一个脸孔，而各自消失。
由四条东西做成了两条手臂；
大腿和小腿，肚腹和胸膛，
都变成了从未见过的肢体。
原来的形状完全在它们里面消失：
那邪恶的形象，两个都像，
又一个都不像；它就这样地慢步走开。
如同在酷暑天的猛烈的阳光下
从篱笆到篱笆穿行的蜥蜴
在越过道路时显得像一道闪电，
就像这样，一条像胡椒末一样
青黑色的小蛇，怒冲冲的，
向着另外两个幽灵的肚子窜去。
它向他们中的一个扑去，
穿通了他那我们最初吸取养料的部分；
然后倒下去直挺在他面前。
那被穿通的盗贼注视着它但不说什么；
甚至两脚也不动一动，只是打着呵欠，
仿佛睡眠或寒热来到了他身上。
他看看蛇，蛇也看看他；
一个从伤口里，另一个从嘴巴里
猛喷烟雾，他们的烟雾相接。
现在让卢甘沉默吧，不要再讲

可怜的萨倍勒斯和纳西丢斯的故事；[1]
等着听我现在要说的话。
让奥维德关于卡德墨斯和阿利苏萨[2]
也保持沉默：假使他在诗中把前者
变成蛇而把后者变成泉水，我不妒羡他；
因为他从没有使得两个造物
这样面对着面地变化，
以致两个形体都准备互相变换实质。
他们像这样地相互应合，
那蛇把尾巴裂成了一把叉，
那受伤的幽灵把脚并拢。
接着大腿和小腿那么互相
贴合起来，不一刻他们的接合处
就不留一丝可以辨出的痕迹。
双分的尾巴取得了
那在另一个身上消失了的形状；
它的皮肤变得柔软，另一个的变得坚硬。
我看到了两臂在腋下缩进，
那畜牲的两只短脚
随着那两臂的缩短而伸长。
然后那两只绞在一起的后脚
变成了人所隐藏的器官；
那可怜的家伙从他那里伸出两只脚来。
当烟雾用一种新的颜色

---

① 萨倍勒斯和纳西丢斯是伽图军队里的两个兵士。他们在利比亚的沙漠上行军时，为毒蛇所咬，结果萨倍勒斯化为一摊像污水那样的东西，而纳西丢斯则肿得使他的盔甲都裂开了。

② 卡德墨斯和阿利苏萨的变形，见于奥维德所著的《变形记》。

把他们两个都遮掩起来，在一部分
生出头发，在另一部分削去头发时，
一个直立起来，而另一个倒伏下去，
但不因此转动他们凶恶的眼光，
在这之下他们互相交换了面容。
站起来的一个把面孔缩到鬓骨去；
由于过多的骨肉聚到了那边，
从光滑的面颊上冒出了两只耳朵；
那没有缩到后边去而留下来的部分，
则以多余的骨肉形成一只鼻子，
并把嘴唇放大到一个适当的尺寸。
那平躺着的一个，伸出他的
变尖了的面孔，把耳朵缩到头里去，
好像蜗牛把触角缩进壳一样；
他的舌头，先前是完整而能说话的，
也自行裂开了；那另一个呢，
分裂的舌头重新合起；烟雾现已消散。
那已变成畜牲的魂灵，
沿那山谷嘶叫着逃去，而那另一个
却在它后面说着话和飞溅着唾沫。
然后他掉转新生的肩膀对着它，
而向那另一个说："布索将要
像我一样地沿着这条路爬行！"
这样我看到了第七条沙囊变化
而又变化；假使我的笔在这里
走入迷途，让这新奇成为我的理由。
虽然我的眼睛有些迷乱，
我的心里也有些惊慌，

那些魂灵不能这么偷偷地逃走，
我已清楚地认出了普祈俄·齐安该托：
在那首先来的三个伴侣中
单单只有他没有变化；
另一个是你，加维尔啊，因他而哀痛的人。①

① 第五个精灵弗兰彻斯科为加维尔（阿诺河上游的一个村庄）的人所杀，但是他的同族人把所有的凶手一起处死。

第二十六歌

第八圈：第八断层。恶谋士：尤利西斯

佛罗伦萨，你快活吧，既然你是那么伟大，
　你张开翅膀翱翔于陆地和海洋之上，
　你的名声又在地狱中传扬开来！
在盗贼中我发现了五个是你的市民；
　我因此感到莫大的羞辱，
　可是你不会从而得到无上的光荣。
但若是将近清晨时能梦见真实，
　你不久就必感到普拉托，①
　不必说他人，对你所寄的希望。
假使事情已经降临，不会算是过早；
　就让这样吧！既然不得不如此：
　我年纪越大这事就越使我忧虑。
我们离开了那里；我的导师顺着
　我们先前下去所走的那些边石造成的台阶
　重新上去，并把我也拉了上去。
我们在危岩的齿形和支脉中
　走我们的孤寂的行程时，
　脚不用手的帮助就不能速进。
我那时悲痛，现在我回想
　我那时看到的景象时还是悲痛；
　我比平常更要约束我的天赋，
深怕它奔驰于没有“美德”指导的地方；

这样，假使仁慈的星辰或更高的天恩
已给了我美好的东西，我就不致丧失它。
如同在照亮世界的他把脸孔
向我们显露得最多的季节，②
在那苍蝇让位给蚊蚋的时候，
在小山上休息的农夫看到
他或许在那里采集葡萄或耕耘的
下面的山谷里有无数的萤火虫：
当我来到现出沟底的地方时，
我就看到第八断层的全部
也有那么多的火焰在闪闪发光。
如同那个由熊替他复仇的人
看到以利亚的兵车刚离地时，
那些骏马直立起来向天空驰去，
快得使他眼光跟不上，
使他辨不清任何东西，
只见一团火像一朵小云向上直升：③
那些火焰也像那样顺着深沟移动，
所有的火焰却没显出所卷去的东西，
可是各个火焰都窃走了一个罪人。
我站在桥上，探身出去观望，

---

① 普拉托是普拉托的尼古拉斯主教。他于 1304 年由教皇本尼提克特派到佛罗伦萨去调解敌对的党派。他的努力都失败了，他就把该城处于教会禁令之下。不久后当地发生的灾祸，例如一座桥的倒塌和大火灾等，据说都是由于教会的诅咒所致的。

② 这里指白昼最长的夏季。

③ 以利沙看到以利亚乘火的兵车升天以后，就上伯特利去。有些童子从城里出来戏笑他，叫他秃头。他咒诅他们，就有两个母熊从林中出来，撕裂他们中间四十二个童子(见《旧约·列王纪下》第 2 章)。

假使我不先攀住了一块岩石，
我不给人家推也会坠落下去。
导师看到我这样凝视着，
说道：“在那些火里的是幽灵；
每个幽灵都卷在燃烧他的火里。”
我回答说：“夫子，我听了你的话
感到更为明确；但是我已经看出
是这样，而且已经想要对你说：
那团向我们飞来的火，火头分开，
就像从挨丢克利斯和他的兄弟并葬的
火葬堆里升起的火，[①]那里面是谁呀？”
他回答我：“在那里面受着苦刑的
是尤利西斯和代俄密特；他们这样地一起
在火刑中奔跑，好像以往在暴怒中奔跑；
他们在火焰中还为木马藏兵之计呻吟，
那一计骗开了城门，罗马人的
高贵的始祖不得不从那里逃出；[②]
他们在火焰里悲叹黛达弥亚在死时
还因之为阿基利而悲痛的诡计；[③]

---

① 底比斯王挨提巴斯的两个儿子，挨丢克利斯和波利奈西斯，互争皇位的继承权。这个争夺产生了七王攻打底比斯的战争，在一次战斗中这两个兄弟互相杀死。他们的仇恨至死不衰，因为，就连他们的火葬堆上冒出的火也是分裂的。

② 在希腊人攻打特洛伊时，尤利西斯设计造了一只木马，里面藏了好多希腊人。并由赛农向特洛伊人游说：这只木马是抵偿被盗去的巴拉斯神像的。特洛伊人信以为真，就把木马拖到城中，半夜时分，赛农把希腊人从木马中放出来，因此希腊人占领了特洛伊，伊尼阿(罗马人的始祖)同他的军队不得不退到城外。

③ 黛达弥亚与阿基利相爱，并且生下了一个儿子。尤利西斯知道了这个秘密，就诱劝他到特洛伊去参加战争，因之黛达弥亚悲伤而死。

在那里他们为巴拉斯的神像而受惩罚。”①
“假使他们在那些火里能够说话，”
我说道，“夫子！我恳求你，
而且我千万恳求你，
请你容我等到那两角的火焰
来到这里；你看到我
多么迫切地弯身向着它。”
他对我说：“你的恳求值得
深深的赞扬，因此我答应你；
但是你一定要缄口不言。
让我说话：因为我已料到
你的愿望；由于他们是希腊人，
他们或许会蔑视你的言语。”
在那火焰来到了时间和地点
似乎对我的导师都适合的地方，
我听到他说了这样的话：
“哦你们卷在一团火中的两位啊！
假使我在生时对你们有些价值，
假使我在人世写那‘高尚的诗篇’时
对你们多少有些价值，你们不要动；
而让你们中的一位说出
自己在迷途之后，死在何处。”
那古火焰的较大的角
开始摇摆起来，喁喁说着，
正如一支和逆风搏斗的火焰。

① 据说特洛伊的命运是系于巴拉斯的神像的，但这神像却为尤利西斯所盗走。

于是，好像说话的舌头，
　那火头摆来摆去，
　发出一个声音，并且说道：
“瑟西在靠近加厄太的地方
　（那时伊尼阿还没有这样称呼它）
　把我留住了一年多后，[①]我离开了她，
对我儿子的溺爱，对我
　年迈的父亲的敬重，
　那该使彼尼罗彼高兴的应有的爱，[②]
都征服不了我心中所怀的
　要去获得关于世界，关于人类的
　罪恶和美德的经验的那种热忱；
我就乘着仅有的一条船，
　带了没有离弃我的不多的人，
　开始航行于辽阔的深海之上；
我一直到西班牙，一直到摩洛哥
　还看到两边的海岸；也看到
　撒地尼亚和其他四面环海的岛屿。
我和我的伴侣都变得年老而迟钝了，
　当我们来到那狭隘的关口，
　赫叩利斯曾在那里建立了标志[③]
阻止人们再冒险前进；

---

① 瑟西是住在挨依亚岛上的一个女巫。尤利西斯漂到这个岛上时，给她留住了。加厄太是意大利南部的一个城镇，据传说，伊尼阿是用他乳母的名字来命名这个城镇的。

② 尤利西斯的父亲名雷厄提斯，他的妻子名彼尼罗彼，他的儿子名塔尔玛丘斯。

③ 这被称为“赫叩利斯的圆柱”，位于直布罗陀海峡的两边。在古代和但丁的时代，这地方被认为可居住的世界的极西边。

在右边，我经过了塞维尔；①
在左边，我早已经过了修达。②
我说道：‘弟兄们哟！你们历尽
千辛万苦到达了西方，
现在你们的生命已很短促，
你们活着的时间也已有限，
所以你们中不要有人不愿意
去经历那太阳背后的无人之境。
想一想你们的出身；你们不是
生来去过野兽的生活，
而是要去追求美德和知识的。’
我用这段简短的言语使得
我的伴侣们那么地渴望这航程，
我那时简直阻止不了他们；
然后，把船首掉转过来向着早晨，
我们把我们的桨当做翅膀
去作那愚蠢的飞翔，总是偏左前进。
黑夜已看到了另外的一极
和那里所有的星辰；我们这一极
是那么低，它还没有从海面升起。③
自从我们驶上了这险恶的航程，
月亮底下的光已重明了
五次，也已晦暗了五次，

---

① 塞维尔，西班牙安达卢齐阿的一座城，位于高达尔奎弗河的左岸。但丁认为这地方标志可居住的世界的极西边。

② 修达，北非洲摩洛哥的一个城市，在直布罗陀的对面。

③ 这就是说，已过了赤道。

那时我们面前显出了一座山，
　因渺远而朦胧；在我看来
　它是我生平见到的最高的山。
我们欢欣，可是不久欢欣变成了悲哀；
　因为那新现出的陆地起了一阵风暴，
　并且狂吹着我们船只的前部。
风暴使我们的灌满着水的船只
　旋转了三次；到了第四次，
　使船尾翘起，船首下沉，
这正如天意，直到海水把我们淹没。”

第二十七歌

第八圈：第八断层。归多·达·蒙番尔脱洛与菩尼腓斯教皇

那火焰在停止了说话之后，
　竖立起来不出声了，它得到了
　可爱的诗人的准许就离我们而去；
那时候在它后面的另一个火焰，[①]
　以它里面发出的杂乱的声音，
　使得我们的眼睛转向它的顶部。
如同那西西里的公牛最先
　发出的是那个用他的工具把它
　铸造出来的人的哭声(他应得如此)，
然后不断发出受难者的声音，
　所以它虽然是黄铜制成的，
　却仿佛为痛苦所刺穿似的：[②]
就像这样，那些凄厉的话
　在开始时不能从火里找到出路
　或出口，就变成了它的语言。
但是当这些话向上通过尖端
　找到了出路，并使它震动，
　有如舌头在言语通过时震动一样时，
我们听到这火焰说："你啊，我的声音
　为你而发！你刚才用伦巴语说，
　'现在去吧，我不再强求你什么'；[③]

虽然我来得或许迟了一些，
　请你别惮烦停下来和我说话，
　你看我虽然燃烧，我并不惮烦。
倘若你是刚从那可爱的拉丁国土④
　（我就是从那里带来了我的一切罪恶）
　坠落到这昏暝的境界来的，
请告诉我罗曼亚人在和平还是在战争中，
　因为我是那边山岳中的人，在乌俾诺
　与台伯河从那里发源的高山之间。”⑤
我仍旧弯身向下热切地倾听，
　我的导师拍了拍我的身侧，说道：
　“你说话吧；这是一个拉丁人。”
已准备好了回答的我
　毫不延迟地开始说道：
　“哦隐藏在那下面的魂灵呀！
你的罗曼亚在她暴君们的心中
　现在和以往没有一天不怀着战争；
　但在我刚离开那里时并没有公开的战争。
拉温那屹立着，正如好多年来屹立着一样：
　波伦太的‘鹫鹰’在它上面伏窝，

---

① 这是归多，蒙番尔脱洛的伯爵（1223—1298），他 1274 年成为罗曼亚基伯林党的首领。
② 培利勒斯为西西里的暴君法拉利斯造了一只铜牛，准备把囚犯放在里面烤死，他们临死前发出的哭声使人听了，仿佛像牛叫的声音。但是第一个做试验的却是培利勒斯自己。
③ 这是在本歌第三行里提到的维吉尔所说的话。
④ “拉丁国土”即意大利。
⑤ 归多是蒙番尔脱洛人。蒙番尔脱洛位于乌俾诺（意大利中部城市）和珂洛纳洛山（台伯河就从这山发源）之间。

所以他的翅膀掩盖了塞维亚。①
那城市不久前经受了长期的考验
　并使法兰西人成为血腐的尸堆，
　现在自己又在‘绿爪’的统治之下。②
对蒙太雅加以毒害的
　味罗启俄堡的老獒和小獒，
　在他们惯常的地方张牙舞爪。③
拉蒙尼和圣太诺附近的那两座城市
　正由白色兽窝的‘小狮’治理，
　他从夏到冬改变他的党籍；④
那个一边沿着萨维俄河的城市，
　正如它横在平原和高山之间，
　它在专制和自由之间过生活。⑤
现在我请求你，告诉我们你是谁；
　不要比有人对待你那样更冷酷，
　你的名声才好保持于人世而不坠。”

---

① 拉温那和塞维亚在1300年是由归多·凡启俄·达·波伦太统治。这家族的纹章上有一只鹫鹰。塞维亚在拉温那之南12英里。

② 这是指福里城，该城在拉温那西南20英里。在1282年，罗曼亚的伯爵阿彼亚的约翰率领了法兰西人的军队攻夺该城，但为归多·达·蒙番尔脱洛所败。在1300年，福里是在西尼巴尔杜的统治之下，他的家族的纹章是绿的狮子。

③ “老獒和小獒”指里米尼的玛拉台斯太和他的儿子玛拉台斯蒂诺。味罗启俄是他们居住的城堡。蒙太雅是里米尼基伯林党的首领，于1295年为那“老獒”所拘囚，后来为那“小獒”所处死。

④ 梅纳尔杜统治法英萨(位于拉蒙尼河边)和伊摩拉(近圣太诺河)。他家族的纹章是白底蓝狮。他在北方是一个基伯林党人，但是支持佛罗伦萨的归尔甫党。“夏”代表南方，“冬”代表北方。

⑤ 这是指意大利北部的一个城市萨西拿。这城市在亚平宁的山脚下，位于福里和里米尼之间。那时候这城市由最高法官所统治(“自由”)，到了1314年由里米尼的玛拉台斯蒂诺所统治(“专制”)。

那火焰像先前一样吼叫了一阵之后，
　它把它的尖顶前后摆动，
　然后发出了这样的言语：
“假使我先前想到了
　我是在向一个能够回到人间去的人答话，
　那末这个火焰就不会再摇动了；
但是既然没有人能从这深渊
　活着回去（假使我听到的是真话），
　我就不怕出丑向你回答。
我原先是一个武人；后来做了束绳僧，[①]
　希望这样束上绳子之后能赎罪补过；
　我的希望一定会完全实现，
若不是为了那‘大祭司’，[②]愿灾祸降临他！
　他把我带回到我最初的罪恶；
　怎样和为什么，我愿你听我说。
当我带着我的母亲给我的
　骨和肉的形体时，我的行为
　不是狮子的，而是狐狸的行为。
什么狡猾阴险的手段我都熟悉，
　并且把它们使用得那么巧妙，
　我的名声传到了天涯海角。
当我发现自己已经达到了
　我的年龄的那个时期，每个人
　都应该落篷收索的时候，
以前令我喜欢的东西此刻使我悲痛；

---

① “束绳僧”是圣方济教派。
② “大祭司”指教皇菩尼腓斯八世。

我怀着悔恨和忏悔的心情做了教士；
唉可怜！这本来可以于我有益的。
那新的法利赛人之王——
在靠近拉泰朗的地方进行战争，
不是和萨拉森人或是犹太人作战；
因为他的每个敌人都是基督徒，
既没有一人去征服过阿克利，
也没有一人在苏丹的国土经商过——①
毫不顾到自己的‘高位’
或是‘圣职’，也不顾到我的
那根使束着它的人变得消瘦的‘绳子’。
却好像康士坦丁在苏拉克脱山中
访寻到西尔维司脱洛来医治
他的癞病，②这个人把我当作名手
召我去医治他的骄傲的热病；
他要求我贡献谋略；我保持沉默，
因为他的言语好像醉汉说的。
然后他对我说道：‘你心中不要疑惧；
我现在就免你的罪，你指教我
怎样行动才好把帕内斯脱留诺夷为平地。③

---

① 教皇菩尼腓斯八世（“新的法利赛人之王”）与住在拉泰朗宫（在但丁时代教皇住于罗马的拉泰朗宫）附近的珂隆那家族有世仇，长期械斗。他不去和异教徒作战，只是和基督徒斗争。“萨拉森人”在中世纪指阿拉伯和回教民族。阿克利是叙利亚的一个城市和海口，始终在基督徒的手中，但在1291年为萨拉森人所占领。“苏丹的国土”指埃及。

② “康士坦丁”指罗马皇帝康士坦丁大帝。据传说，他把隐于苏拉克脱山中的西尔维司脱洛教皇找出来医治他的癞病。

③ 帕内斯脱留诺是在罗马东25英里的重镇。珂隆那家族因惧菩尼腓斯八世的威力，自罗马退到那地方。

天国之门我都能启闭，
　那是你知道的；因为我有两把钥匙，
　可是我的前任都不加重视。’
于是，这些冠冕堂皇的议论
　逼得我认为默不献策最为不利，
　我就说道：‘父亲！既然你洗除
我现在一定会坠进去的罪恶，
　宽宏的允诺和不多的践诺
　会使你高踞宝座获得胜利。’
以后，在我死后，圣方济曾来要我；
　但是‘黑天使’中的一个对他说：
　‘不要带走他；不要使我受到损害。
他必须降落到我的奴仆中间去；
　因为他献出奸恶的计策，
　从那以后我抓牢了他的头发；
因为不忏悔的人得不到免罪；
　对于一件事情不可能一面忏悔
　一面又冀求，那矛盾就不允许。’
可怜啊！我是多么吃惊，
　当他抓住我，对我说道：
　‘也许你并不认为我是一个逻辑家吧！’
他把我带到了迈诺斯那里，
　迈诺斯把尾巴在他那可怕的背上绕了八圈，①
　然后大怒地咬住尾巴，说道：
‘这是一个到盗窃之火去的罪人’；
　因此我就坠落在你所看到的地方；

① 迈诺斯规定罪人进地狱的哪一圈，见前面第五歌。

　穿着这样的衣服行走时，我心中悲痛。”
当他这样结束了他的言语时，
　那火焰无限悲痛地离去了，
　扭动着并摇摆着它的尖角。
我同我的导师继续前行，顺着危岩
　向上走到那另一座横跨深沟的拱形桥，
　在那里受到报应的都是那些
散播不睦之种而获到罪恶之果的人。

第二十八歌

第八圈：第九断层。散播不睦者

即使用不受羁束的言语，
　即使反复讲述，有谁能够充分说出
　我现在所看到的流血和创伤呢？
不论哪个人都一定会失败，
　因为我们的言语和我们的记忆
　没有足够的容量来包括这么多的事物。
假使把所有那班人都聚拢来，
　他们昔时在亚浦利亚[①]的
　不幸的土地上因流血而悲恸，
或者由于特洛伊人之故，[②]或者由于
　那长期的战争之故(这次战争，
　如不误的李维所写的，掠得了巨量指环)；[③]
加上那些因抵御劳伯脱·归斯卡特
　而身受打击之痛的人；[④]加上那些人，
　他们的白骨还堆集在齐彼拉诺，
在那里每个亚浦利亚人都显出不忠；[⑤]
　还有老阿拉杜在那里不用武器
　而征服的泰格利珂左；[⑥]
假使一个人显出他的肢体被戳穿，
　另一个人显出他的肢体被斩去：
　都不能和第九断层的惨状相比。
甚至一只脱落了底板或侧板的水桶

也没有像我看到的一个幽灵裂得那样宽，
他从下颏裂开到那放出最丑恶的声音的部分：
在他的两腿之间悬着肚肠；
脏腑和那把吞进去的东西
排泄出来的臭囊都露在外面。
当我站在那里全神注视着他时，
他望着我，用手打开他的胸膛，
说道："请看我怎样撕裂自己的！
请看穆罕默德多么残缺不全呀！
阿里[7]流着泪在我前面行走，
他的脸孔从下颏裂开到发额；
你在这里看到的所有其他的人
在他们生前都是诽谤和宗派论的
散播者；因此他们是这样裂开着。
一个'恶鬼'就在我们背后，

---

① 亚浦利亚是意大利东南的一带地区，在中世纪指那不勒斯王国所辖的地方。下面所说的五次战争都是在这"不幸的土地"上进行的。

② 指公元前 343 年至公元前 290 年罗马人和萨姆奈人(意大利中部的古民族)的战争。但丁把罗马人就称做特洛伊人(罗马人的祖先)。

③ 指公元前 264 年至公元前 146 年罗马人和迦太基人间的三次战役。古代罗马历史家李维曾这样记载，在第二次战役中死了这么多的罗马人，汉尼拔能够在迦太基的元老院前拿出了大量从死人身上取下的金指环。

④ 诺曼人劳伯脱·归斯卡特从公元 1059 年到 1080 年，在意大利南部和西西里，向萨拉森人和希腊人进行血腥的战争。

⑤ 曼弗莱特把齐彼拉诺关隘交给亚浦利亚的男爵们看守，但是他们背叛了，把这关隘献给安如的查理，让他的军队前进，这样使曼弗莱特在贝尼温陀战败(1266 年)。

⑥ 1268 年，查理采纳爱拉·特·梵拉里("老阿拉杜")所献之计，在泰格利珂左一役战败了曼弗莱特之侄康拉丁的军队。

⑦ 阿里是穆罕默德的女婿，也是他的第四个继承者。

他把我们分割得这样残酷，
当我们顺着这阴惨的道路绕了一圈时，
他的刀锋要重新加在我们每人的身上；
因为不论哪个人再走在
他的面前时，他的伤口就已愈合了。
但你是谁，你在危岩上沉思，
或许是为了迟迟不去领受
依你的罪状所判处的刑罚？”
我的导师回答道：“死还没有临到他；
也不是罪恶使他来受苦刑；
但是为了给他充分的经验，
已经死了的我应该引导他
从一环到一环走遍地狱，
这是实在的，正如我现在对你说话一样。”
一百多个幽灵听他说话时，
在那深沟里停下来望着我，
由于惊奇而忘却了他们的苦痛。
“那末，好吧，或许不久就将看到
‘太阳’的你，请你对陀尔西诺师傅说，①
假使他不急于要跟我到这下面来，
要他多多储备粮食，免得受到雪灾，
让诺瓦拉人取得胜利，不然
他们是不能轻易取得的。”
在举起一只脚要走去的时候，

① 陀尔西诺师傅是一个教派的宗主。他是诺瓦拉人。1305 年曾有十字军讨伐他，他就匿于诺瓦拉和弗彻利之间的群山中，但是他和他的追随者都遭受饥饿和寒冷的压迫。1307 年他在弗彻利被火刑处死。

穆罕默德对我说了这些话；
然后他把脚落到地上而离去。
另外一个，他的喉咙给戳通，
从鼻子向上到眉额的地方都给削去，
而且只有一只耳朵的，同其余的
幽灵站在那里惊奇地注视，
先于他们打开了他的
外面各部分都是通红的喉管，
说道："你呀！没有被判罪的人，
除非面貌的过分相像欺骗了我，
我曾在上界的拉丁国土看到过你；
假使你回去看到从弗彻利
倾斜到玛加普的那片美丽的平原，
请你记起比尔·达·密地齐那。①
并且告诉法诺的两个高贵的人士，
告诉归多先生和安吉莱洛先生，
除非我们这里的预见是错误的，
他们将要因一个残酷的暴君的阴谋被人
从他们的船上抛下去，
而在嘉托力加附近溺死。②
在居伯罗和玛约喀两岛之间，

① 比尔·达·密地齐那是一个贵族。他于1268年被逐出波伦亚后，专门在罗曼亚的权贵们中间散播不睦。弗彻利和玛加普两镇指罗曼亚的西边和东边。

② 里米尼的玛拉台斯蒂诺（"残酷的暴君"）想要把法诺加在他的版图中，邀该城的两个著名人士（归多和安吉莱洛）参加在嘉托力加举行的会议，而在甫喀拉岬附近把他们溺死了。甫喀拉岬周围以有大风著名，航海者常做祷告以求安全通过。

纳不穹从没有见过这么大的罪恶[①]——
就是海盗式的希腊人也没有这样做过。
这个只用一只眼睛来看的叛贼[②]
（他所统治的地方是这里和我
在一起的一个人但愿不曾见过的）
要使他们两人来和他谈判；
然后他的行动使他们不需要
再为甫喀拉岬的风而发誓或祈祷了。”
我就对他说：“假使你要我把你的消息
带到人间去，指给我看并向我说明
那个懊悔看见那个地方的人是谁。”
然后他把一只手放在他的
一个同伴的下巴上；把他的嘴
打开之后说道：“就是他，[③]他不说话；
这个被放逐者消除了
恺撒心里的怀疑，他断言，
在已有准备的人，拖延总是有害的。”
哦，从前说话那么大胆的居利俄，
现在喉咙里割去了舌头，
在我看来似乎是多么沮丧呀！
一个两只手都被斩去的幽灵
在昏暗的空气中举起断臂
以致流出来的血沾污了他的脸孔，

---

① 居伯罗和玛约喀是地中海的极东和极西的岛，因此指全地中海。纳不穹是海神。

② 即指玛拉台斯蒂诺。

③ 这指居利俄。据罗马诗人卢甘说，居利俄用他恶毒的舌头，忠告恺撒渡卢比孔河，由此引起了内战（公元前 49 年）。

说道："你也会记得莫斯加，唉唉！
　我曾说过：'做过的事不能后悔！'
　这句话成为多斯加纳人民的祸种。"①
"愿你灭种亡族！"我接着说，
　他听了痛上加痛，就走开了，
　好像一个苦恼的和疯狂的人。
可是我留在那里观望那队伍，
　而看到一件没有更多的证据
　我甚至不敢讲出来的事情；
若不是良心，那个使一个人
　披起自觉的纯洁之铠甲
　而坚强起来的好伴侣，又使我安心。
当然我看到了，并且现在还似乎看到，
　当那可怕的一群中其他的幽灵
　在行走时，一个无头的躯干也在行走。
他提着那割下来的头的头发，
　头在他手中像一只灯笼般地摇动着；
　而且望着我们说道："哎唷！"
他替自己把自己做成一只灯笼，
　他们是二而一，一而二的；
　怎么能够这样，只有安排这回事的上帝知道。
当他正在我们石桥的脚下时，
　他提着头把臂膀高举起来，

---

① 蓬台尔蒙脱与阿米台家族的一个少女订了婚约；但是杜纳蒂家族的一个贵妇把他介绍给自己的美丽的女儿，并且劝他解除已订的婚约。阿米台家族开了一个家族会议，争辩还是把他杀死，还是给他一个较轻的惩罚。莫斯加却说了这句话，因此蓬台尔蒙脱被杀。据说他的被杀是以后佛罗伦萨分成归尔甫党和基伯林党的根源。

使他说的话我们能够听到，
说的是："现在且看这痛心的刑罚吧，
活着来看亡灵的你啊；
看看有没有和这一样厉害的刑罚！
为了你可以带去我的消息，
你要知道我就是向'幼王'
进谗言的伯特朗·特·菩恩。①
我使得他们父子两人反目；
亚希多弗以他恶意的挑拨来对待
押沙龙和大卫的也不过如此。②
因为我使这样亲近的人分开，
唉唉！我现在才提着我这
和它在这躯干里的根源分开了的头颅。
这样，报应的法则应验在我身上。"

① 伯特朗·特·菩恩(1140—1215)，著名的普罗封斯抒情诗人。"幼王"是亨利王子，英格兰亨利二世的儿子。在"幼王"反叛他的父亲这件事上，伯特朗究竟起了什么作用，历史上几无记载。

② 亚希多弗本为大卫王的谋士，后来却向大卫王的儿子押沙龙献策杀死其父，自立为王(见《旧约·撒母耳记下》第15章至第17章)。

第二十九歌

第八圈：第十断层。伪造金银者

众多的人数和种种的创伤
　使得我的眼睛淌出泪来，
　我简直想留在那里痛哭一场；
但是维吉尔对我说："你为什么还在盯着？
　为什么你的眼光还停留在那下面，
　在那些悲惨的残缺不全的幽魂中间？
你在其他的断层里没有这样做过；
　假使你想计算他们的数目，
　你得考虑这山谷周围有二十二里；
月亮是早已在我们的脚下；①
　现在容许我们逗留的时间是短促的，
　除了你已看到的还有其他的东西要看。"
我就回答说："假使你注意到
　我所以要向那里观望的缘故，
　或许你还会允许我停留一下。"
其时导师正在前行；我在后面
　跟着，说出我的答话，
　并且又说道："在那我的眼睛
那么地注视着的洞窟里，
　我相信有一个和我同族的幽灵在悲叹
　使他在那下面受到那么多痛苦的罪恶。"
于是夫子说道："让你的心思

以后不要分散在他的身上；
你且注意别的东西，让他留在那里：
因为我看到他，在小桥的脚下，
指着你，激烈地用手指威胁你；
并且听到他们叫他琪利·达尔·培洛。②
你那时全神贯注在那个先前
保有阿尔泰堡的人，③所以你
不曾往那边看；因此他就走开了。”
我说：“我的导师哟！他的暴死
使得他愤慨，因为与他同蒙
耻辱的人还没有一个替他报仇：
因此，据我想起来，
他不对我说话就走开了；
这一点使我更加怜悯他。”
我们这样说着，就走上危岩的
第一块岩石，假如有更多的光线，
可以从那里看到下一座山谷的底。
当我们走到“恶囊”的最后一座
寺院之上而里面的俗僧
能够呈现在我们的眼前时，
种种的哭声像箭一样刺透了
我的心，勾起了我的怜悯：
我因此用双手掩起了耳朵。

---

① 此刻已是星期六下午约一时许。

② 琪利·达尔·培洛是但丁的父亲的堂兄。他因为在萨乞蒂家族中间散播不睦，被该家族的人杀死。这个仇到1300年还没有报。

③ “那个先前保有阿尔泰堡的人”指前一歌里的伯特朗·特·菩恩。伯特朗是阿尔泰堡的领主。

假使在七九月之间
　把淮尔狄乞挪，马莱玛和撒地尼亚的[①]
　医院中的病症都聚在一条沟里，
然后就会有那般痛苦：这里的痛苦
　就像这样；而且从那里发出那股臭气
　好像腐烂的肢体常发出的一样。
我们降到那漫长的危岩的
　最后一道堤岸上，仍旧向左；
　然后我的眼光变得更为清晰，
向下望着那深渊，“天父”的使女，
　那不会错误的“正义”女神，在深渊里
　责罚她在这里记录的伪造者。
就是看到伊齐那岛的居民个个有病，
　空气中是那么地充满着瘴气，
　所有的动物，甚至小虫，
都纷纷倒毙；到后来，据诗人们
　确切地说的，这些古代的人民
　都从蚂蚁的卵里重新生长出来：[②]
我想也不会比从那幽暗的山谷里
　看到一堆堆憔悴的幽灵
　感到一种更大的痛苦。
有的伏在地上，有的伏在
　另外一个的肩膀上；而有的
　则沿着那阴惨惨的小路爬行。

---

① 这三个地方都是以夏季流行疟疾出名的。

② 据奥维德的《变形记》里说，伊齐那岛的居民为疠疫所毁灭之后，朱庇特神把蚂蚁变成了人，才使人口恢复了原状。

我们一步步走去，不说话，
　只是望着和听着
　那些不能直起身子来的病人。
我看到两个互相倚靠着，
　有如平锅靠着平锅取热，
　从头到脚都是斑斑的疥癣；
我没有看到过一个有主人
　等着的，或是一个不愿意地
　熬着夜的马夫那么地勤用马梳，
如同这些幽魂的每一个，
　由于没有其他方法止住身上的奇痒，
　只能把指甲深深掐入肉中。
因此指甲就把痂皮搔下，
　正好像一把刀从鲤鱼或是
　从鱼鳞更大的鱼身上刮去鱼鳞一样。
我的导师开始对他们的一个说：
　“你呀，你用手指剥自己的皮，
　并且有时把手指做成钳子；
为了你以后只要用你的指甲就够了，
　告诉我们在这里的人中间
　有没有什么拉丁人。”
其中一个流着泪回答：“你看到在这里
　这么破相的我们两人都是拉丁人；
　但是，你打听我们，你是什么人呢？”
导师说道：“我是和这个活着的人
　一起从断岩走下断岩，
　而且想要领他看看地狱的。”
于是互相支撑着的他们分开了，

每一个颤抖着向我转过身来，
其余听到他说话的回声的幽灵也这样做。
和善的夫子完全转身向着我，
说道："告诉他们你希望的是什么。"
我就遵照他的意思开始说：
"为了使你们死后的名声
不致从上界人的心中丧失，
而可以多年存在下去，
告诉我你们是谁，属于哪个民族；
不要让你们丑恶的和令人作呕的刑罚
把你们吓得不敢向我吐露姓名。"
其中一个回答道："我是亚勒索人，
西挨那的阿尔倍洛把我烧死；
但是我到这里来不是由于我被处死的罪过。
我的确对他开玩笑地说过：
'我能够振翼而起，飞过天空'；
有着愚蠢的欲望和不多的机智的他
吩咐我把这技术显给他看；
只因为我没有使他变成一个提达拉斯，
他就要一个把他当作儿子的人烧死我。①
但是不会错误的迈诺斯，
为了我在人世行使炼金术，
把我判到十座断层的最后一座。"

---

① 亚勒索的格列甫利诺，一个炼金术者，从一个西挨那人阿尔倍洛那里骗取钱财，对他说他能够教他飞行。后来阿尔倍洛发觉自己受了骗，就向西挨那的主教(不是他的保护人就是他的父亲)揭发格列甫利诺是一个炼金术者，因此就把他烧死。提达拉斯为自己造了翅膀，用蜡粘住。

我就对诗人说道："请问：
  有过像西挨那人一样轻浮的人民么？
  当然法兰西人也远不是这样。"
那另一个癞病者听到了，
  就应答我的言语道："除了斯屈加，
  他没法用钱用得那么俭省；
还有臬珂洛，他第一个发现
  丁香的奢侈的用处，
  在这种种子生根的花园里；
还要除去那一党，阿齐诺的卡祈亚
  在其中挥霍掉了他的葡萄园和大森林，
  阿巴格寥托在其中显出了他的才智。①
但是为了你好知道谁这么赞同你
  反对西挨那人，你定睛对我看吧，
  我的脸孔会给你正确的答复；
你将看出我是用炼金术
  来伪造金银的加波乔的幽魂；②
  假使我没有把你看错，你一定会想起
我是一个多么善于模仿自然的猴子。"

---

① 上述四个人都属于所谓"浪子党"的会员。这是在 13 世纪下半叶由西挨那的十二个富家子弟发起的，他们专门以挥霍金钱，过着放荡生活来互相竞争。这里说把他们除外，当然是讥讽的口吻。据说，丁香的奢侈的用处，是用它来烧菜。

② 加波乔是一个佛罗伦萨的炼金术者，但丁认识他。他因行使炼金术，于 1293 年在西挨那被火刑处死。

第三十歌

第八圈：第十断层。亚当谟师傅和特洛伊的赛农

当朱诺因塞美利的缘故
　给引起了对底比斯王族的愤怒时
　（她已经不止一次地显露过），①
阿塔马斯变得这样疯狂，
　以致他看到他的妻子手中
　两臂各抱着一个儿子走来时，
就叫道："我们把网张开来，我可以
　就在这隘口捉住那母狮和她的小狮"；
　然后伸出了他的无情的爪子，
抓住了一个叫做里尔丘斯的孩子；
　把他旋转着向一块岩石猛投过去；
　而她抱着另一个儿子自行溺死。
当"命运"女神挫折了特洛伊人的
　肆无忌惮的骄傲，因此那国王
　和他的王国一起被消灭的时候，
忧郁，悲惨和被俘的赫叩巴，②
　在看到了波利克塞纳被杀死，
　又认出了她的波利多拉斯
孤凄地被遗弃在海滩上之后，
　就失去了神志，像狗一般吠叫；
　那悲哀使她的灵魂绞痛到这等程度。

但是底比斯的或是特洛伊的
　“复仇女神”在刺赶野兽或人体时
　也决没有谁看到过这么残忍，
如同我看到那两个苍白和赤裸的
　阴魂[3]所做的那样，他们跑着乱咬，
　正如从猪栏里赶出来的饿猪一般。
一个阴魂来到加波乔跟前，
　用长牙咬他的颈根，然后把他拖曳，
　使得坚硬的岩石擦破他的肚皮。
那个留在那里发抖的阿勒索人[4]
　对我说道：“那个恶鬼是吉尼·斯吉吉；
　凶暴的他这样不停地撕裂他人。”
我对他说：“哦！为了那另一个
　不至于把牙齿咬进你的肉里，

---

① 塞美利是底比斯王卡德马斯的女儿，她为朱庇特所爱，并且生了一个儿子叫巴卡斯。朱庇特的妻子朱诺因此大怒，有几次把不幸带给底比斯王室。其中一次就是但丁在这里描写的使阿塔马斯（塞美利的妹妹爱诺的情人）发疯，因为巴卡斯在幼年的时候，爱诺曾扶养过他。

② 在特洛伊沦陷之后，普赖阿姆王的妻子赫叩巴被当作奴隶带到希腊去。在到那里去的路上，她看到她的女儿波利克塞纳被杀死当牺牲，又看到她的儿子波利多拉斯的尸首，因此发疯。

③ 这两个阴魂，一个是吉尼·斯吉吉，另一个是迈尔拉。迈尔拉是居伯罗王西尼拉斯的女儿。她热爱她的父亲，因此趁她母亲不在的时候，把自己伪装了设法走进他的房中。当西尼拉斯发现了这伪装的时候，他想把她杀死，可是她逃走了，并且变为一株没药树。吉尼·斯吉吉是佛罗伦萨人，以善于模仿著名。在布索·杜纳底（见前第二十五歌）死后，他的儿子要吉尼来扮作那死人，立下于他有利的遗嘱。吉尼在这样做的时候，他在遗嘱中加上了几款，使自己也获得利益。除其他的东西不算外，他还得到了一只美丽的母马，称为“家畜的女王”。

④ 这个鬼魂就是上一歌里提到的阿勒索人格列甫利诺。

告诉我们它是谁，趁它还没有溜走。”
他对我说：“那是罪大恶极的
迈尔拉的古老的魂灵，
她以超过正当的爱来爱她的父亲。
她伪装了外人的模样
来和他犯罪；正如在那里
走开的另一个阴魂所做的一样，
他为了要取得‘家畜的女王’，
把自己伪装为布索·杜纳底，
立了遗嘱并赋予合法的形式。”
当我定睛看着的那两个凶暴的
幽灵走过去时，我又掉转眼光
去观察其他的被诅咒的幽灵。
我看到了一个幽灵形状好像琵琶，
倘若他能够在人的身体分叉开来的
那个部分把他的两腿截去的话。
那沉重的水肿病以其溶化不良的
湿气那样地使得肢体不相匀称，
以致脸孔与肚子不相符合起来，
也使得他的嘴唇合不拢来，
有如患肺结核的病人渴得
一片嘴唇向下巴翻，另一片向上翘。
他对我们说道：“哦你们！
你们在这悲惨的境界不受到
（我不知道为什么）一切刑罚的人呀，
请留心看亚当谟师傅的痛苦。在生时，
我想要的东西都是绰绰有余；

而现在，唉！我只渴望一小滴水。
从卡森铁诺的青翠的小山
向下流入阿诺河，而使流过的地方
变得阴凉和潮润的那些溪流
时常显现在我眼前，而且不是无效的：
因为这些溪流的形象使我干枯
比那使我颜容瘦削的病症要厉害得多。
那追逼我的严峻的‘正义’女神
利用了我犯罪的地方，
使得我的叹息更为急促。
那边就是罗米那，我在那里曾伪造
上面印着‘施洗者’的形象的合金币：
为了这个我留下被焚的身体在人世。
但是假使我能够在这里看到归多的，
亚历山特洛的，或是他们兄弟的哀魂，
我就情愿看他们而不看勃兰达泉。
假使那些绕行着的疯狂的阴魂
说的是实话，那末有一个已经在这里了；
但对于四肢被束缚着的我这又有何用？
倘若我身体还是这么轻捷，
以致我能够在百年中移动一寸，
我早已动身走上这条道路，
到那些破相的鬼魂中间去找他了，
虽然这条道路环绕十一里，
而且直径不少于一里半。
我是由于他们而在这一群里：
他们诱引我印铸

含有三克拉合金的金币。”①
然后我对他说：“紧靠到你右边躺着，
而且像在冬天浸过水的手一般
冒着热气的那两个下贱的魂灵是谁？”
他回答道：“当我落入这畜栏里时，
我发现他们在这里；以后他们没有
转过一次身，我想他们也许永远不会了。
一个是诬蔑约瑟的那个不忠的妻子；②
另一个是诡谲的赛农，从特洛伊来的希腊人；③
灼人的热病使他们发出强烈的臭气。”
他们中的一个或许因这样恶毒地
提到了他的名字而动怒了，
就用拳头向他那硬肚子上打去；
它发出声音像一只鼓；
亚当谟师傅也用臂膀向他劈面撞去，
这一撞的力量也不见得小，
对他说道：“虽然我的沉重的肢体
使得我不能行动，遇到这类必要时
我还有一只可以使用的臂膀。”
他就回答道：“当你到火里去时，

---

① 布里西亚的亚当谟师傅，由于罗米那的归多侯爵（这称呼包括三弟兄，即归多，亚历山特洛和阿吉诺尔甫）的嗾使，伪造佛罗伦萨的金币，为了这个罪，他于1281年被火活活烧死。勃兰达泉是在他烧死的地方的附近。那三弟兄中的“已经在这里”的一个是归多，其余两个在1300年的时候还活着。

② 约瑟到埃及去，住在波提乏家里；波提乏的妻子见他秀美，多次引诱他，他不从，后来反为她所诬蔑（见《旧约·创世记》第39章）。

③ 希腊人赛农故意被特洛伊人俘去，然后说服他们把木马运到特洛伊城里（参阅前面第二十六歌）。

你的臂膀没有这么敏捷，但是在伪造
货币时，却有这么敏捷，甚至更敏捷。”
那患水肿病的说道：“你这话说得不错；
但是你在特洛伊被询问实情时，
你却不是一个这么实在的见证。”
赛农说道：“倘若我说过假话，
你也铸造过假币；我为了一桩罪在这里；
可是你为了比什么恶鬼更多的罪在这里。”
那个有着红肿的肚子的回答道：
“发伪誓的人呀，你想想那马吧；
全世界都知道这件事，这就是你的刑罚。”
那希腊人回答道：“但愿使你的舌头
坼裂的口渴，和使你的肚子鼓得
像你面前的一道篱笆的臭水折磨你。”
然后那铸币者说道：“你还像从前一样
张开大口说出一派恶言恶语：
假使我口渴，身子里充满湿气，
你却浑身发烧，脑袋发痛；
要使你舔挪西萨斯的镜子，①
也不需要很多邀请的话。”
我正站在那里全神贯注地听他们说话，
夫子对我说道：“现在继续看吧，
再看一会我就要和你争吵了！”
当我听到他怒声对我说话时，

① 挪西萨斯为希腊的美男子，山林女神回声爱他，他却无动于衷，因此被罚在泉水中看自己的影子而日趋憔悴，最后变为水仙花。“挪西萨斯的镜子”就是指水。

我万分羞愧地转身向他，
我只要一想起时又会感到。
好像一个人梦到于他有害的事情，
而且在梦中但愿它是一个梦，
因此切望已成的事实不曾发生：
我变得就像这样，无力说话的我
却希望为自己辩解，而且一直
在辩解，虽然自己不这么想到。
夫子说道：“不用这样羞愧已能
洗刷比你所犯的更大的过失：
因此抛去你的一切烦恼吧；
万一‘命运’女神又把你带到
人们在作像这一类的斗嘴的地方，
你要想到我是永远在你的身边：
爱听斗嘴的愿望是一种庸俗的愿望。”

第三十一歌

下降：围着深渊耸立的巨人们

同一个舌头先前使我受伤
　以致我的两颊露出愧色，
　后来却把药品呈献给我。
我也这样地听到过阿基利
　和他父亲的长矛先有使人悲伤
　然后有使人复原的功用。①
我们转身离开那悲惨的山谷，
　由那环绕它的堤岸攀登，
　不发一语地横越而过。
这里不像黑夜也不像白昼，
　因此我的眼光只看到前面不远的地方；
　但是我听到一只高亢的号角吹得
那么响亮，简直会使任何雷声都显得微弱；
　这角声把我的眼睛不由自主地
　完全引导到一个地方：
在查理曼神圣的事业遭到失败
　而全军作着惨痛的溃退时，
　罗兰也没有把他的号角吹得那么可怕。②
我把头转向那个方向还没有多久，
　我似乎看到了许多高耸的塔楼；
　我就说道："夫子！请说，这是什么城镇？"
他对我说："因为你的眼光

从那黑暗中望得太远了，
由此你在你的想象上弄错了。
假使你到达那里，你将清楚地看到
距离多么厉害地蒙骗了视官：
所以你还得要赶快往前走。”
于是他亲热地拉住了我的手，
说道：“在我们没有往前走之前，
为了使现实不致对你显得奇怪，
你要知道，那些不是塔楼，而是巨人；
他们在井坑里，环绕着它的堤岸，
他们都齐肚脐陷在里面。”
如同一阵迷雾在消散的时候，
眼睛渐渐地重新看出
为弥漫于天空的雾气所隐没的事物；
就像这样，穿过那浓厚而黑暗的空气，
愈来愈靠近那边缘的时候，
我的错觉消失了，我的恐惧却增加了。
因为如同蒙脱莱郡
在它的环城上面都加筑了碉楼：③

---

① 若是受到阿基利和他的父亲彼琉斯的长矛的刺戳，只能由这长矛再刺一下，那伤口才能痊愈。这在但丁以前的普罗封斯及意大利的诗歌中常常提到的。

② 当查理曼大帝的殿军在隆斯佛受到萨拉森人的袭击时，率领殿军的他的侄子罗兰高声吹动号角，向查理曼求援；但查理曼听信叛贼加纳隆尼(参看下面第三十二歌)的话，并不回头去救助，因此罗兰和他所有的骑士都被杀。

③ 蒙脱莱郡是西挨那人的城堡，位于西挨那城西北约 8 英里。这城堡四周的城墙上筑有十二座碉楼。

这些可怕的巨人(虬夫[1]在天上
打雷的时候仍然威胁着他们)
就像这样以他们的上半身
环立在这圆坑的岸上，如同碉楼一般。
我已经看出了其中一个的脸孔，
肩膀和胸膛，肚腹的大部分，
和沿着两侧垂下的两只臂膀。[2]
“自然”在放弃了创造像这样的动物之后，
就使战神失去了这些刽子手，
当然她在这点上做得十分对；
假使她并不后悔造了象和鲸鱼，
凡是目光如炬的人都会承认
她在这点上更为公正和审慎：[3]
因为若是心灵的机巧
再结合上恶意和权力的话，
人们就不能对它加以防御。
他的面孔在我看来是又长又大，
如同罗马圣彼得教堂的松球，[4]
而他的其他骨骼也与面孔相称；
像帷裙般遮起他腰部以下部分的堤岸
使他露出了上半个身体，

① 虬夫即朱庇特，罗马主神。巨人们曾袭击俄利姆巴斯山，但为朱庇特的雷电所击毙(参阅第十四歌)。

② 这是宁禄，据说是“巴别塔”的建造者(见《旧约 · 创世记》第11章)。

③ 象和鲸鱼虽然也庞大，但是没有理性，不像巨人们(战神的刽子手)那样危险。

④ 在但丁那时候，圣彼得教堂面前立有黄铜制的松球，高约七八尺。

就是三个佛里斯兰人[①]也不能夸说
已达到了他的发际：因为从一个人
在那里扣上他的袍子的地方以下，
我看到他有三十个大手掌那么长。
“拉斐 · 梅 · 阿米乞 · 柴比 · 阿尔米，”[②]
那不配唱出更甜蜜的颂歌的
野蛮的嘴巴开始这样叫喊。
我的导师向着他说：“笨拙的灵魂！
你还是用你的号角吧；当愤怒或其他热情
激发你时，用它来发泄吧。
在你的颈上搜寻一下，你就会找到
那把它缚住的带子，混乱的灵魂啊，
并看到那遮住你庞大的胸膛的号角。”
然后他对我说：“他谴责自己；
这是宁禄，由于他邪恶的主意
世界上依旧不能使用一种语言。[③]
我们让他站在那里吧，不要多说：
因为他不懂一切语言，
正如别人不懂他的语言一样。”
因此我们向前行走，往左转弯；

---

① 佛里斯兰是荷兰极北的一个省份，那里的居民以身体高大出名。

② 这是宁禄所说的话。这些话是混乱的，没有意义的。但丁在下面说明他的话是别人不懂的。

③ 据《旧约 · 创世记》第 11 章里说，“那时天下人的口音言语都是一样的。”宁禄发起在示拿的平原上造一座城和一座塔，塔顶通天。耶和华怕他们是一样的人民，说一样的言语，假使他们能做成这一件事，那末以后什么事都能做了。因此他就下去变乱他们的口音，使他们的言语彼此不通，他们也就造不成了。耶和华名那座城为巴别（即变乱的意思）。后来“巴别塔”便作为言语混乱的意思。

走了一箭之远的路程，我们发现
第二个是更凶恶和庞大得多。
把他这样地缚住的大匠是谁，
我说不出；但是他的右臂
被缚在后面，他的左手被缚在前面，
一根链条把他颈子以下的部分
紧紧束住，并且在没有遮盖的
部分上面环绕了五道。
我的导师说道："这个骄傲的魂灵
竟想试用他的力量来反抗虬夫，
因此他得到了这种报应。
挨费尔提斯是他的名字；当巨人们
使群神震惊时，他出了极大的力量；
他那时挥动的手臂，现在再不能动弹了。"①
我对他说："假使这是可能的话，
那末我希望我的眼睛
可以看到硕大无朋的布赖利阿斯。"②
他就此回答："你将看到安提阿斯③
就在近边，他说话，并且没有被束缚，
他将把我们放到一切罪恶的底层。
你想看的那个人是远在那边；
像这一个一样地被束缚着，

① 巨人挨费尔提斯和他的弟弟俄托斯是内普丢思的儿子。他们对俄利姆巴斯山的众神作战，而且企图把俄萨山堆在俄利姆巴斯山上，把彼利翁山堆在俄萨山上，但为阿波罗神所杀死。

② 布赖利阿斯是对俄利姆巴斯山众神作战的又一个巨人。他有一百只臂膀和五十个头。

③ 安提阿斯由于不参加对俄利姆巴斯山众神的作战，所以没有被束缚。他身体离开了大地就没有力量。

并且是一个模样，只是外貌显得更凶恶。”
从没有强烈的地震把一座塔楼
震动得那么厉害，能够同
挨费尔提斯身子的摇晃相提并论。
当时我比以往更惧怕死亡；
假使我没有看到他是被捆绑着，
那末这恐惧就足以致我死命。
我们于是再向前行，来到了
安提阿斯那里，除了头不算
他从洞窟里露出了十足的五挨尔尺。
“哦你哟！你在那不祥的山谷
（在汉尼拔率领他的大军退却时
这山谷使西庇阿成为光荣的继承者）
曾取一千只狮子作为战利品；①
而且假使你参加了你的弟兄们
对诸神的战争，似乎还足以令人相信
大地的儿子们会因你而获得胜利；
把我们放在——不要羞于做这个——
寒冷把科赛忒斯冻结起来的地方。
不要让我们到提提阿斯或泰封那里；②
这个人能够给予这里所渴望的东西；
因此弯身下来吧，不要轻蔑地翘起嘴唇。
他还能够在人世恢复你的名誉：
因为他活着，他的寿命还长，

① 安提阿斯杀死一千只狮子是在撒马，就是西庇阿战败汉尼拔的地方。
② 提提阿斯和泰封也是两个巨人。他们触怒了朱庇特，被他投到冥国里去，传说冥国是在挨特那山的底下。

若是‘天恩’不在他寿限未满以前召唤他去。”
夫子这么说；他连忙伸出了
他的双手把我的导师拿住，
以往赫叩利斯曾感到这双手的力量。
维吉尔感到给这双手紧抓住时，
对我说道：“到这里来，我好把你抱起”；
然后他使自己和我变成一团。
如同从倾斜的一面的底下仰望
卡利圣达塔，[①]当一片浮云飘过上面时，
那塔仿佛逆着云的方向倾斜着似的：
我站在那里看到安提阿斯弯身时
就像这样；那一刹那真叫人害怕，
我简直想由另一条路走去；
但是他轻轻地把我们放下
在那把琉西斐和犹大一起吞没的深渊上；
他也并不那样地弯着身子滞留在那里，
却竖直起来像船上竖起桅樯一样。

① 卡利圣达塔是在波伦亚的一座斜塔。

第三十二歌

第九圈：该隐狱；安泰诺狱

假使我的诗有粗鲁刺耳的韵律，
　可用来表现其他一切岩层
　辐辏重压在上面的那悲惨的圆坑，
那末我就可以更充分地榨出
　我的想象的液汁；但是既然我没有，
　我不免怀着怯惧的心情来讲述它：
因为把全宇宙的底层加以描写
　不是一件轻而易举的儿戏的事业，
　也不是叫喊妈妈和爸爸的舌头所能胜任。
但是惟愿那些帮助安飞昂用城墙
　来围起底比斯的女神们帮助我的诗歌；①
　那末我的言语才不致和事实分歧。
你们这班比其他一切更丑恶的暴徒啊，
　你们住在这种难以形容的地方，
　你们还不如在这人世做绵羊或山羊吧！
当我们来到那黑暗的坑内，
　在巨人们的脚下，但更在下面，
　而我依旧凝望着高耸的墙壁时，
我听到一个声音对我说道：
　“留神走路呀！当心别把脚底
　踏在疲倦的可怜的弟兄们的头上。”
于是我转过身来，看到在我的面前

并在我的脚下有一片湖，
由于结冰看起来像玻璃而不像水。
就是奥地利的多瑙河，或是在远方
寒空下的顿河，在冬天也没有
替自己的河道结过像这里一样的
一层厚冰：因为即使泰勃尼克山
或彼脱拉巴纳峰倒在它上面，[②]
也不会在边缘上发出咭格声。
如同在农妇时常梦到自己
拾遗穗的时候，青蛙把口鼻
露出水面蹲在那里咯咯鸣叫：[③]
就像这样，齐到羞赧的颜色显现的地方，
这些青黑色的悲惨的幽魂没在冰里，
牙齿作出像鹳一般的声音。
每个幽魂把他的脸孔向下低垂；
凭他们的嘴巴可以看出他们的冷，
凭他们的眼睛可以看出他们心中的苦恼。
我向四周看了一下之后，
我向我的脚边看去，发现两个幽魂[④]
互相靠得那么紧，他们的头发交缠在一起。

---

① 安飞昂得到了文艺女神的帮助，把七弦琴弹得那么神妙，西赛隆山的石头被吸引了下来。这些石头自行堆叠起来，就造成了底比斯的城墙。

② 泰勃尼克是在斯拉佛尼亚之东的一座山，彼脱拉巴纳是多斯加纳西北部的一座山峰。

③ 这就是说在夏季的时候。

④ 这两个幽魂是亚历山特洛和拿破里翁，阿尔倍多 · 台里 · 阿尔倍蒂伯爵的儿子，因争夺遗产而互相残杀。他们就是上面提到的“疲倦的可怜的弟兄们”。

我说道："你们把胸膛紧贴在一起的，
　告诉我你们是谁。"他们弯下头颈；
　而当他们抬起头来向着我时，
他们那先前仅里面潮润的眼睛
　这时却从眼皮间涌出泪水，严寒冻住了
　眼皮间的泪水，又使眼皮闭起。
木板和木板从来没有夹得这么紧：
　他们像两只雄山羊互相抵撞；
　他们爆发出了那般狂怒。
那个冻掉了两只耳朵的幽魂，
　他的脸孔仍旧向下俯着，
　说道："你为什么这样老是看着我们？
假使你要知道这两个人是谁，
　他们和他们的父亲阿尔倍多的出生地
　是别圣寿河从那里流下的山谷。
他们是一个母亲所生；你可以
　搜遍整个该隐狱，[①]但你找不到
　一个更应该冻结在冰里的幽魂，
更应该如此的既不是那个由亚塔尔的手
　用矛一刺就刺穿了胸膛和影子的人；[②]
　也不是甫加祈亚；[③]也不是这个用头把我

---

① 杀害亲人的罪人都在该隐狱里受到责罚。该隐为亚当的长子，杀弟亚伯。

② 摩特莱特因侵占他父亲亚塔尔王的领土，亚塔尔王决定杀死他。他用矛刺穿他的身体，摩特莱特见自己必死，也杀死了他的父亲。

③ 甫加祈亚是彼斯托雅康采莱里家族的人。这家族分为黑党和白党。两党互相残杀，大都是由于他的缘故。

遮得不能看远，名字叫萨扫 · 玛希洛尼的人，[①]
　假使你是多斯加纳人，
　那你现在就可以知道他是谁了。
为了你可以不必再要我说话，
　告诉你我就是喀密兴 · 台 · 巴齐，
　正在等待卡里诺来减轻我的罪。”[②]
以后我看到了成千的脸孔都冻得
　像狗脸一般：因此我一想到那冰湖时
　就浑身发抖，而且将来也会如此。
当我们正在走向一切的重量
　都在那里集合的中心，
　而我在永恒的幽冥中发抖时，
不知道由于天意，还是由于命运或机缘，
　在许多头颅中间行走的我
　却猛然踢到了一个头颅的脸孔。
它哭着向我叫道：“你为什么践踏我？
　假使你不是来替蒙太潘底增加复仇，
　那末你为什么作弄我呢？”[③]
我说道：“我的夫子！请你在这里等我，

---

① 萨扫 · 玛希洛尼是佛罗伦萨托斯启家族的人，为了获得遗产，把他的侄子杀死。

② 喀密兴 · 台 · 巴齐是淮尔达诺巴齐家族的人。他用计杀死他的亲戚乌勃蒂诺。他说他等待他的亲戚卡里诺来减轻他的罪，因为卡里诺犯的是背叛国家的罪。卡里诺在 1302 年把淮尔达诺的比安脱拉维尼城堡献给黑党，许多白党因之被杀或被掳。

③ 这个说话的幽魂是布加 · 台里 · 阿巴蒂。在蒙太潘底的战役中，布加虽然是一个基伯林党人，却在归尔甫党一边作战。在紧要关头，他砍去了佛罗伦萨旗手的手，因此佛罗伦萨的归尔甫党人在这战役中失败了。

我要解除关于他的一个疑窦；
然后你可以随便怎样地催我快走。”
夫子站住了；我对那个还在
狠狠地辱骂着的幽魂说道：
“这样地责骂人家的你是谁？”
他回答道：“不，你是谁呀？
你走过安泰诺狱，[①]踢着人家的面颊；
即使你是活人，这也太重了。”
我的答复是：“我是活人；假使你爱好名誉，
那末我把你的名字列在
其他的记录里，这或许对于你是宝贵的。”
他对我说道：“我所想望的正是相反；
去你的吧！不要再和我纠缠：
你不知道在这冰滩上怎样说奉承话。”
然后我抓住他后面的头发，
说道：“你一定要说出你的名字来，
不然你这里一根头发都不会留下！”
他对我说道：“就是你把我的头发都拔掉，
我也不告诉你我是谁；也不把头给你看，
纵然你敲打我的头一千次。”
我已经把他的头发绕在我的手上，
并且把头发拔去了不止一簇，
他狂叫着，把眼睛低垂着，
那时另一个幽魂叫道：“布加，你怎么啦？
你下巴格格作响还不够，一定要狂叫么？

---

① 据中古时期的传说，把特洛伊出卖给希腊人的，是特洛伊人安泰诺。在安泰诺狱里受到责罚的是叛国的罪人。

什么鬼魔临到你的身上了？”

我说道：“现在，该死的叛贼！

我不要你说话了；我要带去

你的确实的消息而使你羞辱。”

“滚开！”他回答说；“你要怎么说就怎么说；

假使你从这里脱身，关于那个现在

这样急于要说话的人，可别不提一句。

他在这里悲叹法兰西人的银子。

你可以说：‘我在罪人们夹在冰里

站着的地方看到那个都拉的人。’①

假使有人问你那里另外有什么人，

在你身旁的就是咽喉

为佛罗伦萨人割断的培加里亚。②

我想基尼·台·苏大尼尔③也在前面，

同着加纳隆尼，④还有趁人民在梦中时

把芬闸的城门打开的屈力巴尔台洛。”⑤

当我们离开他时，我看到

两个幽魂那么紧密地冻在一个冰眼里，

一个头好像帽子般盖在另一个头上；

---

① 都拉的布索，一个格里摩拿的基伯林党人，曾受到曼弗莱特的命令抵拒安如的查理；他却让后者任意进入帕马，据说因为他从法兰西人那里收受了一笔极大的贿赂。

② 1258年基伯林党人被逐出佛罗伦萨之后，培加里亚因阴谋推翻归尔甫党人而被处死。

③ 基尼·台·苏大尼尔原来是基伯林党人，后来为扩张自己的势力，投到了归尔甫党那一面。

④ 加纳隆尼见前面第三十一歌。

⑤ 1280年，屈力巴尔台洛背叛地开了芬闸的城门，放进波伦亚的归尔甫党人(吉莱梅家族)，使他们能够屠杀他们的敌人，在那城里避难的属于基伯林党的兰保太齐家族。

如同人因饥饿而啃面包，
　那个在上面的头用牙齿啃进
　另一个的头脑和颈项相接的地方。
他啃嚼那头颅和其他部分，
　正和泰丢斯[①]因愤怒而啃嚼
　弥拿立普斯的太阳穴一样。
我说道："你哟！你用这种残暴的行为
　表示你对于你所吞噬的人的憎恨，
　依这个条件你告诉我为什么：
倘若你怨恨他是有理由的，
　知道你们是谁和他的罪名的我
　还可以在上界报答你，
假使我用以说话的舌头没有干枯。"

① 在七王攻打底比斯的战争中，泰丢斯为弥拿立普斯所重伤，但是仍旧杀死了他的敌手；当弥拿立普斯的头拿在他面前时，他在狂怒中把它啃嚼。

第三十三歌

安泰诺狱。乌哥利诺和他的在塔楼中的孩子们

那个罪人从那残忍的餐食
　抬起嘴来，就在已被他咬得
　稀烂的头颅的头发上揩抹。
然后他开始说："你一定要我重温
　绝大的悲痛，我甚至在未说之前，
　只要一想起，就会使我肝肠欲裂。
但是假使我的言语能成为一粒种子，
　为我所啃嚼的叛贼结出不名誉的果子，
　你将看到我一面说话一面哭泣。
我不知道你是谁，也不知道
　你怎样来到这里；但是，当我听你说话时，
　我真觉得你像是一个佛罗伦萨人。
你要知道我是乌哥利诺伯爵，①
　而这一个是罗吉挨利大主教；
　我要告诉你我为什么成了他凶狠的邻人。
由于他那些恶毒的诡计的结果，
　对他深信不疑的我是被捕了
　并且后来被处死，这是无须说的。
但是你所不能知道的事情，那就是，
　我的死是多么残酷，你就会听到
　——并且要知道他是不是得罪了我。

那座因我而得到‘饥饿的塔楼’的名称，
　　而其他的人还要被关禁在里面的
　　监牢，有一个狭窄的洞眼，
我从那洞眼看见了几次月圆之后，
　　我做了一个噩梦，
　　它为我揭开了未来之幕。
我梦见这个人像是个领主，
　　在那使比萨人看不到卢加的山上[②]
　　追逐着一只狼和小狼们。
他带着瘦削、敏锐和机警的猎犬，
　　高兰狄，薛斯蒙狄和朗弗兰乞[③]
　　已预先被派遣在他的前面。
在追逐了一阵后，那狼父和狼子们
　　似乎疲倦了；我仿佛看到
　　他们的肚子为尖利的牙齿咬破。
当我在黎明之前醒来时，
　　我听到和我在一起的我的孩子们
　　在他们梦中哭喊着要面包。
假使你想到我那时预感到的事情

---

① 1288 年间，在比萨占首要地位的是归尔甫党，但是他们又分为两派，各以乌哥利诺·台拉·盖拉台斯加和他的外孙尼诺·台·维斯康蒂为首。基伯林党的首领是比萨的大主教，罗吉挨利·台里·乌巴尔狄尼。乌哥利诺为要获得最高的权力，就与罗吉挨利勾结，竟将尼诺逐出。可是，他后来又被大主教出卖；他看到归尔甫党势力薄弱了，就把乌哥利诺连同他的四个儿子和孙子都幽禁了起来。当蒙番尔脱洛的归多于 1289 年 3 月间统领了比萨的军队时，监牢的钥匙给抛在河里，乌哥利诺和他的四个孩子都饿死在里面。

② 这是指位于比萨和卢加之间的圣吉里诺山。

③ 这是比萨的三个大族，他们是支持罗吉挨利大主教的。

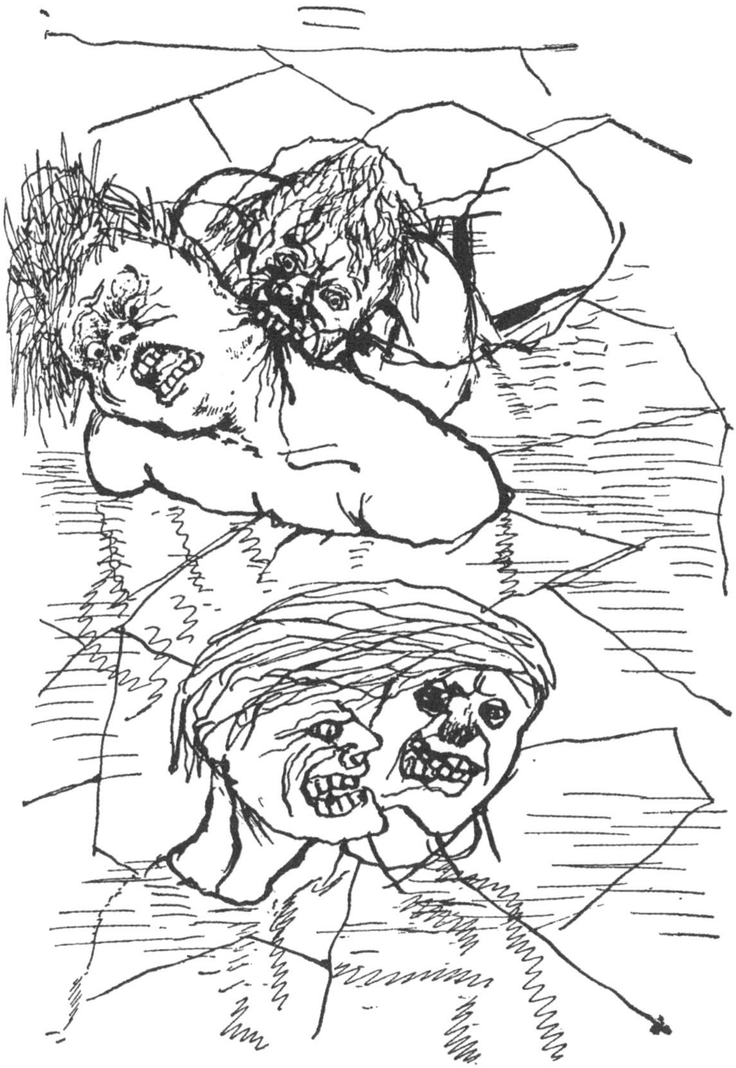

　　而不伤心，那你真是十分残酷；
　　假如你不哭，你一向遇到什么才哭呢？
他们那时醒来了，平常送给
　　我们食物的时辰快到了，
　　我们每人都因做了噩梦而焦急，
而我听到了下面那可怖的
　　塔楼的出口给上了锁：我就凝望着
　　我的孩子们的脸孔，不发一语。
我并不哭：我的心肠已变得这样硬；
　　他们哭了；我们小安萨姆说道：
　　‘你的脸色不好，父亲，有什么不舒服么？’
但是我不流泪，那一整天
　　也不回答，下一晚也不，
　　直到又一天的阳光照临大地。
当一丝微弱的光线射进
　　那悲惨的牢狱，而我在他们的
　　四张脸孔上看出了我自己的容貌时，
我悲痛得只是咬我的双手。
　　可是他们以为我这样做是由于
　　食欲难熬，便突然站了起来，
说道：‘父亲呀，倘若你把我们吃掉，
　　给我们的痛苦倒要少得多：你给我们
　　披上了这可悲的血肉，现在把它剥掉吧。’
于是我使自己平静下来，为了不使他们
　　更加不幸；那一天和下一天我们全没说话。
　　哦坚硬的土地！你为什么不裂开啊？
当我们到了第四天，
　　加杜直挺挺地倒在我的脚边，

说道：‘我的父亲！你为什么不帮助我？’
他就死在那里；正像你看到我一样，
我看到了那三个在第五和第六天之间
一个一个地倒下：早已瞎了眼的
我就在每一个的身上摸索，
在他们死了之后，叫了他们两天；
于是饥饿又战胜了悲伤。”
当他说了这句话时，他斜了眼睛
又用他的牙齿咬住那可悲的头颅，
像狗使劲地咬住骨头一样。
唉，比萨！你真是可以听到
说“Si”的美丽地方[①]的人民的耻辱啊。
既然你的邻人们不迅速责罚你，
让喀普拉拉和戈刚挪两岛移动，[②]
并把阿诺河的出海口堵住，
来把住在你里面的每个活人都淹死。
因为假使乌哥利诺有把你的城堡
出卖的恶名，[③]你也不应该
对他的孩子们加以这样的苦刑：
你近代的底比斯呀！[④]他们的年幼
使得乌格兴和勃利加太，和我的诗篇

---

① “说‘Si’的美丽地方”指意大利。意大利语“Si”即“是”的意思。

② 喀普拉拉和戈刚挪是阿诺河河口处的两个岛。

③ 1284年，哲诺未西人在美洛利亚战败了比萨人之后，乌哥利诺曾以某些城堡献给佛罗伦萨人和卢加人。

④ 但丁时常提到底比斯以此著名的流血、仇恨和复仇的故事（见前面第二十六歌，第三十歌等）。

在上面提到过的另外两人显得无辜。①
我们再向前行，走到严寒结结实实地
把另一群幽魂冻在冰里的地方，
他们不是低着头，而都是仰着脸。
在那里哭泣本身不容他们哭泣；
而且忧愁在眼睛上遇到了障碍
就转向内心以增加痛苦：
因为最先流出的眼泪冻成一块，
而且，好像水晶的面甲一样，
把他们眉毛以下所有的凹处填满。
虽然，好像由于皮肤硬结，
一切的感觉因为寒冷之故
已从我的脸孔上消失了，
现在我却似乎觉得有一阵风吹来；
因此我说："夫子，谁吹动这阵风的？
在这底下不是一切热气都已消灭了么？"
他便对我说："不久你就会来到那地方，
你将亲眼看到吹来这阵风的原因，
那时就可以答复你这个问题。"
冰壳里有一个可怜的阴魂
向我们叫道："哦魂灵们！多么残酷啊，
你们竟给派遣到最后的一层！
除去我脸上的坚硬的面幕，
好让我在眼泪没再冻结之前
发泄一下那塞住我心头的悲伤。"

① 加杜（上面已提到过）和乌格兴是乌哥利诺的儿子；勃利加太和小安萨姆（上面也已提到过）是他的孙子。

我因此对他说："假使你要我帮助你，

告诉我你是谁；假使我不解救你，

那就罚我到冰的底层去。"

他回答道："我是阿尔培利哥修士，[①]

我是那罪恶的果园里的果子，

为了我给了无花果我在这里收到椰子。"[②]

"哈！"我对他说，"那末你已经死了么？"

他对我说："我的躯壳在上界

是怎样的情形，我不得而知。

这托雷美狱有这种特权：

在未被阿特罗波司[③]逼去之前，

时常有魂灵坠落到这里来。

为了使你更情愿从我的脸上

除去玻璃般的眼泪，我要告诉你：

当灵魂像我一样地背叛的时候，

一个恶鬼就剥夺了它的肉体，

他以后就一直主宰它，

直到它的寿限已尽为止。

灵魂向下俯冲到这水池里来；

这里在我背后度冬的这个灵魂的肉体

或许在上面人世还可以看到。

---

① 阿尔培利哥为了争夺罗曼亚地区芬闸的统治权，被他的兄弟曼弗莱特所击(1284 年)。他假装把这件事情忘记了，但在次年他邀曼弗莱特和他的儿子来赴宴，并在说出预定的暗语（"把果子拿来"）的时候，外面伏着的刺客就冲进来把这两个宾客杀死。

② 无花果是多斯加纳的最贱的果子，椰子是外产的，所以要贵些。因此，这句话的意思是："我在这里受的痛苦比我给人家受的痛苦要大。"

③ 阿特罗波司是专管割断生命之线的命运女神。

若是你刚到下面来，你一定知道它：
　它是勃兰加·杜利亚爵士；[①]
　自他这样被禁闭以来已有许多年了。”
我对他说：“我相信你在欺骗我：
　因为勃兰加·杜利亚没有死；
　他在吃、喝、睡觉和穿衣。”
他说道：“在上面的沟渠里，
　就在那粘韧的沥青沸煮的地方，
　密舍尔·尚奇还没有来到时，
这个人已把一个恶鬼代替自己
　留在他自己的身体里，也留在
　一个与他同谋的亲戚的身体里。
但是把你的手伸过来：打开我的眼睛”；
　我并不替他打开眼睛：
　对他无礼就是有礼。
唉，热那亚人！丧尽了道德
　并充满着一切腐败的人们呀，
　为什么你们不从大地上消除？
因为我发现你们中有一个人
　和罗曼亚的最恶的幽灵在一起，[②]
　甚至现在他的灵魂因他的恶行还浸在
科赛忒斯里，而在人世还似乎活在肉体里。

---

① 热那亚的勃兰加·杜利亚邀他的岳父密舍尔·尚奇（见前面第二十二歌）来赴宴，在席间他以他的侄子（即下面所说的“与他同谋的亲戚”）之助，把尚奇杀死。阿尔培利哥和勃兰加·杜利亚在1300年还都活着，但是他们的灵魂已先在地狱里受罚，这就是所谓托雷美狱的“特权”。
② 勃兰加·杜利亚和阿尔培利哥修士在一起。

第三十四歌

第九圈：犹大狱。从琉西斐通到光明的道路

“地狱之王的旌旗在向我们前进；”①
　我的夫子说道，“假使你要把他
　辨认清楚，你向你前面看吧。”
如同，当大雾弥漫于天空，
　或是黑夜降临我们的半球时，
　一座转动着的风车在远处显现：
我现在似乎看到这样一座大建筑；
　为了风大我缩在我导师的背后，
　因为那里没有其他掩蔽的地方。
我来到了那地方(我怀着恐惧写进诗里)，
　那里幽灵们整个给掩盖在冰里，
　而且闪闪发光有如玻璃中的斑点。
有的横躺着，有的直立着，
　有的用头立着，有的用脚立着，
　又有的像一张弓把脸孔弯到脚尖。
当我们向前走了相当一段距离，
　我的导师主动指给我看
　那一度是如此美丽的创造物时，
他从我面前走开，要我停下，
　说道：“看狄斯！②还要看那你在那里
　应该用坚忍的精神来武装自己的地方。”
当时我变得多么冰冷和软弱，

别问吧，读者啊！这点我不描写，
因为一切的言语都无法来形容。
我没有死去，也没有活着：
假使你有一点聪明，你自己去想
非生非死的我变成了什么样的人。
悲哀之国的“皇帝”，
从半胸以上都露在冰的外面；
我的身材和一个巨人相比
正如巨人们和他的手臂相比：
那末请想同这样的一个部分
成比例的全身一定是多么大呀。
假使他先前美丽到他今日丑恶的程度，
而且昂首反对他的“造物主”，
那末无怪一切苦恼都由他发生。
当我看到他的头上有三个脸孔时，
这对于我是一个多么大的惊奇！
正面的一个脸孔像火一般红；
与这相联接的另外两个脸孔
是在每个肩膀的中间的上面，
而在他的头顶那里结连起来；
右边的脸孔是介乎白与黄之间；
左边的脸孔看起来是这样的，
像是从尼罗河上游那里来的人。[③]
每个脸孔下面伸出两张巨大的翅膀，

---

① “地狱之王的旌旗”指琉西斐的翅膀。
② 狄斯即琉西斐。
③ 指非洲黑人。

尺寸正和这样的一只鸟相称：
我没有看到过海帆有如此阔大。
翅膀上没有羽毛；但形式和质地
和蝙蝠的相仿：他正在扑击翅膀，
所以三阵风从他那里吹出。
因此科赛忒斯全部冻结了；
他用六只眼睛哭泣，眼泪和血沫
顺着三个下巴涌流而下。
在每只嘴里他用牙齿咀嚼
一个罪人，像马嚼着马衔铁一样；
他就这样使三个罪人受到酷刑。
对于前面的一个，与撕裂比起来时
咬嚼是不算什么：因为有时
他的背部的皮差不多完全撕去了。
夫子说："那受到最大的刑罚的
上面那个就是犹大 · 伊斯喀里奥，
他头在里面，两腿在外面使劲划动。
把头朝下的那另外两个中，
那从黑色的脸孔吊下来的是勃鲁多——
看他怎样扭动，不发一言；
那另一个是卡修斯，四肢似乎多么僵硬。①
但黑夜又来了；②而现在我们
必须离去：因为我们已看到了全部。"
我照他的意思抱住了他的头颈；

① 这是三个大叛贼：犹大出卖了教会的缔造者耶稣；勃鲁多和卡修斯谋害了罗马帝国的缔造者恺撒。但丁在犹大狱中特别指出了这三个人的名字。

② 此刻大约是星期六的晚上六时。

他选择了合适的时间和地点，
当翅膀大大张开的时候，
他抓住了多毛的肚腹，
然后在缠结的毛发和冻硬的皮肉之间，
从一簇毛到一簇毛地向下降落。
当我们来到了大腿恰好
在臃肿的后臀上转动的地方时，
我的导师辛苦而艰难地
把头掉到他先前站脚的地方，
好像往上爬的人一般，他抓住了毛发：
我因此以为我们又回地狱去了。
我的导师像一个筋疲力尽的人
那样气喘着，说道："你抓得紧！
我们必须从这种梯子爬出这万恶的地方。"
然后他从一块岩石的隙缝里走出，
把我放在岩石边缘上坐下；
他就用谨慎的脚步向我走来。
我抬起眼睛，原以为会看到
琉西斐像我先前离开他时那样；
却看到他两腿向上伸着。
假使我当时果真变得困惑了，
让那些不能领略我经过的
是什么样的地方的蠢人就这样想吧
夫子说："起来！站起来吧！
行程是修长的，道路是崎岖的；
太阳已转回到白天第三时的一半。"①

---

① 罗马天主教教会为了祷告的目的，把白天分为四部分。"白天第三时"是第一部分，就是从六时到九时。因此，"白天第三时的一半"即等于七时半。

我们站着的地方并不是宫殿，
　而是一座天然的地牢，
　地面高低不平，又没有亮光。
“在我还未脱离这深渊之前，”
　我站起来的时候说，“哦夫子！
　对我说几句话，以免除我的错误。
冰在哪里？还有这一点，他怎么会
　这样地倒插着的？在这么短的时间内，
　‘太阳’怎么会从黄昏转移到早晨？”
他对我说：“我曾在地球中心的那一边
　抓住那个穿过世界的恶虫的毛，
　你以为你现在还在那里呢。
在我下降的时间内，你一直是在那一边；
　当我转身的时候，你才经过了
　一切重力从各方被吸到那里去的地点；
而现在你到了这个半球的下面，
　它正对那个有着广大干燥的陆地的半球，
　而在其高峰之下那在无罪中
诞生和生存的‘人’曾被毁灭；①
　你的脚已踏在一个小的球体上，
　它是犹大狱的另一面。
当那边是黄昏的时候，这里正是早晨；
　这个用毛发给我们做梯子的‘恶魔’
　仍旧像先前一样地固定不动。
他从‘天国’坠落在这一边；

---

① 干燥的陆地是北半球，但丁认为其中心是耶路撒冷，就是那无罪的“人”（即耶稣）被钉在十字架上的地方。

那先前突出在这里的陆地
由于怕他就用海水来掩盖自己，
移到我们的半球来了；或许，
出现在这一边的陆地为了要避开他
在这里留下了那空隙，而向上冲去。”[①]
下面那里有一个地方，从魔王那里
伸展开去就像他的坟墓那样广远；
发现这地方不由于看到而由于听到
一条小溪[②]在那里潺潺地向下流去，
溪水顺着蚀穿的石洞流去，
水道迂回曲折，斜度也不大。
导师和我从那条暗道走进去，
回到那光辉灿烂的世界里；
然后，不想作任何的休息，
我们就往上登，他在前而我在后，
一直登到我从圆孔里辨出了
天上累累地负载着的美丽事物；
我们从那里面走出，又见到繁多的“星辰”。[③]

---

① 撒旦坠落在南北球的时候，陆地都从他那里逃开；而在他固定于地球的中心之后，那形成炼狱山的陆地向上冲去，而留下了空隙。

② 这条小溪是里西，从炼狱慢慢地向下流到地狱，罪人在它里面洗去了关于罪恶的记忆。

③ 神曲三篇最后一行都以“星辰”结束，表示向往光明的意思。

炼狱篇

第一歌

复活节的黎明

如今我的才智的小舟扯起篷帆，
　把一座悲惨的大海抛在后面，
　此后将在平静的海面上航行。
而我就将歌唱那第二个境界，①
　人类的心灵在那里洗净了罪，
　为上登天堂作好了一切准备。
神圣的缪斯，既然我是你们的，
　在这里让死了的诗歌复活过来，②
　让卡来俄彼在这里稍显得激昂，③
用她的曲调来配合我的歌曲，
　那些可怜的喜鹊曾因那曲调
　对宽恕失去了一切希望。④
那东方蓝宝石的柔和的色彩，
　正在清澈的天空上积聚起来，
　甚至到第一环还是那么明净，⑤
使我的眼睛重新感到了喜悦，
　那时我刚走出使我眼睛和心胸
　都充满悲痛的阴森可怕的氛围。
那座激起爱情的灿烂的行星⑥
　正在使东方全部的天空欢笑，
　把那追随着她的双鱼宫遮起。
我转身向那右方，把我的心神

贯注在另外一极上，我看到了
只有最初的人见过的四颗星。
天空似为这些星的光辉而高兴。
北方的土地啊，自从你被剥夺了
看它们的权利，你是多么孤清！⑦
我的眼睛不再凝望那四颗星，
我把身体稍向另外一极转去，
北斗星早已在那里消隐不见，⑧
我看到我近旁有一孤单老翁，⑨
他的容貌那么令我肃然起敬，

---

① “第二个境界”指炼狱。

② “死了的诗歌”，到这里为止，《神曲》的诗歌都是涉及精神上死了的人，因此诗歌本身不免蒙上一层阴沉冰冷的色彩；若是我们回头重读一下《地狱篇》的最后一歌，尤其能感到这一点。当但丁看到那里的景象时，他自己也变成“非生非死”的了。

③ “卡来俄彼”是九位缪斯女神之一，专司雄辩和英雄诗歌之职。

④ “可怜的喜鹊”指挨玛西亚王彼鲁斯的九个女儿。她们向缪斯女神挑战比赛歌咏，在失败后，都变成喜鹊。

⑤ “第一环”指月轮。

⑥ “行星”指金星，那时为晓星。太阳在白羊宫的时候，晓星是在双鱼宫。

⑦ 但丁面向晓星的时候，这四颗星靠近南极。这四颗星又在本篇第三十一歌里出现，一般的注家都说这四颗星象征四大异教的美德：谨慎，正义，刚毅，节制。“最初的人”：指亚当和夏娃。当他们从地上乐园被逐出的时候，南半球是被认为无人居住的：因为据中世纪的地理，亚洲和非洲是全部在赤道以北。

⑧ 依照炼狱的假定的纬度，在任何时候只可以看到北斗星的一部分，现在是完全在地平线以下。

⑨ “老翁”指犹提喀的伽图（生于公元前95年），恺撒的策略的主要反对者之一。在萨普萨斯战役以后，他宁可自杀，不愿落于敌人之手。这是被认为忠诚于自由的一种高尚举动，因此但丁把他放在这里，作为炼狱前界的守卫者；不然，他既是自杀者，是应该放在地狱里的。

就是儿子对父亲也不会那样。
他蓄着一部长长的胡子，
胡子里已有一丝丝斑白，
像垂在他胸前的两绺头发。
那四颗神圣的明星的光辉
把他的脸照耀得那么灿烂，
我几乎把他认为他面前的太阳。
“你们逆着黑色的河流，逃出了
那永恒的牢狱，你们是谁啊？”
他边说边摆动他可敬的须发。
“谁引导你们的？谁像明灯一般
照着你们，让你们走出深沉的夜，
使地狱的山谷永远黑暗的夜？
是冥界的法律就这样被破坏了，
还是天国颁布了一些新的法令，
永劫不复的你们走近我的山边？”
我的导者于是慌忙把我拉住，
用他的言语，用他的双手和姿势，
命令我屈膝低首表示我的恭敬。
于是回答他道：“我不是自己来的。
一位夫人从天国下降，应她请求，①
我才来救助这个人，才和他作伴。
但是你的意思既然是要我
把我们的情形说得较为详尽，
我决无不遵从你的吩咐的意思。

---

①“一位夫人”指俾德丽采，参阅《地狱篇》第二歌。

这个人还没有看到最后的时辰，[①]
　　但因为痴愚，已离那时辰很近，
　　容他幡然悔悟的时间已很短促。
刚才说过，我被派去营救他，
　　那时候简直没有另外的路好走，
　　只有我走过来的这一条路。
我引导他看了一切犯罪的人，
　　如今我打算引导他去观看
　　在你的掌管下洗净罪孽的精灵。
我如何把他带了来，说来话长：
　　从天国下降的‘美德’帮助我
　　引导他到这里来见你，听你吩咐。
现在只愿你恩准他的来到：
　　他追寻自由，自由是如何可贵，[②]
　　凡是为它舍弃生命的人都知道。
你知道这点；因为你为了自由，
　　在犹提喀丧身而不以为苦，
　　你留下的肉躯要在末日发光。
我们并没有违犯永恒的法则，
　　因他还活着，我不受迈诺斯约束，
　　我却居住在你的玛喜亚所在的[③]
那一环里，她那双贞洁的眼睛，
　　神圣的心啊，还在求你承认她：

① “最后的时辰”指精神的死亡和肉体的死亡。参阅《地狱篇》第一歌的寓言。

② 这里的“自由”指精神的自由和公民的自由。

③ “玛喜亚”是伽图的续弦（见《地狱篇》第四歌），伽图把她让给他的朋友荷顿修斯，当后者死后，玛喜亚又回来与伽图结婚。

为了她的爱，请你垂怜我们吧。
准许我们走过你的七重境界：①
你若俯允在下面的冥界提到你，
我要把你给她的恩赐带回给她。”
他于是说道：“我在人间的时候，
玛喜亚在我看来是那么美丽动人，
凡是她所吩咐的我无不依从。
如今她既住在那恶流的彼岸，
按我离开那里时定的法律，②
她就再不能打动我的心胸。
但是，如你说的，假使一位夫人
感动你又指示你，就不用谄媚：
你用她的名义向我请求就够了。
那么去吧，你要注意把此人的腰
用一根光滑柔嫩的灯芯草束住，③
把他的脸洗得不留一点污迹：
因为他若眼睛上蒙着一重迷雾，
去拜见天堂中的第一个天使，
这在他说来是十分不合适的。
在这小小岛屿四周的滨岸边，
就在波浪不断冲击的地方，
灯芯草在柔软的泥土上生长。
凡是要长出叶子或要变得坚硬的

---

① “七重境界”指炼狱的七环，在那里面七大罪恶受到责罚。

② 注家对这“法律”究竟指什么法律，有不同的解释。有的说，当基督把伽图从林菩狱中提出以后，伽图因地方的变动，情感也起了变化。“恶流”：指地狱中的阿刻隆河（见《地狱篇》第三歌）。

③ “灯芯草”是谦卑的象征；以后我们将看到，但丁身上的罪孽是骄傲。

其他草木都不能在那里长大，
因为它们不能忍受波浪的打击。
往后，你们不用再回到这里来；
那如今正在向上升起的太阳，
会指给你们看较易上山的路。”
他说了就不见了；我挺起身子，
什么话不说，退到我的导者那里，
把我的眼光投射在他的身上。
他开始道：“儿啊，随我的脚步来吧：
我们回头走吧，因为这片平原
是从这里通到下面的边界去。”
黎明正在征服和消灭早晨的雾气，
雾气在它前面向四面八方逃散，
我因此远远看出了大海的颤动。
我们在荒凉的平原上向前走去，
好像迷途的人找到原先的道路，
觉得他以前走的路全是白费。
我们来到了朝露正在太阳下
拼命挣扎的地方，在这地方，
在冷风吹拂之下朝露慢慢消散；
我的导师就把他张开的双手
轻轻地放在那柔嫩的草上；
我看他的行动明白了他的意思，
抬起我泪痕斑斑的脸颊向着他：
我的欢颜已在地狱里消散无余，
如今他又使它在我脸上浮现。
我们于是走上了那荒凉的海岸，
凡是在这海面上航行的人们，

　没有一个能够重回他的家乡。
他依“另一人”的意思束我的腰：①
　真是奇迹！他折了那谦卑的草，
　而就在他把它折下来的地方，
又一模一样的生出了另一枝来。

① “另一人”指伽图。

第二歌

天使的舵手

如今太阳已达到了那地平线，
　它的半圆形的子午线以其顶点
　覆盖在耶路撒冷城的上面，
而在太阳的正对面转动的“黑夜”，
　同着在她盛时从她手中落下的
　天平座一起从恒河那里上升；
因此，在我所在的那个地方，
　美丽的黎明神白里泛红的脸颊
　因年龄的增加，正转变为橙黄色。[1]
我们还是留在海洋的旁边不走，
　正像仔细考虑着路程的人，
　心儿虽已飞去，身体却不移动；
看哪，好像在天将黎明的时辰，
　低低的在那西方的海洋上面，
　火星从浓雾里射出红红的火光；
我就像那样看到——愿我能再看到！——
　一颗光体那么迅速地渡海而来，
　任何的飞翔都不能和它相比。
当我把眼睛暂时从它那里转开
　去询问我的导者的时候，
　我看到它变得愈亮，愈大了。
于是在它的两边我看到了

一些白色的东西；而在那底下，
又逐渐出现了另一个白色东西。
我的导师还没有说过一句话，
直到那最初的白色显出是翅膀；
在他看清楚了那个舵手之后，
他就叫道："跪下，赶快屈膝跪下；
看那上帝的天使：合起你的手掌：
从此后你将看到这样的使者。
看他怎样鄙视一切人类的器具，
因此，在相隔这么阔的两岸之间，
他不用桨，也不用帆，只用自己的翅膀。
看他如何使他的双翼向着天上，
就用那永恒的羽翮划动空气，
双翼并不像人的毛发那样脱换。"
那神鸟向我们愈飞愈近，
就显得比先前越加灿烂辉煌，
我简直不能用眼睛向他逼视：
我垂下了眼光，他向海岸驶来，
乘的是一条那么轻快的小舟，
行驶时仿佛和水面不相接触。
那天国的舵手站在船尾之上，
他脸上清楚显出幸福的光彩，
那船上还坐着一百多个精灵。

---

① 在耶路撒冷是日落；在恒河上，即在印度，是子夜，因此在炼狱正是日出的时辰。当太阳是在白羊宫的时候，夜是在正对面的天平座；在秋分的时候，天平座从夜的手中落下，太阳那时就走进这星座，夜就逐渐比昼长了。

“当以色列出了埃及的时候，”①
他们大家一起这样齐声歌唱，
也唱了那首诗篇的其余部分。
于是他向他们划了神圣的十字，
他们大家就立刻跳上海岸，
他像来时一样迅速驶去了。
在那里留下的众阴魂对那地方
似乎也不熟识，只管向四下观望，
就像试验新事物的人一样。
太阳已经用他的锐利的箭矢
把摩羯宫从天空的中央驱走，②
如今正向四面八方耀射光芒，
那新来的众魂就在那时抬起脸，
对我们说：“你们若是知道，
请指点我们去到那座山的道路。”
维吉尔就此答道：“也许
你们以为我们熟悉这个地方，
但我们像你们一样是新来的。
我们才到这里，比你们先来一步，
走的是另一条崎岖险巇的道路，
如今上山在我们就像儿戏一样。”
那些阴魂们从我的呼吸上
看出了我还是一个活人以后，

① 这是《旧约·诗篇》第114篇的开头语。但丁认为这一篇诗篇的意义是“成为神圣的灵魂走出肉体的奴役，进入永恒光荣的自由。”见但丁致旨·格兰德的书简第7节。

② 正在上升的太阳（在白羊宫）的光，把摩羯宫从中空消灭了（在白羊宫碰到地平线的那一刹那，摩羯宫碰到子午圈）。

他们都一个个惊讶得脸如土色；
好像向一个拿橄榄枝的信使
人群渐渐围拢过去聆听消息，
也没有一人以倾轧踩踏为耻；[①]
那些阴魂们就像那样用目光
注视我的脸，莫不深自庆幸，
几乎忘了走去使自己美丽了。[②]
我只见其中一个走向前来，[③]
怀着那么深厚的情意拥抱我，
以致使我感动得也要拥抱他。
只具外形的空虚的阴灵们啊！
我双手在那阴魂背后抱了三次，
却有三次抱在自己的胸膛上。
我想我脸上一定显出了惊讶，
那阴魂对此笑了一下就退去，
我慌忙跟随着他往前奔跑。
他说出无限温柔的话请我停步：
于是我就知道了他是什么人，
恳求他停留片刻跟我说几句话。
他回答我道："正像我带着肉躯时
爱你一样，我解脱了还是爱你；
我因此停步：可是你为何在这里？"

---

① 在但丁的时代，信使骑了快马或是奔跑，把消息从一城镇传到另一城镇。

② "使自己美丽"是"洗净罪孽"的形象说法。

③ 这个阴魂生前是但丁的友人，在佛罗伦萨以音乐才能著名。据兰狄诺说，"但丁在读书疲倦了以后，时常和他在一起休息。"据说，他把但丁的一些诗歌谱成曲子，其中也许包括《在我的心灵中向我低诉的爱情啊》那一首。

“我的卡塞拉呀，我作这次旅行，
　是要重新回到这里，”我说道，[1]
“但你怎么被剥夺了这许多时间？”
他对我说道：“我并没有受到委屈，
　虽然那能随心所欲把人带走的他，
　有好几次不给我到这里来的方便；
他的意志由一个公正意志造成。
　实在说来，他在过去三个月内，[2]
　已把愿意进来的都平安地载来。
我那时正走向台伯河的流水
　在那里渐渐变咸的海岸，
　他就慈悲地把我收容了进去。[3]
他如今已振翼向那河口飞去，
　因为那些不沉到阿刻隆去的人，
　经常不断在那里聚集在一起。”
我说道：“从前你惯用爱情的歌
　使我心中一切欲望归于平静，
　假使新的法律没有使你忘掉，
你可否用那首歌安慰我一下，
　我的带着形骸在此旅行的灵魂，
　真感到无比的苦恼和悲哀啊。”

---

① 但丁这里的意思是，他活着的时候到炼狱来旅行，为了将来死后能再到炼狱中来。

②“过去三个月”　指罗马教会的第一个大赦年开始以后的三个月。请参阅《地狱篇》第十八歌。

③ 救恩只能在真正的教会里得到，而这教会是坐落在罗马的，因此那些不是永劫不复的人的灵魂，都聚集在罗马的海港台伯河口，待天使运载到炼狱。

“在我心中向我低诉的爱情啊，”①
　他就开始这样无限美妙地歌唱，
　那旋律至今还在我心中荡漾。
我的导师和我，以及那些同他
　在一起的阴魂都显得那么欢喜，
　仿佛任什么事情都不放在心上。
我们大家正在全神贯注地倾听
　他的歌声，那可敬的老人猛然说道：
“你们这些懒惰鬼，这算是什么啊？
看你们荒疏拖延到了什么地步？
　赶快到那山上去把腐肉剥掉，
　不然上帝不会显在你们面前。”
好像一群野鸽围着麦子或豌豆，
　一声不响只管聚在那里啄食，
　也没有显出惯有的骄傲模样，
若是看到它们所惧怕的东西，
　大家就立刻放下嘴边的食物，
　因有更大的事情使它们忧虑；
我就像那样看到新来的鬼群
　不再听那歌唱，都走往那山腰，
　像一个人在走路却不知走往何处；
我们也一样匆匆忙忙离开了那里。

① 这是但丁在《飨宴篇》第3章里所分析的那首诗的第1行。

第三歌

炼狱前界

虽然那群阴魂突然一哄而散，
　只见他们在那平原上四处奔跑，
　奔向理性驱使我们前往的山，
我却紧紧靠近我的忠实的导者；
　没有他我怎么能顺利前进呢？
　此外又有谁愿意把我带上山去？
我看他心中似乎被自责苦恼着。
　哦你高贵而又纯洁的良心啊，
　一件小过怎样的使你感到痛苦！[①]
他的脚步已不再迈得那么匆忙，
　立即恢复了所有行动的庄严，[②]
　这时，我先前那畏缩的心灵
渐渐舒展，仿佛要作急切的探索，
　我就把我的脸正对着那座山，
　它的顶峰从大海中耸入云霄。
在我们背后，那炎炎的红日，
　它的光线被我的身体挡住，
　就在我前面投下了我的影子。
等我看到了只有在我的面前
　地上才有黑影，我转身看看旁边，
　心中怀着怕自己被人抛弃的念头。[③]
而我的安慰者完全转过身来，

对我说道："为什么你又不信任了？
你不信我和你在一起引导你吗？
我能留下影子的肉躯早已埋葬，
从布林提斯迁来，葬于那不勒斯，
那里如今已经是黄昏时分了。④
如今在我前面若是没有影子，
你不必惊异，就像不必惊异于
一座天体不挡住另一天体的光。
不肯把造化给我们看的'神力'，
还在创造像我们一样的物体，
宜于忍受盛暑和严寒的磨难。
凡是希望我们的智力能够理解
那集三位于一体的'无限'的人，
他们的想法就已迹近疯狂。
人类啊，你们以事实为满足吧！
假使你们能够看到宇宙万物，
那么马利亚就无需生育了；⑤

---

① 但丁认为伽图在上一歌末了所斥责的错误，并不是严重的，而维吉尔却不应那样匆忙地跟着那些阴魂奔跑了，并且现在似乎还在自责着。

② 亚里士多德曾说过，"一个心灵崇高的人，他的行动将是缓慢的，他的声音将是深沉的，他说话的态度将是镇静的；因为一个人若是没有许多要关心的事，不见得会匆忙；若是不把任何事情认为重要，也不见得会加重语气；而这些事情正是使人尖声说话，举动迅速的原因。"

③ 这是但丁第一次看到自己身体的影子，在这旁边没有看到维吉尔的影子时，就吃惊起来，以为他离开他了。

④ 意大利下午 3 时的时候，耶路撒冷是下午 6 时，炼狱是上午 6 时。维吉尔从雅典回来后，死于布林提斯，据说由奥古斯都皇帝把尸体带至那不勒斯，葬在那里。

⑤ 这两行的意思是："假使人类的理性能够深入到这些神秘里面，那么就无需神子的启示了。"

你们见过作无用的想望的哲人，
　他们的想望不然会得到满足，
　如今却成为他们永远痛苦的原因。
我指的是亚里士多德和柏拉图，
　还有其他许多人。”这时他垂下头，
　不再说下去了，神色仍显出烦恼。
这时候我们已走到了山脚底下，
　我们发见那里的绝壁无比陡峭，
　两腿再怎样矫捷都难以攀登。
勒利启和图俾亚间的那条路，①
　最为荒芜，最为僻远，
　同这里相比却像平坦开阔的梯级。
“谁知道哪里的山坡比较平缓，”
　我的导者一面停下脚步一面问，
　“让不生翅膀的人能够攀登？”
他低着头，眼睛望着地面，
　心中细细盘算着我们要走的路，
　我也正在抬头望着那座岩壁，
我猛看到左边有一群阴魂出现，
　他们移动脚步向我们这边走来，
　他们走得那么慢，仿佛不在前进。②
“夫子，”我说道，“请你抬头看看，
　假使你还没有想出走哪一条路，

① “勒利启（城镇名）和图俾亚（乡村名）”分别处于意大利滨海省份利求利阿的东西两端。

② 在炼狱前界的阴魂，生前是被逐出教会或临终前悔过的。从但丁关于他们所描写的形象里，可以看出他们的性质，缓慢、怯懦、愚蠢、羞怯等等。

看那边给我们指路的人来了。”
他望了他们一下，脸上露出笑容，
答道：“他们来得慢，我们迎上去吧；
可爱的儿啊，你要坚定你的希望。”
我们走了像人间走的一千步路，
发现那一群阴魂离我们还有
像投石的好手能投到的那样远，
那时他们拥到陡壁的岩石间，
紧紧的站在一起，一动都不动，
像胆战心惊走路的人停步观望。
维吉尔开始道：“已被选中的精灵，
哦，得到了幸福结局的你们啊，
凭那在等待你们的至福之名，
告诉我们哪里的山坡比较平缓，
让我们可以从速向上走去；
因爱惜光阴的人最怕浪费光阴。”
好像羊群一头，两头，三头地
走出圈栏，余下的怯懦地站着，
它们的眼睛和鼻子都向着地上，
那第一头怎么做，其余的也跟着做，
它若站着不动，它们就挤上前去，
显得又蠢又安静，茫然不知何故，
我当时看到了那幸福的一群，
为首的一个就这样移步前来，
脸色那么羞怯，行动那么庄重。
那些走在前面的精灵一看到
阳光在我右边的地上黑了一块，

而我身体的影子落在岩石上面，[1]
他们立刻停了下来，倒退了几步；
而所有那些在后面跟着来的，
还没有弄清缘故，也照样做了。
“我不待你们问就向你们承认，
你们看到的是个活人的身体，
太阳的光也就在地上隔着个影子。
你们对此不必惊异，却要相信，
他到这里来设法克服这座难关，
不是没有从上天取来了力量。”
我的导者这么说；那些高贵灵魂
说道：“请回过身来，你们先进去吧，”
说时又用手背向我们作了个手势。
于是他们中的一个开始说道：[2]
“不论你是谁，请在走时掉过脸来，
想一想你在人世见过我没有。”
我转身过来向着他，定睛观察：

---

① 山在但丁的右边，而太阳在他的左边。

② 这是曼夫累德(1231—1266)，亨利王六世和他的妻子君士坦士（关于她可参看《天堂篇》第三歌)的孙儿，腓特烈王二世的私生子。曼夫累德的妻子，萨伏衣的俾德丽采，替他生了一个女儿，后者于1262年嫁给亚拉冈的彼得三世(关于彼得三世和他的儿子们，见本篇第七歌；再参阅《天堂篇》第十九歌)。曼夫累德于1258年为西西里王，篡夺了他的侄子康拉定的权力。教皇们当然反对他，因为他是一个基伯林党人，把他逐出了教会；1265年安如的查理应克雷门特四世的请求，率领大军来到了意大利，被加冕为对立的西西里王。1266年2月26日曼夫累德被查理战败于本内文托(那不勒斯东北约20英里)，又被杀。他被埋于战场附近，在一座大石冢之下(每个兵士在经过时投一石块)；但是依教皇的命令，他的尸体被掘出，抛在弗特河边，在那不勒斯王国和教会国家的国境之外；葬时依被逐出教会者惯用的仪式。

他头发金黄、皮肤白皙、仪态华贵；
可是一条眉毛给伤疤隔成两段。
我谦恭地说了我不曾见过他，
他听了之后就说道："现在看吧"；
给我看他胸膛上方的一处伤疤。
于是他含笑说道："我是曼夫累德，
君士坦士皇后的孙儿；因此，
我祈求你，你回到人世的时候，
务必到我美丽的女儿那边去，
她是西西里王和亚拉冈王的母亲，
如有别的传说，就把实情告诉她。
我在我的身体上受到了两下
致命的刀伤后，我就流着眼泪
拜伏在宽恕罪人的上帝面前。
我犯下的罪孽是无比可怕的；
但'无限的善'是那么宽大为怀，
凡是投向它的怀抱的它都接受。
假使由克雷门特教皇派遣来
把我穷追不放的科森柴的牧师，①
在那时精读了上帝的这条经文，
那么现在我的骨头仍然埋葬在
靠近本内文托的那座桥头边，
在那高高的石冢的保护之下。
如今在那国境之外，弗特河边，
他吹灭了烛，把骨头迁到那里，②

① 这个牧师就是由克雷门特四世派到本内文托掘出曼夫累德的尸体的。
② "熄灭的烛"是埋葬被逐出教会者的仪式的一部分。

任它们受到雨的冲洗，风的吹打。

只要希望还有一丝儿绿意，

灵魂不会因他们的诅咒沉沦得

‘永恒的爱’不再为他们开放花朵。

确实是这样的，凡是在死的时候

反对神圣教会的，最后虽已忏悔，

若是在人世没有善良的人们

替他们作祷告来缩短这个刑期，

他们在这滨岸之外彷徨的时间，

须三十倍于他们在傲慢中度过的年月。

且看你有没有力量使我幸福，

你只要回去后向我的好君士坦士

讲述你看到我的情形，和这禁令，

因为人间的帮助会给我们不少益处。”

第四歌

开始登山

我们感官中的某一个感官
　感到了痛苦或是欢乐，
　灵魂就贯注在那个感官上，
似乎把其他的能力一概都忘了；
　这和那种认为我们不止有
　一颗灵魂发光的错误看法相反。
因此，我们听到或看到什么，
　使灵魂全神贯注于上面时，
　时间过去了，我们却没有觉察到。
因为，能注意事物是一种本领，
　能使注意力集中是另一种本领；
　后者仿佛受着约束，前者自由。①
我听那精灵说话感到惊异时，
　我对这一点有了切身的体验；
　因为太阳足足爬登了五十度，②
我没有觉察到，那时我们已走到
　一个地方，精灵们在那边齐声
　向我们叫道：“这是你们问的地方。”
在葡萄渐渐变得紫黑的时候，
　农民常用他的叉子叉起一小束荆棘，
　塞住篱笆上的洞，甚至那洞
也大于我的导师从中攀登的那个裂罅，

等到那群阴魂一离开我们之后，
我们就独自上山，我在后追随。
一个人能走到圣里俄，走到诺里；③
一个人用双足能上俾斯曼吐伐，
达到它的顶峰；但这里得要飞，④
我意思是用崇高欲望的敏捷的
翅膀和羽翮紧紧追随那导者，
他给我希望，给我照亮了道路。
我们在岩石的裂缝内往上爬，
两边的岩壁把我们紧紧夹住，
底下的地面也要我们手足并用。
我们达到了那峭壁顶上的边缘，
来到豁然开朗的山腰上的时候，
我叫道："夫子啊，我们往哪里走呢？"
他就对我说："不要往下走一步，
永远跟在我后面爬上那山峰，
直到一个贤哲的护送人出现。"
那山顶之高非我目力所能及，
而那斜坡的坡度又远远超过

---

① 柏拉图认为人有一个肉体的灵魂和一个不朽的灵魂。假使这是实在的，那么人在同一个时候可以注意两件事情。但是但丁认为心灵是单一的，而灵魂有三种不同的能力：生长的、感觉的、理智的。那时候，但丁的理智的能力是被约束住了，而他的感觉的能力却在听着，因此就没有感到时间的过去。关于这个问题，参阅本篇第二十五歌。

② 太阳每个时辰走五十度：因此此刻是上午九时二十分。

③ "圣里俄"是蒙番尔脱洛山区的主要城镇，坐落在一座高峻崎岖的山上，难于到达。"诺里"是利求利阿的城镇，背后是崇山，到那里必须走下陡峻的坡路。

④ "俾斯曼吐伐"：是摩得那西南约 25 英里的一座崇山。有人认为但丁就把这座山作为炼狱山的模型。

从半四分圆引到中心点的线。[1]
我那时身体疲乏极了，开始说道：
“亲爱的父亲啊，请回过来看看吧，
你若不停下，我将一人落在后面。”
他道：“我的儿啊，你努力爬到那边吧，”
说时指着一条高一点的崖路，
那条崖路就在那一边环抱全山。
他的言语就这样鼓动我前进，
我跟在他后面爬着，奋力向上，
直到我的双足踏上了那崖路。
我们两人都在那里坐了下来，
转身望我们从那里上来的东方；
因为回顾往往令人精神振奋。
我先把眼光投向下面的海岸；[2]
然后抬起头来望那一轮太阳，
惊异阳光从左射在我们身上。[3]
那圣哲的诗人清楚地看出了
我对那光辉的巨轮完全感到惊讶，
它那时正处在我们和北方之间。
他因此对我说道：“假使双子星座
和那一面向着四面八方
发出万丈光芒的巨镜在一起，

---

① 四分圆(即一个圆形的四分之一)的角度是九十度；因此半个四分圆的角度是四十五度。

② 在南半球里向东望(因为但丁把炼狱放在南半球内的)。

③ 但丁惊异太阳在赤道之北，把光射在他的左肩上(因为他们向东望，北就在他们的左方，南在他们的右方)；他忘记了他现在正在和欧洲相对的地方，从那里看太阳是走着相反的方向的。

你会看到那红光四射的黄道带
　还要旋转着渐渐靠近北斗星，
　除非太阳离开了它的旧轨道。①
若是你要知道这里面的缘故，
　你必须先全神贯注，然后想象
　郇山和这座山在地球上的位置，
它们只有一个共同的地平线，
　却处于不同的半球内；因此，
　若你的智力有十分清楚的理解，
你将看到腓挨顿因不知怎样驾驶
　而受伤的那座日车，要在那边
　经过郇山必在这边经过这座山。”②
“我的夫子啊，说实在话，”我说道，
　“对于我过去似乎不解的地方，
　我从没有像现在这样看得清楚；
在某一种科学中被叫做赤道、
　永远停留在太阳和冬天之间的
　那个天体运转的中间轨道，
为了你所说的原因，离开这里，
　走向北方，一直走到希伯来人
　看它走向较热的地带的地方。③

---

① 维吉尔解释说，假使太阳在双子宫，而不像现在那样在白羊宫，那么太阳还要在北。太阳达到最北的时候，从5月21日到6月21日与双子宫同行。

② 耶路撒冷（郇山）是被想象处于炼狱的对蹠地。因此太阳的行程必须是在炼狱之北和耶路撒冷之南。参阅本篇第二歌的开头。

③ 那永远处于太阳和冬天之间的赤道（“中间轨道”），是在炼狱之北，就像在耶路撒冷之南一样。太阳在黄道上向北的时候，赤道以南就是冬天，反之也如此。

但是你若允许，我很想知道
　我们还要走多少路，因为这座山
　耸入云霄，我无法望到它的顶点。”
他就对我说道：“这座山是这样的，
　在下面开始的地方总有些艰辛，
　可是愈往上爬则愈不感到疲倦。[①]
因此等到你感到那么轻松愉快，
　往上攀登成为毫不费力的事，
　就像乘着船顺流而下那么平易，
那时你将到达这段行程的终点：
　那里你才能希望解除你的疲劳。
　我就回答到这里，我说的是实话。”
在他刚说完了这句话之后，
　忽然我们附近有一个声音说道：[②]
“在那之前你需要坐一下呢。”
我们听到那声音就掉过身去，
　我们看到左边有一大块石头，
　我们两人先前都没有去留意。
我们就往那里走去；那里有好些人
　正在岩石后的凉荫下懒散着，
　就像由于怠惰休息着的人一样。
他们中的一个，看上去一副疲倦相，
　正在那里坐下去，抱着他的双膝，
　把头低低地垂在那双膝之间。
“我的亲爱的夫子啊，”我说道，

① 因为愈往上爬，罪孽洗掉的愈多，身子也愈轻了。
② 这是佛罗伦萨人贝拉加，但丁的友人，制造乐器为业，以懒惰著名。

“请你看看那个人的懒惰样子，
仿佛‘怠惰’是他的亲姊妹似的。”
于是他向我们掉过身来，注意我们，
把他的脸只是在他的腿上动了动，
说道：“你有勇气，你往上爬吧。”
于是我就认出了他是什么人；
虽然我由于疲劳还有点气喘，
但是这并不阻止我向他走去；
等我走到他那里的时候，他简直
好像没有抬起头来似的，说道：
“你真的看到日车在你左边跑吗？”
他那懒洋洋的动作和简短的话
引得我禁不住微微笑了一下；
于是我开始说道：“贝拉加，如今
我不为你悲痛了；但是对我说，①
你为什么坐在这里？你等待
护送人呢，还是你故态复萌了？”
他说道：“老兄，上去又有什么用呢？
因为坐在门边的上帝的天使，
不肯让我进去经受那些磨难。
我先得在门外让天体绕着我转，
我在世时它转多久，现在也转多久，
因为我把治病的忏悔拖到末了：
除非有一颗蒙受天恩的心
为我作的祷告在此以前帮助我：
不为上天俯听的祷告又有何益？”

---

① 但丁看到他已走上救恩之路，所以不为他悲痛了。

这时，那诗人已在我之前上山了，
　他说道：“现在你赶快往前行吧，
　你看太阳已经碰到了子午线，
黑夜已从恒河边跨到了摩洛哥。”①

① 在炼狱里是正午，在恒河（印度）地区是日出，在摩洛哥（西班牙）是日落。

第五歌

三个高贵灵魂的惨死

等到我离开了那些阴魂，
　而正在追随我导师的脚步时，
　我背后却有一个阴魂指着我，
大声叫道："看啊，那个在下边的人
　好像阳光没有照到他的左边似的，①
　他的一举一动和一个活人一样。"
我听到这说话声就回过头去，
　看到他们吃惊地望着我一人，
　望着我一人和那被挡住的阳光。
"为什么你的思想这样纠缠不清，"
　那导者说道，"使你放缓了脚步？
　他们在这里私语干你什么事呢？
你随我来，让人们去谈论吧；
　你要屹立得像一座坚稳的塔，
　它的高顶在狂风中决不动摇
心中的念头像潮涌一样的人，
　永远射不中目标，达不到目的，
　因一个念头抵消了另一个念头。"
我除了说"来了"还能回答什么呢？
　我就说了这句话，脸上露出了
　那种往往使人获得宽恕的颜色。②
在这同时，越过那高山的斜坡，

一群阴魂在我们前面一点的地方走来，
他们逐节交互地吟咏“慈爱颂”。③
他们一看到我的身体竟然
不让太阳的光线通过的时候，
他们变吟咏为一声粗长的“哦！”
他们中有两个像信使模样的人，
迎着我们奔跑前来，追问我们道：
“我们一定要知道你们的情形。”
我的导者就说道：“你们可以回去，
对那些派你们到这里来的人说，
这个人的身体确实是血肉之躯。
假如他们因见他的影子而停下，
我想，我这样回答你们已经够了：
让他们尊敬他，他也许对他们有用。”
我曾经看到过夜色初降时
火焰似的赤雾，或是夕阳西斜时
八月的云彩疾驰于高空之中，④
但那两人却更快地回到上边，
一到了那里又和他人旋身奔来，

---

① 因此太阳是在但丁的右边。因为，他们先前坐着向东望时，太阳在他们的左边；那么，他们现在站起来又往前走时，太阳就在相反的方向了。“那个在下边的人”指但丁，因为但丁跟在维吉尔的后面上山。

② 或许但丁露出羞愧的脸色，是因为先前阴魂们看到他是活人而吃惊时，他自己感到骄傲，由于自己还活着的时候就忏悔了而来到炼狱；现在经维吉尔告诫后，不觉羞愧起来。

③ “慈爱颂”指《旧约·诗篇》第51篇。这是求上帝慈爱怜恤，洗除罪孽的诗篇。

④ 中世纪的科学认为陨星和闪电起因于“火焰似的赤雾”，即我们近代人所称的瓦斯。

就像一队纵缰狂驰的骑兵一样。
“这群逼近我们的人数目众多，
他们走来恳求你，”那诗人说道；
“但你还是往前走，边走边听吧。”
“你这带着与生俱来的肢体
向着至福境界走去的灵魂啊，
你且停一下脚步，”他们走来叫道。
“看一下你是否见过我们哪一个，
你就可以把他的消息带到人间：
唉，为什么走？唉，为什么不停留？
我们大家都是为暴力所杀死，
直到最后的时辰仍然是罪人：
那时从天而降的光明使我们彻悟，
因此，经过了忏悔，宽恕了别人，①
我们与上帝复和而摆脱了生命，
他使我们满怀着要见他的渴望。”
我就说道：“我把你们的脸看得
怎样仔细，也认不出谁来；但是，
我做的若能令你们欢喜，就说吧，
幸福的精灵啊；我为那安宁之故，
一定会做，我跟着这位导者从一界
走到一界，也就是追求这安宁啊。”
有一个开始说：“用不着你发誓，
我们大家都相信你的一片好意，
只愿你不要心有余而力不足。
因此，不过是先他人说话的我

---

① 他们不仅忏悔了自己的罪孽，而且宽恕了人家用暴力杀死他们的罪。

恳求你，你回到人世后若再见到
在罗曼亚和查理王国之间的地方，
为垂怜我起见，你务必祈求
法诺的人为我作神圣的祷告，
让我可以洗净我深重的罪恶。
我在那里诞生；但是使我流尽了
我的生命之血的深深的创伤，
在安泰诺人的怀抱中加上我身，
就在我认为最无危险的地方。
干了这件事的是伊斯特的国王，
他对我的愤怒远超过正义范围。
但是，我在俄赖珂被袭击的时候，
我若是向拉密拉那个方向逃走，
我现在还活在人们所在的人间。
我却奔到了泽地，芦苇和泥泞
死死缠住了我，我倒下了；我看到
地上积了一摊我筋脉中流出的血。”①
另一个接着说：“求你用仁慈的怜悯②

---

① 说上面这一段话的阴魂是雅科波·台尔·卡塞洛。他是法诺地方的归尔甫党人。法诺坐落于罗曼亚和那不勒斯(那时为安如的查理所统治)之间。他在1296年是波伦亚的行政长官。伊斯特的阿左八世拟吞并波伦亚，其计划为卡塞洛所阻；因此卡塞洛招了阿左的怒。他拟到米兰去当行政长官以避其锋，可是在他到该地去的途中，被阿左所派的人刺死。被刺的地点是俄赖珂，俄赖珂在威尼斯和巴丢阿之间。但丁把巴丢阿人称为安泰诺人，因为据传说巴丢阿是安泰诺创建的。俄赖珂坐落在一个沼泽地区，他认为向拉密拉那个方向逃走比较容易，他没有那么做，就在俄赖珂丧生了。

② 这一个阴魂是蒙番尔脱洛的蓬孔脱，归多的儿子(归多的事见《地狱篇》第二十七歌)，像他的父亲一样，也是一个基伯林党的领袖。当阿累提诺军队1289年6月11日在康巴尔狄诺被佛罗伦萨的归尔甫党人战败时，他是该军队的统帅(但丁也参与这个战役)，而且战死。

帮助我达到我的欲望，愿那催促你
登上那座崇山的欲望得到实现。
我是蒙番尔脱洛人，我是蓬孔脱；
佐凡娜或任何人都不关心我；①
我才垂头丧气在这些人中间走。”
我对他说：“因什么暴力，什么机运，
你离开了康巴尔狄诺落荒而逃，
使你葬身的地方从没有人知道？”
“哦，”他答道，“在卡森铁诺的山麓，
有一条名叫阿基诺的江河流过，
发源于‘修道院’之上的亚平宁山。
我到达了人们不用这名称
来叫这条江河的地方，喉咙带伤，②
双脚没命地飞奔，鲜血染红了土地。
我在那里失去了目光，一边叫着
马利亚的名字一边断了气；
我在那里倒下，我的肉躯孤单留下。
我将说出真情，你到人间去讲吧；
上帝的天使带走我，地狱来的叫道：
‘你这从天国来的，为何夺我的东西？
你从这里带走他那不朽的部分，
只一小滴眼泪使他脱离了我；
我要另样对待那另一部分。’

---

① “佐凡娜”：是蓬孔脱的妻子。

② 康巴尔狄诺是在阿诺河流域的上游，或名卡森铁诺区域(西边以普拉托玛诺群山为界，东边以亚平宁主脉为界)，在波彼和俾俾挨那之间。在俾俾挨那地方，发源于亚平宁山中卡玛尔杜里寺院的阿诺河，就流入阿诺河。

你知道潮气如何聚集在空中，
　一待升到寒流使它凝结的地方，
　这潮气又转变为水分而下降。
他把只想做恶事的罪恶意志①
　同他的智力结合，用他本质中
　产生的力量搅起了浓雾与狂风。
等到白昼消尽，他用浓雾笼罩住
　从普拉托玛诺到大山脉的山谷，
　使那里的天空黑沉沉地压下，
因此湿透了的空气变成了水：
　雨就霈然下降了，凡是土地不能
　吸收的雨水全部向小川流去；
所有小川汇成了巨大的洪流，
　就势不可挡地只往那大江奔去，
　什么土堰和堤防都不能阻拦。
狂暴的阿诺河在河口旁边，
　发见了我的冻得发硬的尸体，
　把它抛入阿诺河，我在不胜痛苦时
在胸前形成的十字架也就松开：②
　河水卷着我沿着岸，在河床上冲去，
　泥泞和沙石把我掩埋和裹住。”
“唉，等到你将来回到了人间，③

---

① 恶魔，恶的意志的化身，对灵魂无能为力，就搅起了暴风雨，把狠毒发泄于肉体上面。

② 他曾把双臂交叉在胸前作过祷告。

③ 说这一段异常简略而动人的话的，是拉比亚。关于她，注家并没有很多的材料，除了说她是西挨那的托罗美家族的人，嫁给南罗为妻。南罗在 1277 年当佛尔泰拉的行政长官，1314 年当卢加的行政 （转下页）

在漫长的行程后休息够了，”
第三个精灵紧接第二个精灵说，
“你务必要记起我，我就是拉比亚：
我在西挨那出生，我在马累玛身亡；
先同我订婚，结婚时又为我戴上
宝石戒指的他，却要了我的命。”

（接上页）长官；1284 年当多斯加纳归尔甫党人的队长；1322 年还活着。拉比亚于 1295 年在西挨那的马累玛沼泽地区被她的丈夫处死。有的说她被抛出窗外而死，又有人说死于神秘的原由。把她处死的原因，所说也不一。有的说她的丈夫嫉妒她；有的说他弄死她，是为了要和另一个女人结婚。

第六歌

意大利“暴风雨的声音”但丁

掷骰子的赌局一哄而散以后，
　输了钱的人还留在那里发愁，
　重复掷着骰子，痛心地思索：
而其余的人都跟着赢家走去：
　也有走在前面的，也有从后面拉的，
　也有在旁边要他记起来的。
他不停步，只是应付这个，应付那个：
　那些拿到了钱的人不再拥来；
　他就从一群人中间脱身走开。
我也这样被那群阴魂团团围住，
　回头看他们，时而这里，时而那里，
　一一许诺了他们，才突出重围。
这边是那阿累提诺地方的人，
　在吉恩·狄·泰珂凶残的手下丧身；[①]
　另一个就是那在追赶时溺死的。[②]
那伸出了双手正在哀哀恳求的
　是腓特烈哥·诺凡洛，还有那个[③]
　使好玛佐珂显出容忍的比萨人。[④]
我看到了奥索伯爵，也看到了[⑤]
　自己说因憎恨和猜忌，不是犯了
　什么罪才脱离肉体的那个灵魂——
我指的是彼尔特·拉·勃洛斯；

还在人世的勃拉朋夫人要留意，
才不会和更恶的阴魂在一起。⑥
我好容易从所有的阴魂那里脱身，
他们只求人家为他们作祷告，
使他们从速走完通向幸福的路，
我开始说："我的光明啊，我仿佛
记得你在某一段文章里明白否认：
祈祷可使神圣的天命稍为改变；⑦

---

① 这个阿累提诺人是俾宁卡塞·达·拉脱里纳。他当西挨那行政长官的审判官时，把著名强盗吉恩·狄·泰珂的一个亲戚判处死刑。后来俾宁卡塞在罗马当司法官时，为吉恩所杀。

② 这另一个阿累提诺人是泰拉底家族的古启俄，这个家族是亚勒索基伯林党人的首领。有的说，他在追赶波斯托里家族（一个被放逐的阿累提诺归尔甫党人的家族）的时候，溺死于阿诺河中；又有的说，是在康巴尔狄诺战役后被他们追赶时溺死的。

③ 腓特烈哥·诺凡洛：属于康底·归地家族，在助泰拉底家族时，在康巴尔狄诺战役中被波斯托里家族的一员杀死。

④ 这个鬼魂是加诺，玛佐珂是他的父亲。1287年，加诺由尼诺（乌哥利诺的外孙，见《地狱篇》第三十三歌）的唆使被谋害。他的父亲玛佐珂并不为他的死复仇，却宽恕了谋杀犯（"显出容忍"）。

⑤ 奥索伯爵是拿破里翁（见《地狱篇》第三十二歌）的儿子。他为他的堂兄阿尔倍多（亚历山特洛的儿子，亦见同上）所杀。奥索被其堂兄所杀无疑是他们父亲间的血仇的继续。

⑥ 彼尔·特·拉·勃洛斯是法兰西国王腓力普三世的御医和侍从。当腓力普与其前妻所生的儿子和王位的继承者路易突然死亡的时候，国王的第二个妻子，勃拉朋的玛丽，被怀疑把路易毒死，使她自己的儿子可以继承王位。彼尔是这些指责者中的一个。为了报复，她设计使彼尔最后被绞死。

⑦ 这里指维吉尔的史诗《伊尼特》第6卷第376行："不要希望上帝的谕命为祷告所变更。"伊尼阿到地狱里去的时候，碰到了他从前的舵手，巴里奴勒斯，他因为溺死于海中，一百年不许渡过阿刻隆河：这是加于那些没有适当埋葬的灵魂的刑罚。他恳求伊尼阿把他带到阿刻隆河的彼岸，女预言家薛俾尔就用上面的话斥责他。这句话是向一个外邦人和地狱中的阴魂说的。而且被恳求的伊尼阿也是一个外邦人。因此和炼狱中的条件不符合。

这些阴魂所祈祷的正是这一点。
　那么他们的希望难道是空的么？
　还是你的话我理解得不够清楚？”
他就对我说道：“假如你用健全的头脑
　好好想一下，我的文字是明白的，
　这些阴魂的希望也不会落空。
要知道天命的高峰，不会因为
　仁爱的火焰瞬即满足了这里的
　阴魂的要求，就自行降低下来，
况且，依我讲那句话的情形来说，
　那种错误不能由祷告来补救，
　因为那样的祷告和神意相违背。
关于这样一个深奥难解的疑问，
　且不忙作结论，要等她对你解释，
　她将是真理与知识之间的明灯。
我不知道你是否懂得；我指的是
　俾德丽采；你将看到她在高处，
　在这座山的顶上，含笑而蒙庥。”①
我说道：“我的导师啊，我们快走吧；
　我已不像先前那样地疲乏了，
　看呀，连这山现在已有了影子。”
“我们要随这阳光往前走，”他答道，
　“我们能够走多少路就要走多少路；
　但是事实正和你所想的相反。
你登上顶峰之前，将再看到太阳，

---

①“这座山的顶”指地上乐园。

如今它正隐藏在那座山的背后，[1]
你的身体因此没有投下影子。
且看那边一个阴魂，孤零零的
独自一个耽在那里，向我们望着；
他会给我们指出最便捷的道路。”
我们向他走去。伦巴底的精灵啊，
你那态度是多么傲慢，多么轻蔑，
你那眼睛动得多么庄严缓慢！
他不向我们说话，但容许我们
往前走去，只是用炯炯的目光
望着我们，好像蹲在地上的狮子。
可是维吉尔还是慢慢地走近他，
求他指点我们最好的登山的路；
那个精灵并没有答应他的要求，
却向我们探问我们的生平籍贯。
我那和蔼的导师刚说了“孟都亚”，
……那阴魂欢喜得好像发狂似的，
立即从他所在的地方向他跃去，
口中说着：“孟都亚人啊，我就是你
那城市中的索得罗。”他们互相拥抱。[2]
唉，奴隶般的意大利，你哀痛之逆旅，

---

① 现在已过中午。

② 索得罗约于1200年生于归托村，离孟都亚约十英里。他是用普罗封斯语写诗的最著名的意大利诗人之一。他一生过的是到处漂流的生活。晚年时与安如的查理回到了意大利。在这里，但丁借了见到索得罗和维吉尔的热烈问候，抒发了以下一段充满着爱国主义激情的话。几世纪后，意大利人民把但丁视力意大利统一的预言者，就是根据这段著名的话。

你这暴风雨中没有舵手的孤舟，
你不再是各省的主妇，而是妓院！
那高贵的灵魂，只是听到人家
提起他故乡的可爱名字，就急于
在那里向他的同乡人备致问候；
而你的活着的人民住在你里面，
没有一天不发生战争，为一座城墙
和一条城壕围住的人却自相残杀。
你这可怜虫啊！你向四下里看看
你国土的海岸，然后再望你的腹地，
有没有一块安享和平幸福的土地。
假如那马鞍空着没有人骑，
查士丁尼重理你的缰绳又有何益？①
没有这件事你的羞耻倒要少些。
唉，人们啊！若是你们好好地理会
上帝向你们写下的意旨，你们是
应该服从，让恺撒坐在鞍上的啊！
自从你们把手放上那缰绳以来，
你们看这头畜生变得难骑了，
就因为没有用靴刺来惩罚它。②
日耳曼的阿尔柏啊，你遗弃了
那个日益变得放荡不羁的女人，
你应该骑跨在她的鞍子前穹上，

---

① 这两行的意思是，没有一个权力来执行法律，法律又有什么用呢。查士丁尼是君士坦丁堡的皇帝，以他的立法工作著名(参阅《天堂篇》第六歌)。

② 上面六行是向教会说的，他们应该把一切世俗的统治权归还罗马皇帝。即“属于恺撒的，都归还恺撒。”

但愿公正的审判从星辰里降临
　在你的血上，这审判要奇异彰明，
　你的继位者才能从中感到畏惧：
因为你和你的父亲，由于贪恋
　阿尔卑斯山彼方的土地乐而忘返，
　听任这座帝国的花园荒芜不堪。①
你这疏怠的人啊，来看看蒙塔求家
　和卡彪雷家，莫那狄家和费彼希家：②
　前者悲痛不已，后者在胆战心惊。
来吧，残酷无情的人啊，来看看
　你的贵族受的迫害，治他们的创伤，
　你将看到圣飞尔是如何安全。③
来看看你的罗马吧，她是多么
　孤苦伶仃，流着泪，在日夜号叫：
　“我的恺撒啊，你为什么不陪着我？”④
来看看你的人民是多么相亲相爱；
　若是你对我们没有丝毫怜悯，
　也要来为你的声誉感到羞耻。
在人世为我们被钉上十字架的

① “日耳曼的阿尔柏”指奥地利的阿尔柏一世（1298—1308 在位），他的父亲是卢多尔夫皇帝。阿尔柏于 1308 年 5 月 1 日被他的侄儿约翰刺死，所以但丁在这里预言了这件事。阿尔柏死后，由卢森堡的亨利七世接位，但丁对于意大利得救的希望都寄托在后者身上。

② “蒙塔求家和卡彪雷家”是味罗那的两个敌对的基伯林党家族，我们从莎翁《罗密欧与朱丽叶》一剧中已经熟悉了他们。莫那狄家和费彼希家是俄维挨托的两个敌对的家族。

③ “圣飞尔”是西挨那的马莱玛沼泽地区的州名。这个州有五个世纪为阿多勃朗台乞家族所拥有（参阅本篇第十一歌）。他们经常与西挨那的公社作战，直到 1300 年订立了一个协定为止。

④ 这里的“恺撒”指“日耳曼的阿尔柏”。

至上的虬夫啊，你是否准许我问，
你公正的眼是转向别处去了呢？
抑或是你在深思熟虑之中，
为了某一个我们完全见不到的
仁慈的目的，在作什么准备？
因为在意大利所有的城市中，
到处是暴君，扮演党派角色的人
莫不变成再生的马塞拉斯。①
我的佛罗伦萨啊，听了这一段
与你无关的题外话，你也许高兴，
这要归功于你的有先见的人民。
许多人把正义藏在他们心中，
经过考虑才放上弓弦慢慢射出；
你的人民却永远把它放在口头。
许多人不肯担负公共的重任；
你的人民却不用召唤就挺身而出，
口中叫道："看我们挑起这担子来。"
如今你且高兴吧，因为你极应该这样：
有钱的你，安宁的你，聪明的你啊。
我若说的是真话，事实会替我证明。
制订了古代的法律而以修文偃武
而显得卓越的雅典和拉西提蒙，②
在人民的幸福生活上和你相比时，
真是微不足道，你准备的东西
确实精细周到，你在十月里

---

① 马塞拉斯是恺撒的反对者。这里泛指反对罗马帝国者。

② 指梭伦在雅典的立法，和来喀古士在斯巴达(即拉西提蒙)的立法。

　　纺的线甚至引不到十一月中旬。
在你记忆犹及的过去时代里，
　　你曾有多少次改变了法律，币制，
　　官职，和风俗，也调换了你的成员！
假如你好好想一下，又仔细地看，
　　你必将看到自己像一个病妇，
　　在柔软的床上怎样都不能睡去，
只是翻来覆去以减少她的痛苦。

第七歌

疏懒的帝王们

那彬彬有礼和喜出望外的
　问好的礼节重复了三四次后，
　索得罗退身向后道："请问你是谁？"
"那些应得上升到上帝那里去的
　精灵转身向这座山走来以前，
　我的骨头已由屋大维埋葬了。①
我是维吉尔；我不能上登天国，
　不是因其他的罪，而因没有信仰"：
　我的导师那时就这样地回答。
好像一个人突然在自己面前
　看到一件东西，对之惊讶不已，
　就疑信参半地说："是这样；不可能；"
他就显得像那样，立即垂下了头，
　恭恭敬敬转身向我的导师走去，
　抱住他，抱在仆人抱主人的地方。
"拉丁民族的光荣啊，"他说，"有了你，
　我们的语言才显出所有的力量，
　我生身地方的永远的骄傲啊，
我有何功绩能荣幸地看到你呢？
　若是我配听你说话，请告诉我
　你是否来自地狱，来自哪座寺院。"②
"通过那悲惨境界的所有圈层，"

他回答他道，“我来到了这里。
天上的神明推动了我，我来了。
不是为了专心，而是为了疏忽，
我见不到你想望的至尊的‘太阳’，③
待我认识他的时候已经太迟。
那下边有一个地方，不是因笞责④
而只是因黑暗显出一片阴沉，
那里的哀悼不像痛哭，而是悲叹。
那里我和无辜的婴孩住在一起，⑤
他们还没有脱去人类的罪孽，
就被死神的毒牙咬嚼，而死去。
那里我还和那些人住在一起，
他们身上没有披着那三种圣德，⑥
却知道并奉行另外的那些美德。⑦
但是假如你知道而且能够，
请你指点我们一下，我们好尽快
走到‘炼狱’真正开始的地方。”⑧
他回答道：“我们并不被指定在一个地方：
我可以往上走，也可以绕着山走：

---

① 维吉尔说自己生在基督诞生以前。“屋大维”即奥古斯都皇帝（见本篇第三歌）。

② 但丁把地狱中的各个圈层称为“寺院”。

③ 上帝在《神曲》中常常被比为“太阳”。

④ 这是指地狱中的林莕狱（见《地狱篇》第四歌）。

⑤ “无辜的婴孩”指没有受过洗礼的婴孩。

⑥ “三种圣德”即信心、希望和慈善。

⑦ “另外的那些美德”指审慎、正义、刚毅和节制。

⑧ 现在是在炼狱山脚下的“炼狱前界”，要进了炼狱门才算到了炼狱本境。

在我能去的地方，我在你身旁引导。
但现在且看夕阳已在西斜，
在黑夜中我们不可以往上走；①
因此找一处美丽的所在休息吧。
这里有灵魂们独自在右边；
你若容许，我把你带到他们那里，
能够认识他们，你也不会不欢喜。”
“怎么回事？”维吉尔问道；“是因为
晚上登山的人会受到阻止呢，
还是因为他无法上去才不上去？”
于是那善良的索得罗用手指
在地上划了一下，说道：“看吧，
日落后这条线你也不能越过；
阻碍你往上走去的是夜的黑暗，
而不是因为另外的什么东西：
这使意志因缺乏力量而困惑。
确然，在夜间你可以回到下边，
在地平线把日光隐起的时间内，
彷徨着，绕着这座山坡来回踯躅。”
我的导者仿佛感到惊奇似的，
说道：“那么把我们带到那边去吧，
你说我们耽在那里能得到快乐。”
我们往前只走了短短一段路，
我就看到了那座山凹进去了，

① 在《新约·约翰福音》第12章中有一段话，可以阐释这里的意思：“应当趁着有光行走，免得黑暗临到你们，那在黑暗里行走的，不知道往何处去。”

好像地球上的山谷凹进去一样。
那阴魂说道："我们要往那边走去，
那边的山坡正敞开了它的胸怀，
我们要在那里等候黎明的重临。"①
一条既不陡峭又不平坦的曲径，
把我们带到了那片凹地的旁边，
山谷的边缘大半在那里隐去。
赤金和纹银，胭脂和珠粉，
又光亮又洁净的印度的木材，
在被剖开的一刹间的新翡翠，
不论其中哪种颜色都比不上
被栽种在那幽谷里的花草，
就像小事物比不上大事物一样。
大自然不但在那里用彩色涂绘，
而且在那里把千种的芬芳
合成了一股无名的、说不出的香气。
在那里，我看到了山谷里面
那些从外面看不到的灵魂们，
坐在花草上，唱着"欢呼你圣母"。②
把我们带到一旁的孟都亚人说道：
"在那小小的太阳沉入巢中以前，
不要想望我带你们到他们中去。
你们从这条崖路上看他们的

---

① 但丁和维吉尔要在这里过他们在炼狱中的三夜的第一夜。

② 疏懒的帝王们所处的这座"花的山谷"，虽然不大，还是由大自然装点得十分美丽，反映了一些他们在人世间的豪华生活。但是现在他们似乎感觉不到这些，只是唱着"欢呼你圣母"。这是在晚祷时分唱的向圣母求助的和歌的开头语。

举动和脸容，比你们走到下面凹地
同他们相处一起，要看得清楚些。
有一个精灵坐得最高，看他模样
仿佛把他应办的事丢下不办，
在别人歌唱时嘴唇一动也不动，
这精灵是卢多尔夫皇帝，他本可以
治好那致意大利于死命的创伤，
却让他人给她为时已晚的救助。①
那看来像在安慰他的另一精灵，
曾统治过那个国土，那里发源的水，
摩尔道河带到易北河，易北河带到大海：②
他的名字是俄托卡，他在襁褓中时
远胜他生须的儿子文塞斯劳斯，
色欲和怠惰把这儿子完全毁了。
那生着扁鼻的一个，仿佛正在
和一个容颜慈祥的人细细商量，
他逃走时身亡，玷辱了那百合花：③

---

① 卢多尔夫一世(1218—1292)，开始时在波希米亚王俄托卡二世手下服役；但被选为皇帝后即要求他的霸权。因俄托卡不承认他的霸权，他们之间就发生了战事，但结果在维也纳附近的战役中俄托卡的军队被战败，他本人也因之战死(1278)。俄托卡的儿子文塞斯劳斯四世被准许保持波希米亚，但必须把奥地利亚，士的利亚和卡尼俄拉让给卢多尔夫。

② 这是指波希米亚。摩尔道河起源于波希米亚的西南，向东南流了一些路程后，转向北流，而在经过布拉格时，在该城之北约 20 公里处注入易北河。

③ “生着扁鼻的一个”：指法兰西的腓力普三世，腓力普四世的父亲。他于 1285 年从亚拉冈败退时，死于柏平云。“容颜慈祥的人”：指那瓦的亨利，他的女儿哲因嫁与腓力普四世，即下文但丁称之为“法兰西罪人”的。

看他在那里怎样捶击着胸膛。

　且看那另一个，他正在唉声叹气，

　把他的脸颊靠在他的手掌上。

他们是“法兰西罪人”的父亲和岳父：

　他们知道他的邪恶腐烂的生活，①

　因此他们感到那样不胜痛苦。

那个身体显得那么魁梧，跟着

　那大鼻子的精灵同声歌唱的，②

　生前曾束着一切美德的宝带。

假如那个坐在他后面的孩童，

　没有死去而继续留在王位上，

　美德确然会从血脉流到血脉；

对于其他的子嗣就不能这么说。

　詹姆士和腓特烈得到了江山：

　可是都没有继承更好的遗产。③

人类的廉洁难得从血统的分支中

　往下流传：上帝的意志就是如此，

　为的是我们可以向他求这恩赐。

我这话也适用于那大鼻子的人，

① 这里指的就是腓力普四世。他曾于1291年借口搜索放债者，逮捕他国境内的所有的意大利人，这样使善良的商人也遭到逮捕并缴付赎款，他因之受到憎恨。从此以后，法兰西的国境内渐趋腐败衰落。

② 前者是亚拉冈的彼得三世，后者是他的从前的敌人安如的查理一世（自1266年至1282年为那不勃斯和西西利的王）。查理从王位上被驱走后，由彼得接位。

③ 彼得三世有三个儿子，阿尔封索三世（亚拉冈王在位期1285—1291），即这里指的“孩童”；詹姆士二世（西西利王，在位期1285—1296；亚拉冈王，在位期1291—1327）和腓特烈二世（西西利王，在位期1296—1337）。在这里，阿尔封索受到了赞扬，而另外两个被称为退化的。

和那另一个，跟他一起唱的彼得：
亚浦利亚和普罗封斯因此痛哭。[①]
这株树秧比它的种子退化得多，
像君士坦士比俾德丽采和玛加莱特
更多地以自己的丈夫为骄傲。[②]
且看那生前生活朴素的皇帝，
独自坐在那里，英格兰的亨利：
他的分支里有着较胜的后裔。[③]
那更在下面，在他们中显得谦逊，
而且仰首望着的就是威廉侯爵，
为了他，亚历山大利亚和它的战争
使蒙斐拉人和卡那维斯人哀哭。”[④]

---

① “那大鼻子的人”指查理二世(1243—1309)，那不勒斯(即亚浦利亚)王和安如及普罗封斯的伯爵。他不如他的父亲查理一世，正如查理一世不如他的父亲彼得三世。

② “树秧”指查理二世；“种子”指他的父亲查理一世，这里意思指子不及父。君士坦士是亚拉冈的彼得三世的妻子，俾德丽采和玛加莱特是查理一世的前妻和后妻，这里意思指查理不及彼得。

③ “英格兰王亨利三世”(1216—1272)和他的积极好战的儿子爱德华一世成为强烈的对比。亨利的妻子，普罗封斯的挨拉诺，是上述俾德丽采的姐妹。

④ “威廉”是蒙斐拉和卡那维斯的侯爵，于1290年在伦巴底的亚历山大里亚被他自己的百姓拘囚于狱中而死。 其后亚历山大利亚人民与蒙斐拉及卡那维斯人民之间，因此发生了战事。

第八歌

与逝世的阴魂幸福的会见

如今正是黄昏时分，海上的旅人
　这时想起向亲爱的友人告别的那天，
　这句起怀念，使他们柔肠寸断；
这时辰也使刚上征途的游子，
　若是听到远处钟声似在哀悼
　白昼将逝，不由得生出无限情思；①
那时我的听觉开始消失了，
　我定睛观望一个站起来的精灵，
　他用他的手恳求人家听他说话。
他合起了他的手掌，把它们举起，
　眼睛一动不动地望着那东方，
　仿佛在向上帝说："我别无想望。"
"在日光消隐之前"是那么虔敬地②
　从他嘴中唱出，声音又那么美妙，
　使我欣喜欲狂，把自己完全忘了。
其他精灵用美妙虔敬的声音，
　跟他一起把全首颂歌唱完，
　他们的眼光注视着天上的星辰。
读者，这里要用锐利的目光看那真理，
　如今把它掩起的面幕真是稀薄，
　要往里面窥探确实是容易。③
我看到那一队高贵的精灵

以后一直默然无声向上凝望，
脸色苍白，态度恭敬，在期待什么；
我又看到两个天使在空中出现，
拿着两把光辉的剑，翩然而降，
剑已折断，短短的，也没有了尖锋。
他们穿着绿色衣袍，绿得就像
刚长出的嫩叶，衣裾拖在后面，
给自己的绿色翅膀一阵阵扇起。
一个就在我们上面停了下来，
那另一个降落在对面的崖边上
因此那些精灵就在他们之间。
我清楚地看到他们金色的头发；
但眼光射在他们脸上时就花了，
像一种机能因使用过度而无力。
“两位天使离开了马利亚的怀抱，”
索得罗说道，“到这里守卫山谷，
因为那条‘蛇’立刻就要来到了。”
我因不知道它由哪条路来到，
就转过身来，全身像冰一般冷，

---

① 这两节诗无疑包含着但丁在放逐生活中自己所感到的情怀。

② 这是天主教教会所唱的晚祷歌。全词是：

在日光消隐之前，
世界的创造主啊，
我们向你祷告，
求你用惯有的仁爱，
守护睡着的我们。

看到下文这座山谷还要受到蛇的袭击，这些阴魂唱这晚祷歌，有着艺术上的适切性。

③ 这里但丁停下来要读者注意的，或许就是下面就要讲到的两个天使的出现和蛇的袭击这寓言里的意思。

使自己紧紧依傍那可靠的双肩。
索得罗又说："现在我们到山谷去，
跟那些伟大的阴魂一起谈话吧；
看到你们，他们将感到极大快乐。"
我仿佛只不过走下了三步路，
就到了下面，我看到了一个阴魂，
他只管向我看，好像要认出我似的。
现在正是天色渐渐转黑的时候，
可是还没有黑得使我的眼睛
和他的眼睛之间隐起的东西看不清。
他向我这边走来，我往他那边走去：
高贵的法官尼诺啊，我看到你[①]
不在永劫不复者中间，多么喜悦！
我们间说尽了一切优美的问候话；
他才问道："自从你渡过远方的海，
来到这座山脚下，已经有多久了？"
"哦，"我对他说，"我今天早上来自
那悲惨之境，我还在第一个生命中，
我虽以这次放行争取另一个生命。"
就在我的回答被听到的时候，
索得罗和那个阴魂向后退缩，
就像突然吃了一惊的人一样。
一个转身向维吉尔，另一个转身向
一个坐在那里的阴魂，叫道："起来，

---

① 比萨的尼诺·维斯康蒂，撒地尼亚的加勒拉区域的法官（见《地狱篇》第二十二歌）；他是乌哥利诺伯爵的外孙（见《地狱篇》第三十三歌），1288年为比萨归尔甫党的首领。从诗中看来，但丁好像是和他相识的。于1290年，尼诺曾有数次在佛罗伦萨，也许但丁和他会过面。

康拉特，看上帝的宏恩做了什么。”
然后转身向我道：“凭上帝赐你的
特殊恩惠之名(上帝把他的本意
深深隐起，没有浅滩通向那里)，
等你回到那辽阔的大海的彼岸，
对我的佐凡娜说，要她为我祷告，①
就在无邪者得到天听的地方。
我想她的母亲不见得爱我了，
既然她已换去了她的白头巾，
不幸她一定还要把它戴上。②
只要看她就能极容易地知道，
爱情的火在女人身上历时多久，
假如眼光和抚摸不时常使它复燃。
米兰人在他的盾牌上画着的
蝮蛇纹章不会替她造一座墓，
像加勒拉的雄鸡纹章造的那么美。”③
他这样地说着话，他的心胸中
正适当地燃烧起应有的激愤，
激愤的征兆印上了他的颜容。
我的渴慕的眼光又转向了天空，
仰望那些星辰运行最慢的地方，
像最靠近轴心转动的一个车轮。

---

① 佐凡娜是尼诺的女儿，当时还只有九岁。

② 尼诺于1296年死后，他的妻子伊斯特的俾德丽采，于1230年嫁与米兰的加累阿左·维斯康蒂。这两行的意思说：“做他家的鬼，未必胜过做我家的鬼。”

③ 蝮蛇是米兰的维斯康蒂家族的纹章，雄鸡是比萨的维斯康蒂家族的纹章。

我的导师说："儿啊，你向上望什么？"
　　我对他说："正在望那三支火炬，①
　　这里的天极都因此照得通亮。"
他对我说："你今天早上看到的
　　那四颗灿烂的星辰在那边下面，
　　这些星辰升在它们原来的地方。"
他正说着时，索得罗退缩回去，
　　说道，"看呀，我们的仇敌就在那边，"
　　把手指指向那里，眼睛随着望去。
就在那小小的溪谷没有竖起
　　防御物的那一边，出现一条蛇，
　　给夏娃苦物的也许就是这种蛇。
这不祥的爬虫穿过丰草和花丛
　　爬行而来，不时回头舔着背部，
　　像一头舔顺自己的毛的畜牲。
那两只天国的鹰怎样地行动，
　　我没有看到，因此就说不出来；
　　但是我确实看到他们都在行动。
听到那些绿色的翅膀划破天空，
　　那条蛇慌忙逃走，天使们旋过身，
　　以相等的速度飞回各自的岗位。
在法官叫喊时就走去紧靠
　　他身边的那个阴魂，在这袭击中，
　　没有一刻把眼光从我身上移开。
"但愿照引你登上天国的蜡烛，
　　不会使你的意志缺少应有的蜡，

① 注家说，这三颗星象征基督教的三种美德：信心、希望和慈悲。

好让你到达那上着釉彩的峰顶，”①
他开始说，“你若知道玛加拉山谷，
或是那边邻近地区的确实的消息，
就告诉我，我曾在那里显赫一时。
我的名字叫康拉特·玛拉斯比那：
不是那个年长的，而是他的后裔：②
我对亲属抱的爱在这里受精炼。”
“哦，”我对他说道，“我从来没有
到过你的领地，但住在全欧洲的人
有哪一个不知道这些领土的呢？
你的家族所享的荣誉使它的族人
声闻于外，也使它的领地声闻于外，
因此从没到过那里的人也都知道。
为了我能上山，我向你发誓说，
你的满载荣誉的氏族并没丧失
自己在钱财和武功上的光荣。
习俗和本质赐给它特殊的恩典，
即在那万恶之首使世界风魔时，③
它独自直行，不屑走罪恶的道路。”
于是他说道：“现在你且离开吧。
在白羊座的四足跨着的床上，
太阳还没有能够上去休息七次，

① 这三行的意思是：上帝的恩惠像一支蜡烛，人的意志像制蜡烛的蜡，人要上登炼狱山顶上的地上乐园，也缺少不得自己的意志。

② “康拉特·玛拉斯比那”是康拉特一世的孙子；他是法兰采斯乞诺·玛拉斯比那的堂兄，后者曾是但丁于1306年在卢尼耶拿的主人。玛加拉山谷是玛拉斯比那家族领地的一部分。

③ 指教皇对政治的统治。有的说，这里直接指菩尼腓斯八世。

你这彬彬有礼地说出来的意见，

　就将牢牢地钉在你的头脑中，

　那钉子却要比旁人的言语有力，

只要公正判断的道路不受阻塞。”①

① 康拉特现在说话的时候，太阳是在白羊座。他预言不到七年(即 1306 年)，但丁将在放逐中得到玛拉斯比那家族的照顾(指但丁在法兰采斯乞诺家中作客)。

第九歌

象征的门

如今提索那斯老人的美妾，
　刚从她亲爱情郎的怀里起身，
　一身雪白走到东方高台之上；
她的额上闪烁着宝石的光芒，
　宝石镶成了冰冷动物的图形，
　就是那用尾巴打击人们的动物；①
在我们当时所在的地方，“黑夜”
　已经走完了她借以上升的两步，
　第三步也将走完，已在收起羽翼；②
还带着亚当的残余东西的我，
　那时候敌不过睡意，就倒卧在
　我们五个坐在那里的草地上。③
在那个时辰，将近破晓的时候，
　燕子说不定想起她以往的悲痛，
　正在凄凄切切地开始她的啁啾；④
我们的心灵像游子般离开肉体，
　摆脱了一部分思想的羁束，
　见到的幻影几乎像预言般灵验；⑤
我做了一个梦，仿佛看到一只鹰
　生着金色羽毛，停在空中不动，
　张开了双翼，准备猛扑下来。
而且我仿佛是在那个地方，

甘尼美特在那里被抓到了天庭，[6]
把他所有的亲人抛下在人间。
我心中想道："这只鹰在这里扑击
也许只是出于习惯，也许不屑
用爪子从别处抓起东西。"
我仿佛觉得它盘旋了一会后，
像闪电那样可怖地飞扑下来，
把我抓起，带到那火的天体。
它和我似乎在那里面燃烧着，
那梦幻中的火焰把我烧得发痛，
我因此必然从我的睡梦中醒来。
从前阿基利也曾这样地吃惊过，
醒来后转动眼珠向四下里观望，
茫然不知自己可能在什么地方，
原来他的母亲趁他睡着时把他

---

① 这里指太阴的曙光（提索那斯的"美妾"），不是指太阳的曙光（提索那斯的"妻子"，那才是真正的曙光），因此这里的意思是，在月亮上升以前，曙光使东方的天空照亮了。太阴的曙光是出现在天蝎座（"用尾巴打击人们的动物"）的周围的。诗里所指的时间，因此是下午8时半以后不久。

② 黑夜的时间是六个时辰，现在已过去了两个时辰，第三个时辰刚才走过了黑夜全行程的顶点。

③ "亚当的残余"指肉体。其余的四个，维吉尔、索得罗、尼诺和康拉特，都已从肉体里解脱了的，当然不需要睡眠。

④ 据奥维德的《变形记》，燕子是由非罗密拉变成的。非罗密拉是雅典王潘狄翁的女儿。她为她的姐姐普罗克尼的丈夫提琉斯所污；提琉斯恐怕事发，就割去她的舌头。

⑤ 在黎明前所做的梦，被认为是灵验的。

⑥ "甘尼美特"是脱洛斯的儿子。他是一个最美丽的凡人，当他和他的同伴们在爱达山上打猎的时候，被一只鹰抓到天上去，做宙斯大神的捧杯者（见《伊尼特》第5卷，第252至257行）。

抱在怀中从吉隆带到了赛洛斯，
　以后希腊人又使他离开了那里：①
我也像他那样吃惊，一待睡容
　从我的脸上消失，我脸色发白，
　就像因恐怖而全身发冷的人。
我身旁只有我的安慰者一人，
　太阳已经爬升了两个多钟点，
　我就把我的眼睛转向那大海。
"你不用惧怕，"我的夫子对我说道，
　"尽可放心，我们已在幸福的地点：
　不要退缩，要使出你的全部力量。
现在你已经到达了炼狱地界；
　看那边把炼狱围住的壁垒；
　看那边似乎使壁垒裂开的入口。
不久前，在那先白昼而来的黎明中，
　在那把下面点缀得万紫千红的花上，
　你的疲倦的灵魂正睡在你肉体里时，
一位仙女来了，她说道：'我是琉喜霞，
　允许我把这个正在好睡的人带走，
　这样我就可以使他在路上顺利。'
索得罗和其他高贵的精灵留着。
　她把你带走了，在白昼发亮的时候，
　不停地往上而去，我跟在她后面。
她把你放在这里；她的明媚的眼睛

① "阿基利"是彼琉斯和西提斯的儿子，特洛伊战争中希腊人的最大的英雄。在年幼时，他是交给吉隆教导的，但他的母亲把他从吉隆那里带走，藏在赛洛斯岛上，以避免参加特洛伊战争。但后来尤利西斯发见他在该岛上时，他仍离开了那里随尤利西斯而去。

先把那洞开的入口指示给我看；
于是她和睡眠一起姗姗地走了。”
仿佛一个感到恐怖的人安了心，
并且在听到了真实的情况以后，
他就把心中的恐惧变成了喜悦，
我也起了这样的变化；我的导师一看到
我去除了疑虑，就沿着壁垒往上走，
我跟在后面和他一起攀登高峰。
读者啊，你清楚看到我的主题
如何在上升，我若用更伟大的艺术
支持它不坠，你也不用因此惊讶。
我们渐渐走近，已走到了一个地方，
我先前就在那里看到一个裂口，
就像使一座墙拆开的裂缝一般，
我窥见那边有一座门，那门下是
三步颜色不同的石级，
和一个没有说过话的守卫者。
我把眼睛张得更大，望着那边，
看到那守卫者坐在最高一级，
他容光焕发，使我不能逼视；
他手拿一柄锋芒毕露的剑，
剑的光那么强烈地向我们射来，
我几次往那里看去都是枉然。
“就站在那里说吧，你们要什么？”
他开始说道：“你们的护送者在哪里？
留心你们往上行时不受伤害才好！”
“一位熟悉这些事的天上的仙女，”
我的导者回答他道，“在不久以前

对我们说：‘往那边去吧，门在那里。’”
“愿她加速你们的脚步走向幸福，”
那彬彬有礼的守门者又开始说；
“那么往前走到我们的梯级上来吧。”
我们就往那里走去，踏上了第一级，
那是一块光可鉴人的白云石，
我一走上去它就映出我的身影。
第二级的颜色比蓝灰深一些，
也是石头，高低不平，烧成石灰，
它的横里和它的直里都已坼裂。
那横在上面的一大块是第三级，
似乎用斑岩砌成，发出红的火光，
就像从血管里喷出的血一样。
上帝的天使就在这一级上面
搁着他的双足，坐在门槛上面，
我看那门槛是用金刚岩做成。
我的导师把心中无比喜悦的我
由那三步石级带到上面，说道：
“你要恭恭敬敬请求他拔去门闩。”
我虔诚地扑倒在他圣洁的脚下；
我恳求他发慈悲把门打开；
但我先在自己胸上捶击了三次。
他用他的剑的尖锋在我的额上
刻画了七个 P 字，然后说道：[①]

---

① “P”是拉丁文 peccata(罪孽)一字的第一个字母。这七个 P 字代表七大罪孽。以后在炼狱的各层中，天使的翅膀将把这些 P 字从但丁的额上一一拂去。

“你到了里面务必把这些伤洗去。”
灰，或是从地上掘出来的干土，
同他所穿的衣服是一样的颜色，
他从衣服里掏出了两柄钥匙。
一柄是黄金的，另一柄是白银的；
他先用白的一柄，后用黄的一柄
把门开了，因此我得到了满足。
“任何时候这两柄钥匙中的一柄
失去效用，在钥匙洞内不能转动，”
他对我们说道，“这条路就不通了。
一柄是较为宝贵，但那另一柄
要有极大技能和智慧才能开锁，
因为解开那结的就是这一柄。
我从彼得那里拿来；他吩咐我①
与其把门锁错，毋宁把门开错，
只要人们拜倒在我脚前就是了。”
于是他推开了那神圣之门，说道：
“进去吧，但是我要向你们说清楚，
谁要是回头看，就得回到外边。”
那扇神圣之门的枢轴是由
坚固和铿锵作声的金属做成，
枢轴在轴孔里转动时发出宏音，
甚至塔彼亚失去了善良的美泰拉斯，
因此就永远处于贫困中以后，

---

① “彼得”是天国的守门者。

也不曾这样咆哮，或显得这样粗暴。[1]

我转身过去注意第一个声音，

似乎听到一个跟美妙的音乐

相和的声音在唱，“上帝，我们赞美你。”[2]

我所听到的声音给我的印象，

正是像我们惯于感到的那样，

假如我们听人们和着风琴歌唱，[3]

歌词有时候清晰，有时候不清晰。

---

① “美泰拉斯”是庞培的追随者。恺撒凯旋进罗马后，劫掠了藏在塔彼亚山上农神庙中的罗马财宝，美泰拉斯曾作了无效的防守。据卢甘《法萨利亚》诗中的描写，当恺撒侵犯宝库时，塔彼亚山中震响着打开铜庙门的声音。

② 在晨祷时所唱的颂歌。

③ 意大利在6世纪就使用风琴了。

第十歌

雕刻着奇妙事迹的墙

我们跨过了那条门槛以后，
　我听到响声，知道门又关上了，
　灵魂的邪念把那门废弃不用，
因为邪念使弯路显得像直路；
　若是我转过眼睛再去望它，
　那用什么适当的理由来宽恕这罪过？
我们从一块裂开的岩石里攀登，
　这块岩石向这边又向那边移动，①
　像一片忽而退去忽而涌来的波浪。
我的导师开始说："我们这里必须
　有一点儿灵巧，要时而向这边
　时而向那边紧靠凹进去的山岩。"
我们这样走了没有多少的路，
　我们还没有从那针眼里走出，
　天空中那一轮渐渐苍白的残月，
又沉到床榻之上要躺下休息了。
　我们走出裂缝，来到上面的空地，
　那座山就在那里往后迤逦退去，
我已疲乏，两人又都认不得路，②
　我们就一动不动站在一片平地上，
　那地方比沙漠中的道路更荒凉。
从它邻接茫茫太空的边缘，

到那向上直耸的危危岩壁的底脚，
有人的身体三倍那样的一段距离。
这座飞檐的广阔限界在我看来，
等于我的目光所能及的那样远，
往左边看是那样，往右边看也那样。
我们的脚在上面还没移动一步，
我已清楚看出那环绕如带的堤岸
（因为是陡然直立的，就无法走上）
是用洁净无瑕的白云石砌成，
上边的雕饰不但会使波利克利塔斯，[③]
而且会使神工鬼斧也自愧不如。
带着人们许多年来渴望着的、
又打开了长期禁闭的天阙的佳音，
来到了我们人间的那位天使，
栩栩如生地出现在我们眼前，
他和蔼的容貌刻得那么生动，
不像是一座不会说话的神像。
人们一定会赌咒说他正在说：
“我问你安”呢；因为那位用钥匙
开启了神爱的圣母也刻在那里。
看她的态度也仿佛刻印着
这样的字句，“看那主的使女”，

---

① 这里的“移动”并不是指岩石真正的移动，只是描写岩石有时凸出，有时凹进罢了。
② 只有但丁感到疲乏，因为只有他被肉体的重量妨碍着。
③ “波利克利塔斯”（公元前 452—前 412），希腊雕刻家，为中世纪的古典著作家所赞美，他的艺术也为但丁以前的意大利诗人们所称誉。

像印章盖在蜡上那样明白清楚。[1]
"你不要只专心致意看一个地方，"
我的可敬的导者说，我在他身边，
就在人们的心房所在的那一边，
我就此把我的脸掉转过去，
在催我前行的他站着的那一边，
我在马利亚神像背后看到了
雕刻在岩石上的另一个故事，
因此我经过维吉尔身边走向前去，
那故事才可以展露在我眼前。
就在那块云石上，雕刻着的是
载着上帝的约柜的车和拉车的牛，
我们因此怕做不派给我们的职务。
出现在前面的是众人；他们全部
分成七个合唱队，我的耳朵虽然
没听见歌唱，眼睛却认为他们在歌唱。
同样，对于酷肖地刻画在那里的
缭绕的烟雾，我们的视觉和嗅觉
在是和否的问题上也发生了分歧。
走在上帝的约柜前面的是
那谦卑的诗篇作者，他束起了腰，
跳着舞；那样子更像也更不像皇帝。
刻在他正对面的是他的妻子米甲，
她靠在一座巨宫的窗边观望着，

① 这是天使加百列向马利亚预言生耶稣的故事。见《新约 · 路加福音》第 1 章。

像一个心怀轻蔑和悲哀的妇人。[①]
我从站着的地方移动我的脚步，
走近前去，仔细观看另一个故事，
它就在米甲后面向我闪出白光。
在那石头上刻出的故事就是
那罗马皇帝的无上光荣，他的德行
使格列高里为他取得伟大胜利；
我所说的就是图拉真皇帝；
他的缰绳旁边有个可怜的寡妇，
看她的模样无限悲切，泪痕满面。
只见他的周围一阵马蹄的践踏，
和一大群骑兵，黄金制的群鹰
在他上面明晰可见地随风飞翔。
那个可怜人儿就在这一切中间，
仿佛在说："王呀，替我的被害的儿子
报仇吧，为了他我的心儿也碎了。"
他回答她道："你暂且等一下吧，
待我回来后再说。"她好像忧急得
不知怎样才好，接着说道："王呀，
你若不回来呢？"他说："接我位的人
会替你办这件事。"她道："你若忘了
自己行善，人家行善于你又有何益？"
因此他就说道："现在你且安心吧，
我出发之前一定行使我的职权；

① 以色列王大卫在上帝的约柜面前跳舞的故事，见《旧约 · 撒母耳记下》第 6 章。

正义这样命定，怜悯使我留下。”①

从没见过一件新鲜事物的神，
在石上雕刻了这可见的言语，
在我们是新鲜的，因为人间没有。

我胸中正满怀着喜悦的心情，
细看那些伟大的谦卑的形象，
这些形象因其“匠人”之故弥觉珍贵，

诗人喁喁说：“且看这里，有很多人，
但是他们走的路却没有几步；
这些人会把我们送上高的梯级。”

我的眼睛正专心致意地望着，
要看极愿意看到的新鲜事物，
但掉过去观望他时并不迟缓。

读者，我不愿意你因为听到了
上帝如何命定罪人偿清债务，
就吓得抛弃了你的善良意图。

且不要注意那痛苦的形式；
要想一想那随着来的，想一想
这痛苦最多也不会超过末日审判。

我开始说道：“夫子，我看到那正在
向我们这里过来的，仿佛不是人，
可是我不知道是什么，我看不清楚。”

他对我说道：“他们所受到的苦刑
使他们悲惨地把身体弯到地上，
我起先也不信我自己的眼睛；

---

① 这个关于罗马皇帝图拉真(98—117)民间流传的故事，由于但丁戏剧性的描写，活跃在我们面前。

但你要定睛看，用你的眼光辨明
　在那些石头下面走来的是什么；
　你已能看出每一个都在怎样捶胸。”
骄傲的基督徒啊，又可怜又疲乏，
　在心的幻视上变得病弱的你们，
　对堕落倒退的步子寄以信赖，
难道你们不知道我们是蛹虫，
　生下来只是要成为天使般的蝴蝶，
　没有防护地飞到天上去受审判？
为什么你们的心灵飞往高处，
　既然你们至多是不健全的昆虫，
　就像那还没有完整形体的幼蛹？
好像我们有时候看到一座石像
　把两个膝头向胸膛那里弯去，
　当作支柱撑起上面的顶篷或屋顶，
使看到的人对那不真实的东西
　感到真实的不安；我仔细看时，
　我见到这些阴魂就像那样。
当然罗，按他们所负的东西多少，
　他们也就向下弯得或多或少；
　而那个态度显得最有耐性的阴魂，
流着泪仿佛在说：“我再受不住了。”

第十一歌

骄傲者成为卑谦者

“我们的高高住在天上的父啊，
　你是无边无界的，你把更大的爱
　赐给你天上的最初的造物，①
愿你的名字和你的全能因此
　受到所有造物的赞美和颂扬，
　因为感谢你的灵氛是应当的。
愿你的天国的安宁降临我们，
　因为若是不这样降临，我们自己
　就以所有的才智也无法取得它。
你的天使们，出于自己的意志，
　绕着你唱着和散那，向你供奉燔祭，
　愿人类也能那样供奉他们的燔祭。
我们每天的食物，今天赐给我们，
　没有这食物，在这崎岖难行的旷野里
　以最大的毅力向前行进的人也会回头走。
愿你用无限的仁慈宽恕我们，
　因为我们也宽恕人家对我们
　行的恶事；不要计及我们的功过。
不要把我们容易被压服的德行
　放在那古老敌人面前受试探，
　却要拯救我们，摆脱他的驱策。
亲爱的主呀，这最后的祷告不是

　为我们自己作的，因我们不需要，
　而为留在我们后面的人作的。”[2]
那些阴魂就这样地为他们自己、
　为我们祝祷平安，在重负下行走，
　像我们有时在梦中所负的一样，
大家的痛苦都不相等，环绕而行，
　疲倦地沿着那第一座飞檐走去，
　把身上蒙着的人世的浊雾洗净。
若是在那里曾为我们说过好话，
　那么立志为善的人们在人间
　又有什么不能为他们说的，做的呢？
他们从人间带来了他们的污点，
　我们确然应该帮助他们洗去，
　他们才能洁净轻快地去向星空。
“唉！愿天上的正义和怜悯不久就
　释去你们身上的重负，你们因此
　能展开翅膀飞向你们想望的高处，
请指点我们向哪一边走，才能最快
　达到那梯级；假使不止是一条路，
　那么告诉我们哪一条是最不陡直；
因为和我一起来的他，他身上
　仍然带着亚当的肉躯的重累，
　与他的意愿相违，不能迅速攀登。”
我所追随的人[3]说出来的这些话

① “最初的造物”指诸天体和天使。
② 这是主祷文的释义。见《新约·马太福音》第6章9至13节。
③ 指维吉尔。

立即得到了回答，但是这答语
从谁的口中说出，还无从知道，
只听到说道："同我们一起向右边
沿着那堤岸走吧，你们就会发现
一个活着的人能够走上的山隘。
我的骄傲的颈项被那石头压着，
因此我走时不得不低下我的头，
假如我不是为这个受到妨碍，
那个还是活着却不道出名字的人，①
我真愿看一下，看我是否认识他，
使他怜悯我身上的这个重负。
我是意大利人，一个多斯加纳闻人所生：
吉利尔摩·阿多勃朗台珂是我父亲；
我不知道他的名字你们是否听到过。
我的祖辈以之闻名的古老的血统
和英勇的事业使我变得异常骄横，
甚至把我们共同的母亲置于脑后，
对一切的人我都加以极端的轻视，
这就致了我的死命，西挨那人知道，
康巴纳底珂地方的小孩都知道。
我是恩柏托；而且骄傲不只是
给我一个人带来了不幸，因为所有
我的亲友们都受了牵累，遭到灾难。
我在这里就不得不背起这重负，
在死人中间走，直到上帝满意为止，

---

① 指但丁。

因为我在活人中间没有这么做。”①

我一面倾听着一面低下了头；

他们中的一个，不是那说话的一个，

在那使他不胜负担的重量下扭转身；

他看到我，认出我，并且在叫喊，

极其艰难地用他的眼光注视我，

我也躬着身正在和他们同行。

我对他说道：“哦，你不就是俄台利西，

古俾俄的荣誉，也是在巴黎叫做

‘装饰画’的那种艺术的荣誉么？”②

他说道：“兄弟呀，波伦亚的佛朗珂

画上插图的书页是更令人喜悦；

现在荣誉全属于他，部分属于我。

在我生前的日子里，因为我心中

一心一意地想望要胜过人家，

我确实不曾显得这样彬彬有礼。

为了这种骄傲在这里付出这罚金；

我还不会在这里呢，倘若我在

有力量犯罪的时候不回头向上帝。

人类力量的空虚的光荣啊！

---

① “恩柏托”是西挨那沼泽地区圣飞尔的伯爵，吉利尔摩·阿尔勃朗台珂的第二子。他的骄横引起了该地人民的极大愤怒，1259 年被处死于康巴纳底珂。

② “俄台利西”是恩勃里亚地方古俾俄的抄本彩饰画家。他于 1268、1269 和 1271 年住在波伦亚；据说于 1295 年到过罗马 1299 年死在那里。据凡萨里(《画家传》的作者)说，俄台利西是乔托的友人，并且和波伦亚的佛朗珂曾由菩尼腓斯八世雇用，为罗马教皇图书馆所藏的手稿作插画。从诗中看来，但丁和俄台利西是相识的，至少是见过面的。

它的绿色即使不被粗暴的后代
超过，也在那枝头驻得多短促啊！
契马菩想在绘画上立于不败之地，
可是现在得到采声的是乔托，
因此那另一个的名声默默无闻了。①
一位归多就像这样从另一位归多
夺取了我们文坛的光荣；说不定
已生下一人，要把两人从巢里赶走。②
人世的盛名不过是一阵风而已，
一会向这里吹来，一会向那里吹去，
因为变换方向也就变换名字。
假如你到年老时摆脱了肉躯，
难道你的名声在千载以后就会比
你在乳臭未干时死了更盛大么？
而一千年又能算是什么呢：
对永恒说来，要比眼睛的一瞬之于
天空中运行最慢的天体更短暂。③
那在我前面沿着路缓缓而行的人，
他的声名曾一度响遍全多斯加纳，
如今在西挨那没有人提起他一声，
他是那地方的主宰，他压倒了

① “契马菩”（1240—1302）是佛罗伦萨的画家，他的作品比僵硬的拜占庭派前进了一步。但是他的学生乔托（1266—1336）却成为西洋近代绘画之父。据说，乔托是但丁的友人，也画了现在留下来的诗人的画像。

② “归多 · 加发尔甘底”：著名的佛罗伦萨诗人，与但丁同属“清新诗派”。这一派诗人超过了他们的前辈诗人，归多 · 归尼彻利（见本篇第二十六歌），所属的波伦亚诗派。至于要盖过这两人的，就是但丁自己。

③ “运行最慢的天体”指恒星天，以一百年转一度的速度运行。

佛罗伦萨的蛮横气势，佛罗伦萨
那时骄傲得像她现在卑贱一样。①
你们的所谓声誉像草的颜色，
生生灭灭，使它变黄的也就是
使它青青地从地里长出的太阳。”
我对他说道：“你的实在话使我的心
充满圣洁的谦卑，减少我的骄气，
但你刚才说到的那个人是谁？”
他答道：“那是普洛文善·萨尔凡尼；
他在这里，因为他在不可一世时，
曾打算把全西挨那都抓在手中。
因此他死后一直无休止地行走，
而且还要行走；凡在人世太剽悍的，
都要用这样的钱币来赎他的罪。”
我就说道：“假使把忏悔拖延到
面临生命最后一刻的精灵，
除非得到神圣的祷告的帮助，
就不能登上这座山，却要在那下面
留一个和他阳间的寿命相等的时间，
那么怎么允许这个人到这里来呢？”
他说道：“他正在声势显赫的时候，
本着他的自由意志，置羞耻于不顾，
走去站在西挨那热闹的广场上；

① 普洛文善·萨尔凡尼，一个基伯林党人，1260 年 9 月 4 日西挨那人在蒙太潘底战胜佛罗伦萨归尔甫党人的时候，他是西挨那人的首领。在挨姆波利会议上，主张毁灭佛罗伦萨城的也就是他，由于法利那太的反对才不致实行（见《地狱篇》第十歌）。他以后于 1269 年在科雷与佛罗伦萨人交战时被杀（见下面第十三歌）。

然后他在那里使自己全身的血管
　颤动不已，要把他的一个友人
　从查理的牢狱中拯救出来。[①]
我不再说了，我知道我说得隐秘，
　但是不需经过多少时间你的邻人
　就会有所行动，使你能解释我的话。[②]
这个行为把他从那境界中释放出来。”

---

① 普洛文善·萨尔凡尼曾为救赎他的一个友人（为安如的查理囚禁在狱中），打扮成乞丐的模样，站在西挨那的广场上，向过路人募集钱财。

② 这三行预言但丁要被佛罗伦萨人放逐（1302 年），在倚靠陌生人的慈悲过活时，也要“全身的血管颤动不已”，唯恐人家不肯施舍。

第十二歌

画上图的地面

我用驾着轭的牛走路般的步子，
　在那个载着重负的精灵旁边走，
　走了那亲爱导师容许的那样久。
但是他一说："离开他，往前推进吧，
　因为这里每个人最好帆桨并用，
　使出全力把他的小舟催向前去"；
我立即把我的身体又挺直起来，
　挺到走路时候必要的那种程度，
　虽然我心中还是感到萎靡不振。
我已经走动，正在心甘情愿追随
　我的导师的脚步，而且我们两人
　都已显出我们走时脚步多么矫捷，
他却对我说道："把眼睛往下看：
　为了让你沿途能够得到安慰，
　看看你双足踏上的地面会有好处。"
为了使死者留下永远的纪念，
　在他们葬于其中的坟墓上面，
　雕刻着他们在人世时的风貌；
因此在那里好多次有人为他们
　凄然下泪，因为心中触起了怀念，
　而这种心情也只有多感的人才有；
我就像那样地看到了在那里，

就在那座山突出来的所有的路上，
雕刻着在匠心上说更为酷肖的造像。
我看到了那个天使，上帝把他
造得比其他的造物远更高贵，
正在一边像闪电般从天而降。①
我看到了布赖利阿斯在另一边，
他的身体为天上的雷电所殛，
带着死的凛冽沉重地躺在地上。②
我看到了赛姆勃留，巴拉斯和马斯，
他们还披着盔甲围住他们的父亲，
凝望那些巨人们的零乱的肢体。③
我看到了宁禄在他巨大工程边，
仿佛惊慌失措的样子，正在观望
以同他一起在示拿而自豪的人民。④
哦奈俄俾，我看到了你怎样地
眼睛含着泪水被雕刻在那路上，
你两旁各有七个被杀的子女！⑤
哦扫罗，你在那里显出你怎样
伏在自己的刀上死在基利波山，

① “耶稣对他们说：‘我曾看见撒旦从天上坠落，像闪电一样。’”（《新约·路加福音》第10章第18节）。

② 见《地狱篇》第三十一歌。

③ 朱庇特，阿波罗（由于他在塞姆勃拉的庙，被称为塞姆勃留），密涅发（即巴拉斯）和马斯把巨人们战败和杀死以后，凝视他们零乱的肢体。

④ 宁禄和他的人民在示拿地方建造一座城和一座塔，城名巴别，但没有造成（见《旧约·创世记》第11章）。

⑤ “奈俄俾”是底比斯王阿姆惟翁的妻子，以她的十四个子女而骄傲，因此触怒了拉托那，因为她只生两个孩子——阿波罗和代安那。为了报复，后二者用他们的箭把那十四个孩子全部射死，奈俄俾本人又被朱庇特变成了一座石像，除了流泪，没有生命。

从此后那地方再没有雨露的滋润！①

哦痴狂的阿拉克尼，我看到你

已一半变成了蜘蛛，凄凉地坐在

你自己织了使自己受罪的残网上！②

哦罗波安，如今你那里的形象似乎

不再咄咄逼人了；却在被追赶前，

一辆车子急急忙忙把你载走了！③

它显出——那坚硬的路石上又显出，

阿尔克美昂如何使那不祥的首饰

成为他的母亲死于非命的原因。④

它显出西拿基立的两个儿子如何

在神庙里向他身上扑去，又如何

杀死了他，就把他丢在那里逃了。⑤

它显出托密丽斯所造成的毁灭

和残酷的屠杀，她对居鲁士说道：

---

① 扫罗在基利波山上，被非利士人战败后，“就自己伏在刀上死了”（见《旧约·撒母耳记上》第 31 章）。扫罗死后，大卫作哀歌，歌中说：“基利波山哪，愿你那里没有雨露！”（见《撒母耳记下》第 1 章第 21 节）。

② 见《地狱篇》第十七歌。

③ 以色列人民起而反叛他们的王罗波安，因为他拒绝减轻他们的重轭。“罗波安王差遣掌管服苦之人的亚多兰，往以色列人那里去，以色列人就用石头打死他。罗波安王急忙上车，逃回耶路撒冷去了”（见《旧约·列王纪上》第 12 章）。

④ 挨利番尔受了一个金项圈作为贿赂以后，劝她的丈夫阿姆费劳斯参加攻打底比斯的战争。他知道自己一定要死于这场战争，因此命令他的儿子阿尔克美昂，在他死后，要杀死他的母亲。

⑤ 亚述王西拿基为犹太王希西家战败后，就拔营回去，住在尼尼微。“一日，在他的神尼斯洛庙里叩拜，他儿子亚得米勒和沙利色用刀杀了他，就逃到亚拉腊地”（见《旧约·列王纪下》第 19 章第 37 节）。

"你曾渴望鲜血，我就用鲜血止你的渴！"①
它显出荷洛芬斯被杀以后，
亚述的军队如何纷纷溃败，
也显出被刺者的首级挂在城上。②
我看到了特洛伊成为废墟和荒丘：
哦，伊利阿姆，你是多么卑贱可怜，
它（那边的雕刻）显出你的这片景象！③
是哪一个绘画或是雕刻的大师，
在那里制成了那些明暗和线条，
使最巧的巧匠看了也要惊叹不已？
死的就像是死的，活的就像是活的。
我躬身行走时踏着的一切景象，
目睹的人也不会比我看得更真切。
你们这些夏娃的子女啊，骄傲起来吧，
挺起脖子前进吧，不要低下头来
观看你们所走过的邪恶的道路！
我这样专心地想着，却没注意
我们已绕着山走了许多的路，
太阳也已走了多得多的行程，
那时，一直谨慎小心地在我前面

---

① "居鲁士"：波斯帝国的缔造者（公元前590—前529），在谋杀了大月氏的王后托丽密斯的儿子以后，被这个愤怒的母亲战败和杀死。她把他的头抛在一只盛满血的器皿里，向之嘲骂，说道："你曾渴望鲜血！我就用鲜血止你的渴。"

② 当尼布甲尼撒手下的一个将军，荷洛芬斯，围困培沙利亚时，犹太寡妇犹滴设计走进了他的营帐，斩下了他的头。她把这首级高举在城墙上，亚述军队看到了即行奔逃，后面有犹太军队追赶（见《次经·犹滴传》第10至14章）。

③ 这一节，参阅《地狱篇》第一歌。

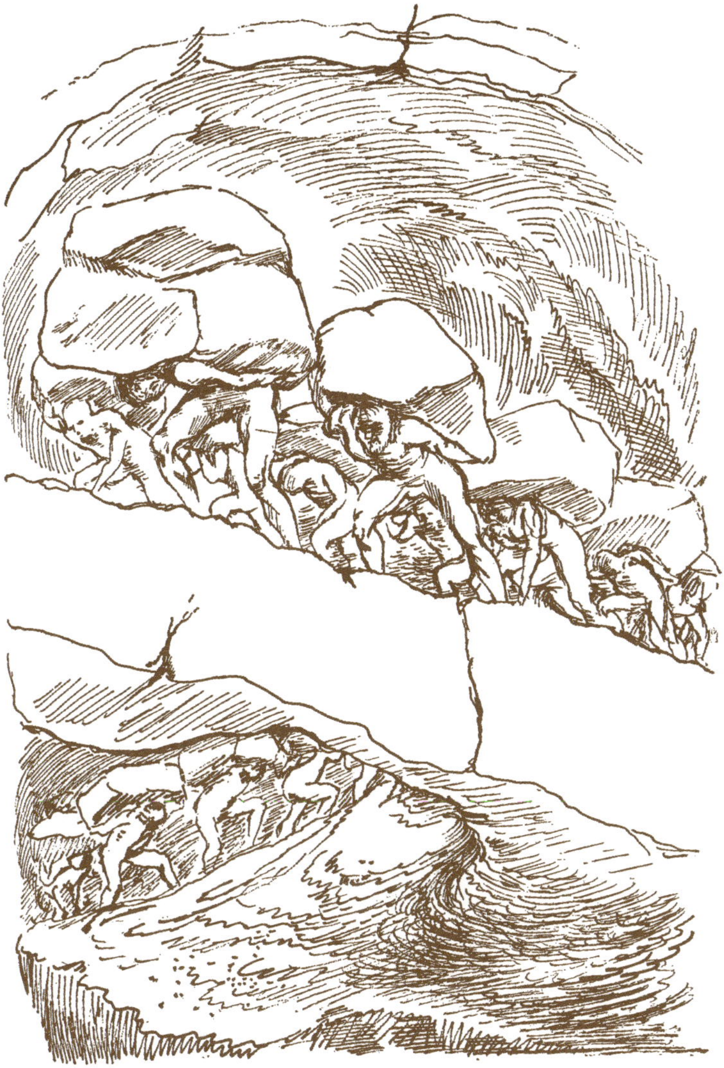

走着的他开始说："抬起头来，
　现在不是这样埋头走的时候了。
看那边一个天使正在准备
　向我们这边走来；看那第六个使女
　做完了白天的工作在回来了。[①]
用尊敬装饰你的行动和脸容，
　那样他才乐于把我们送到上面；
　要想到这一天不会再露曙光了。"
他的一番决不要错过时光的告诫，
　我是极其熟悉的，我不会不懂得
　他在那件事上对我说话的意思。
那位神采奕奕的天使向我们走来，
　穿着白色的衣袍，他的颜容
　就像一颗在晨空中颤动的星。
他张开他的双臂，伸展他的翅膀；
　他说道："来吧；梯级就在这近旁，
　而且现在上去是不费力的。"
不会有很多的人应这号召而来。
　生来要翱翔于天空的人类啊，
　为什么你们经一阵风吹就降落？
他带我们到那岩石裂开的地方；
　他在那里用翅膀往我额上扑击，
　然后答允我在旅途上平安无事。
若是从右面向上攀登那座高山
　（它顶上的教堂从罗百孔桥对面

---

① "使女"代表时辰。这里指刚过正午。

俯瞰那治理得很好的城市），①
那往上直耸的险峻的山坡
被一步一步的石级截断，这些石级
在账册和度量可靠的时代凿成：②
就像那样，从另一座飞檐向这里
直降的斜坡也变为容易攀登，
但那高峻的岩石还从两边压来。
我们转身向那边走去的时候，
有声音在歌唱“虚心的人有福了，”③
唱得那么美妙，无法用言语说出。
唉！这里的入口和地狱里的入口
是多么不同呀！这里我们在歌声中
走进，在那下面我们在哭声中走进。
现在我们踏着那些圣洁的石级
往上走去，我似乎觉得极其轻快，
更甚于先前在平地上觉得的；
我因此说：“夫子，请说，从我身上
已经拿走了什么沉重的东西，
我走路时一点也不感到辛苦？”
他回答道：“等到几乎看不见地
依然留在你脸上的那些P字，

---

① 这座山是在佛罗伦萨的东南，在阿诺河的对岸。山上有一古教堂，名圣弥尼亚托，就在罗百孔桥以上。“治理得很好的城市”指佛罗伦萨，但丁是用讽刺的语调说的。

② 这里指但丁的时代有人对账册和度量作弊的事（参阅《天堂篇》第十六歌）。

③ “虚心的人有福了，因为天国是他们的”（《新约·马太福音》第5章第3节）。

像这一个一般全部抹去的时候，
你的双足将服从善良的意志，
不但不会感到走路是一种辛苦，
而且被驱策向上会变为一种愉快。”
于是我做出了那种人的举动来，
他们走路时头上有着东西而不自知，
别人指点了才使他们疑心起来；
因此就借用手帮助弄个明白，
于是摸索，于是摸到，于是完成
那个无法由眼睛办到的职务；
我伸出了我右手的五只指头，
只是摸到了六个字，就是那位①
拿着钥匙的天使刻在我额上的：
我的导师看了我这模样就笑了。

① 因为代表“骄傲”的罪孽的第一个 P 字，已经被天使从他的额上抹去。

第十三歌

西挨那的才比亚

我们已走到了那石梯的顶端，
　使我们上登时脱去罪恶的山，
　在那里第二次被凿出了道路。
在那里一座飞檐把那座山
　环绕一匝，跟第一座飞檐相同，
　只是它的曲线弯度更为大些。
那里没有鬼灵，也不见雕刻的人物；
　那斜坡显得那么光秃，道路也那样，
　只因石头带着沉闷的青黑色。
那诗人正说着："我们若是在这里
　等人走来，向他们问路，我担心
　也许我们的取舍耽搁得太久。"
于是他用眼睛不动地凝视着太阳，
　把右边的身体作行动的中心，
　然后依此转动他的左边部分。
他说道："仁慈的光啊，我信赖着你
　走上这新的道路，请你引导我们，
　因为我们在这境界内需要引导；
你把温暖给予世界，你照耀它；
　如果没有其他的原因阻止你，
　你的光要永远做我们的向导。"
凭着我们坚决向上的意志，

我们在短时间内已在那里走了
等于我们世上算作一英里的路程；
那时我们只听到有精灵们在空中
向我们飞来，可是不能用眼见到，
彬彬有礼地邀人去赴爱的筵席。
第一个声音在旁边飞过的时候，
高声地说道："他们没有酒了，"①
然后重复说着飞到我们后面去。
它还没有飞得完全听不到，
又有一个声音一边飞过一边叫：
"我是俄累斯提斯，"也没有停下。②
我说："父亲呀，这些是什么声音？"
我正问着时，看第三个又在说：
"要爱那些使你们受逼迫的人。"③
于是那善良的导师说道：
"这一环鞭笞忌妒的罪恶，
因此那鞭子的绳索从爱里引出。
那马衔铁一定有着相反的声音；
假使我估计不错，我想你不用
走到那'恕罪的关口'就会听到它。④

---

① "在加利利的迦拿有娶亲的筵席，耶稣的母亲在那里。耶稣和他的门徒也被请赴席。酒用尽了，耶稣的母亲对他说，'他们没有酒了'"（《新约·约翰福音》第2章）。

② 阿伽门农的儿子俄累斯提斯，与彼拉提斯十分友爱。当俄累斯提斯被判死刑时，彼拉提斯愿意代替他死，说道："我是俄累斯提斯。"

③ "只是我告诉你们，要爱你们的仇敌，为那逼迫你们的祷告"（《新约·马太福音》第5章第44节）。

④ 慈善的榜样（即上面所举的三个例子）是"鞭子"；忌妒的榜样（即下面第十四歌末了所举的例子）是"马衔铁"；"恕罪的关口"是到下一环去的较易走的道路，每一环都有。

但是用你的眼睛凝望着天空，
　你将看到一群人坐在我们前面，
　每个人都紧紧靠那断崖坐着。”
于是我把眼睛张得比先前更大；
　我往前看去，只见到一队鬼灵穿着
　与石头的颜色没有不同的衣袍。①
我们稍微向前走了几步，我听到
　一个叫声：“马利亚，为我们祷告”；
　另一个叫声：“迈克尔，彼得，一切圣徒。”
我不相信今天在人间活着
　这么一个铁石心肠的人，看到了
　我那时看到的情景而会不哀怜，
因为等我走得和他们十分靠近，
　他们的模样清晰地映入我眼帘时，
　沉重的悲痛之情使我不禁泪下。
我看他们似乎穿着粗毛布的衣服，
　用肩膀你支持着我我支持着你，
　而且他们大家都紧紧靠着那斜坡。
那些毫无糊口之计的盲人们，
　就像那样坐在忏悔所门边乞食；
　一个人把头垂在另一个人身上，
不但用苦苦哀求的声音，
　而且也用同样动人的姿态，
　使别人的心中可以迅速生出怜悯。
如同对于盲人太阳的光无所裨益，

---

① 这些生前忌妒的灵魂穿的衣袍，与那里的石头的颜色一样，是青黑色的，这种颜色正与忌妒者的阴沉的心灵相称。

　对于我正在说到的那些鬼魂们，
　天国的光不会自行广赐恩惠；
因为他们的眼皮都用一根铁丝
　穿过而被缝起，就像狂野的鹰[①]
　因不肯安静也用铁丝缝起眼睛。
我看得到人家，人家却看不到我，
　我觉得这样走路委屈了他们；
　因此我转身向我的贤哲的顾问。
他完全明白一个哑巴要说的话，
　因此不等待我的发问，就说道：
　“说吧，说得要简短而且直截了当。”
维吉尔在那飞檐的那一边
　正和我一块儿走来，他那一边
　没有围着栏杆，人们会跌下深渊；
那些虔诚的鬼魂在我的另一边，
　他们正在从那可怖的线缝里
　苦苦挤出泪水，洗涤他们的脸颊。
我转身向着他们就开始说道：
　“一定会见到天国之光的人啊，
　你们一心向往的也就是这个；
愿上帝的宏恩迅速地除净
　你们良心上的浮渣，使记忆之流
　能清澈见底地从那良心里流过，
请告诉我（我将对之感到珍惜亲切）
　你们中间有没有意大利人，

① 忌妒的心情大约都由眼睛而起，因而在这里用铁丝把他们的眼睛缝住。

我知道了说不定会对他有益。”

“我的兄弟啊，我们大家都是一座

真正的城市的公民；但你想要说，

‘住在意大利像游子一样的人。’”

我似乎听出这个回答我的声音，

来自稍在我前面的地方；因此

我向那方向走去，好听得清楚。

我在其他鬼魂中间看到一个鬼魂，

他像在等待；若有人问，“此话怎说？”

他就是那神气，盲人似的仰起下巴。

我道：“为了上升而压制自己的精灵，

假如你就是那向我答话的一个，

说出你的籍贯或名字，让我知道你。”

它答道：“我是西挨那人，在这里

和别人一起洗净我有罪的生命，

流着泪恳求在天之神帮助我们。

我并不多才多艺，虽然才比亚

是我的名字，我庆幸人家的灾祸，

远甚于庆幸自己的良好的命运。①

为了你不至于认为我在欺骗你，

听我对你讲的事，看我是否疯了。

在我的盛年开始衰落的时候，

我的同乡们在科雷的附近

跟他们的敌人们进行着酣战，

---

① “才比亚”是西挨那的贵妇人。她在流亡中住在科雷。她对西挨那人满怀妨恨，当西挨那人在科雷附近被佛罗伦萨的归尔甫党人战败时，她不胜欣喜，以至于说出了亵渎上帝的话。

我却向上帝祈求他早已命定的事。
他们在那里被击溃，用痛苦的脚步
像潮水一般往后败退，我看到
他们受追击真是无比的欢喜；
我那样地欢喜，甚至抬起无耻的脸，
向上帝叫道：‘现在我不再怕你了，’
像画眉看到一丝儿阳光时那样。①
我临到我生命边涯上的时候，
希望与上帝复和；我身上所负的
深重的罪孽还不会被忏悔减轻，
若不是那贩卖梳子的彼得
在他神圣的祷告里记起了我，
他慈悲为怀，真诚地为我悲痛。
但你是谁呢，这样走来探问
我们的境况，我相信你的眼睛
没有缝起，说话的时候透着气？”
我说道：“我的眼睛还要在这里
从我身上夺走；只是夺走短时期，
因它们为忌妒犯的罪并不大。
使我的灵魂深处更兀臬不安的，
是害怕下面那一层里的苦刑，
那里的重负至今还压在我身上。”②
她对我说道：“若是你想回到下面，
那末谁把你带到我们上面来的？”

---

① 据意大利民间的传说和谚语，画眉在正月末会叫道，“现在冬天已落在我后面，主呀，我不再怕你了。”才比亚的意思是，她的心愿已达到，就不需要或不必怕上帝了。

② 但丁自认他易犯的罪恶是骄傲，不是忌妒。

我道："和我在一起不说话的他；
我还活着，因此，被选的精灵啊，
你尽可向我请求，若是你希望
我在人间还能举足为你奔走。"
她答道："哦，这听来真是新鲜事，
这是上帝爱你的伟大的表征；
因此有时用你的祷告帮助我吧。
我凭你最想望的一切之名求你，
假如你再踏上多斯加纳的土地，
务必在我族人中恢复我的声誉。
你会看到他们在虚荣的人民中间，
这些人民寄希望于泰拉蒙港上，
这会比探寻狄安娜河失望更多；
但那些海军将官在那里损失最大。"①

① "泰拉蒙"是西挨那人想要发展的一个多瘴气的海港；狄安娜是他们想要开掘的一条地下河流。在开发泰拉蒙港时，许多海军军官因受瘴气而死。

第十四歌

多斯加纳和罗曼亚人的堕落

“这个人是谁呀， 他在死亡还没有
　让他飞翔时就绕着我们的山行走，
　而随自己的意思张闭眼睛的？”
“我不知他是谁，但他不是单独一人；
　你靠得他近些，你且去问他一下，
　好好向他问候，他或许才肯说话。”①
两个互相偎傍着的精灵，
　在右手那边这样谈论着我；
　然后仰起他们的脸来向我说话；
其中的一个说道：“你这灵魂呀，
　你带着你的肉体走向天国时，
　还慈悲地安慰我们，告诉我们
你来自什么地方，又是什么人；
　你使我们对你的蒙恩大为惊异，
　像从未有过的事必然使人惊异。”
我就说道：“横贯多斯加纳的中央，
　一条发源于法尔铁洛纳峰的河
　滚滚而流，百里的行程它还不满足。②
我从那两岸边带来我这肉躯；③
　对你说我是什么人等于白说，
　因为我的名声还没有这么大。”
于是那第一个说话的回答我道：

“若是我的理解力把你的意思
探测得对，你在讲的就是阿诺河。”
那另一个接着对他说道：“为什么
他把那条河的名字那样隐起来，
像一个人把可怕东西隐起一样呢？”
那个听到这句问话的阴魂
用话这样打发开了他：“我不知道，
但这样一个流域的名字真该灭亡；
因为从它的发源地（那里大量的水
从那和彼罗勒斯海岬相隔的[④]
崇山峻岭间泻下，在很少地方
超过这水量）一直到它把大海中
向天空蒸发，又回到河川的雨水，
重新注入大海里去的那个地方，[⑤]
大家把美德当作一个仇人，
甚至当作一条毒蛇逐出，不是因为
地方的不幸，就是因为恶习的煽惑；
因此这悲惨的流域里的居民，
他们的本性已改变得面目全非，
仿佛女巫瑟西给他们吃了草似的。[⑥]
在更配吃橡子、而不配吃其他

---

① 这两个在互相说话的阴魂，一个是勃莱铁诺洛的归多·台尔·杜加，基伯林党人；另一个是列尼尔·达·卡尔菩里，归尔甫党人。

② 阿诺河发源于亚平宁山脉的法尔铁洛纳山峰，全程约一百五十公里。

③ 阿诺河流过佛罗伦萨。

④ “彼罗勒斯海岬”是在西西里的东北端，墨西拿海峡把它与亚平宁山脉的尽头隔开。

⑤ 阿诺河流入地中海。

⑥ “女巫瑟西”有把人变成野兽的能力。

造来供人类享用的食品的脏猪中间，[①]
　这条河最初形成它无力的行程。
然后，它往下流来时就遇到了
　不自量力而狺狺狂吠的恶狗，[②]
　立即轻蔑地掉过头去，离开他们。
它不断往下奔流，河面愈是宽阔，
　这条不幸的、命蹇的沟壑啊，
　愈是看到狗群逐渐变成狼群。[③]
它穿过了许多深峡，流向下游，
　看到那些满肚子奸诈的狐狸，[④]
　他们不怕人家也会设计陷害他们。
我也不因另一人会听到而不说话；[⑤]
　对于这个人是会有好处的，
　倘若他再听我真切预见的事情。
我看到你的孙儿，他正在猎狩[⑥]
　在那汹涌的河流两岸的那些狐狸，
　把他们追逐得惊恐不已。
他们还活着时，他出卖他们的肉；
　然后屠宰他们像屠宰老弱的牲口：
　他剥夺许多生命，剥夺自己的荣誉。
他一身血迹走出那悲惨的树林；

---

① “脏猪”指卡森铁诺人。
② “恶狗”指阿累提诺人。
③ “狼群”指佛罗伦萨人。
④ “狐狸”指比萨人。
⑤ 我们要记住归多是在对列尼尔说话。
⑥ 列尼尔的孙子甫尔启里 · 达 · 卡尔菩里，1303 年为佛罗伦萨的行政长官，残酷迫害白党和基伯林党人。在这里是用预言的形式说出的。

他就那样离开，在此后一千年中
　这座树林再不能恢复繁茂的旧貌。”[①]
在宣布灾难就要临头的时候，
　听到这消息的人脸上显出困惑，
　不论那祸害从哪个方面袭来，
我看到那转过身来倾听的另一个，
　他把这些言语听进去了以后，
　脸色也像那样变得困惑和忧切。
这一个的说话和那一个的颜容，
　都使我想知道他们的名字，
　我就询问他们，询问中交织着祈求，
因此那个先向我说话的精灵，
　又开始说道：“你希望我俯就你，
　为你做那你不肯为我做的事情；[②]
但是既然上帝命定把大量的慈悲
　照耀在你身上，我就不对你吝惜；
　因此要知道我是归多·台尔·杜加。
我的血里曾燃烧过忌妒的烈火，
　若是我看到一个人得意忘形，
　你就会看到我脸色完全发青。
我播下这样的种就收到这样的草。
　芸芸众生啊，为什么你们渴望
　你们必然无法与人同享的东西呢？
这一位是列尼尔；他是卡尔菩里
　那一家族的光荣和荣誉，此后

① “树林”指佛罗伦萨。

② 但丁先前不肯把名字告诉他。

没有出一个子孙像他一样高贵。
在波河和群山，海岸和累诺河之间，[①]
不只他一门的后代子孙丧尽了
对真诚和义侠是必要的善良，
因为这些境界内遍地壅塞着
有害的毒草，如今要用耕作
把这些毒草从根芟除，一时还无法办到。
你们这些变成杂种的罗曼亚人啊！
善良的里齐俄，亚利哥 · 梅那第，
脱拉浮萨，和卡彼纳如今都在哪里？[②]
一个法勃洛何时再在波伦亚生根？
何时芬闸再有个柏那丁 · 狄 · 甫斯珂，
一株卑贱的树木生出的高贵的嫩枝？[③]
多斯加纳人啊，你不用惊异，我若泪下，
当我记起归多 · 达 · 泼拉泰，
和我们住在一起的乌哥林 · 达左，
腓特烈珂，铁诺索和他那一群，

---

① 这是指罗曼亚（它的界限是坡河和亚平宁山，亚得里亚海和累诺河）。

② “里齐俄 · 达 · 淮尔菩那”是褒梯诺洛的一个归尔甫党贵族，列尼尔的追随者，死于 1279 年和 1300 年之间。

“亚利哥 · 梅那第”是褒梯诺洛的一个基伯林党人，彼尔 · 脱拉浮萨的部下，1170 年与脱拉浮萨一起为芬闸的人民所掳。

彼尔 · 脱拉浮萨（1145—1225），基伯林家族脱拉浮萨的最著名的成员，几次当本城的行政长官，在罗曼亚的政治上有好多年扮着主要的角色。

卡彼纳的归多以乐善好施著名。

③ “法勃洛”是波伦亚的一个基伯林党的兰保太齐的成员，曾当过好几个城市的行政长官。他于 1259 年死后，他的儿子们与吉莱梅家族剧烈械斗（见《地狱篇》第三十二歌）。

“柏那丁 · 狄 · 甫斯珂”在芬闸受围时以抵抗皇帝腓特烈二世闻名（1240）；他的父亲是一个农民。

脱拉浮萨家族，和安纳斯泰琪家族
（前一个和后一个家族如今都无后代），①
那些美人和英雄，那些在我们心中
引起了爱情和殷勤的艰辛和悠闲，
如今人们的心在那里变得邪恶了。
勃莱铁诺洛镇啊，为什么你不逃走，
既然你的家族已出去流亡了，
许多人为了不犯罪也随他们而去？②
柏纳卡淮尔不再生儿子，做得好，
卡斯脱洛卡洛做得坏，珂尼俄做得更坏，
他们还不怕麻烦生这种伯爵；③
柏加尼家族等他们的‘恶鬼’死了，
最好也不再生养；但即使这样，

---

① “归多 · 达 · 泼拉泰”（1245 年卒），拉温那人，在这城市附近他似乎有极大的财产。

“乌哥林 · 达左” 是芬闸的一个有钱的居民，娶普洛文善 · 萨尔凡尼（见本篇第十一歌）之女俾德丽采 · 兰西亚为妻，死于 1293 年。

“腓特烈珂 · 铁诺索”是米尼的一个贵族，以大度闻名，他似乎生活在 13 世纪前叶。

“脱拉浮萨家族”和“安纳斯泰琪家族”：拉温那属于基伯林党的家族。彼尔 · 脱拉浮萨死后，他的儿子保罗转为归尔甫党人。13 世纪中叶，安纳斯泰琪家族因与拉温那的归尔甫家族斗争，十分出名。1258 年复和后，就不见于记载。

② “勃莱铁诺洛”是福里和彻塞那之间的一座小镇，那里的居民以好客闻名。但丁这里显然暗指基伯林党人从该镇被逼出走事，而且因他们免于看到该镇目前的境况而喜欢。

③ 玛拉维乞尼家族和柏纳卡淮尔的伯爵们，是基伯林党人。1249 年他们把归多 · 达 · 波伦太和他的归尔甫党同人逐出拉温那。他们往后以变隶党派频繁著名。

“卡斯脱洛卡洛”和“珂尼俄”近福里的要塞；前一地方的伯爵是基伯林党人，后一地方的伯爵是归尔甫党人。

他们的门第未必留下洁白名声。①
乌哥林得·范托林啊，你的名字
倒是安全可靠了，因再无希望
生下一个儿子用堕落来辱没它。②
但是现在你去吧，多斯加纳人啊，
因为我现在只想哭，不想讲话，
我们的谈论已使我的心如此苦恼。”
我们知道那些关怀我们的灵魂
听到我们在离去；因此他们的
默然不语使我们自信走对了路。
我们两人正在继续往前走时，
一个声音像划破天空的闪电，
向我们袭击过来，它在说着：
“凡遇见我的必杀我”；说了之后③
它就突然消逝了，就像一阵雷鸣
从飞云中轰隆隆地隐到远处。
它的声音在耳中没有停多久，
冷不防第二个声音又哗啦一声传来，
就像迅速地接连打着的霹雳：
“我是变成石头的亚格劳洛斯”；④

---

① “柏加尼家族”是芬闸的基伯林党人。“恶鬼”指梅纳尔杜(见《地狱篇》第二十七歌)，因他的奸猾得此名称。

② “乌哥林·得·范托林”(1278 年卒)：他的一个儿子与归多·达·蒙番尔脱洛作战时，在福里被杀(1282 年)，另一个儿子在 1291 年前死去。

③ 这是该隐杀死了他的兄弟亚伯后所说的话。见《旧约·创世记》第 4 章第 14 节。

④ 雅典王西克罗普斯的女儿亚格劳洛斯，由于妒忌麦叩利神爱她的姐妹赫赛，被该神变为石头。

然后我不是往前走上一步，
而是后退一步，向那诗人靠去。
如今四周的空气是一片悄静，
他对我说：“那是苦味的衔铁，
应该使人守住自己的本分。
但是你们却咬上那有饵的钩子，
那个古老的大敌把你们引去，
缰辔或诱鹰物对你们就无大用。
诸天向你们号召，绕着你们运转，
向你们展露它们永恒的光辉，
但你们把眼睛只是望着地上；
因此洞见一切的上帝折磨你们。”

第十五歌

天国的宝藏：容忍的异象

如同那永远像一个小孩般
　蹦跳的天体，在第三时辰末了
　和白昼开始之间所显现的那样，
如今太阳走向黄昏的行程
　留下来的一段也有那么多；
　那里是晚祷时刻，这里是子夜时分。[①]
阳光正射在我们鼻梁的正中，
　因为我们绕着山走了的路，
　使我们如今向西边一直走去，
那灿烂的光辉射在我前额，
　比先前更加使我受不了，
　这些从未有过的事使我惊讶；
因此我把我的双手举到了
　我的眼睛的上端，做了个遮阳，
　使东西看上去不是过分明亮。
正似一条光线从水面上，或是
　从镜子上向相反方向反射过去，
　那光线上升时的角度相同于
它下降时的角度，而且离开石头
　坠落时的垂直线也有相等的距离，
　正像实验和科学表示的那样，
我也仿佛像那样地受到了

反射的光的射击，从正面逼来，
因此我的眼睛就迅速避开。
我说道："亲爱的父亲，那是什么啊，
使我不能有效地遮住我的眼睛，
又似乎在向我们移动过来的？"
他回答我道："假使天国的家族
还要使你目眩眼花，你不用惊异，
这是一位来邀我们上升的'使者'。
不久以后，你看这些东西，
将不再是痛苦，而是欢乐，
像大自然使你能感到的那样的欢乐。"
等我们走到那蒙庥的天使那里，
他用喜悦的声音说："请走进来，
走上比先前都要平坦的梯子吧。"②
我们已从那里离开，正在攀登，
只听到后面在唱："怜恤的人有福了"，
和"得胜的人应当欢喜快乐。"③
我的导者和我，只有我们两人，
正在走我们上山的行程，我想到

---

① 这里指的天体，其实是黄道带。它被比作一个跳跃的小孩，因为在白昼中，它的两端在地平线上上下跳动，而地平线上的半圆时而全在赤道之北，时而全在赤道之南，又时而从北到南，或从南到北，越过赤道。在昼夜平分时，黄道带的四分之一，在日出和九时之间，越过东边的地平线。因此，但丁告诉我们，在他说话的那个瞬间，黄道带的四分之一在日落前要越过西边的地平线，那就是说下午三时（这里，在意大利，是半夜；那里，在炼狱，是晚祷时分，下午三时）。

② 从这里起，走进愤怒者的圈层。

③ "怜恤人的人有福了，因为他们必蒙怜恤"（《新约·马太福音》第5章第7节）。"应当欢喜快乐，因为你们在天上的赏赐是大的；在你们以前的先知，人也是这样逼迫他们"（同上第12节）。

一边走一边从他的言语中获取教益；
我就转身向着他这样问道：
“那个从罗曼亚来的精灵提到
又是‘无法’又是‘同享’是什么意思？”
他听了就对我说道：“他知道他的
最大缺点的害处，因此不要奇怪，
如果他痛责我们，以减少它引起的悲哀。
因为只要你的欲望全部集中在
由于同享就要分量减少的财货上，
忌妒就会拉动风箱扇起你的叹息。
但是对于那最高的天体的爱
若是把你的欲望抢往高处去，
那么你心里就不会有那个恐惧；
因为在天上说‘我们的’人愈多，
每个人确实占有的善也愈多，
也有愈多的爱在郡神庙里高照。”
我说道：“虽然你这样满足我了，
但我比先前沉默时更饥饿，
我的心中积起更多的疑窦。
一个善在平分了以后，怎么能够
分的人越多，得到的也越多，
分的人越少，得到的也越少呢？”
他便对我说道：“正因为你又把
你的心只黏着在人世的事物上，
你从真正的光明里取得黑暗。
那个无可限量和不可名状的‘至善’，
在高处那么迅速地趋向爱，
就像一道光射上明洁的物体。

它发现多少热忱，自己就给多少热忱，
　因此不论爱扩展得如何广远，
　永恒的‘至善’总在上面增加；
天上相互间了解的人越多，
　能加以珍爱的越多，那里的爱也越多，
　就像镜子互相反射光芒一样。
若是我的谈话没有止住你的渴望，
　你去见俾德丽采，她会彻底
　解除你这个和一切其他的渴望，
但你要像抹去另外两个创伤那样，
　力争从速抹去这五个创伤，
　创伤只能由我们的痛悔来治愈。”
我正想要说：“你确已使我满足了，”
　猛然发现已到达下一个环道，
　我急于要看就没有说出口来。
在那里，我仿佛突然之间
　踏进了一个欢乐的梦幻境界，
　似乎看到一座圣殿里有许多人，
一个女子正要走进去，她显出
　一位母亲的慈爱模样，说着：
　“我儿，为什么对我们这么样呢？
看哪，你父亲和我伤心地找你”；①
　因为她说到这里不说下去了，
　那先前显现出来的，就不见了。
然后在我面前出现另一个女子，

① 这是马利亚对孩童耶稣说的话，因为“他仍旧在耶路撒冷，他的父母并不知道”（见《新约 · 路加福音》第 2 章第 43 至 50 节）。

从极大的愤怒中来的悲痛，
使她的双颊上流满了眼泪，
她在说：“假使你是那座城市的主
（为它的命名众神间争执激烈，[①]
一切学问也从那里闪出光芒），
为那大胆的双臂拥抱我们的女儿，
你就该替自己雪耻，庇士特拉妥啊！”
而那位主在我看来是仁慈而和蔼，
显出一种沉静的脸色回答她道：
“若是我们处死爱我们的人，
将怎样对待要我们倒霉的人呢？”[②]
然后我看到被怒火燃烧的人们，
用石头打死一个青年，他们互相
不断高声叫喊着：“杀死他，杀死他！”
我又看到他渐渐瘫倒在地上，
因为死亡的重量早在把他压下，
可是他的眼睛一直看着天国，
露出那种使人生出怜悯的脸容，
在这种苦难中向至高的“主”祷告，
求他宽恕那些迫害他的人们。[③]

---

① 这是指雅典。为这座城的命名，手艺女神密涅发和海神内普丢恩互相竞争。谁赐给人类以更有用的礼物，谁就得胜。密涅发栽了一棵橄榄树，内普丢恩却赐了一匹马；众神认为密涅发得胜，雅典就以她命名。

② “庇士特拉妥”是雅典的暴君，他的女儿在大庭广众前被一个年轻人吻了，她母亲大怒，要求把那年轻人处死。庇士特拉妥却宽恕他，并把女儿嫁给他。

③ 司提反被众人用石头打死的故事，见《新约 · 使徒行传》第 7 章第 54 至 60 节。

等到我的灵魂向外回到了
　　真实地存在于外界的事物上时，
　　我看出我的梦境并不虚无缥缈。
我的导师，他能看出我的行动
　　像刚从梦中醒来的人，就叫道：
　　“你有什么病痛使你控制不住自己，
走了一英里半多的路，一直闭住了
　　你的眼睛，双腿不住摇摇摆摆，
　　就像酩酊大醉或昏昏欲睡的人？”
我说道：“亲爱的父亲，你若肯垂听，
　　我将告诉你在我的双腿这样地
　　不由自主的时候，我看到了什么。”
他说道：“假如你在你的脸上戴着
　　一百个面具，你的思想无论怎样
　　细微，也不能隐起来使我不见。
你所看到的梦境，是要使你
　　无法推托不打开你的心来承受
　　那流自永恒泉源的安宁的圣水。
我所以问你：‘你有什么病痛，’
　　并不像身体失了知觉躺在地上，
　　只是用视而不见的眼睛来看的人，
我问你是要使你的双足得到力量；
　　那些醒来以后不急急于使用
　　醒着的时间的懒汉要这样受到鞭策。”
我们正在傍晚的天空中前行，
　　对着那还在发光的西斜的夕阳，
　　张大我们的眼睛尽力望去；
冷不防有一团像夜一般黑的

　烟雾逐渐逐渐地向我们滚来，

　那时也没有地方容我们闪避。

那烟雾使我们失去了目力和清气。[1]

① 黑的烟雾象征愤怒；愤怒常使我们看不见事物，感不到清新的空气。

第十六歌

马可·伦巴杜谈论伦巴底的惨状

地狱的黑暗，和荒芜的天空下面
　一颗星都没有又被云雾遮得
　不能再阴沉可怕的夜晚的黑暗，
都没有造成使我看来那么厚的幕，
　或是使我摸来那么粗的一堆东西，
　像在那里把我们罩住的烟雾那样；
因为它不容许我们的眼睛张开：
　因此我的英明和可靠的“护卫者”
　向我紧靠过来，把肩膀给我偎傍。
一个盲人为了不至于迷失道路，
　为了不至于撞到会使他受伤，也许
　使他致死的东西，在引路人背后走：
我也那样走过那痛苦污秽的空气，
　侧耳倾听我的导者，他一直在说：
　“你留心不要离开我，要紧紧跟着。”
我听到了好多声音，每个声音
　似乎都在向除去我们身上罪孽的
　“上帝的羔羊”祈求安宁，祈求慈悲。①
他们祷辞的开端正是“上帝的羔羊”；
　他们唱时用一种言语，一个调子；
　因此他们中间似乎有完全的一致。
“夫子，我听到的那些人是精灵么？”

我说道。他对我说道："你说对了，
他们正在解开那个愤怒之结。"
"现在请问你是谁，你用身体拨开
我们的烟雾，而且谈论我们时
仿佛还在用日历计算时间的？"②
一个声音就这样说了这句话；
因此我的夫子说道："你回答他吧，
也问一问是否由这条路上去。"
我说道："正在为自己洗净罪孽，
好一尘不染地去见造物主的精灵啊！
你若跟我走，你将听到一件奇事。"
"我将跟你走到如准许我的那么远，"
它答道，"若是烟雾不让我们看见，
耳朵将代替眼睛使我们互相接近。"
于是我开始道："我裹着要由死亡
解开的襁褓踏上向上的行程，
走过地狱的悲惨境界到达这里；
假如上帝赐给了我宏大的恩惠，
让我以近代完全废弃不用的
那种方式来看到他庄严的天庭，③
请不要对我隐瞒你生前是谁，
也告诉我向那关口去是否走得对；

---

① "上帝的羔羊"指耶稣。《新约·约翰福音》第1章第29节说："约翰看见耶稣来到他那里，就说，'看哪，上帝的羔羊，除去世人罪孽的。'"

② 这个说话者是马可·伦巴杜，一个威尼斯的有学问的绅士，以豪爽闻名，生于13世纪下半叶。

③ 指圣保罗到地狱去的事，见《地狱篇》第二歌开头。

你的话会护送我们到那里去。”
“我是伦巴底人，名字叫马可；
人间的知识我都具备，也热爱
如今大家对之解下弓弦的美德；①
至于上山的路你是走得对的。”
他这样回答，又说道：“我祈求你，
你到了山顶后，务必为我祷告。”
我对他说：“我凭我的信心发誓，
你要求我做的我一定做到；我心中
却有个疑问，不解除就不胜痛苦。
起先这疑问是单纯的，但是现在
把你明白对我说的话，跟我在这里
和别处听到的合起时就复杂了。②
正如你的话在我听起来那样，
人世的确完全抛弃了一切美德，
而且遍地都充满着沉重的罪孽；
但是我求你向我指出那原因来，
好让我看到，而且指给人家看；
因有的归之于天，有的归之于地。”
他先发出了一声长叹，心中的悲痛
把它压缩成“唉！”，然后说道：“兄弟，
人世是盲目的，你的确来自那边。
你们活着的人把一切的因
一概归于上面的诸天体，仿佛它们

---

① 指人世不再以美德为目标了。

② 指但丁在上面第十四歌里听到归多 · 台尔 · 杜加关于人类退化所说的话。

必然带动一切随着自己行动似的。
真是这样的话，你们的自由意志
就要被破坏，而且为善而欢喜，
或是为恶而悲恸都是不应当的了。
诸天体使你们的冲动开始行动，
我不是说一切；但假定我说了，
你们就得到了借以知道善恶的慧悟，
和自由意志；后者若是善加培养，
又在和诸天体最初的搏斗中
坚持，最后就会获得全部胜利。
你们在你们的自由中，服从于
一个更大的权力和更善的自然；
使你们具有不受天体约束的心灵。
因此，若是今天人世走入迷途，
那原因在你们自身，要在那里找，
我现在要为你真诚地向那里探索。
从上帝的双手中，造出了那又单纯、
又柔嫩的灵魂，他还没有把它做成
就溺爱它；它像一个爱玩的孩子，
一会儿哭，一会儿笑，不知道旁的，
只知道自己既由快活的造物主造出，
就欣然向往那使它欢喜的事物。
它先尝到一种小小的幸福的滋味；
若是没有向导或马勒扭转它的爱好，
它就会沉迷在那里，不断地追逐。
因此就需要设置法律作为
一种羁束，就需要有一个治理者，
他至少能遥瞩天国的崇楼高塔。

法律有的是，但有谁去实施呢？
　一个也没有；因为那先行的牧羊人
　可以咀嚼反刍食物，但还未分蹄。[①]
因此人民看到他们的引导者
　只是注目于他一心想望的东西，
　也用之喂养自己，不再向前探求。
你能够清楚看到：使人世犯罪的
　原因是邪恶不良的领导，并不是
　在你们里面能受到腐蚀的本性。
造成了善良世界的罗马向来有
　两个太阳，把两条道路照得通明：[②]
　人世的道路，和上帝的道路。
其中一个把另一个消灭了；
　宝剑和牧杖连接在一起了；
　这样两个合在一起必然走上邪道；
因为连接起来后就互不惧怕。
　你若不信我的话，看那结的果，
　因为每株树木都要看种子如何。
在阿的治河和坡河流过的全境，
　腓特烈还没有和他的敌人相遇时，
　到处看到英勇行为和谦恭态度；[③]
现在呢，凡是由于自己感到羞愧，

---

① 但丁把那集世俗的权力和教会的权力于一身的教皇，比作一头不洁的野兽。“但那倒嚼或分蹄之中不可吃的，乃是骆驼；因为倒嚼不分蹄，就与你们不洁净。”（见《旧约·利未记》第 11 章第 4 节）

② “两个太阳”指罗马的皇帝和教皇。但丁在他的《帝政论》里，斥责了皇帝从教皇那里取得权力的那种荒谬说法。

③ 由于腓特烈二世和教皇的斗争，伦巴底成为纷争的温床。

不敢和善良的人交谈或接近的人，
都可以横越全境而无所顾忌。
确然那里现在还有三位长者，
用他们身上的古风斥责新的一代，
还要好久上帝才会引他们到彼岸：
珂拉杜·达·巴拉左，善良的热拉尔，
和归多·达·卡斯泰尔，照法国人那样，
称他不狡猾的伦巴底人较为合适。[①]
自此以后要说，罗马的教会，
由于把两种权力在自身上混在一起，
跌入泥坑，玷污自己和所负的人。”
我说道：“我的马可啊，你说的话
异常英明，如今我清楚看出，
利未人的后代为何不可有产业；[②]
但那位热拉尔是谁，你刚才说，
他留在人间作沦亡的人民的榜样，
以斥责我们这个野蛮无耻的时代？”
“你的话不是欺骗我，便是迷惑我，”
他答道，“因为用多斯加纳语对我

---

① “珂拉杜·达·巴拉左”：布里西亚的归尔甫党人，安如的查理在佛罗伦萨的主教（1276 年），西挨那（1279 年）和彼阿成萨（1288 年）的行政长官。

“热拉尔·达·加密诺”从 1283 年至 1306 年为特累维索的统领。下面提到的他的女儿盖雅，是以道德堕落闻名的。

“归多·达·卡斯泰尔”是特累维索的一个绅士，以大度好客著名。法国人时常把“伦巴底人”当作“重利盘剥者”而言，所以“不狡猾的重利盘剥者”用于归多，是一种戏言。

② “耶和华对亚伦说，‘你在以色列人的境内不可有产业，在他们中间也不可有分；我就是你的分，是你的产业。’”（《旧约·民数记》第 18 章第 20 节）这意思是说，这样他们就可以限制在灵的事业上了。

说话的你，似乎不知善良的热拉尔。
我不知道他有其他的别号，
除非我从他的女儿盖雅另取一个。
愿上帝祝福你，我不能再同你走了。
看那从烟雾中闪射出来的光，
现在逐渐亮了；那天使就在那里，
没有给他看到之前我必得离开。”
他就回身走去，不再听我说话了。

第十七歌

在第二夜中的有益谈话

读者，假使你曾经在一座山上，
　四周雾气弥漫，你什么也看不清，
　就像鼹鼠从眼翳后看东西一样，
那么请你回想一下，那潮湿的、
　浓密的雾气开始消散的时候，
　那轮太阳如何无力地从中透露：
然后你的想象力就会活泼起来，
　可以清楚地理解到我最初如何
　又看到了那已在沉落的太阳。
紧随着我导师的坚强可靠的脚步，
　我就从那样一片云雾中突破出来，
　走向早已熄灭在下面坡上的阳光。
想象啊，有时候你从我们这里夺去了
　我们的魂魄，就是有一千只号角
　在周围吹动，我们也什么都感不到，
若感官不把东西献给你，谁来推动你？
　一种在天体中成形的光明推动你，
　或者出于自愿，或者由神意指定。
在我的想象中出现了那个女人的
　邪恶行为，据说她后来变成了
　那种最欢喜婉啭歌唱的鸟儿；①
在这时候，我的心灵把自己

完全关闭了起来，除了那时
已占住它的，再不接受外面的事物。
然后落入我的崇高想象中的，
是一个被钉在十字架上的人，
态度傲慢可怕，临死时也是这样。
在他的四周是威严的亚哈随鲁，
他的妻以斯帖，和公正的末底改，
在说话和行动上都是那么诚恳。②
不久这个幻象就自行破灭了，
正如一个泡沫在那形成它的水
失去力量的时候自行破灭一样，
在我的幻梦里又出现了一位少女，
一面哀哀哭着，一面说道："母后啊，
为什么你在一怒之下就这样轻生？
你杀死自己为了要不失去拉维尼亚；
如今你失去了我；母亲啊，我悲恸
是为你的不幸，不是为别人的不幸。"③
如同突然而来的初生的阳光
射在闭着的眼上，睡眠就被驱散，
但在完全消失以前还要抖动；

---

① 普罗克尼因她的丈夫爱她的妹妹，一怒之下，杀死了自己的儿子，把肉给她的丈夫吃。后来她变成了夜莺。见本篇第九歌。

② 波斯王亚哈随鲁把哈曼抬举到高位，王后以斯帖指责哈曼要谋害他的叔父末底改的性命。"于是人将哈曼挂在他为末底改所预备的木架上，王后的愤怒这才止息。"见《旧约 · 以斯帖记》第 3 至第 7 章。

③ "拉维尼亚"是拉泰那斯和阿美泰的女儿，先与忒奴斯订婚，后又许给伊尼阿；因此这两个英雄之间发生了战争。在战争期间，反对她的女儿与伊尼阿结婚的阿美泰，以为忒奴斯被杀死（其实没有被杀死），就在绝望之中自缢而死。见维吉尔的《伊尼特》第 12 卷第 595 行以下。

我的想象也像那样从我脑中消失，
　只因为一条光直射在我的脸上，
　那光比我们惯于看到的远为灿烂。
我正在回头看自己在哪里时，
　一个声音使我抛弃了一切杂念，
　它说道：“这里就是上山的路”；
它使我生出了欲望，要看一下
　那说话的究竟是谁，在我没
　见他前，这个热望决不会休止。
但是，如同太阳使我们不能逼视，
　由于光芒过度强烈隐起它的形状，
　我的力量也像那样变成无用。
“这是一位从天国下降的圣灵，
　他不待我们祷告就指点我们上升的路，
　他把自己隐藏在自己的光芒里。
它对待我们就像一个人对待自己；
　因为要等人家祷告才看出需要的人，
　已经怀有拒绝人家的不良意思了。
如今应邀移动我们的脚步吧；
　我们要在黑夜来临以前奋力上去，
　不然我们要等到黎明才能登山。”
我的导师这样说，我就同他一起
　转过我们的脚步走向一座阶梯；
　我把脚一踏上那第一步石级，
就感到附近仿佛有翅膀拂动，
　扇着我的脸，我听到一个声音在说：
　“使人和睦的人有福了，因无恶怒。”①

---

①“使人和睦的人有福了，因为他们必称为上帝的儿子”（《新约·马太福音》第5章第9节）。

如今黑夜紧紧追住不放的
　夕阳的余晖已高临在我们顶上，
　因此星辰正在许多地方闪闪发亮。
“我的力量啊，你为什么这样地
　从我的身上消失呢？”我心中在想，
　因为我感到我的双腿已不肯用力。
我们走到了那座石梯已经没有
　梯级的地方，就站在那里不动，
　正像一条到达了岸边的船那样：
我就向四边留心了一下，看我是否
　在这新的一圈里能听到什么；
　于是转身过去向我的导师说道：
“我亲爱的父亲啊，请对我说，
　在我们到达的这一圈里净什么罪？
　我们的脚停止，请莫停止你的谈话。”
他便对我说道：“对于善的爱好
　若是没有尽到责任，在这里补尽；①
　不该放松的桨又在这里划动了。
但是为了你可以理解得更清楚，
　你要全神贯注地听我说话，
　你将从我们的滞留中得些美果。”
他开始说道：“我的儿啊，造物主
　和造物是永远不会没有爱心的，
　不是天性的就是理性的；这你知道。②

---

① 在这一层里要净的是怠惰罪。

② “天性的爱”指重物趋向中心，火趋向圆周等。“理性的爱”指有意识的欲望。这两种冲动都被称为“爱”。

那天性的爱永远没有错误；
　但是那另一种爱，由于目的不良，
　或者由于精力过少或过多，可以致误。
若是它目标向着天国的幸福，
　而在次一等的幸福上克制自己，[①]
　爱不能成为有罪的欢乐的原因；
但是当它转入了邪恶的道路，
　或是怀着过多或过少的热忱
　趋向于善，造物就违逆了造物主。
因此你从这里面可以理解到，
　爱不得不是你身上的一切美德
　和一切应受责罚的行为的种子。
如今且说，既然爱决不能掉转脸去，
　把它的主体的幸福置于不顾，
　一切万物都没有憎恨自己的危险；
而且我们不能想象一个造物
　脱离至高的造物主而单独存在，
　因此一切情感中断无恨上帝之心。
若是我的分类没有分错，
　我们爱的不幸是我们邻人的不幸，
　这种爱在你们人间表现在三方面。
有一种人对他的邻人幸灾乐祸，
　希望自己胜过人家，只是为了
　这一点就切盼人家从高处摔下；[②]
有一种人看人家高升，就忧心忡忡，

①“次一等的幸福”指人世的幸福。
② 指骄傲。

唯恐自己丧失权势、恩宠、荣誉和声名，
只希望人家有着相反的遭遇。①
又有一种人受到了一些委屈，
就装出十分羞愤的样子，处心积虑
要报仇雪恨，这种人必然想害人。②
那下面的幽灵痛悔这三种爱：
现在我希望你懂得另外一类，
这一类爱以错误的方式向善疾趋。
每个人都朦朦胧胧地看到
心灵可以从中找到安息的善，
而想望它；因此人人奋力以赴。
如果你只是怀着不冷不热的爱，
去望它或是去取它，这座飞檐
在你适当痛悔以后，就责罚你这个。③
另有一种善，不会使人们幸福；
它不是幸福，它不是善的精英，
那一切至善的果实和根株。
把自己过分耽溺于其中的那种爱，
是在我们上面的三个圈层里痛悔：
但是它怎样分成三类，我不说，④
为了使你自己去把它探索出来。”

---

① 指忌妒。

② 指愤怒。

③ 指怠惰，一种有缺陷的爱。

④ 指三种过度的爱：贪婪、饕餮和淫欲。

第十八歌

谈论爱和自由意志的性质

我的崇高的教师已结束了
　他的议论，正在仔细观望着
　我的脸，看我是否显得满足；
我还在被一个新的饥渴折磨，
　外表上似乎沉默，心中却在想：
　“也许我问得太多使他厌烦了。”
但是那位真诚的父亲只一眼
　就看出了那羞于启口的愿望，
　用言语鼓起我说话的勇气。
我因此道：“夫子，我的眼睛
　在你的照耀下亮了，我清楚看出
　你的谈话所暗示或叙明的一切；
因此我请求你，我亲爱的父啊，
　把爱解释给我听，你把所有的
　善的行为和恶的行为都归于爱。”
他说道：“把悟性的锐利的目光
　朝着我射来吧，你就会明白地
　看出盲人要做领路人的荒谬。
心灵生来就对爱是敏感的，只要
　欢乐唤醒了它，使它活动起来，
　它对一切令人喜悦的事起反应。
你的直觉的能力从实在的物体

取得一个印象，展开在你的心中，
　它就此使你的心灵向往它。
既然向往它了，若是继而趋向它，
　这种趋向就是爱；这就是本性，
　通过愉快在你心中再扎下根。
然后，正如火由于它所具的本质
　向上行动，它的本性就是上升，
　上升到它的物质历时最久的地方；
就像这样，被爱迷住的心降为欲望，
　欲望是一种精神行动，决不停止，
　除非它所爱的对象使它欢喜。
现在你可以明白无遗地看到，
　有些人对于真理茫然无知到[①]
　如何深的地步，他们竟说爱的行动
其本身都是美事，因它的物质
　往往看来是善的；但蜡也许是善的，
　不见得一切的印章也都是善的。”
“你说的话和我的专心静听的心，”
　我回答他道，“使我明白了爱的性质，
　但是使我生出了更多的疑窦；
因为假使爱从外面来到我们里面，
　而灵魂又没有另外的脚走路，[②]
　那么走得对不对不是它的功过了。”
他对我说道：“理性在这点上见到的，
　我能够对你说；超过这一点，

① “有些人”指伊壁鸠鲁派的哲学家。
② “另外的脚”指另外的动机。

那是信心的事，还是等俾德丽采吧。
一切实体的本质与物质有区别，
又与物质结合着，这种本质[①]
有一种特殊力量包含在里面，
它在发生作用时才能被感知，
也只能由它的效果表明出来，
像树木的生命由绿叶表明一样。
因此人无从知道对于第一原则的
认识和悟解来自何处，也无从知道
对于至善的渴求来自何处，
这两者存在于你内心，正好像
酿蜜的本能存在于蜜蜂里面；
这种原始意志其本身不容褒贬。
可是，为了使这意志与一切意志
融洽无间，你生来就有理性的力量，
应该在允从的门槛前有所警惕。[②]
人类从这个原则里就取得了
是功是过的依据，看他如何贮藏
真正的爱或如何簸去邪恶的爱。
那些在他们的论究中深入到
根本去的人，都见到这天赋的自由，
因此把道德学说留给世人。[③]
由此可见，假定一切在你内心
燃烧的爱是从必然性中产生的，

① 这是经院哲学的说法：灵魂虽然与物质结合，但是又与物质分别开来。实体的本质指人的灵魂。

② 理性守望着本能与自由欲望之间的门槛。

③ 指亚里士多德和柏拉图。他们承认自由意志是伦理学的基石。

但取舍的权力还在于你自己。
俾德丽采把这个崇高的力量
称为‘自由意志’，若是她向你谈起，
你务必把这一点记在心里。”
月亮一步慢如一步地走到了子夜，
形状像一只完全着了火的吊桶，
使星辰在我们看来显得稀疏；
她向着天穹逆溯而上的行程，
就是罗马人在撒地尼亚和科西嘉之间
看到太阳在沉落时所照耀的道路。①
使彼托拉比任何孟都亚的城市
更为著名的那位高贵的英灵，
已一一卸下了我加于他身的负担；②
因此，已经为我的种种疑问
收集到清楚而又明白的答案的我，
站在那里像一个梦游病者。
但这种梦游病突然从我身上
离开了，因为我看到一群鬼魂
从我们背后绕到前面向我们走来。
正如古代每逢底比斯人需要向酒神
求助的时候，夜间只听见伊斯美奴河

① 这六行中的意思，简单说来是这样。在但丁这次行程的开始时是圆的月亮(见《地狱篇》第二十歌末)，现在是凸圆的，而且逆着天体的行程走了那么远，以致它在上升时是在天蝎座里；当罗马人看到太阳在西方的稍南处——即在撒地尼亚和科西嘉之间的海峡上面——落下的时候，太阳也在那星座里。

②“彼托拉”是维吉尔的诞生地安第斯的近代名称。他已回答了但丁的问题。

和阿索巴斯河两岸人声鼎沸，[①]
这些被善良的意志和神圣的爱
推动的鬼魂就像那样地走来，
我看到他们加快脚步沿路奔跑。[②]
他们霎眼间就在我们面前了，
因为所有这一大群都是奔驰而来；
在前面的两个用哭声高叫道：
“马利亚起身，急忙往山地里去，”[③]
以及“恺撒为了要去征服伊勒达，
狠狠打击了马赛，就驰往西班牙。”[④]
其他的鬼魂接着叫道：“赶快！赶快！
不要因为缺少爱而失去时机，
为善的热忱会使天恩重新降临。”
“精灵啊，如今你们内心的无比热忱，
说不定已经抵消了你们生前
对行善所表示的疏怠和迁延，
这个还活着的人（当然我不说谎！）
希望上山，只要太阳再照耀我们：
因此告诉我们最近便的路在哪里。”
这些是我的导师所说的话；

---

① 当底比斯人为他们的葡萄园向酒神巴卡斯求助的时候，他们就在夜间拥到伊斯美奴河和阿索巴斯河的两岸，举行求雨的仪式。

② 这些鬼魂是要洗去怠惰之罪的。

③ 在天使告诉马利亚将生耶稣以后，“马利亚起身，急忙往山地里去。”（见《新约·路加福音》第1章第39节）。

④ 为了节省时间，恺撒把马赛的围攻交给勃鲁多，自己赶至卡托洛尼亚的伊勒达，他在那里击败了庞培的两个将军阿夫累尼阿和彼脱累阿斯。恺撒被称为像霹雳一般。

那些精灵中有一个就说道：

“跟着我们来，你就会找到那裂罅。
我们一心一意想自己赶快走，
我们就不能停下来；宽恕我们，
假如你把我们的痛悔当作无礼。
我是味罗那城圣齐诺的僧院长，
活在那善良的巴巴罗萨的朝代，
现在米兰人谈到他时还在痛心。
我知道一个人已一只脚跨进了坟墓，
他不久就要因那修道院而悲叹，
而且因在那里有权将感到哀切；
因为他的儿子全身都长得畸形，
心灵上更是邪恶，又在羞辱中出生，
他却把他放在那里充当牧师之职。”①
他是否又说了些话，或者是否不说了，
我都不知，他已远远跑在我们前面；
但这些话我却听到，也愿意保留。
于是那位每逢需要时都会走来
救助我的导师说道：“你转身向那里，
看又有两个来了，他们在痛嚼怠惰。”
那些殿后的都说道：“海水为他们
而分开的那些人民，在约旦

---

① 这个说话的鬼魂是热拉尔二世，他死于1187年（在腓特烈·巴巴罗萨的统治时期，1152年—1190年；米兰于1162年被这皇帝所毁灭，后于1169年重建）。他斥责阿尔培托·台拉·斯加拉（死于1301年）委派他的私生子身体畸形的朱塞普，充当圣齐诺修道院的僧院长的职务。朱塞普从1291年任职至1314年为止，因此但丁在他第一次寄居味罗那时期（1303—1304）也许知道他。

看到他们的后代之前就都死了”；①
他们还说道：“那些不和安吉西斯之儿
在一起把艰苦忍受到底的人民，
自暴自弃地过着不光荣的生活。”②
然后，那些阴魂离开我们
远去了，我们已无法看到他们，
我心中生出了一个新的念头，
从中生出形形色色的念头；
我在这些念头中只是打着转，
这种游离恍惚使我合起了眼，
不久就觉得自己转入了梦境。

① 以色列人在红海中从法老那里被救出来后，还是不肯跟从摩西，因此还没有达到约许之地（约旦河），就死于沙漠地（见《旧约·出埃及记》第14章第10至20节）。

② 指那些特洛伊人，他们因跋涉得疲倦了，不愿与伊尼阿一起到意大利去，宁可与阿塞斯提一起留下在西西里。见维吉尔的《伊尼特》第5卷。

第十九歌

一个忏悔的教皇——阿德里安五世

那时辰是正当昼间的暑热，
　被地球或有时被土星消灭，
　不能再使月亮的寒光温暖；
也是正当堪舆家们看到
　他们的“大福星”在黎明之前，
　沿着暂时黑暗的轨道在东方升起，①
那时我梦到了一个口讷的女人，
　她的双目斜视，她的双足弯曲，
　她的两手残废，她的脸色蜡黄。②
我凝望着她；正如温暖的阳光
　使夜间被冻得僵硬的四肢
　活跃起来，我的眼光也那样
使她的舌头敏捷，使她的身子
　立刻完全挺直起来，她的
　蜡黄的脸也泛起了爱情的红晕。
她的舌头一旦恢复了自由，
　她就开始歌唱起来，唱得
　我没法子把注意力从她身上移开。
她唱道：“我就是那迷人的海妖，
　在海上把水手们引入迷途的就是我，
　听我歌唱的，心中莫不感到喜悦。
我用歌声使尤利西斯改变了

　他漂泊的行程，谁同我住了一会[3]
　就不肯再离开，我那么使他喜欢。”
她的那张嘴还没有闭起来，
　一位圣洁的夫人出现在我身边，
　守卫着我，使那个女人手足无措。
“维吉尔啊维吉尔，这个女人是谁？”
　她怒气冲冲地说；维吉尔就走来，
　眼睛一动不动地望着那诚实的女子。
他抓住了那另一个，撕破她的衣服，
　使她的前胸袒开，给我看她的肚子；
　从那里发出的臭气使我觉醒。
我掉转了眼睛，善良的维吉尔说道：
　“我至少向你叫了三次；起身走吧，
　我们去找你能从中走进去的入口。”
我就站起身来，只见那座圣山的
　所有的环道已被日光耀得通亮，
　初升的太阳在背后照着我们前进。
我跟在他后面，走时低下了头，
　就像一个思虑重重的人那样
　把身体弯折得像一座拱桥一般，

---

① 这是指黎明前一个时辰，那时宝瓶座的最后几颗星和双鱼座的最初几颗星即将上升。这两个星座的部分星星此时的图形在堪舆学中叫做“大福星”。第2行指黎明前地球和土星的寒冷。“有时”指土星在地平线上的时候。

② 但丁梦到的这个丑恶的女人，正是指以后要洗净的贪婪、饕餮和淫欲这三种罪恶。

③ 据荷马的《史诗》，尤利西斯并不受到海妖的诱惑。但据注家说，但丁所根据的或许是在中世纪流行的另外的传说。

那时我听到：“来吧，路就在这里，”①
　那说话的音调是那么和蔼可亲，
　简直在我们人间没有听到过。
这样向我们说话的人展开了
　像天鹅一般的翅膀，引我们上升，
　我们就在两座坚硬的石壁间攀登。
于是他拍动翅翮，拂拭我们，
　口中说着“哀恸的人”有福了，②
　因为他们的灵魂里将充满安慰。
“你有什么苦恼，这样一直望着地上？”
　我的导师开始对我这样说；
　我们已登到稍在那天使之上的地方。
我说道：“我这样胆战心惊地走着，
　因为我做了一个十分怪异的梦，
　使我直到现在还是在想着它。”
他说道：“你看到那个古妖妇了么？
　在我们上面的阴魂就因她而流泪。
　你看到人们怎样使自己摆脱她么？
说这些也够了。用你的脚加紧赶路，
　抬起你的眼睛来看那‘永恒的王’
　使它与诸天体一同旋转的诱鹰物。”
如同鹰隼起先看看自己的双足，
　然后应声转过身去，张开双翼，
　想望那把它引诱过去的食物，

① 这个天使站在从怠惰到贪婪和挥霍去的关口。

② “哀恸的人有福了，因为他们必得安慰”（《新约·马太福音》第5章第4节）。

我也变得那样；我就往前走去，
　通过那岩石裂开了让人攀登的狭道，
　一直走到那环绕的路开始的地方。
我一登上第五层豁然开朗的地方，
　就看到在那里四周流泪的鬼魂，
　他们都是脸朝下仆倒在地上。
“我的性命几乎归于尘土，”①
　我听到他们深深地叹着气说，
　声音哽咽，几乎令人听不清楚。
“上帝的选民啊，上帝的正义
　和你们的希望减轻了你们的惨痛，
　请指点我们向高处攀登的路。”
“假使你们来此不必伏倒在地上，
　而且希望从速走你们的行程，
　那么让你们的右手永远向外边。”
那诗人这样地请求，稍在我们前面
　有人这样地回答我们；我从中
　窥到了隐在言语中的另外意思，②
于是我掉转眼光去看我的导师；
　他显出高兴的样子颔首同意
　我的满含期望的眼光所要求的事。
等到我能依自己的意思行动时，
　我向前走近那伏在地上的鬼魂，

---

① “我的性命几乎归于尘土，求你照你的话，将我救活。”（《新约 · 诗篇》第 119 篇第 25 节）。

② 有的注家说，但丁从那鬼魂的答语中窥到的另外的意思是，有些灵魂可以自由地通过炼狱中的圈层，若是他们没有犯在那些圈层里受到净除的罪孽。

他说的话已深深地吸引住了我，
我便说道："精灵啊，你的痛哭流涕
已使那果子成熟，没有它就无法
转向上帝，暂为我搁起你更大的忧虑。
告诉我你生前是谁，你们的背
为什么向上，若是你愿意我为你
在我活着离开那里的人间效劳。"
他便对我说："你就会知道①
上天为什么使我们的背向着它；
但先要知道，我是彼得的继承者。
在赛斯脱里和契亚凡里之间流下
一条美丽的河，我的家族的
名称就起源于这条河的名字。
在一个多月的时间内我知悉了，
那庄严的大袍对一个使它不受污的人
是如何沉重，别的负担就轻如羽毛。
多可悲啊，我的改悔来得迟了；
但是等到我被选为罗马的教皇时，
我就发现了人生就像一场梦幻。
我看到了心儿在那里无法安宁，
在那个生命中人也不能登得更高；
因此我心中就渴慕这里的生命。
直到那一瞬间，我是一个卑鄙的灵魂，
离开了上帝，完全是贪婪成性；

---

① 这说话的鬼魂是热那亚的俄托菩诺 · 台 · 飞厄斯岐。他于 1276 年 7 月 12 日被选为教皇，名阿德里安五世，而于同年 8 月 18 日逝世。飞厄斯岐家族是拉凡纳的伯爵，而从同名的一条小河取得了他们的名衔，这条小河在赛斯脱里和契亚凡里之间流入热那亚海湾。

现在你看到我在此为这个而受罚。
皈依的灵魂所受到的这种净罪，
明白显出了贪婪能产生的后果，
这座山上没有再痛苦的刑罚了。
正如我们活着时眼睛只看到
世间的事物，不抬起来观望高处，
所以正义在这里使眼睛向着地上。
就像贪婪把我们对一切善的爱慕
消灭无遗，使我们的辛苦白费，
正义在这里把我们紧紧抓住，
收起我们的手足把它们完全缚起；
我们在天的父欢喜惩罚多久，
我们定要在这里一动不动地伏多久。”
我已跪下去了，正想要开口说话；
但我正开口的时候，他全然
用耳朵感到了我恭敬的态度，
就对我说：“什么原因使你向我屈膝？”
我便对他说道：“由于你的尊严，
我的良心责备我，不许我站着。”
“挺直你的双腿，站起来吧，兄弟，”
他回答道：“不要弄错了，我和你
并其他的人同是一个‘权力’的仆人。
假使你以前理会过那神圣的福音
所说的那句话，‘人也不娶也不嫁’，
你就能清楚懂得我为何这么说。①

---

① 这三行的意思是说，“既然在这里我们也不娶也不嫁，我不再是教会的新娘，也不再保留我生前的尊严了。”“人也不娶也不嫁”，是耶稣说的话，见《新约 · 马太福音》第 22 章第 23 至 30 节。

现在你去吧；我不愿你再耽下去，
　因为你的逗留打扰我的流泪痛悔，
　我以痛哭来使你所说的果子成熟。
在彼方我有个侄女，叫亚拉琪霞，①
　她本性是善良的，只要我们的家族
　不用自己的榜样使她走上邪道；
我在人间留下来的只她一人了。”

① 阿德里安的侄女亚拉琪霞是摩罗洛三世的妻子。他们在1306年曾作为流放中的但丁的保护人。见本篇第八歌末。

第二十歌

一个伟大皇室的缔造者

一个意志无法违抗更好的意志：
　因此，为了令他喜欢，我违反我的意愿，
　把尚未浸透的海绵从水中拿出。[①]
我往前走去，我的导者也往前走去，
　一直沿着那石壁边有空隙的地方，
　就像在城墙上紧靠雉堞走路一样；
因为把那充满全世界的罪恶[①]
　从眼睛中一点一滴挤出的阴魂，
　在另一边跟边崖靠得太近了。
愿你受到咒诅，你古代的母狼，[③]
　由于你的饥饿深得不能见底，
　你比所有其他的畜牲吃人更多！
上天啊，在你的运转中，似乎有人
　认为我们人间的情形会得到改变，
　那母狼见了他会飞逃的人何时来临？
我们继续前行，脚步跨得又小又慢，
　我全神贯注地注意着那些阴魂，
　听到他们都在哀哀地哭诉着；
出于偶然，我听到有一个阴魂
　在我们前面带着哭声叫喊着：
　“有福的马利亚，”像一个产妇那样；
而且继续叫喊：“你是多么贫穷呀，

这只要看那所客店就可以知道，
你在那里生了你的神圣的儿子。”④
我随后又听到：“善良的腓布利喜斯，
你宁可忍着贫困占有美德，也不愿
冒着不义之名占有巨大的财富。”⑤
这些言语令我心中十分喜悦，
我就挨近前去要认识那个阴魂，
这些言语似乎就由他说出。
那个阴魂继续讲下去，讲到
尼古拉赐给三个少女的金银，
使她们的青春走上荣誉的道路。⑥
“讲述这么许多美事的精灵啊，
请告诉我你生前是谁，”我说道，
“为什么只你一个重温这些颂歌呢？
若是我回到人间去跑完
那在飞向终点的生命的短促行程，

---

① 意思是：“我没有坚持向那阴魂盘问下去，虽然我还想知道更多的事情。”

② 指贪婪。

③ “古代的母狼”象征贪婪。参看《地狱篇》第一歌。

④ “他们在那里的时候，马利亚的产期到了。就生了头胎的儿子，用布包起来，放在马槽里，因为客店里没有地方”（《新约 · 路加福音》第2章第6、7节）。

⑤ 开雅斯 · 腓布利喜斯是罗马的执政官（公元前282）和监察官（公元前275）。在庇鲁斯王彼拉斯侵入意大利时，他被派到后者那里去交涉俘虏的交换。彼拉斯用种种方法收买他，但腓布利喜斯拒绝他一切的贿赂。

⑥ “圣尼古拉”（4世纪时利西亚地方的迈拉的主教），关于他有一个传说。据说他救了三个穷困的少女，使她们不致走上卖淫的道路。他在晚上把几袋金子偷偷从她们的窗口里丢进去，她们就用此作了妆奁，都嫁了人。

你的言语是不会得不到报答的。”
于是他说道：“我要把你问的告诉你，
不是为了盼望从人世得到安慰，
却因为这么多天恩照耀着未死的你。
我是一棵恶树的根株，这棵树
把黑影笼罩着所有基督教国家，
因此难得从上面采下美好的果实；①
可是杜挨，利尔，根特和布鲁日
一旦有了权力，不久就会复仇；②
我向审判一切的上帝恳求这个。
在人间他们把我叫做休·卡培；
从我生出了腓力普们和路易们，③
往后统治法兰西的就是他们。
我是巴黎的一个屠夫的儿子。④
等到一系古王的血统灭绝，
只剩穿上灰色衣袍当教士的一个，
我看到自己的手中紧紧握着
国家的政权，从新得的版图
获得那么多权力，朋友遍于天下，
那一度没有人戴的冠冕就又加在
我的儿子的头上，从他那里

---

① “休·卡培”（940—996），法兰西王，他是腓力普四世的祖先。腓力普四世自1285年至1314年为法兰西王。

② 这四座法兰德斯城市为腓力普四世所占领。休·卡培在这里预言法兰西军队于1302年在库尔特累战役中被法兰德斯军队战败事。

③ 在1060年和1300年之间，四个腓力普（一世至四世）和四个路易（六世至九世）占据了法兰西的王位。

④ 据那时的传说，休·卡培的父亲休大帝（死于956年）是屠夫的儿子。

传下了骨头受到膏礼的一系。①
只要普罗封斯的巨大妆奁②
还没有蒙受我家族的羞耻，
他们没有多大权势，可也没有作恶。
然后他们用武力和奸诈开始
他们的掠夺；他们夺取了波亚图，
诺曼底和加斯科尼，作为赔偿。
查理来到了意大利，使康拉丁
成为一个牺牲者，作为赔偿；③
又把汤姆斯送回天国，作为赔偿。④
我预见今后不久会有一个时候，
使另一个查理从法兰西走出，
他自己和他的亲族因此更为人知。
他独自一个走出，不带别的武器，
只带着那犹大所挥弄的枪矛；
他挺枪刺去，使佛罗伦萨裂开肚子。
他从中得到的将不是土地，而是
罪恶和羞耻，因为他把这种罪过

---

① 休·卡培说，当卡罗林王朝结束的时候(以路易五世死于 987 年而结束)，他的儿子继承了王位，但其实继承的是休·卡培自己。卡培王朝的缔造者是休·卡培，不是他的儿子和继承者，罗柏特一世。“当教士的一个”指路易四世的儿子，洛林的公爵查理，但其实查理并没有当教士。

② 在普罗封斯的雷门·培隆热伯爵死后，安如的查理于 1246 年娶他的女儿俾德丽采为妻，俾德丽采是爵位的继承者。

③ 安如的查理应教皇克雷门特四世之请，于 1265 年带了军队到意大利，被加冕为西西里的王。他于 1268 年把康拉丁杀死，而为那不勒斯的王。

④ 这里但丁根据了一个流行的但是错误的传说。据这个传说，汤姆斯·阿奎那，由于安如的查理的指使，在福斯萨诺的寺院里被毒死。

越不当作一回事，他越要为此悲痛。[①]
那另外一个，不久前还是一条船上的
一个俘虏，我看到在出卖他的女儿，
断断论价，像海盗对待女奴一样。[②]
贪婪啊，你对我们再能做出什么呢，
既然你已使我的家族迷了心窍
甚至对自己的骨肉也冷酷无情？
为了使未来和过去的罪恶显得逊色，
我看到那百合花走进阿拉亚，
体现在他牧师身上的基督被囚。
我看到他第二次受到了嘲笑；
我看到他又尝到了醋和胆汁，
看到他在活的盗贼之间被杀。[③]
我看到那再生的彼拉多残忍无比，
甚至这样还不能使他满足，
却不法地张起贪婪的帆驶进圣殿。[④]

---

① 瓦罗亚的查理，腓力普四世的兄弟，带着一些贵族和五百个骑兵，于1301年11月1日进入佛罗伦萨。他背叛地（“犹大所挥弄的枪矛”）袒护该城的黑党，因而黑党战胜了白党。他的绰号叫做“无地者”，也许因为他于1302年远征西西里失败，或者因为他是一个幼子。

② 当瘸子查理帮助他的父亲安如的查理，复得西西里时，他被亚拉冈的彼得三世的海军大将所战败，又被俘虏（1284年6月）。1305年，他把他的最幼的女儿俾德丽采嫁给伊斯特的阿左八世，阿左比俾德丽采要大好几岁。

③ 沙拉·科隆那和威廉·台·诺加累（“活的盗贼”）：以腓力普四世（“那百合花”）之名，在阿拉亚逮捕了教皇菩尼腓斯八世，把他百般虐待，不数日后死于罗马（1303年10月11日）。

④ 腓力普四世（他被叫做“再生的彼拉多”，因为他把菩尼腓斯八世交给他的敌人科隆那家族手里，就像彼拉多把耶稣交给犹太人手里一样）从1307年起迫害圣殿骑士团，目的是在夺取他们在两个世纪内所积聚的巨大财富。

我的主啊，什么时候我才能欢欣地
　看到你隐在深思熟虑中的复仇，
　爆发出来以消除你神圣的愤怒？
我刚才讲起那个圣灵的唯一新娘，①
　你还因此要求我作一番解释，
　我那些话，在日光照耀的时间内，
是我们所有祷告得到的回答；
　但是在黑夜来临以后，我们以
　相反的歌声来代替这种歌声。②
那时候我们反复讲述彼格美利翁，
　对黄金的不能餍足的贪婪
　使他成为叛徒、盗贼和弑长者，③
又讲述那贪婪成性的迈达斯作了
　贪心的要求以后所遇到的惨境，
　我们对此永远耻笑是正当的。④
然后每个人都回想疯狂的亚干，
　他如何偷藏了那些战利品，因此
　约书亚的怒气似乎还在这里折磨他。⑤

---

① “圣灵的唯一新娘”指圣母马利亚。

② 在白昼他们赞颂美德；在晚上他们斥责罪恶。

③ 彼格美利翁，黛多的兄弟，杀死了他的姐夫（他们的叔父）西丘斯。“他（即彼格美利翁），不虔敬的，又为爱好黄金蒙住了眼，出其不意地到了西丘斯那里，在祭坛面前偷偷把他杀死，不顾他姐姐对西丘斯的极大情爱。”（维吉尔的《伊尼特》第 1 卷第 350 行以下）

④ 酒神巴卡斯极其感激夫利基亚王迈达斯对他的朋友赛利那斯所表示的好意，所以答应给他任何的要求。迈达斯希望他碰到的东西都变成黄金，但当他发现他的食物也变成了这珍贵的黄金时，不久就恳求巴卡斯取消他这个特权。

⑤ 在攻占耶利哥时，约书亚命令一切财物都要归于耶和华；但亚干不管这个命令，他和他的家族因此被石头打死。见《旧约 · 约书亚记》第 6 章第 19 节，及第 7 章。

然后我们谴责撒非喇和她的丈夫；[①]

我们赞美希利俄多拉斯受到的踢；[②]

在全山所有的圈层中传布着

杀死波利多拉的波利纳斯托的丑名。[③]

最后我们在这里叫道：‘克拉萨斯，

告诉我们，因你知道，黄金是什么滋味？’[④]

有时我们谈论，有的高谈，有的低语，

这要看催促我们说话的热忱怎样，

有的谈得热烈，有的谈得无力；

因此在讲我们白天讲的善行时，

并不是只有我一个人在这里讲，

只是在我近边没有人大声讲罢了。”

我们已经从他那里离开了，

正在尽我们的力量能及到的，

循着那条路奋勇往上攀登，

---

① 在使徒们向众人传了道以后，大家将田产房屋都卖了，把所卖的价银拿来，放在使徒脚前。“有一个人名叫亚拿尼亚，同他的妻子撒非喇，卖了田产。把价银私自留下几分，他的妻子也知道，其余的几分，拿来放在使徒面前。”（见《新约 · 使徒行传》第 5 章第 12 节）。

② 塞琉卡斯王的财政大臣希利俄多拉斯，同他的卫兵走进耶路撒冷的圣殿搬取财宝时，看到一匹马上面骑着一个可怖的人。这匹马疯狂飞奔，前脚踢到了希利俄多拉斯的身上。（见《次经 · 玛加培书下》第 3 章第 25 节）

③ 在特洛伊城被围的时候，普赖阿姆把他的最幼的儿子波利多拉，连同大量的黄金，偷偷送到色累斯王波利纳斯托那里，要他把他扶养大。但是当特洛伊人被战败以后，波利纳斯托即站在胜利的阿加孟农的一边，违背了誓约，将波利多拉杀死，并霸占了他的黄金。（见《伊尼特》第 3 卷第 49 行以下）

④ 马可 · 克拉萨斯，与恺撒和庞培同为罗马的三执政官（公元前 60 年）。他是以爱黄金著名的。当他和帕提亚人作战被杀的时候，帕提亚王海洛提斯把熔化了的黄金倒进他的喉咙里。

那时候我猛然感到全山在震动，
　仿佛要塌陷下来似的；一阵寒栗
　袭上我身，就像袭上一个临终的人。
毫无疑问，在拉托娜还没有在那里
　筑好巢来生出天空两颗巨眼以前，
　提洛斯岛也没有震动得那么厉害。①
于是四下里升起一片狂喊声，
　以致我的导师向我挨近前来说道：
　“有我引导着你，你用不到惧怕。”
“在至高之处荣耀归与上帝，”大家在说，②
　我从那些在近边的听清了这话，
　他们的叫声是能够听到的。
我们站在那里一动不动，惴然不安，
　像第一次听到这颂歌的牧羊人，
　直到震动停止，颂歌唱毕为止。
于是我们又走上我们神圣的行程，
　望望那些阴魂，他们躺在地上
　又已开始他们习以为常的悲叹了。
如果我在这一点上没有记错，
　那时候在我作着深思的脑中，
　无知正以前所未有的剧烈程度
袭击着我，使我生出求知的渴望；

① 朱诺妒忌朱庇特爱拉托娜，就把她向四处驱走，直到她到了提洛斯。提洛斯是一座浮岛，在大海中漂流。朱庇特使这座岛固定了，以便迎接她。在这里，她替他生了两个孩子——阿波罗和代安那——太阳和月亮。

② “在至高之处荣耀归与上帝，在地上平安归与他所喜悦的人。”见《新约·路加福音》第2章第14节。

我由于匆忙的缘故也不敢发问；
我自己又不能在那里看出什么；
因此我畏怯而忧愁地往前走去。

第二十一歌

诗人史泰喜斯

我的胸中正在火一般燃烧着
　自然的求知欲望，除非喝了
　那撒玛利亚女人所恳求的水，[①]
这口渴无法消止；时间的急迫
　催我跟着我的导者循那阻塞的路
　前行，我为那公正的苦行悲叹着；
看哪，正像路加在圣书里所写下的，
　已经从坟墓里面复活过来的基督，
　忽然在那两个行人的面前出现，[②]
一个阴魂向我们出现，在我们后面[③]
　走来，凝望着他脚边匍匐着的众魂，
　我们直到他先开口了才觉察到，
他道："我的兄弟们，愿上帝赐你们安宁。"
　我们迅速转过身去，而维吉尔
　就向他作了与之适合的答礼。
然后接着说道："愿那公正的法庭
　把你平安地带到蒙庥者之群里，
　我由那法庭判处永久的流放。"
"确然，"他说道，同时我们毅然前行，
　"如果你们是不为上帝垂顾的阴魂，
　谁护送你们在他梯子上走到这么高？"
我的导师说道："假使你看这个人

头上所刻着的由天使划下的记号，
　　你会清楚看出他应和善人一起统治。
但既然那日日夜夜纺织的她，
　　还没有替他拉下克罗索为每人
　　紧紧绕在纺锤上的生命之线，④
他的灵魂，是你也是我的姐妹灵魂，
　　在上去的时候无法独自行走，
　　因为它不像我们那样观看事物：⑤
因此我从地狱的血盆大口中
　　被带出来引导他，我还要引导他向前，
　　一直到我的学派能领导他的地方。
但是，你若知道，请告诉我们为什么
　　这座山先前那样震动，为什么
　　直到浪打的山坳，人人都同声叫喊。”

---

① 《新约 · 约翰福音》第 4 章：“耶稣回答说，人若喝我所赐的水就永远不渴。我所赐的水，要在他里头成为泉源，直涌到永生。妇人说，先生，请把这水赐给我，叫我不渴。”

② 《新约 · 路加福音》第 24 章：“正当那日，门徒中有两个人往一个村子去，名叫以马忤斯，离耶路撒冷约有 25 里。他们彼此谈论所遇见的这一切事。正谈论相问的时候，耶稣亲自就近他们，和他们同行。”

③ 这是诗人史泰喜斯，他将要与但丁留在一起，直到本篇的末了。他约于公元 50 年生于那不勒斯（并不是如但丁所说的吐鲁斯人），于公元 96 年死于该地。诗人在未斯培西安的朝代大部分住在罗马。这个王室的儿子，泰塔斯，曾于公元 70 年占领了耶路撒冷。史泰喜斯是《底比特》和《阿基利特》的作者，前者讲七王攻打底比斯，后者讲特洛伊战争。《阿基利特》因诗人的死，没有写完。但丁是十分熟悉这两部著作的。诗人另一部著作《雪尔维》的原稿，要到 15 世纪初才被发现。

④ 克罗索是三个命运女神中的最幼一个。每个人生下的时候，她把一定分量的纱绕在拉开西斯的纺锤上，纱需要纺多少时候，一个人就活多少长久。

⑤ 由于还受着肉体的羁绊。

他就这样地用这些问话穿过了
　我的欲望的针眼，单单那希望
　已经使我不再那样地干渴了。
那个灵魂开始说道："这座山的
　神圣规则决不容许独断独行的，
　或是超出惯例以外的任何东西。
这里的一切不会发生任何的变化；
　在这里作为原因而发生作用的，
　不是别的，而是上天所接去的东西：[①]
因此不论降落下来的是雨，是雹，
　是雪，是露，是霜，都不会高于
　那短短的小阶梯的三个梯级。
云，不论是密是稀，都不出现，
　也不出现闪闪的电光，或是在彼方
　时常变换地方的骚马斯的女儿。[②]
干燥的尘雾向上升起，也决不会
　高于我所说的那三级梯的顶端，
　那彼得的牧师就站在那上面。
这座山在下面说不定有点震动，
　但在这上面从来没有由于
　隐在地球里的风而震动，我不知何故。
这座山在这里会震动，若是一个灵魂
　感到自己已经洗净了罪孽，可以动身
　往高处攀登；紧随着，将响起一片欢呼。
只有意志才能证明灵魂的洁净，

---

① 指人的灵魂。
② "骚马斯的女儿"即爱利斯，在神话中代表虹霓。

　　意志充满了能自由调换居所的
　　灵魂，而且使灵魂欣然听从它。
固然灵魂向来有这上升的意志，
　　但由于上帝的安排灵魂却渴慕苦行，
　　就像在人世渴望犯罪，这就阻止了它。
在这苦刑的下面已经躺卧了
　　五百余年的我，到现在才有这
　　自由意志，要走向更幸福的门槛。
因此你感到了山的震动，又听到了
　　那些虔诚的精灵们在山上
　　赞美主上帝——愿他使他们早登天国。”
他这样向我们说；既然我们口渴得
　　越厉害，感到喝下的水越甘美，
　　我说不出他使我受到多大教益。
那贤明的导者道：“如今我看到在这里
　　把你们捕住的网，有人如何突破它，
　　为什么这里地震，你们又为何同乐。
现在你是否可以告诉我你是谁；
　　至于你为何在这里躺了这么多
　　年代，也让我从你的言语里知道。”
那精灵回答道：“在那个时代，
　　那时善良的泰塔斯，凭‘至高帝王’之助，
　　替那些被犹大出卖的血从中流出的
创伤复了仇，我负着最持久、
　　而且最光荣的名称活在人间，
　　有着极大的声誉，可还未获得信仰。
我的言辞的音乐是那么美妙，
　　罗马把出生在吐鲁斯的我召了去，

　　我就获得了一顶桃金娘的花冠。
在人间他们还在叫我史泰喜斯；
　　我歌唱底比斯，又歌唱伟大的阿基利；
　　但我在那第二个重负下中途倒下了。
那使千余火焰熊熊发光的灵焰
　　所迸射出来的火花，使我温暖，
　　而成为我的诗情的烈火之种子：
我说的就是‘伊尼特’，它对于我
　　就像一位母亲，把我在诗歌上
　　抚育起来；没有它我一文都不值。
唉，要是维吉尔在世的时候，
　　我也能活在人间，我甘愿在这山上
　　多耽上一年，然后摆脱我的苦行。”
这些言语使维吉尔转身向我，
　　他的神色在默默地说：“别出声。”
　　但人的意志并不总是万能的；
因为笑声和泪水会随着那产生
　　这些东西的激情接踵而来，
　　最真诚的人最不能控制它们。
我不过笑了一下，像一个做鬼脸的人；
　　那阴魂就此沉默了，望着我的眼睛，
　　眼睛是最能透露灵魂的地方。
于是他说道：“愿这么艰巨的苦行
　　达到它的目标；为什么你的脸
　　刚才向我闪出一丝笑容呢？”
如今我处在左右为难的地位了；
　　一个要我保持沉默，一个要我说话；
　　因此我叹了一声，我的导师

也懂得了我的苦衷，对我说道：
　“不用怕说话，你只管说吧，
　把他极愿意知道的事告诉他。”
我便说道：“古代的英魂啊，
　也许你对于我发出的笑感到讶异，
　但是我愿意你听到更惊奇的事。
指导我的眼睛仰望天国的他，
　正是你从他里面汲取力量
　来歌唱人类和神明的维吉尔。
假使你认为我的笑有另外原因，
　就把它看作不真实的，要相信
　你说起他的那番话才是真正的原因。”
他已弯身去抱我导师的双足了；
　但他慌忙说：“兄弟，不必如此，
　你是个阴魂，你看到的也是个阴魂。”
于是他站起身来道：“如今你能够
　理解到，我心中对你怀着的爱是
　多么挚热，我甚至忘了我们是幽灵，
把阴魂当作实体的东西看待了。”

第二十二歌

三诗人边行边谈

我们已把那位天使留在后面了，
　他从我的额上除去了一个伤疤，
　使我们转身向那第六圈层走去；[①]
他已向我们说过，那些热望正义的
　灵魂有福了，他只用“渴”一字
　说完那句祝福语，另外的不说。[②]
我比走其他的路更要轻快，
　就继续前行，因此毫不感到辛苦，
　我正随着那些敏捷的精灵向上，
忽听到维吉尔说道：“由美德
　燃起的爱永远燃起其他的爱，
　只要它的光焰向外射放出来：
因此，自从朱味那尔下降到[③]
　冥国的林菩狱和我们住在一起，
　我从他听到你的热爱的时候起，
我就对你油然生出了一种爱意，
　那是对于不曾见过的人从未有过的，
　因此我如今觉得这些阶梯并不漫长。
但告诉我，若是过分的亲热使我放肆，
　请像朋友般宽恕我，如今请你
　像跟一个朋友般跟我谈话吧：
由于你的兢兢业业，你使自己

充满了智慧，在这么多智慧中，
你的胸中如何能容下贪婪呢？”④
这些言语先使史泰喜斯微微
笑了一下；然后他回答道：
“你的一言一语表示你对我的珍惜。
实在说来，事情常常会显得那样，
使我们生出没有根据的怀疑，
就因为那真正的原因被掩起了。
你的问话就向我表示出你认为：
也许因为我曾经住在那圈层里，
我在人世的时候是贪婪成性的了。
现在你要知道贪婪离开
我在人间的本性太远了，为这纵恣，
我的受罚已长达几千次月的圆缺；
要不是我改正了自己的癖性，
我早受到滚动重物的苦刑了：⑤
我改正是由于注意到你几句诗，
你仿佛对人性感到激愤，在那里
叫道：‘对黄金的可恶的渴慕啊，

---

① 在第六圈层里，是洗涤饕餮罪的。

② 这个祝福语见于《新约 · 马太福音》第 5 章第 6 节：“‘饥’渴慕义的人有福了，因为他们必得饱足。”第五圈层的天使说这祝福语时，只说“渴”字，没有说“饥”字，这要留给第六圈层的天使来说（见下面第二十四歌）。

③ “朱味那尔”（47—130），讽刺诗人。他在第七篇讽刺诗里赞美了史泰喜斯。

④ 维吉尔看到史泰喜斯在第五圈层里，以为犯的是贪婪罪，但其实如史泰喜斯在下面说明的，他犯的是与贪婪正相反对的挥霍罪。

⑤ 地狱中责罚吝啬者和浪费者去滚动重物，见《地狱篇》第七歌。

你为什么不限制人类的贪欲呢？’[①]
然后我看出了我们的双手
在花钱的时候，可以摊得太开，
我忏悔了这个和其他的罪孽。
有多少人由于对这罪孽无知的缘故，
又将不留下一根头发而出现，[②]
无知使他们生前和临终时无从忏悔！
你也要知道，凡是和这种罪正相反
而又排斥这种罪的任何罪恶，
要在这里和这种罪一起枯萎。
因此，假使我为了洗净自己的罪，
曾处在痛悔贪婪的众魂之中，
这是由于我犯了跟他们相反的罪恶。”
那歌唱牧歌的伟大诗人说道：[③]
“可是，当你歌唱佐卡斯泰生下的
两个烦恼中所进行的残酷斗争时，[④]
从克利俄为你拨起的调子来看，[⑤]
似乎信仰还没有使你相信上帝，
没有信仰，只有善行，那是不够的。
如果是这样，那么是什么太阳或烛炬

---

① 维吉尔的这两行诗见于《伊尼特》第3卷第56、57行。

② 那些在地狱第四圈中的极端贪婪的祭师、教皇和红衣主教，都是没有头发的。

③ 维吉尔曾著有《牧歌》十篇。

④ 佐卡斯泰是底比斯王挨提巴斯的母亲，后来是他的妻子，他们生下两个儿子，名挨丢克利斯和波利奈西斯。参看《地狱篇》第二十六歌。

⑤ “克利俄”是司历史的缪斯女神。史泰喜斯在《底比特》的开头，向克利俄祈求，这就显出他是异教徒。

为你驱除了黑暗，使你以后
扬起篷帆追随那‘渔人’而去？”①
于是他回答道：“你先把我送往
巴那萨斯山，在洞壑里吸饮灵泉，
然后你用明灯照引我走向上帝。
你好像是一个夜间行路的人，
把灯提在背后，不使自己受益，
却使追随他的人们变得聪明，
因为你曾经说过：‘世界是更新了，
正义和人类的纯朴时代返归，
一个新的民族从天上降到人间。’②
亏得你我成为一个诗人，亏得你
我成为一个基督徒，为了使你更清楚
看出我勾出的轮廓，我要着上颜色。
当时在全世界的每个角落，
由于永恒天国的使徒们播了种，
真正的信仰早已到处在长大；
而你从天上得到了灵感
而说出的言辞与新的传道者符合，
我就养成了常去拜访他们的习惯。
然后他们在我看来那么神圣，
当多密喜安把他们横加迫害时，③
他们的号哭并非没有使我泪下。

---

① “渔人”指圣徒彼得。这里的意思是指信仰基督教。

② 这几行诗见于维吉尔的《牧歌》第4篇第5至7行。在中世纪，这被认为预言了基督的诞生。

③ “多密喜安”是罗马皇帝，生于公元51年，81年为皇帝。他曾残忍地迫害过基督教徒。

当我在彼方的人寰行走的时候，
　我无时不救援他们，他们那种
　正义的生平使我蔑视其他一切宗派；
在我的诗篇中我还没有把希腊人
　带到底比斯的河边，我就受了洗礼，①
　但由于畏惧我是个秘密基督徒，
长时间伪装异教徒；我表现的
　这种三心二意，使我绕着第四圈层
　疾驰奔走了有四百多年之久。
因此，那使我看不到至善的幕
　是由你替我揭开了的，请你
　趁我们在上山的路上还有着多余时间，
告诉我我们古代的忒楞斯，西西留斯，
　普劳塔斯和发罗在哪里；你若知道，②
　告诉我他们是否入了地狱，在哪一层。"
我的导者回答道："他们同柏喜斯③
　和我，以及其他许多人，都同那
　受到缪斯们哺育最多的希腊人，④
一起住在黑暗牢狱的第一层里。
　在那里，我们时时刻刻讲到
　那座我们的保姆永驻着的圣山。⑤

---

① 这里的意思是指史泰喜斯还没有写他的《底比特》以前，并不是指他诗里所写的某一个章节。

② 忒楞斯(公元前195—前159)、西西留斯·史泰喜斯(公元前168年卒)和普劳塔斯(公元前254—前184)都是喜剧诗人。发罗(公元前82年生)是史诗和讽刺诗的作者。

③ "柏喜斯"(34—62)：讽刺诗人。

④ 指荷马。

⑤ 指九位缪斯女神所在的巴那萨斯山。

幼里披底在那里跟我们在一起，
　还有安提封，施蒙尼迪，阿加同，①
　和其他许多戴过桂冠的希腊人。
在那里可以看到你诗中的人物，
　安提峨尼，提费尔，和阿琪亚，
　以及还像从前那样忧郁的伊斯明。②
那里可看到指出兰及泉的她；③
　那里还住着泰利西亚斯的女儿，④
　西提斯，黛达弥亚和她的姐妹。”⑤
如今两位诗人都已沉默无言，
　走出了登山的路和直立的石壁，
　他们重新向四下里细细观望；
白昼的四个使女早已留在后面，
　第五个使女正在日轮的车辕边，
　依然把火光能熊的尖角指向天空。⑥
我的导者就说道：“我想我们必须
　把我们的右肩转过来向那边缘，

---

① 幼里披底（公元前480—前441）、安提封和阿加同（公元前448—前400）都是悲剧诗人。施蒙尼迪（公元前556—前467），抒情诗人。

② 安提峨尼和伊斯明是挨提巴斯王的女儿，挨丢克利斯和波利奈西斯的姐妹。提费尔（代俄密特的母亲）和阿琪亚（波利奈西斯的妻子）是亚各斯王阿德拉斯塔的女儿。

③ 这是指雷姆诺王图挨斯的女儿希普雪彼尔（见《地狱篇》第十八歌）。她曾把攻打底比斯的七个英雄领到名叫兰及的泉水那儿去，而放下了来喀古士交托给她的儿子，孩子被蛇咬死。来喀古士正要把她杀死时，她的两个儿子跑来把她救出。

④ 泰利西阿斯和他的女儿孟都，见《地狱篇》第二十歌。

⑤ 西提斯是阿基利的母亲。阿基利和黛达弥亚相爱事，见《地狱篇》第二十六歌。

⑥ 这是指上午十时以后。

然后像我们以往那样绕山而行。”
于是习惯在那里当我们的向导，
因为那位高贵的精灵表示同意，
我们满怀着信心开始向上攀登。
他们在前面往前行进，而我呢，
却独自一个走在后面；我侧耳倾听
他们的谈话，使我颖悟诗歌的奥秘。
但那美妙的谈话立即被一株树打断，
我们看到那树直立在路的中央，
上面挂着又新鲜又芬芳的果实。①
松树愈是往上，树枝愈是稀少，
这株树却愈往下，树枝愈稀少；
我想那是为了不让人爬登上去。
在我们的狭径受到堵塞的那边，
一泓清澈的泉水从高岩上流下，
然后在树叶之上自行飞散开来。
两位诗人向那株树走近过去；
在那绿荫中有一个声音叫道：
“这种食物你们将感到匮乏。”
然后又说道：“马利亚想到怎样使
娶亲的筵席体面完备，甚于想到
如今在替你们说话的自己的口。②
在往昔时候罗马妇女满足于
把水当作她们的饮料，但以理

① 这是饕餮者不能爬上去的有象征意味的果树。

② 马利亚所说的“他们没有酒”一句话，已在上面第八歌引过，在这里当作节制的榜样。

　　也轻视了食物而获得了智慧。①
上古的时代是像黄金一样美丽；
　　那时饥饿的人觉得橡实鲜美，
　　那时口渴的人把流水看作琼浆。
野蜜和蝗虫是施洗的约翰
　　在犹太的旷野里所吃的食物；②
　　因此他蒙着荣光，而且那么伟大，③
就像福音书向你们启示的那样。”

---

① 《旧约 · 但以理书》第 1 章第 8 和第 17 节：“但以理却立志不以王的膳，和王所饮的酒，玷污自己……但以理又明白各样的异象和梦兆。”

② 《新约 · 马太福音》第 3 章第 1 至 4 节：“那时，有施洗的约翰出来，在犹太的旷野传道……这约翰……吃的是蝗虫野蜜。”

③ 《新约 · 马太福音》第 11 章第 11 节：“我实在告诉你们，凡妇人所生的，没有一个兴起来大过施洗约翰的。”

第二十三歌

但丁与故友相遇

我正把我的眼睛呆呆地望着
　树上翠绿的叶丛，就像把生命
　浪掷在鸟儿身上的人那样，
待我胜过父亲的他说道：
　“儿啊，现在往前走吧，我们必须
　把派定给我们的时间用得更得当。”
我立即向那两位哲人转过脸去，
　也一样迅速地把脚步转向他们，
　他们在谈话，使我走路时也有所得益。
猛然间，听到哀哭和歌颂的声音：
　“主阿，求你使我嘴唇张开，”①
　那声音令人听了又喜又悲。
“亲爱的父啊，我听到的是什么？”
　我开始说道；他说道：“是鬼魂们，
　他们说不定正在解他们孽债的结。”
好像在苦苦沉思着的行路人，
　在路上追上了他们不认识的人，
　回过头来看他们，可是不停步，
就像这样，我们后面有一队幽灵，
　正在加快了脚步走来，越过我们，
　沉默而虔诚，惊讶地望着我们。
每个精灵眼睛都黑而凹陷，

脸色发青，而且那样地消瘦，
个个都只剩一张皮包着骨头。
我相信，受神罚的挨利雪克同，②
对饥饿感到莫大恐惧的时候，
也不会饿得像那样地只剩一张皮。
那时候我心中细细思量道：
“看看在耶路撒冷沦亡时候的
那些人民吧，玛丽吃了自己的孩子。”③
他们的眼眶像落掉宝石的指环：
凡是在人脸上读出“omo”的人，
一定会清楚认出那里的“m”。④
不知道那原因的人，有谁会相信
果子的馨香和泉水的甘洌，
使人产生欲望后就变成那样？
因为对他们的瘦削和他们的枯槁
所以发生的原因，还是茫然无知，
我正惊讶什么使他们那样饥饿，
冷不防一个阴魂从头上的深窝里，
转过眼来向我凝神观望，然后

---

① 《旧约 · 诗篇》第51篇第15节：“主啊，求你使我嘴唇张开，我的口便传扬赞美你的话。”

② 根据奥维德的《变形记》，挨利雪克同是一个帖撒利的王子，他砍下了西利兹圣林中的一株橡树，因而被这女神罚他感到永无餍足的饥饿，以至于咬嚼他自己身上的肉，等到把自己身上的肉咬嚼到所剩无几时，他看到了更为可怖的饿死的前景。

③ 在罗马皇帝泰塔斯围困耶路撒冷的时候，城中发生了可怕的饥荒，甚至有一个名叫玛丽的犹太女人杀了自己的亲生儿子，把他吃了。

④ 拉丁字homo(人)，若是拿去了气音字h，就成了意大利文omo(亦为“人”)。一个头颅骨上的两个眼眶，连同鼻子的中间线(ᗰ)，就形成那时候的大写m。

高声叫道："这对我是多大的恩惠？"
我决不会凭那脸把他认出，
若不是他的声音中向我显出了
已从他的颜容上消失的东西。
这一粒火星重新使我的心中
明亮起来，记起那变了的模样，
我就认出了福累斯的面孔。①
他祈求道："唉，切莫瞪眼望着
使我皮肤发白的干枯的麻风，
或是我可能有的肉体的瘦削，
可是要告诉我你自己的实情，
那两个护送你的精灵又是谁；
不要站在那里对我不理不睬。"
我回答他道："在你去世的时候，
我曾为你的颜容哀哭，如今看到
变成这种模样，又使我悲痛欲绝。
因此，以上帝之名，告诉我你因何消瘦；
在我惊讶的时候不要命我说话，
心有他念的人说不出话来。"
于是他对我说道："从'永恒的意志'
产生的力量，流入我们后面的
泉水和树木里面，使我这样消瘦。

---

① "福累斯 · 杜纳底"，但丁的同时代人和朋友。他是珂索（见下一歌）和庇加达（见下一歌及《天堂篇》第三歌）的哥哥。他死于 1296 年 7 月 28 日。他与但丁的友情不但在《神曲》里显出来，而且由他们用诗来通信这事实显出来。这通信包括六首十四行诗，三首由但丁写给福累斯，三首是他的回信。在两首诗里，但丁提到福累斯的贪吃的脾性；在又一首里，他怜悯福累斯的妻子，由于她丈夫的不正规的习惯。

所有这些流着泪歌颂的阴魂，
　因为在世时把食欲纵恣过度，
　在这里用饥渴使自己成为神圣。
从那果子里发出来的馨香，
　从那飞散在绿树上面的水花中
　漂送来的甘洌，引起我们的饥渴。
我们循着这条路绕行的时候，
　我们赎罪的痛苦不止重复一次，
　我说痛苦，其实我应该说安慰；
因为引我们到那株树去的欲望，
　就是在基督流血为我们赎罪时
　使他欣然说出‘我的上帝’的欲望。”①
我对他说道：“福累斯，从你离开人世
　到那更幸福的世界去的那天起，
　到如今五年的岁月还没有流尽。②
如果你的再行犯罪的力量
　是在那使我们重返上帝的痛悔时刻
　降临之前，才在你身上告结束的，
那么你怎么会到这里来的呢？③
　我原以为你还在下面，在那里④

---

①《新约·马太福音》第27章第46节：“约在申初，耶稣大声喊着说以利、以利、拉马撒巴各大尼。就是说，我的上帝，我的上帝，为什么离弃我。”“那种欲望”指他们要使自己的意志符合于上帝的意志的欲望。

②“福累斯”死于1296年，到《神曲》想象的日期1300年时尚未满五年。

③意思是说：“若是你把你的忏悔拖到最后，怎么你这么早就来到了这里的呢？”

④“在那下面”指在炼狱前界。

虚掷的时间要以苦行的时间补偿。”
于是他对我说道：“我的奈拉很早
就用她泉涌似的眼泪引我到这里，
来痛饮这些笞刑的甘美的苦水；
她用她虔诚的祷告，用她的悲叹，
把我从那些阴魂在那里等待的边境
带走，使我无需耽在其他圈层中。
我生前所热爱的亲爱的寡妻，
她在贞洁的行为上显得越是孤单，
得到上帝的珍惜和爱护也就越多；
同我把她丢下在那里的地方相比，
撒地尼亚岛南部的巴巴琪亚山区，
有着贞洁得多和淑静得多的妇女。①
亲爱的兄弟啊，你要我说什么呢？
我已完全预见到了一个时代——
离开今天这个时刻决不会长久——
到那时，从教坛上将颁下一道禁令，
不准佛罗伦萨的厚颜无耻的女人，
袒着胸膛，露着奶头，到外边行走。
要施加了教会或其他的规诫，
才肯蔽着身体出外的女人
是怎样的巴巴利人或萨拉森人啊？
但这些无耻的东西只要知道
行动迅速的上天给她们准备的刑罚，

① 据说巴巴琪亚地区的居民，不是从汪达尔民族就是从萨拉森民族传下来的，那里的女人几乎赤裸着身体出外。但丁这里说佛罗伦萨的女人还远不及巴巴琪亚的女人贞洁淑静。

她们早已要张开口号啕大哭了；
因为我的预见若在这上面没有错，
不等到如今以催眠曲哄得入睡的人
两颊上长出了汗毛，她们就要伤心。
兄弟，请你不要再对我瞒着自己；
你看到不独是我，而且所有这些阴魂，
都在凝视你把阳光遮住的地方。”
我因此对他说道：“若是你回想到
在人世时你我如何相处在一起，
那么目前的回忆将更为沉痛。
几天前，那时它的”（我就指着那太阳）
“姐妹向你显出圆满不缺的形象，
那走在我前面的人使我离开了
人间的世界。就是这一位引导我
在深沉黑夜中离开那些真正的死人，
我就是带着这个肉躯跟随着他。
他的激励把我从那里带到这上面，
来绕着这座高山直往峰顶攀登，
为人世弯曲的你们在这里变得正直。
他对我说他要作我旅程中的伴侣，
直到我和俾德丽采相会为止；
到那时候，他一定要离我而去。
这样对我说话的就是维吉尔
（我就指维吉尔），另一位就是刚才
你们境中所有悬崖都为之震动的
那个阴魂，如今他已从这里释放了。”

第二十四歌

兴高采烈的节制食欲者

说话没有耽搁我们走路，我们走路
　也没有耽搁我们谈话；我们一边谈，
　一边毅然前行，就像顺风行驶的船。
那些像死了两次的东西似的
　阴魂从他们眼眶的深处看到了
　我是活着的人，就表示惊奇不止。
而我呢，把我的谈话继续下去，
　说道："也许为了另一人的缘故，
　他向上走得比他想的要慢些。[①]
但你若知道，告诉我庇加达在哪里；[②]
　告诉我在这群呆呆地望着我的
　鬼魂中间，我是否看到值得注意的人。"
"我的妹妹，我不知道应该称她美呢，
　还是应该称她善，正戴着冠冕
　在俄令巴斯高山上蒙庥欢欣。"
他先这么说，然后又说道："在这里
　互相指名道姓不受禁止，
　因为食欲的节制使我们面目全非。
这一个(他用手指指出他)是菩那琴太，
　卢加城的菩那琴太；再过去些，[③]
　那个比他人容貌更枯槁的人，
曾把神圣教会抱在自己怀中：

他出生于都尔，现在正用斋戒洗净
生前吃酒浸菩尔塞纳鳝鱼的罪孽。”④
他向我一一道出其他许多人的
名字，大家都似乎对提名道姓喜悦，
因此我看不到一个怒形于色的脸。
我看到乌巴尔狄诺·台拉·比拉，⑤
就因为饥饿用他的牙齿咀嚼空气；
还有用牧杖牧放人群的菩尼腓斯。⑥
我看到那位侯爵大人，他生前
在福里从容喝酒时没有现在这样渴，
可是贪喝的他从不感到满足。⑦
就像一个人向四下里观望一下，
然后从众人中挑了一个，我挑了
那个仿佛对我最熟的卢加人。⑧
他不知道在咕哝着什么，但我听到
他仿佛在说“贞太加”，那声音来自
神圣的正义把他不断磨折的地方。

---

① 史泰喜斯也许因为要和维吉尔在一起耽得尽量久些，才走得缓慢。

② 我们将在月轮天里再遇到庇加达(《天堂篇》第三歌)。

③ “菩那琴太”，卢加的诗人，1296 年尚健在。

④ 布里翁的西蒙，即教皇马丁四世(在位期 1281—1285)。他十分讲究吃食。他把菩尔塞纳湖名产的鳝鱼浸在弗内契亚酒里后，再拿来烹煮。他是因为吃多了这种鳝鱼而死的。

⑤ “乌巴尔狄诺·台拉·比拉”是多斯加纳乌巴尔狄尼基伯林党家族的成员。他是一个饕餮者，死于 1291 年。

⑥ 这个菩尼腓斯是拉温那的大主教(1274—1295)，不是指菩尼腓斯八世。

⑦ “侯爵大人”指福里的列各辽西侯爵。据说，当他的膳司告诉他城中的人普遍传说他除了喝酒外不做什么事，他回答道：“你去告诉他们我老是口渴。”

⑧ 指菩那琴太。

我道："似乎极愿和我说话的灵魂啊，
　　你就说吧，这样我才可以了解你，
　　请你用言语来满足我，也满足你。"
他开始说道："一个女人已经生下，
　　但尚未戴妇女的头巾，她将使你喜爱
　　我生身的城市，不论人怎样非难它。①
你就带着我这个预言从这里去吧；
　　即使你听错了我咕哝着的话，
　　将来也会有真情实事显给你看。
但是对我说，我是否在这里看到
　　那吟出新的诗章的人，那开头是：
　　'懂得爱情真谛的少女少妇们啊。'"②
于是我说道："我也算是那样的一个人，
　　在爱情使我有所感悟时即加注意，
　　它在我心中怎么说我就怎么写。"
他说道："兄弟啊，现在我看到那症结了，
　　为什么那'书记官'，还有归托内和我，
　　总是无法具有那清新的诗风。
我确然看出你们的笔如何
　　亦步亦趋追随你们心中的感兴，
　　但毫无疑问我们的笔就不这样。
谁要是打算再往前追索下去，

---

① 这个女人指贞太加·摩尔拉，卢加地方考肯利诺·方杜拉的妻子。在《神曲》假想的日期 1300 年时，她还年轻，没有嫁人。但丁和她的友情大约是在 1314 年至 1316 年之间，那时但丁大概在卢加。

② 这是但丁《新生》里的一首诗的第一行。

会对这两种诗风的差异毫无所知”；[①]
然后，仿佛满足了，他就此沉默。
好像在尼罗河一带过冬的鸟，
有时候在空中把自己排成方阵，
然后飞得更迅疾而改成了纵列；
所有在那里的阴魂就像那样
回过脸去，加速了他们的步子，
因他们的瘦削和愿望疾行如飞。
又好像一个奔跑得疲倦了的人，
让他的同伴们在他身旁过去，
自己慢步而行，直到喘息平舒；
福累斯就像那样让那神圣的徒众
从旁经过，在我后面走上前来，
说道：“什么时候我才能再见到你呢？”
我回答他道：“我不知道我能活多久，
可是无论我归来得怎样早，
我的心总会在我之前到达此岸：
因为我被放在那里生活的地方，[②]
是一天一天更加鲜廉寡耻了，
似乎命定要遭受悲痛灭亡的劫运。”

---

① 1300 年前的意大利抒情诗可以粗略地分为这样三派：一、西西里派（在意大利中部继续下去），以普罗封斯传统为根据；属于这一派的有耶珂坡·达伦铁诺（普通称为“书记官”），菩那琴太和初期的阿累左的归托内；二、哲理派，可以由归托内后期的诗为代表，而在波伦亚的归多·归尼采里的作品里达到了这一派的高峰；三、佛罗伦萨的清新体派，这一派最突出的代表是归多·加发尔甘底和但丁。他们的诗歌受到归多·归尼采里诗歌的强烈影响。

② 指佛罗伦萨。

他说道："现在去吧，因为我看到
　那罪过最大的人在一头畜牲的尾后，
　被拖向那从不能洗清罪恶的山谷。
那头畜牲跑一步快一步，永远
　在加快步子，直到把他送命，
　使他的身体只剩一堆糜烂的肉。①
那边的日轮"（然后他举眼望着天空）
　"用不到再运转几次，你就会清楚看到
　我的言语不能进一步阐释的事。
现在你留在后面吧：因为在这境内
　时间异常珍贵，这样和你一起
　用同样的步子走，我就损失太多。"
好像从一队正在驰骋的骑兵中，
　有时一个勇气百倍的骑士跃马而出，
　去夺那第一个接战的无上光荣，
他迈着更大步子离我们而去；
　而我被留在路上和那两位在一起，
　他们在世上是那样伟大的人物。
他已远远走到我们前面去了，
　我的眼睛紧紧地追随着他，
　像我的心追随他的言语一样，

---

① 福累斯在这里预言的是珂索·杜纳底。珂索是波伦亚的行政长官（1283），彼斯托雅的行政长官（1289），和佛罗伦萨黑党的首领。当佛罗伦萨的混乱于1300年变得不可容忍以致黑白两党的首领都被放逐的时候，珂索到罗马去诱说教皇菩尼腓斯八世，要他派瓦罗亚的查理到佛罗伦萨作调解者。后者庇护黑党，把他们的敌人放逐。珂索最后想取得佛罗伦萨的最高权力，但因被疑与其岳父有阴谋，被判死刑。他企图逃走，但在途中被获。他不愿有这样一个下场，就让自己坠马而死（1308年10月6日）。

猛然我眼前出现了另外一株树的
　负着累累果实的绿枝，和我相距
　不十分远，我不一刻就到了那里。
我只见一队阴魂在底下高举双手，
　朝那树上的叶荫哭喊着什么，
　好像惯坏了的贪馋的小孩那样，
他们恳求，而他们向之恳求的大人
　并不作答，只是把他们想望的东西
　高高拿着，不加隐藏，使他们馋涎欲滴。
于是他们走开仿佛没有受到欺骗；
　现在我们已经走到那大树跟前，
　它嘲弄这么多的祷告和泪水。
“不要到它近边就往前走去吧；
　再往高处去有一株夏娃从上面
　摘果子吃的树，这株树从它生出。”
有人在树枝中间这样说话；
　维吉尔，史泰喜斯和我靠在一起，
　就沿那高高耸起的断崖往前走去。
我们又听到：“要记住那些从云里
　生出的受咒诅的造物，在大嚼一顿后，
　他们用两重胸膛与西修司作战；①
还要记住那些希伯来人，他们喝水时

---

① 据奥维德的《变形记》，半人半马兽是由伊克赛翁和像云状的希拉所生的。在他们的异母同父的兄弟拉彼提王普利图斯举行婚宴时，他们都去了。他们中的一个叫做攸利塔斯的，在酒酣耳热后，想抢夺新娘，其余的也学他的样，要抢走其他的女人。普利图斯的友人西修斯救了新娘以后，拉彼提人和半人半马兽之间就进行了战争，后者就被征服了。

显得那么柔弱，因此基甸从山上
下到米甸营去时，没有带他们同去。”①
我们就这样紧紧贴着悬崖的一边
往前走去，不断听到有声音讲着
贪食的罪孽，和随后得到的恶报。
于是，我们前后沿着那荒凉的狭径，
往前走了足足一千多步路，
我们各自沉思着，默然不发一言。
“你们孤零三人为何这样默默而行？”
有一声音突然说；我吃了一惊，
就像怯懦的野兽受了惊以后一样。
我抬起我的头来看那是什么人，
即使在一座烈焰熊熊的焙炉里，
也从未见过哪块玻璃或金属
像我看到的那人那样通红，他说：
“如果你们愿意上去，要在这里拐弯；
想望探取安宁的都从这里走去。”
他的灼红的容光使我不能逼视；
因此我又转身向着我的导师们，
好像依着听到的声音走路的人。
如同五月的和风，那黎明的先驱，
在空中蠕蠕而动，吹来阵阵芳芬，
蕴含着大地上花花草草的气息，

① 《旧约 · 士师记》第 7 章第 5 至 7 节：“耶和华对基甸说，‘凡用舌头餂水像狗餂的，要使他单站在一起；凡跪下喝水的，也要使他单站在一起。’于是用手捧着餂水的有三百人，其余的都跪下喝水。耶和华对基甸说，‘我要用这餂水的三百人拯救你们，将来甸人交在你手中，其余的人都可以各归各处去。’”

我在眉额中央感到这样一阵风，
　清楚地感到有翅膀在轻轻拂动，
　把一阵阵仙香飘送到我的各个感官；
我听到说道：“那些人是有福了，
　他们受到无量天恩的照耀而彻悟，
　对饮食的爱好在他们胸中不燃起
太大的欲望，他们的饥饿恰如其分。”

第二十五歌

阴魂的灵的结构

这是不容登山者逡巡不前的时辰，
　太阳已离开子午圈交进金牛座，
　黑夜也离开子午圈交进天蝎座。①
因此，正像一个人若为要事所催，
　不管他在路上会遇到什么事情，
　决不中途歇下，只是向前赶路，
我们就像那样走进裂罅间，
　一个接着一个，拾级上登，
　那梯子狭窄，攀登者只得分开。
然后如同幼小的鹳鸟感到②
　飞的欲望时，振起自己的翅膀，
　又因不敢离巢就让翅膀垂落，
就像这样，询问的欲望在我胸中
　燃烧起来又熄灭下去，做出的动作
　和一个准备说话的人所做的相同。
虽然我们的步子迅速，我那亲爱的父
　没有放慢脚步，只是说：
　“你把言语的弓已拉到箭头，射吧。”③
于是我放心张开嘴，开始说：
　“在不感到需要食物的地方，
　他们怎么能够变得消瘦呢？”④
他说道：“如果你心中再想一想，

美雷泽生命之木被毁时如何自己
也就消亡，这件事对你就不会难解。⑤
若是你再想一想，镜子里的你
把你自己的一举一动都显现出来，
似乎对你难解的事就易解了。⑥
但是为了满足你的欲望，
看这里的史泰喜斯，我呼唤他，
祈求他现在来医治你的创伤。”⑦
史泰喜斯答道：“如果在你面前，
我向他解释他看到的永恒事物，
我只能以不敢违命来原谅自己。”
于是他说道：“儿啊，若是你的心
注意和接受我的话，我这些话
就会解答你提出来的疑问。

---

① 在炼狱里，此刻是下午二时或稍后。白羊座正午时在炼狱的子午圈上，随后来的金牛座在下午二时保持那方位；而同时天蝎座（与金牛座正对的星座）是在耶路撒冷的子午圈上，因此那里是早晨二时。

② 在动物寓言里，鹳鸟是顺从的典型。它不得母鸟的准许，决不离巢飞去。

③ 意思是：“把你到了嘴边的话说出来吧。”

④ “不需要身体营养的阴灵，怎么会瘦呢？”但丁这句问话，引起了下面史泰喜斯的一篇话，说明人体最初的形成，人体和灵魂的联合，以及灵魂到另一世界去的情形。

⑤ 美雷泽生下时，命运女神预言，只要某一根圆木不为火所烧去，他就能活着。后来因为他杀死了他的舅父，他的母亲在一怒之下把那圆木丢在火中，他就死了。维吉尔的意思是，正像美雷泽由于命运的派定，不是由于缺少血液而被消尽，在不需要营养的地方，由于上帝的安排，也会有瘦的事情。

⑥ 就像一个形体在镜中的影子，依形体本身的变化而变化；因此，灵魂在和肉体分离后，就以它自己的性质印在那肉体的形象和鬼灵上。

⑦ 意思是“来解答你的疑问。”

精美完善的血是干渴的血管
　所不能喝尽的，却留在那里，
　就像你留在桌上要搬去的佳肴；
它于是在心脏中获得一种潜在的
　力量，将生命赋予人的身体各部，
　就像流过血管变成身体各部的血。
再经过精炼后，它流到不说出来
　比说出来较为合适的那个地方，
　然后借自然器官滴在另一人的血上。
在那里一种血同另一种血合在一起；
　一种血造得主动，另一种造得被动，
　因为都从那精美完善的地方流来；
到那里混合起来后，就开始作用，
　先是凝结成形，然后将生命赋予
　那以自己的材料凝固成的物体。
那主动的力量已变成一个灵魂，
　和一株草木的灵魂相同，不同的只是
　前者还在中途，后者已到达目的地；
然后经过很大变化后，它已能行动
　和感觉了，像海绵那般；然后就开始
　替自己所孕育的力量发展器官。
儿啊，从生养者的心脏中流出的
　那个力量，时而扩大，时而伸长，
　人的身体各部都由自然在那里形成，
但如何从一种动物变成一个人，
　你还没有看出；就在这要点上，

一个比你聪明的人走入了迷途；[1]
因此在他的学说中，他把灵魂
跟那理智的能力两相分开了，
因为他看到理智的能力并不占有器官。
袒开你的胸怀迎受将临的真理吧，
现在我要告诉你，只要等到
大脑的组织在胚胎中完成后，
那‘至高的原动者’立刻转身向它，
对大自然的这种巧工感到喜悦，
就赋予它一种充满力量的新元气，
这元气把那里显得主动的东西
吸进自己的物体，变成单一的灵魂，
而生活，而感觉，而自行旋转。
为了使我的话对你不太奇突，
且看太阳的热力跟葡萄树里
流出的汁结合时，如何就成了酒。
等到拉开西斯纺锤上没有了线，[2]
那灵魂就摆脱了肉体，随而带走
那人类的和那神圣的潜在力量；
其他的力量，是全部无声无息了；
但记忆，智力，和意志在作用上，
比从前发生作用时远为锋利。
那灵魂并不停歇下来，却神妙地

① 这里指的是阿拉伯医学家和哲学家阿弗罗厄斯（1126—1198）关于亚里士多德的“注释”。他认为，人的理智并没有物质的、肉体的基础，只是偶然的东西。

② 意思是：“等到一个人在人世的生命结束时。”

自行坠落在两个河岸中的一个；①
在那里第一次得知自己的行程。
等到在那边的空间里安定下来时，
它把自己成形的力量向四边辐射，
在形状和数量上与活的身体相同；
就像空气在饱含水分的时候，
因另一物体反射在它上面的光，
在自己身上渲染着多样的颜色；
因此在这地方，那四周的空气
变为那灵魂印在上面的形状，
灵魂就赋有这种成形的潜在力；
然后，好像火不论向哪里蔓延开去，
火焰也紧紧追随到哪里，
那刚形成的形状紧紧追随那精灵。
因为那精灵此后从中取得了
自己的形态，就被叫做一个幽灵；
从中它形成一切的感官，甚至视觉。
有了它，我们说话，我们现出笑容，
我们流泪哀哭和长声叹息，
你也许已在这座山的四周听到。
看种种欲望和其他的感情怎样
刺激我们，那幽灵就显出怎样的形态
这就是使你惊异的事情的原因。”
我们已来到最后的拐弯处，②

① 指引到炼狱岛上去的台伯河口，以及《地狱篇》第三歌中的黑色的江河。
② 当史泰喜斯在谈论着的时候，他们向前走着，现在来到了洗净淫欲罪的第七圈层。

已在开始向右边盘旋而去，
心中深切关怀着另外的事。
那堤岸闪出熊熊的火焰，
那飞檐里又向上吹出一阵疾风，
使烈焰向后倒下，让出了路来；
因此我们必得靠着下临深渊的一边，
一个一个往前行走；这一边
我怕烈火烧身，那一边我怕坠入深渊。
我的导师说道："循这条路走的时候，
必须好好地运用我们的眼睛，
因为只要稍不留心就会失足。"
于是我在那熊熊的巨火中心，
听到有声音在唱："慈悲的上帝啊，"①
这使我还是很急切地转向他们；
于是我看到精灵们穿过烈焰；
因此我看看他们，又看看自己的脚步，
不时把我的眼光分散在这两者上面。
在他们把这首颂歌唱毕以后，
接着高声叫道："我没有出嫁"；②
然后他们又轻声开始唱那颂歌。
唱完以后，他们又高声叫道：
"代安那守着树林，把黑利斯驱走，

① 这是在安息日晨祷时唱的一首颂歌。
②《新约 · 路加福音》：第 1 章第 31 至 34 节："你要怀孕生子，可以给他起名叫耶稣。……马利亚对天使说，我没有出嫁，怎么有这事呢？"

　因为她受了爱神维纳斯的毒。”①
然后他们转而去唱他们的颂歌；
　然后他们宣扬遵守美德和婚约的
　贞节的妻子和洁净的丈夫。
在他们被烈火燃烧的整个期间，
　我想这个样式切合他们的需要：
　若是要最后医好自己罪恶的创伤，
必须要用这样的治疗，这样的饮食。

① 据奥维德的《变形记》，黑利斯或名卡利斯托，代安那的一个宁芙，与朱庇特生了一个儿子名叫阿卡斯后，被代安那遣去，并由嫉妒她的朱诺把她变成一只熊。她就在这形状中被她的儿子阿卡斯所追赶，朱庇特随即把母子两人放在天空中当作星座。

第二十六歌

但丁与两个近代的先辈相遇

我们这样一个在前一个在后
　沿着崖边前进时，那良善的导者
　不时说道：“要留心啊，听我的告诫。”
太阳正直射在我的右肩上面，
　它的光芒照在全部西方的天空上，
　已使天空的颜色从蔚蓝变成苍白；
我投下的影子使那些火焰显得
　更加赤红，我看到许多阴灵在经过时，[①]
　甚至注意到这么细小的现象。
这件事就引起他们来谈论我；
　他们开始你对我我对你说道：
　“他看来并不像一个幽灵啊。”
然后他们中有几个向我走近前来，
　靠得尽可能的近，但时时留心
　不走到他们受不到燃烧的地方。
“不是为了比人懒惰，也许为了恭敬，
　落在另外两人后面走着的你啊，
　请回答在干渴和烈火中燃烧的我吧；
你的回答不独对我是需要的，
　所有这些阴魂都渴望你的回答，
　甚于印度人或伊索比人渴望凉水。[②]
请告诉我们，你怎么会使自己的身体

成为挡住阳光的一堵墙，看来
　　你还没有被死神的罗网捕住。”
他们中的一个这样对我说，若不是
　　我正在一心一意望着当时出现的
　　一件怪事，我早已说出自己的情形；
有一队阴魂脸对着这些阴魂，
　　正在那烈火熊熊的狭径中央走来，
　　我看到了他们就停下来惊奇不已。
我在那里看到两方面的阴魂都是
　　那么急急忙忙，互相亲了一下嘴
　　立即前行，就以这匆忙的礼数为满足：
就像这样，在黑黢黢的队伍内，
　　一只蚂蚁同另一只蚂蚁碰碰鼻子，
　　说不定在问路，或是探询自己的前途。
一等到他们结束了这友爱的问好，
　　还没有迈开第一步向前疾趋时，
　　他们每一个都竭力叫得声音最高；
那些新来的叫着：“所多玛和蛾摩拉啊！”③
　　其余的叫着：“巴西腓伊走到木牛中，
　　好让那头公牛满足她的淫欲。”④
如同群鹤那样，有的飞向来甫的丛山，⑤

---

① 三位诗人循着岩崖向前走去，左边是净火，右边是一失足就会使但丁坠下去的深渊。因为他们是面向南的，西斜的太阳把但丁的影子投在白热的火上，他一路走去时，使火的表面发红。

② 伊索比是埃及以南的非洲地区。

③ “所多玛和蛾摩拉”是盛行男色的两座城。见《旧约 · 创世记》第 19 章。

④ 请阅《地狱篇》第十二歌。

⑤ 中世纪的地理学家和著作家把欧洲和亚洲北部的山，都称作“来甫的丛山”。

又有的飞向利比亚沙漠，因为前者
回避太阳的烈炎，后者回避寒霜的凛冽；
就像这样，一队阴魂离开，一队阴魂
走来，他们流着泪又唱出他们
先前的颂歌，发出最适当的叫声；
那些曾向我恳求过的鬼魂们，
仍像先前那样向我靠近过来，
显出仿佛在一心一意倾听的模样。
我两次看到了他们的欲望，
开始说道："不论在什么时候，
确会得到和平幸福的灵魂啊，
我没有把我年轻的或年老的四肢
留下在人世，而是带着到了这里，
连同它们的血液和它们的骨节。
从这里往上我不再盲目行走了；
天上一位仙女为我们求得天恩，
我因此能带着肉躯走过你们的境界。
但是——唯愿你们更大的愿望早日
得到满足，因此那洋溢着仁爱、
又是广大无比的天国能庇护你们——
为了我还可以笔之于纸，请告诉我
你们是谁，那一队在你们的背后
正在匆匆离开的，他们又是谁？"
好像带着一身土气第一次
进城的眼花缭乱的山地居民，
惊惶得目瞪口呆，只管向四下张望，
那边的阴魂在我看来也像那样；
但是在高贵的心中惊愕很快平伏，

等到他们把惊愕心情克服以后，
那最初向我问话的阴魂又开口道：
“你有福了，为了取得更圣洁的生命，
你走进我们国境，探求这里的知识！
那一队不和我们一起走来的阴魂，
他们犯的罪就是古时恺撒因之
在凯旋声中，被人讥称‘女皇’的罪；①
因此他们高喊‘所多玛’离我们而去，
像你听到的那样责骂着他们自己，
用他们的羞愧来助那熊熊的火势。
我们的罪恶是属于男女两性的；
但是因我们把人类法则置于度外，
像禽兽一样听从我们淫欲的指使，
我们同他们分开时，为了羞辱自己，
高声叫着那个女人的名字，是她
走进了木制畜牲使自己变成畜牲。
现在你已知道我们的行为和罪孽；
若是你要一个个知道我们的名字，
没有时间来说，我也说不出来。
你对我的愿望，我一定使你满足：
我是归多·归尼采里，已洗净罪孽，②
因我在临终前作了真正的忏悔。”

---

① 这是指恺撒与俾斯尼亚王尼科美德斯发生关系的事。

② “归多·归尼采里”（1230—1276），属于波伦亚的一个基伯林党大族。关于他的生平知道得不多，只知道他于1270年为卡斯泰尔夫朗科的行政长官，1274年被放逐；大约死于味罗那。作为一个诗人，归多开始写作时模仿归托内后期的诗法，但不久即超过他的范本，他的最好的作品感发了佛罗伦萨派的许多诗歌。

在悲痛的来喀古士怒不可当时，
　两个儿子因重见他们的母亲欢喜若狂，①
　我在听到他说出名字时也那样，
只是我没有达到那样的高度罢了：
　他对于我，对于其他使用过
　风雅之音的我的前辈，都是诗歌之祖。
我既不倾听又不说话，只是沉思着
　往前行走，久久地凝望着他，
　为了那火我也没有向他靠得近些。
我的眼睛把他看够了以后，
　我用逼使别人深信不疑的誓言，
　向他说我愿意随时为他效劳。
他就对我说道："从我听到你说的话，
　你在我心上留下深刻明晰的印象，
　即使里西河也洗不掉，冲不淡。
但你刚才的话若说的是真情，
　请告诉我，你在言语和脸容上
　显得那样敬爱我，那原因在哪里。"
我就对他说道："你那些优美的歌曲，
　只要我们的语言流传下去，
　会使写下它们的墨迹也觉可贵。"
他说道："兄弟啊；我用手指指出的
　这一位"（他就指出在前面的一个精灵）
　"是一个祖国语言的更优秀的匠人。②

---

① 请看上面第二十二歌。

② 归多·归尼采里所指的是阿诺·丹尼挨尔，一个活跃于1180年至1200年的普罗旺斯诗人。他是所谓"晦涩派"诗歌的大师，这一派诗歌喜欢用险韵及其他技巧。因为这样，他自然"不投俗好"。但丁对他有偏爱，故而贬低了基劳·特·普纳尔(即"里摩日的歌者")。近代的批评把基（转下页）

在爱情的诗歌和散文的传奇上，

他无不超逸群伦，认为里摩日的歌者

胜过他的人，那不啻是痴人说梦。

他们把他们的脸对着谣诼，

而不对着事实，他们还没有听从

艺术或理性的指示，就妄下断语。

我们许多祖辈也这样对待归托内，

跟着人家叫嚷把荣誉归给他一人；

但真理终于在多数人中彰明了。

现在，你若是蒙受了莫大的恩宠，

上天竟准许你带着肉躯走进

基督正在执掌寺院职务的神殿，

请在那里为我诵‘在天之父’的主祷文，

这有利于住在这境界内的我们，

我们在这里再没有犯罪的力量。”

也许是让位给紧随着的另一个，

他突然在火焰中间消灭不见了，

就像一条鱼穿过水游到河底一般。

我朝着他指出来的那个阴魂，

稍微向前走去，而且对他说，若是

他把名字告诉我，我将十分感激。

他就显得十分愿意，开始说道：

“你的彬彬有礼的请求令我异常喜悦，

我不能，也不愿再把自己隐匿起来。

(接上页)劳认为一切行吟诗人之首。阿诺没有写过散文的传奇，但是但丁的意思是说阿诺超过法国的所有作家，不但是南部的行吟诗人，而且是北部的散文传奇的作者。

我就是一边悲叹一边行吟的阿诺；
　我怀着悔恨回顾我生前的痴愚，
　我怀着喜悦瞻望我面前的黎明。
现在我凭着引导你攀上那
　阶梯顶端的‘至善’之名，向你祈求，
　请你务必及时记起我的痛苦。”
于是他隐入把他精炼的烈火中。

第二十七歌

但丁的意志受到火炼

在“光明的创造者”流血的地方，
　从东方的天空里射下最早的光线，
　高悬的天平座照临在厄波罗河上，
而恒河的水流被中午的炎热烤炙，
　太阳就在那个部位；因此神的天使①
　欣然出现在我们面前时，白昼在消逝。
他站在堤岸上面，在那火焰之外，
　正在歌唱着“清心的人有福了”，②
　那声音比我们的声音远为尖锐。
然后说道：“已变得圣洁的灵魂啊，
　若不先经火的燃烧，你们不能前行；
　投到里面去，对那边的歌声不要不闻，”
我们靠近他时，他对我们这样说；
　因此我听到了他的说话以后，
　变得好像一个葬在墓穴里的死人。
我合起了双手把身体向前弯去，
　两眼不住望着那烈火，心中只是
　想起以往看到在火中烧掉的人体。
我的两位仁慈的护送者转身向我，
　维吉尔对我说道：“我的儿啊，
　这里可以有磨折，却不会有死亡。
你要记得啊，你要记得啊……若是

跨在基利翁背上我还能安然引导你，③
如今更靠近上帝时难道我不能了么？
你一定要相信，在这火焰的胎内
你即使住上足足一千年，你会看到
你的头上也不会烧去一根毫发；
若是你认为我在用话哄骗你，
你可以往火焰那边走去，用手摸摸
你的衣袍的边缘，你就深信不疑了。
如今把一切畏惧抛掉吧，抛掉吧；
向这里转过身来，安心向前来吧。”
我还是像扎了根似的，心中自责着。
他见我扎了根似的还顽固地站着，
就稍觉困恼道：“我儿啊，要知道，
俾德丽采和你之间还隔着这道墙呢。”④
如同彼拉马斯在临死的时候，
听到了西斯俾的名字，就张开双眼
向她凝望着，因此桑树变成了红色，⑤

---

① 一切的天体，不论是可见的还是不可见的，都在诗人想象的巨大空间里运转。可是决不要忘记，真正的想象是建立在知识上面的。按照但丁那时代能有的知识，恒河（印度）和厄波罗河（西班牙）是大陆半球的东西的边界，耶路撒冷（“光明的创造者”耶稣流血处）是它的中心，而想象的炼狱山是在正相反对的地区；因此，炼狱山日落时，在耶路撒冷将是日出，恒河上将是正午，而厄波罗河将反映出天平座的诸星（正和太阳如今所交进的白羊座相对的星座）。

②《新约·马太福音》第5章第8节：“清心的人有福了：因为他们必得见上帝。”

③ 见《地狱篇》第十六歌末。

④ 但丁若要和俾德丽采相逢，还要通过这道火炼的难关。

⑤ 当西斯俾在一株桑树附近等她的情人彼拉马斯时，一头母狮走近前来，她从它那里逃走，匆忙中掉下了一件衣服。那母狮刚吃了一头公牛，因把那衣服沾上了血迹。当彼拉马斯走来看见地上这件血衣时，以为西斯俾死了，就用刀戳刺自己。西斯俾回来时正好看到她的情人死去，也自杀了；因此桑树从白色变成了红色。见奥维德《变形记》。

就像那样，我一听到永远在我心中
　回荡着的名字，我的顽固立即消溶，
　向我的贤明的导者转过身去。
他看了只摇了摇头，说道："什么？
　我们愿意耽在这一边么？"他笑了一下，
　好像对一个被美果打动了心的孩子。
于是他在我之前投进了烈火，
　要求史泰喜斯赶快随后跟上，
　史泰喜斯刚才一直夹在我们中间。
等到我在火里面以后，我真希望
　把自己投入熔化的玻璃中凉一下，
　那里燃烧的热度高得无法计算。
我的仁爱的父亲一停不停谈论
　俾德丽采，以鼓起我的勇气，说道，
　"我仿佛已经看到她的一双眼睛了。"
一个声音在那另一边不住歌唱，
　引导着我，全神贯注倾听着的我们
　从火中走出，再向那峭壁攀登。
"你们这蒙我父赐福的，可来承受，"①
　从那边的一股光里发出这句话，
　那光照耀得使我目眩，我无法逼视。
那声音又说道："太阳正在沉下，
　黄昏已经来临；你们且不要停留，
　趁西边的天没有黑赶快上路吧。"②

---

① 这是在最后审判的日子要向义人说的话："于是王要向那右边的说，你们这蒙我父赐福的，可来承受那创世以来为你们所预备的国。"

② 说这话的是第七个也是最后一个天使的岗哨，他大约把最后一个 P 字从但丁的额上抹去。

那磴道在裂开的岩石中间
　笔直向上，我们向那样的方向走去，
　低沉的太阳把我的影投在前面。①
我们还没有向前走了几步路，
　我和我的哲人们就觉察太阳
　已在后面落下，因我的影子不见了。
在那辽阔无边的一带天际，
　整个地平线还没有混成一色，
　黑夜也还没有占领她全部的国境，
我们各自把一步石级当作床榻；
　因为那座山的情形使我们失去了
　上山的力量，而不是上山的愿望。
正如山羊在没有被喂饱以前，
　虽然曾在山巅上活泼跳跃过，
　如今在反刍时却变得异常顺驯，
默然无声躺在树荫下，避开炎日，
　由倚杖立着的牧羊人守卫着，
　他就那样倚着牧杖照看它们；
或者好像露宿旷野的牧羊人，
　通宵默默地守着他的羊群，
　不让一头野兽把它们驱散；
当时我们三人就像那种情景，
　我好像一只山羊，他们像牧羊人，
　崇峻的石壁矗立在我们两边。
抬头观望只能看到外边一线天空，

---

① 他们转身向后走去，因此他们如今在往东行，落日把活的身体的长影投射在他们面前的石级上。

但在这一线天空中我却看到
　比平常更大，更灿烂的星辰。
我正在这样沉思，这样观望星辰，
　就不觉蒙眬入睡了，在睡梦中，
　往往会知道未来事情的消息。[①]
我想是在那个时辰，当西西拉[②]
　仿佛满身不断发出爱情的火焰，
　最初从东方把光芒射上山顶时，
我仿佛在梦中看到一位仙女，
　年轻而又美丽，在平原上走去，
　一路采着花朵，似乎在歌唱着说：
"谁要是问我的名字，让他知道，
　我就是利亚，我总是到处行走，
　用我纤纤双手，为自己编织花环。
我对着这里的镜子，打扮自己；
　但我的妹妹拉结，整天价坐着，
　对着她的镜子，从不离开一步：
她愿意看自己那对美丽的眼睛，
　我却愿意用双手打扮自己：
　她爱默默观望；我爱到处走动。"[③]
如今东方的天空已初露曙光

---

① 下面是但丁在炼狱境中作的第三个有预兆性的梦。第一个是在进入炼狱界以前的关于鹰的梦（第九歌）；第二个是走进第五圈层以前的关于海妖的梦（第十九歌）；而这是进入地上乐园以前做的梦。

② 维纳斯（即金星）这里被叫做西西拉，因为维纳斯在西西拉岛附近的海中上升，而且在那岛上受到特别尊敬的崇拜。如今金星在双鱼座（即在白羊座或黎明以前的星座）。

③ 利亚和拉结是《旧约》中的两个女子。见《旧约 · 创世记》第 29 章及 30 章。

（游子们在归途上宿得离家越近，
　黎明的出现越使他们心中感奋），
黑夜的阴影正向四面八方飞散，
　我的睡梦也随之飞散；我就起身，
　看到那两位大师早已站在那里。
“芸芸众生向各方忙碌奔走，
　去树木丛中急切探求的甘美果实，
　就要在今天满足你的饥饿了。”
维吉尔对我说的就是这样的话，
　这些话里含着的甜情蜜意，
　不是任何的礼物所能相比。
急于要攀登山顶的欲望，在我心中
　一个一个涌起，以后每走一步，
　我感到我长出翅翮，要凌空飞去。
等那阶梯在我们脚下迅速走尽，
　而我们已登上了那最高的一级，
　维吉尔就用他的眼睛注视着我，
然后说道：“儿啊，现在你已看过了
　现世的火和永恒的火，也走到了
　一个我无法再施展眼力的地方。
我已用智力和天恩把你带到这里；
　此后让你自己的欢乐来引导你；
　你已走出了险峻和狭隘的路。
看那照耀在你眉额上的阳光，
　看这里的土地自己长出的
　柔嫩的草，美丽的花，丛密的灌木。
在那双喜悦美丽的眼睛降临以前①

---

① 指俾德丽采的眼睛。

（那双眼睛曾含泪求我来救助你），
　　你可以坐下来，也可以随意走动。
你再不用期望我的言语或手势；
　　你的意志已经自由、正直和健全，
　　不照它的指示行动是一种错误；
我现在给你加上冠冕来自作主宰。”①

① 这是维吉尔在《神曲》里的最后一次说话，他引导我们的诗人的使命到这里为止。诗人在写这一段话时的激动感情，简直从每个字上流溢出来。

第二十八歌

山顶上的地上乐园

在我前面是一座神圣的森林，
　浓密苍翠的树叶使旭日的光芒
　变得柔和；急于要到里面和四周探索，
我不再等待，立即离开山的边崖，
　留恋不舍地越过平原往前走去，
　脚下的土地在四边发出香气。
一阵煦和的微风，一刻不间断，
　也不转方向，只顾往我额上扑来，
　轻轻的，像温柔的南风一样；
迎风窸窸窣窣抖动着的树枝，
　都向着那座圣山刚在投下
　影子的那个方向倾斜过去；①
那些树枝虽不再是原来的
　直立的姿态，但也不过分倾斜，
　没使顶上的小鸟无法施展妙技；
那些小鸟仍婉转歌唱，满怀喜悦，
　欢迎树叶间的清晨的微风，
　树叶喁喁唱着鸟歌的重唱句；
风神把非洲热风放出去的时候，
　在基阿雪海岸上的松树林中，
　就有这种声音在树枝之间回荡。②
我的懒懒散散的脚步，早已把我

带到了那座古老树林的深处，
我已见不到我从哪里进来；
正在那时，一条小溪突然拦住了
我的去路， 小溪的微微的波浪
把长在河边上的草向左边弯折。
我们人间所有的最澄净的流水，
和这条清澈见底的小溪比时，
都会显得含有混浊不清的东西；
虽然这条小溪朦朦胧胧地
在那森林永恒的阴影下流动，
那里从不让一丝阳光或月光射进。
我停下了脚步，却用我的眼光
越过那条小溪到了彼岸，只见到
那里万紫千红地开满了娇嫩的花；
正好像突然间出现了什么东西，
令人惊讶不已，驱走一切念头，
我看到在小溪的彼岸出现了
一位孤零零的仙女，独自走去，③
一边唱歌，一边采着一枝枝花朵，
她走的路仿佛由百花砌铺而成。

---

① 树枝向西边倒去。

② 基阿雪是靠近拉温那的一座海口。当带着雨的东南风吹在波涛汹涌的亚得里亚海上时，那里的大森林中的所有松树都变成了竖琴一样，发出我们的诗人曾在那里听到过的庄严的音乐。薄伽丘在《十日谈》第五天第八个故事里，拜伦在《唐璜》第 4 歌第 105 节里，都描写过这座松树林。

③ 这位仙女要在本篇末一歌里，才提到她的名字叫马提尔达。但丁在前面所做的梦里的利亚是她的预兆，正如拉结是俾德丽采的预兆一般。

我对她说道：“请问你，美丽的仙女，
　爱的光芒把你照射得通体温暖，
　若是我可以从外貌上来看，
因为人的内心往往透露在外貌上，
　请问你，你是否可以走近溪边，
　让我能听清楚你唱的是什么。
看到了你，又看到了这个地方，
　不禁使我想起普罗塞宾在她母亲
　失去了她，她失去了春花时的情景。”①
好像一个女人在跳舞的时候，
　把双足紧贴在地上，并在一起，
　没有向前面跨一步，便转过身来，
她就像那样在黄的和红的小花上，
　向我旋过身来，她表露的神色
　正如一个少女含羞地低垂着眼睛；
她答应了我的请求，只见她
　轻步走近那小溪，近得已使我
　能清楚听出她美妙歌声里的意义。
一等到她走到了那青青的草
　被美丽小溪的微波浸透的地方，
　她竟肯惠然抬起头来望着我。
我不相信维纳斯在出乎意外地

① 普罗塞宾是朱庇特和西利兹所生的女儿。她十分美丽。她住于西西里，欣赏恩那平原的美丽景色。有一次，当她同女仆们在草地上采集花朵的时候，普卢塔把她抢到了冥国，要她做了冥国的王后。普罗塞宾的母亲西利兹向朱庇特控告她的女儿被劫走，朱庇特答应普罗塞宾在冥国与普卢塔一年中同住六个月，其余的时间回到人间和她的母亲一起度过。

被她儿子的利箭射中心房时，①
  她的眼睛会发出如此明亮的光芒。
她站在对面的右岸上盈盈微笑，
  用她的双手采折更多的花朵，
  那边的高原不用种子长出那些花。
那河流使我们之间相隔三步；
  但瑟克西斯横渡的赫勒斯滂
  （这地点至今还在抑制人类的骄气），②
由于在塞斯托斯和阿拜多斯之间
  掀起浊浪，受到利安得的憎恨，③
  也不比我渡不过此河时的憎恨更强。
她说道："上帝选这里为人类的窠巢，
  你们都是刚刚来到这个地方，
  说不定因为我在这里微笑
使你们心中产生了疑问，感到惊奇；
  但那'借着你的作为叫我高兴'的诗篇，④
  会拨开你们的疑云给你们光明。
走在前面，又向我恳求的你，⑤

---

① 指维纳斯爱上阿多尼斯的故事。参见莎士比亚的诗《维纳斯和阿多尼斯》。

② 当波斯王瑟克西斯（公元前485—前465在位）用船搭成桥渡过赫勒斯滂（即近代的达达尼尔海峡）侵入希腊时，他带着一支百万战士的军队；但他乘着一条渔舟归来时，伴着他的只有寥寥数人。

③ 这同一海峡也隔开了利安得和他的情人希罗；为了去看她，他曾多次泅过海峡去，但最后终于溺死。

④《旧约·诗篇》第92篇第4节："因你耶和华借着你的作为叫我高兴，我要因你手的工作欢呼。"

⑤ 这里说但丁"在前面"意思就指维吉尔现在不再在前面引导，而只是默默地跟在后面。

请说你是否愿意听我说另外的事：
我是来答复你一切的疑问的。”
“这里的流水和森林里的音乐，”我说，
“在我心里推翻了一个新的信念；
我听到的话跟这里的情形相反。”①
因此她说：“我要告诉你是什么原因，
产生出使你感到惊讶的事情
我要替你把蒙住你的云雾拨开。
只令自己欢喜的‘至高的善’，
为了善的目的创造了善良的人，
给他这地方作为永恒安宁的保证。
由于自己违约，他在这里住不多久；
由于自己违约，他用诚实的欢笑
和美妙的游戏换来了眼泪和汗水。②
为了使那底下由陆地和海洋
散发的蒸气所产生，而且尽量
随着热气的流动而流动的暴风雨，
不至于使人的和平生活受到骚扰，
这座山就向天空直耸得这么高，
从那锁着的门那里起就一片清静。
现在且说，既然那存在于全宇宙的

---

① 在本篇第二十歌里，史泰喜斯曾告诉但丁，在炼狱的大门以上，没有地震，没有雨雹，也没有雾霭，总之没有气候的变化。可是，在这里，但丁却看到了一条流水，额角上感到了一阵风吹，听到了森林里一片啸号。这一切似乎与史泰喜斯对他说的话矛盾，因此他心中充满了疑问和惊奇。当那美丽的仙女请他发问时，他就要求她解除这个矛盾。

② 以上指亚当被逐出乐园，而必汗流满面才得糊口的事。见《旧约·创世记》第3章。

大气成为一个环，跟宗动天一起运转，
除非它的运转在某方面打断了，
这个运动总是影响到这座自由自在
直立在清净空气里的高山，
并使这森林因为浓密而呼啸；①
这样被冲击的草木含有力量，
用自己的效能充满在空气里，
空气就在运转时把它散布出去；
而那另外的土地按照自己的本质，
和那边气候的温度，就受了胎，
产生出不同效能的不同的树木。
若是了解了这一点，当尘世的土地上，
有一些树木没有明显可见的种子，
就生了根的时候，可不必惊异了。②
你还必须知道，你如今所在的
这片圣洁的平原充满一切种子，
而且结出在人间采不到的果实。
你所看到的流水，并不是从一支
为寒气凝成的雨水所充溢的泉源中
涌出，像一条水量时增时减的河川，③
却是从一个不变而稳定的源泉中

---

① 亚里士多德说："空气也成一个环似的流动，因它被整个的循环吸引前去。"托马斯·阿奎那说："因此那超过群山最大高度的空气环流着，但那包含在群山高度内的空气由那地球的不动的部分被阻止了这样的流动。"

② 但丁在这里对于他那时代公认的事实，作了一种超自然的合理主义的解释。他根据的是亚里士多德的话："这对于树木也同样适用，因为有些树木由种子产生，有些树木则自发地由自然所产生。"

③ 关于地球上雨水的形成，参看本篇第五歌近末处。

发出，它尽量向两边灌注多少，
就依上帝的意志重新补充多少。[1]
在这一边流下去的一支，具有着
一种洗去人们罪恶的记忆的效能；
那另一边的一支恢复一切善行的记忆。
这一边的一支叫做里西河，那一边的[2]
一支叫做攸诺河，可是不起作用，
除非喝了这边的水再喝那边的水。
这水的滋味胜过一切的滋味；
虽然你的渴望也许已完全满足，
不需要我向你再继续解释什么了，
我还是要赠你一条必然的结论；
若是我的话超过了我的诺言，
我想你也不会减少对这些话的珍视。
在古时候，那些歌唱黄金时代
及其幸福景象的诗人们，说不定
在巴那萨斯山上梦想过这个地方。
在这里，人类的祖先是天真无邪的；
这里有永不消逝的春天，和一切美果；
这就是人人称道的天上的琼浆。”
于是我把我的身体完全转过去

---

① 《旧约·创世记》第2章第4节以下：“创造天地的来历，在耶和华上帝造天地的日子乃是这样。野地还没有草木，田间的菜蔬还没有长起来，因为耶和华上帝还没有降雨在地上，也没有人耕地。但有雾气从地上腾，滋润遍地。……有河从伊甸流出来滋润那园子，从那里分为四道。”

② 见《地狱篇》第三十四歌末。

向着那两位诗人，而且注意到
他们听到那最后的解释时笑了；[1]
于是我转过脸去向那美丽的仙子。

---

① 维吉尔和史泰喜斯听见这话时笑了，因为他们自己就是两个这样的古代诗人。

第二十九歌

神圣的仪仗

她说完话以后，像一位相思的女郎
　唱着相思曲，继续她的歌唱道：
　“得遮盖其罪的，这人是有福的。”①
好像山林女神们惯于单独一人，
　在蓊郁树林的阴影中踽踽而行，
　有的想看到阳光，有的想躲开，
她于是逆着那条流水向前行进，
　在河岸上走着，我也和她相并而行，
　用碎小的脚步合着她碎小的脚步。
我和她合起来还没有走上一百步，
　两边的河岸向同一方向转了个弯，
　那样我就又一次面向东方了。②
我们的路还没有走得十分远，
　那位仙女完全转过身来向着我，
　说道：“我的兄弟，且一边看一边听。”
我只见一片突然而来的光辉，
　从四面八方把那大森林照得通亮，
　那情景使我怀疑那是不是闪电。
但既然闪电一射过来立即消灭，
　而这片光却历久不灭，愈变愈亮，
　我心中就想道：“这是什么东西啊？”
而且一阵美妙悦耳的歌声，

在明亮发光的空气中来往传送；
正义的热忱就使我责备夏娃的大胆，
她，一个单独而刚被创造的女人，
在那天地都服从上帝的地方，
竟然不甘愿留在无知的帐幔后，③
如果她诚诚敬敬地留在那里，
那么我早就在此之前尝到了
那不可言说的喜悦，也尝得更久。
在这纷然初现的不朽欢乐的
美果中间，我欣喜欲狂地走着，
心中还是渴望着更多的喜悦；
那时候，在我们前面的绿枝底下，
那空气忽然看来像熊熊的火光，
那美妙的声音听来像一曲圣歌。
九位神圣，神圣的缪斯女神啊，
如果我曾为你们熬过饥饿，寒冷，
或不眠之夜，现在我来要求酬报。④
如今赫利孔山的灵泉应为我喷涌，
攸莱尼亚女神应以她的合唱队，

---

① 《旧约 · 诗篇》第 32 篇第 1 节："得赦免其过、遮盖其罪的，这人是有福的。"这支歌结束了以上七大罪孽的净洗，开始了本歌里面"凯旋的教会"的华丽寓言。

② 但丁直至走到小溪的左岸，一直是向东行的。现在他向右边转过去，在维吉尔和史泰喜斯的前面，并和在右岸的仙女合着脚步，溯溪而上，直到那小溪拐了一个大弯，他们又向东转了。

③ 指夏娃违反天命在乐园中吃禁果的事。

④ 但丁曾为了他的文学事业，受尽了颠沛流离之苦，如今在处理《神曲》这题材时，他所要求的酬劳，只是诗神给他以能力，让他能有无愧于这一题材的表现。

助我把难于想象的事物制成诗章。①

再往前面一些，我仿佛看到有

七棵黄金的树，这幻觉之所以产生②

是因为我们和它们之间还相距很远；

但是等到我向它们走得十分靠近，

使感官淆惑的事物的大致外貌，③

因距离的缩短而纤毫毕露的时候，

那替理性准备材料的官能，

看出那七株树却是七叉烛台，

听出那圣歌的词里有“和散那”一语。④

那美丽无比的行列，在那高处

熊熊发光，比走了半月的行程、

午夜高悬在净空中的皓月更亮。

---

① 赫利孔是缪斯女神们居住在上面的山，从这山中流出两支泉水，名阿加尼彼和希波克林。攸莱尼亚是司天文和天上事物的缪斯女神，但丁在这里专向她祈求是适当的，表示自此以后他要讲到的都将是天上的事物了。

② 《新约 · 启示录》第 1 章第 12 节以下：“我转过身来……就看见七个金灯台……七灯台就是七个教会。”同上第 4 章第 5 节：“又有七盏灯火在宝座前点着，这七灯就是上帝的七灵。”但丁似乎为他寓言的目的，把这两节文章溶化在一起了。但丁在这里的含义，也可以从他在自己的《飨宴篇》第四篇里所说的一段话里看到：“因为这些赐予来自神圣的爱，而神圣的爱又是和圣灵相适合，所以被称为圣灵的赐予，按先知以赛亚所辨别的，有七种，即智慧，解悟，审慎，权能，知识，怜悯，对主的敬畏。”

③ 感官的“特有的”对象是只由一种感官感知的事物，如视觉所感知的色，听觉感知的声，味觉感知的味；据亚里士多德，感官在这些上面不能受到淆惑。“但是共同的对象是动，静，数，量；因为这种事物不是任何一个感官的特有的对象，而是对一切感官共同的，”对于它们感官会弄错。

④ “和散那”是耶稣进耶路撒冷城时，犹太人向他称颂的话。这个词原意有求救的意思。在这里，是二十四个长老在耶稣的车前所说的话。

我心中满怀着惊奇，转身过去向着
　那善良的维吉尔，他那脸上向我
　表露的惊愕的神色，不亚于我。
于是我转脸向着那些崇高事物，
　它们向我们异常缓慢地移动过来，
　甚至会被刚行过婚礼的新娘赶上。
那位仙女向我喊道：“你为什么单是
　这么热心地望着那些灿烂的光芒，
　而毫不注意那随在后面的一切？”
于是我看到了一队人，穿着白袍，
　仿佛跟随导者似的跟在后面；
　那样洁净的白色非我们人间所有。
在我的左旁那河水灿灿发光，
　若是我向那里面望去，像镜子般，
　它就把我左边的身影倒映出来。
我走到了我这边河岸的紧边，
　面前只剩那一泓河水把我隔开，
　我就停下脚步向那边仔细观看，
只见那些熊熊的火光正在前进，
　把留在后面的空气染上了彩色，
　样子就像随风飘展的三角旗；①
因此上面的空气留下了七色彩纹，
　那全部颜色都是太阳用来吐出
　他的虹霓，月亮构成她的晕界的颜色。
这些旗旌远远往后面飘扬而去，
　超过我的目力所及，据我估量，

① 这是在七叉烛台后面，飘扬的七面彩旗。

那最外面的旗旌相距十步。
如我所描绘的，美丽的天空下
有二十四位长老两个两个地走来，
他们的头上都戴着百合花冠。①
他们在齐声诵唱着：“你在亚当的
女儿们中是有福的，愿你的美
受到祝福，直到世世代代。”②
在这以后，在我对面的河边上，
这些为上帝所拣选的长老们，
就在花朵和嫩草中间不见了；
就像在天空中星辰追随星辰，
四个活物在他们的后面走来，
每一个头上戴着绿叶编的冠冕。
这些活物各自生着六个翅膀，
羽毛上满生着眼睛；阿加斯的眼睛，
若是还有着生命，就会像这样。
读者啊，我不再浪费我的诗章
来描绘它们的形状；其他的责任
在牵制着我，我得俭用我的笔墨。
但是请阅读以西结书，他在书中

---

①《新约·启示录》第4章第4节：“宝座的周围，又有二十四个座位，其上坐着二十四位长老，身穿白衣，头上戴着金冠冕。”在这里，他们代表《旧约》二十四卷的书（十二个次要先知的书算作一卷，《列王纪上下》算作一卷，《历代志上下》算作一卷，《以斯拉记》和《尼希米记》也算作一卷）。

② 这是融合天使和以利沙伯向马利亚所说的话而成的。天使说：“蒙大恩的女子，我问你安，主和你同在了。”以利沙伯说：“你在妇女中是有福的，你所怀的胎也是有福的。”（皆见《新约·路加福音》第1章）在这里，不是向马利亚就是向俾德丽采说的。

描摹它们，他曾看它们如何来自北方，
带着狂风，带着大云，带着烈火；
你将在他的书中看到它们的形状，
它们在这里也就那样，除了翅膀，
我与约翰的描写相合，与他不同。①
在这四个活物之间的空间内，
有一辆有两个轮子的凯旋车，
驾在一头狮鹰兽的颈上被拖来。②
在中央的旗帜和两边各三面的旗帜间，
他把一个翅膀又把另一个翅膀
向上伸展，因此他没有撕碎哪一面。
他的翅膀升到高不可见的地方；
他那鸟的一部分的肢体是金色的，
其余的部分是白里面混着朱红。
不但阿非利加那和奥加斯都，
都不曾用这么美的车使罗马欢腾；③

---

① 《以西结书》第1章第4节以下："我观看，见狂风从北方刮来，随着有一朵包括闪烁火的大云……又从其中显出四个活物的形象来，他们的形状是这样，有人的形象。各有四个脸面，四个翅膀。……在四面的翅膀以下有人的手，这四个活物的脸和翅膀乃是这样。翅膀彼此相接，行走并不转身……至于脸的形象，前面各有人的脸，右面各有狮子的脸，左面各有牛的脸，后面各有鹰的脸。各展开上边的两个翅膀相接，各以下边的两个翅膀遮体。"但是约翰的《新约·启示录》第4章第6节以下却这样说："宝座中，和宝座周围有四个活物，前后遍体都满了眼睛。第一个活物像狮子，第二个像牛犊，第三个脸面像人，第四个像飞鹰。四活物各有六个翅膀，遍体内外都满了眼睛。"四个活物代表马太、马可、路加和约翰。

② 凯旋车不是代表基督教的教会，就是代表教皇的皇座。狮鹰兽象征耶稣身上神性和人性的结合。

③ 这里指这两个和一切的得胜的罗马将军，在他们的"凯旋式"中，所乘的车辆。

而且太阳的车相比时也要逊色——
就是这辆太阳的车因为走错了
它的轨道，公正到神秘的虬夫听从
人间的虔诚祷告，使它烧毁了坠下。[1]
三位仙女在那右边的车轮旁，
围成圈跳着舞走来；其中一个
红得即使她在火中也看不出来；
第二个看起来仿佛她的骨肉
是用碧绿鲜艳的翡翠做成的；
那第三个好像刚落下的雪一般；
她们仿佛一会儿由那白色仙女领先，
一会儿由那红色仙女领先，其余两个
就按她的歌声踏着或疾或徐的步子。[2]
在那左边的车轮旁，穿着紫红衣的
四个仙女载歌载舞着，其中一个
脸上有三只眼睛的，率领她们前进。[3]
在这我已描摹过的队伍之后，
我看到两位年老的人，衣服不同，
但举止相似，都是年高德劭，态度庄严：
一个老人显出自己是无比崇高的
希波克拉底的门人，就是上帝替自己
最珍爱的造物造的希波克拉底；[4]

---

① 见《地狱篇》第十七歌。

② 这三位仙女，白的代表信心，绿的代表希望，红的代表慈善。

③ 左轮旁的四位仙女代表节制、正义、刚毅和审慎。由看到过去，现在，和未来的审慎领导。

④ 这是指被认为《使徒行传》的著者路加。保罗在《歌罗西书》里称他为“所亲爱的医生路加”；因此他被认为是一个精神上的希波克拉底（古希腊名医）。

那另一位老人显出了相反的使命，
　手中拿着一把闪闪发亮的宝剑，[①]
　即使我在河的这边也是望而生畏。
然后我看到四个模样卑谦的人；[②]
　在他们后面，一个单独的老翁，
　虽然眼光锐利，却在睡眠中走来。[③]
而这七位却穿着和最前面的一队人
　相同的衣服；但是他们的头上
　被环绕着的花环不是百合花编的，
而是用玫瑰花或其他的红花编成；
　凡是从不远的地方来观看的，
　会赌咒说在眼睛以上都红光四射。
等到那辆车子驰到我对面的时候，
　忽听到一声霹雳；那些高贵的人
　仿佛被禁止继续向前行进了，
就停在那里，旗帜在前面迎风飘扬。

---

① 这是指保罗。他手中所以拿着剑，可以用他在《以弗所书》第 6 章里所说的话来说明："拿着圣灵的宝剑，就是上帝的道。"

② 指雅各、彼得、约翰和犹大——《新约》四篇天主教书简的作者。

③ 指作为《新约 · 启示录》作者的约翰。《新约 · 启示录》是一系列关于即将来到的事物的异象，因此他被描绘成"在睡眠中"和"眼光锐利"。

第三十歌

俾德丽采谴责但丁

这在最高天灿烂发光的北斗七星，
　从来不知道有降落或是上升，
　除了罪的雾障也没有别的雾障，
它使那里的每个人清楚看出
　自己的本分，就像底下的北斗七星
　引导掌舵的人驶入海港；①
现在它停下，那些宣说真理的人②
　原先就走在鹰狮兽和它之间，
　这时都转向那战车像转向他们的安宁；
他们中的一个，好像从天国派遣来的，
　三次高唱："我的新妇，求你与我一同
　离开黎巴嫩，"其余的人跟他同唱。③
圣徒们在最后号角吹动时，
　都将从各自的坟墓复活过来，
　用刚恢复的嗓子歌唱"哈利路耶"，④
就像那样，"听到那么伟大长老的声音"，
　在那神圣的战车上立即升起
　一百位永恒生命的使者和信使。
大家说："奉主名来的是应当称颂的"；⑤
　然后，一边向上下四周散着花朵，
　一边又说："哦，给我满手的百合花吧。"⑥
我从前曾经看到过，在黎明时分，

天空的东方部分像玫瑰般鲜红，
其余的部分装饰着明净的苍穹，
太阳脸上蒙着一层阴影上升，
因此隔着一片使光芒柔和的晨雾，
眼睛可以久久望着太阳不致刺痛：
就像那样，在一片花的云雾内——
这些花从天使们的手中抛起，
又降落在战车里和战车外边——
一位仙女忽然在我面前出现，
她戴着橄榄枝的花冠，遮着白面纱，
绿色斗篷内穿着火红的衣裳。⑦
那么漫长的一段岁月已经过去了，
我的精神无从去亲她的芳泽，
她曾怎样使我面含羞涩，敬畏不已，⑧
如今再不能用我的眼睛细视她，
但是从她圣体中发出的灵气，

---

① 最高天的北斗七星就是指上一歌里说到的黄金的七叉烛台；它被认为是道德或精神界的向导，就像在人世航海者观望北斗七星以定方向一样。

② 指二十四位长老。

③ 代表所罗门的长者三次歌唱《旧约 · 雅歌》里的言辞（第 4 章第 8 节）："我的新妇，求你与我一同离开黎巴嫩，与我一同离开黎巴嫩。"

④ 指圣徒在最后审判时复活。

⑤《新约 · 马太福音》第 21 章第 9 节："前行后随的众人喊着说，和散那归于大卫的子孙，奉主名来的是应当称颂的。"

⑥"哦，给我满手的百合花吧；让我撒下这些盛开的花朵。"见维吉尔的《伊尼特》第 6 卷第 884 行。

⑦ 这就是俾德丽采。

⑧ 从俾德丽采逝世的 1290 年，到《神曲》想象的日期 1300 年，是整整的十年。

使我又一度感到旧情的炽烈。
在我还没有走出少年时代的时候，[1]
这股崇高力量曾经贯透过我全身，
当它如今又一次袭上我的眼睛时，
我就满怀着信赖之情转身向左，
好像一个小孩受到了惊吓或是
受到了苦楚后奔向母亲一样，
对维吉尔说道："我的身体里面
没有一滴血是不剧烈震动的；
我认出了旧情复燃的征象。"[2]
但维吉尔早已不让我们见到他了——
维吉尔，我那最可敬可爱的父亲，
维吉尔，我那引我追求幸福的导师！[3]
我们第一个母亲所失去的一切，
也不能使我刚受露水洗涤的双颊
不给滔滔泪水再加上一层阴暗。[4]
"但丁，为了维吉尔离你而去了，[5]
现在还不要流泪，现在还不要流泪，
因为你得要为另外的剑伤流泪。"
一位海军大将在船首和船尾上，

---

① 但丁第一次遇到俾德丽采时是九岁，俾德丽采比他小几个月。

② 但丁这一行直接用维吉尔的诗句，见《伊尼特》第 4 卷第 23 行。

③ 这里但丁三次复用维吉尔，表示出他心中如何沉痛。这里也表现了但丁心中的矛盾：在他的神学系统的思想上，他不能不使维吉尔归回到林莕狱，但在情感上，他怎忍让维吉尔离开他的身旁呢？

④ 第一个母亲指被逐出乐园的夏娃。这里的意思是："这地上乐园的一切美丽也不能减少我的悲痛。"

⑤ 我们的诗人在这里第一次，也是仅有一次，把他自己的名字写入了他的杰作里。

走来视察其他战舰上的众士兵，
鼓舞他们大家作出英勇的事迹，
就像那样，待我听到有人叫唤
我的名字（我有必要把这事记下来），
回首过去时，在那战车的左边，
我看到那位初次出现在我面前时，
还被天使们撒的花雨遮起的夫人，
正在用眼睛直望着河这边的我。
虽然那条白色的面纱，从她那戴着
智慧女神的花冠的头上向下垂落，
还没有让她的仪容完全显露出来，
可是她像皇后一般，神色严厉，
继续说话，好像一个说话的人
把最辛辣的言语留到最后：
“细细看我；我诚然，诚然是俾德丽采。
你怎么竟然肯光临这座山的呢？
难道你以前不知道这里是幸福的么？”
我的眼光垂落在那清澈的源泉上；
但看到自己映在里面，就缩回到
青草上，莫大的羞愧叫我抬不起头。
她以声色俱厉的态度对待我，
像母亲对待她的孩子；严厉的垂怜，
若是细加辨别，不免含有辛辣的滋味。
她沉默不语了，那些天使们立刻
高声歌唱道：“耶和华阿，我投靠你；”
但唱到“我的脚”就不再唱下去。①

---

① 见《旧约·诗篇》第31篇第1至8节。

沿着连绵不断的意大利山脊，
　常年积在木筏之材中间的白雪，
　经斯拉伐尼亚寒风的吹压而凝结，
只要从那没有阴影的国土吹来热风，①
　就立即被融化了，自行流滴而下，
　像被火熔化的蜡烛流下烛泪一样；
我在那些天使们的歌唱面前
　就像那样站着，不流泪，也不叹息，
　他们的声调永合乎永恒天体的旋律。
但是在他们无限美妙的谐调中，
　我一听到他们对我的哀怜甚于说：
　“夫人啊，你为何这样羞辱他呢？”时，
那把我的心紧紧包住的冰块，
　就立即化成了气和水，从我胸中，
　连同痛苦由嘴和眼里往外喷涌。
她还是一动不动地直立在
　那战车的上面说过的那一边，
　然后转而向垂怜的天使们说道：
“你们在永远不衰的白昼中守望，
　因此黑夜或是睡眠都不能使得
　世事的进程对你隐瞒掉一步；
故而我回答的时候也格外审慎，
　让那在对岸流泪的人能懂得我，
　罪孽是要用等量的悔恨洗净的。
不但由于伟大天体所起的作用

---

① 这是指非洲，那里在昼夜平分时，不透明的物体由于在赤道之下，只把影子投在自己的底下，而不投在别处，也可以说几乎没有投影。

（天体把每颗种子引向一定目的，
按照作它的伴侣的是什么星宿），
而且也由于天恩的宽宏的赐予
（天恩从那样的高处淋降雨泽，
我们的眼光达不到那源泉附近），
这个人在他的新生时期就蕴藏着[①]
这么多的潜力，在他的里面，
一切良好的才能都能有神妙的增长。
但是撒上不良种子而未加耕耘的
园地会变得愈加繁茂而芜秽，
如果那里的土质愈是良好而肥沃。
我以我的容颜支持了他一个时期；[②]
我把我青春的眼睛显露给他看，
带他同我一起往正直的目标走去。
一等到我踏上了我的生命的
第二个时期的门限，离开人间时，[③]
他抛弃了我，把自己委身于其他。
当我摆脱了肉体上登灵界，
我的美色和美德都有增进的时候，
我在他看来就不怎么可贵可喜了；
他竟把自己的脚步转向他处，
走上一条不正的道路，追逐着
令他得不偿失的浮世的荣华。

---

① “新生”意大利原文有“早年时期”的意思，可是但丁用这个词有更广的意义。

② 从她第一次和但丁相遇（1274）到她逝世（1290），一共是十六年。

③ 俾德丽采死时是二十五岁。按照但丁在《飨宴篇》里的说法，人生的第一个时期是叫做青春时期，这个时期到二十五岁为止。

即使我取得了灵感，在梦中，
　或是用另外的方法招他回头，
　也都无效；他简直不关心这些。
他是沉沦得那么深了，使他得救的
　一切办法早已显得毫无用处了，
　除了引他去看永劫不复的鬼魂。①
我为此到地狱的门走了一遭，
　向引导他到这里来的那位，
　流着泪哀哀说出了我的恳求。
若是不让他先奉上一些忏悔的
　贡税（这不免要使人流一些眼泪的），
　就许他渡过里西河，吃这样的玉食，②
那么就要违犯上帝的最高的谕命。”

① 让他看到罪恶的后果。
② “玉食”指罪孽的遗忘。

第三十一歌

饮忘川但丁得睹仙姿

“在这神圣河流的对岸的你啊，”
　她又开始说，她的言语的刀尖
　直指着我，刚才的刀口在我[①]
已经锋利无比，然后立即继续道：
　“你说，你说，我这话实在不实在；
　听了这样的指责，你必须忏悔。”
我一听了此话简直惊惶失措，
　声音曾振动了一下，可是还没有
　从自己的器官上发出就立即消失。
她忍耐了片刻，然后继续说道：
　“你在想什么？回答我，因为你心中
　悲痛的记忆还没有被河水消灭呢。”[②]
混合在一起的紊乱和恐惧，
　从我的口里逼出了一声“是呀，”
　弱得需要眼睛的帮助才能懂得。
如同一张石弓，若是在拉开的时候
　用力过猛，把弦和弓全都拉断，
　那弩箭射中鹄的也比较无力，
我就在这重大的罪状下爆裂，
　像山洪一样向外喷涌出热泪和哀叹，
　我的声音在喉咙中哽咽住了。
因此她说道：“当你那想望我的心

引导你走向那至高幸福的时候[③]
（除此以外再没有什么可仰望的了），
你发现了什么深坑横阻在你路上，
或是什么铁链把你的身体捆住，
你必得要失去前进的希望呢？
而且在他物的外貌上，向你露出了[④]
什么诱惑的力量或优美的地方，
你必得要在它们之前彷徨无主呢？”
胸中透出了一声辛酸的叹息后，
我简直发不出声音来作答，
随后我的嘴唇好容易才说了出来。
我一边泪如雨下，一边说道：“你的容颜
一被藏匿起来不让我看到以后，
现世的事物以虚妄的欢乐使我迷误。”
于是她说道：“若是你缄口不语，
或否认你供认的事，你的过失
也不会受到较少注意；神明鉴照着。
但是等到在我们的天庭前，
对罪孽的自责使人泪容满面时，
正义的砺石就退转来使锋口变钝。[⑤]
可是，为了你可以对自己过去的
犯罪感到羞愧，而且在将来再听到
妖女歌唱的时候，心地可以坚强些，

---

① 指俾德丽采在上一歌里向天使们间接讲到但丁的话。

② “河水”指里西河的水。

③ “至高幸福”指上帝。

④ “他物”指人世的理想。

⑤ 忏悔缓和了天怒，就使正义之剑的锋口变钝。

且将流泪的种子收起，听我说话吧；①

你就将听到我的被掩埋的肉体，

应该如何感动你走向一个相反目标。

自然和艺术向你呈上的欢乐，

莫过于我在人世时所裹着的，

现在已委于尘土的艳丽的肉体；

假使由于我离开了人世的缘故，

你就失去了那至高无上的欢乐，

那么什么人间事物能使你想望它？

你确然应该在令人迷惑的事物

向你发射出第一支箭来的时候，

随着超脱了尘世的我翱然飞翔。

年轻美妙的姑娘，或其他虚空的事物，

都像昙花一现，不该把你的翅膀

压得垂落下去，等待更多的射击。

年幼的鸟儿会被射到两三次，

但在羽毛已丰的鸟儿的眼前，

网罗应是白张的，箭该是虚发的。”

如同羞愧得哑口无言的孩子们，

两眼望着地上，站着侧耳倾听，

暗自招认自己的错误，表示忏悔，

我就像那样站着。她说道：“既然你

用耳听就如此悲伤，抬起你的胡子来，

你用眼看时将感到更多的悲伤哩。”

坚强不屈的橡树，不论被我们的风，

---

① 流泪痛悔是得到善果的因，所以说“流泪的种子”。这句话简单说来，是“且不要哭”。

还是被爱尔巴斯的国土吹来的风，①
连根拔起时所作的抵抗，也不及
我遵命抬起下巴时表示的抵抗；
当她说的是胡子而指的却是脸时，
我十分明白她话中所含的毒刺。②
当我把我的脸仰起的时候，
我的眼睛看到那些原始的造物，③
已经不再散花，却在那里休息；
我的还没有十分稳定的眼光，
又看到俾德丽采转身向着
集两种性质于一身的那个动物。④
她脸上遮着面纱，站在河流的对岸，
在我看来比旧日的她更超绝了，
犹如她同我们在人间时比他人超绝。
无限悲痛的忏悔直刺到我心中，
因此在一切其他的事物中，以往
最使我动心的，显得最可憎恨了。
数不尽的悔恨啃嚼着我的心，
我因支持不住就倒下了，当时我
变成怎样，使我悔恨倒下的她最明白。
然后我恢复了对外界的感觉，

---

① “我们的风”指欧洲北部吹来的风；“爱尔巴斯的国土吹来的风”指从非洲吹来的南风。非洲被称为“爱尔巴斯的国土”，由于利比亚的王有一个叫这名字，他是黛多的一个求婚者(见《伊尼特》第 4 卷)。

② 这里的意思是：“我知道，当她要我抬起我的胡子，而不对我说举起你的头来时，含着严责我没有盛年时期应有的明哲之意。”

③ “原始的造物”指天使。

④ 指象征基督的鹰狮兽。

看到我先前发现她独自一人的
那个仙女弯身对我，说：“拉住我！拉住我！”
她已把我拉到了那河里，水没到颈项，
然后她把我拖在她后面，在水面上
向对岸疾行而去，就像梭子般轻快。
等到我靠近对面幸福的河岸时，
我听到美妙的歌声“求你用牛膝草”，①
如何美妙我忘了，更不用说描写了。
那美丽的仙女张开两臂，抱住了②
我的头，把我浸没到那样的深处，
使我必得要把一些水往肚子里吞；
然后再把我拉起；把湿淋淋的我
带到了四位美丽仙子的舞蹈之中，
她们每一个都用臂腕遮住我。
“我们在这里是仙女，在天上是群星；
俾德丽采下降到人间去以前，
我们被派给她做她的使女。
我们要带你到她眼睛前面；
但那边三个看得更深的人要使你
目光锐利，看那隐含的欢乐之光。”
她们仿佛歌唱着这么说；然后果真
领我同她们一起走到鹰狮兽胸前，
俾德丽采站在那里身体向着我们。
她们说道：“你要饱饱的看一顿；

① 《旧约 · 诗篇》第 51 篇第 7 节：“求你用牛膝草洁净我，我就干净；求你洗涤我，我就比雪更白。”

② 那美丽的仙女即马提尔达。

我们已把你安置在两块翡翠前，[1]
爱神曾从那里向你射出他的箭。”
千万种比火更为灼热的情思，
使我的眼光落在那双明媚的眼上，
它们一直凝视着那鹰狮兽。
像镜子反射阳光，那双形兽
也那样在那双眼睛里闪耀发光，
一会现出一种性质，一会另一种性质。[2]
读者啊，当我见到那东西本身
一动不动，它的影像却变幻不定时，
你且想想我的心中是否惊愕呢。
我的满怀着惊奇而感到欢喜的
灵魂，正在尝那一边令人满足，
一边又令人饥渴的食物的时候，
那另外三位天使，在他们的仪态上
显出自己是最高贵的，向前走近，
按他们那天国乐曲的节拍舞着。
他们这样歌唱：“掉转，俾德丽采，
掉转你圣洁的眼睛，朝那忠于你的人，
他走了千步万步的路，就是要来看你。
愿你出于慈悲赐这恩惠给我们，
请揭开把你的脸遮住的面纱，
使他见到你那不让透露的仙姿。”

---

① 俾德丽采的眼睛被称为“翡翠”，不是指其颜色，而是指其光彩。

② 但丁看到人性与神性的结合，不是直接的，而是被反映在俾德丽采的翡翠似的眼睛上。直接看那形体时，它显得没有两样，但在她的眼睛里那形象就变化了。

永远不衰的、光辉灿烂的颜容啊！
　　你把自己展露在晴朗的空气里，
　　天界的音乐把你隐约衬托出来：
有哪个在巴那萨斯山的阴影下
　　变得消瘦，或饮过那里的灵泉的人，
　　在企图描绘你显出的仪态时，
不会感到自己的心灵仿佛受了阻碍？[①]

---

① 这里的意思是："人间的语言无法描绘俾德丽采的颜容，只有仙界的音乐才能够朦朦胧胧地，隐隐约约地把它表现出来。"

第三十二歌

教会邪恶时日的寓言

我的眼睛那样固定不动，专心于
　满足十年来漫长岁月中的渴望，
　所有我的其他感觉都因此停止；
那神圣的笑容引诱我的眼睛
　坠入旧日的罗网里，仿佛两边
　都竖起了一堵令人漠视一切的墙；
然后我不得不把脸转向左边，
　因为我听见那些女神们说出了
　一句话："你看得过于热切了。"
由于刚受到强烈阳光的照射，
　在眼光上所发生的那种情形，
　使我一时里什么都看不到；
但是等到我恢复了眼力去注视
　较暗的对象时(我说较暗的，是和那
　我被迫不看的灿烂的对象相比)，
我看到那光芒万丈的队伍
　已向右边回旋过来，往这里
　走来了，太阳和七支火焰在前。
一支军队在盾牌的掩护下面，
　回转过去退却，但在全军还没有
　能够变换阵形之前，只随军旗旋转；
那列队在前锋的天国的军队，

在那战车被它车辕带动之前，
就像那样全部在我们旁边经过。
于是那些仙女回到了车轮那里，
那狮鹰兽拉动了奉为神圣的负载，
脚步那么平稳，一根羽毛都不乱。①
那拖我过河的美丽仙女，史泰喜斯②
和我三人一同跟在车轮后面——
在转动时划出较小弧形的那个车轮。③
就这样在那宏伟的森林中慢行着，
由于那听信蛇的女人，这里空无所有，④
我们按天使们的曲调移动脚步。
俾德丽采走下车子的时候，
我们已经走了的路，大约等于
一支射出的箭飞翔三次的距离。
我听见大家都在小声说："亚当！"⑤
然后他们围住一棵树，上面的⑥
所有树枝都没有一朵花或一张叶。
树顶上的枝叶，愈是往上耸起，
愈是向四边张开，这树的高大⑦

---

① 这两行的意思也许是，基督指导他的教会不是用武力或外在的手段，而只用精神。

② "美丽仙女"指马提尔达。

③ 指右轮。车向右转弯，左轮是大转弯，右轮是小转弯。

④ "听信蛇的女人"指夏娃。

⑤ "小声说"原文有"带着谴责的口吻小声说"的意思。请看《新约·罗马书》第5章第12节："这就如罪是从一人(即亚当)入了世界，死又是从罪来的，于是死就临到众人，因为众人都犯了罪。"

⑥《旧约·创世记》第2章第9节："耶和华上帝使各样的树从地里长出来，可以悦人的眼目，其上的果子好作食物。园子当中又有生命树，和分别善恶的树。"

⑦《旧约·但以理书》第4章第10节："我看见地当中有一棵树极其高大。"

使住在林中的印度人都会吃惊。
“鹰狮兽啊，你是有福了，你不必用
你的嘴喙从这棵树上撕下甘美的东西，
因为吃了上面的东西肚子会绞痛。”
其他的天使围着这棵坚强的树
这样叫着；那两种性质的动物说：
“一切正义的种子是这样保存的。”[①]
他回身走近他所拉的车子，
把它拖到那棵秃树的脚边；
将那用它做成的东西缚在上面。[②]
如同太阳的巨光，跟那在双鱼座后
射出来的光混合在一起，向下
照耀的时候，我们地上的树木
都抽出嫩枝，在太阳在另一星座下
将轭驾上骏马以前，每棵树木[③]
就在自己身上重新披上一片彩色：
就像那样，那先前树枝光秃的树
又面目一新，开出比玫瑰花淡些，
比紫罗兰却要浓一些的花朵。
那队天使当时所唱的颂歌，
我不能懂得，在人间无人唱过，
我也不能全部听完它的旋律。
若是我能描绘那些冷酷的眼睛，
那些因作较长的守望而受害的眼睛，

---

① “这样”就是不许精神的和世俗的权力互相侵犯。

② 依照传说，耶稣在上面钉死的十字架，是用从分别善恶的树上取下的木材制成的。

③ 这里是指春天，那时候太阳进了白羊座(在双鱼座之后的星座)。

如何听了塞林克斯的故事而入睡，①
那么我将要像一个照着模特儿
画画的画家那样描绘自己如何入睡，
来和任何一个善于描绘睡意的人较量。
因此我略过睡眠来描绘醒时的情景：
我说一阵亮光撕破了我的睡眠之幕，
一个声音叫醒我："起来，你在做什么？"
如同彼得，约翰，和雅各被带到了
一座高山上，观看苹果树上的小花
（就是使天使们渴望上面的果子，
而使天国能摆设永远婚筵的那一株），
在惊倒以后，听到那使睡得更熟的人
也要醒来的话语，大家都醒来了，
看到他们的队伍中已减少了
摩西，而且以利亚也不见了，
只见他们的先生的衣裳变了颜色；②

---

① 这里讲的是生着百眼的阿加斯。朱诺因妒忌朱庇特爱上爱俄，就派阿加斯去看守变了母牛的爱俄，因为他比别人能看守得长久一些，只要轮流休息他的一百只眼睛。但是朱庇特命令麦叩利去杀死他。麦叩利因此扮作牧羊人的模样降到人间，他用塞林克斯的故事哄阿加斯入睡后，就砍下了他的头。

② 这里讲的是耶稣改变形象。《新约·马太福音》第 17 章第 1 节以下："过了六天，耶稣带着彼得，雅各，和雅各的兄弟约翰，暗暗地上了高山。就在他们面前变了形象，脸面明亮如日头，衣裳洁白如光。忽然有摩西、以利亚向他们显现，同耶稣说话。彼得对耶稣说，主啊，我们在这里真好；你若愿意，我在这里搭三座棚，一座为你，一座为摩西，一座为以利亚。说话之间，忽然有一朵光明的云彩遮盖他们，且有声音从云彩里出来说，这是我的爱子，我所喜悦的，你们要听他。门徒听见，就俯伏在地，极其害怕。耶稣进前来，摸他们说，起来，不要害怕。他们举目不见一人，只见耶稣在那里。"

我也像这样醒来，看到那位
　垂怜人家的仙子弯身在我上面，
　引导我的脚步沿溪而行的就是她。
我全然惊惶失措，说：“俾德丽采在哪里？”
　她回答说道：“你看她在新生的
　树叶下面，端坐在树根上。
你看那环绕着她的一队天使；
　其余的天使已唱着更美妙，
　更深奥的歌，跟着鹰狮兽上升了。”
她的话语是否说下去，我不知道，
　因为使我专心致意而不理会他事的
　那位夫人，如今已在我的眼前。
她一个人坐在光秃的土地上，
　被留下在那里守卫那辆战车，
　就是我看见那两形兽拴在树上的那辆。
七位仙女拉着手作成一个环，
　围绕在她四周把她遮掩起来，
　手中掌着不怕北风和南风吹熄的明灯。
“你要在这森林里暂时耽一个时候，
　以后就同我一起永远做那真正的
　罗马城中的公民，基督也住在那里。①
为了对万恶的世界有所裨益，
　如今用你的眼睛细细看那车辆，
　你回到人间后，要写下你看见的情景。”
俾德丽采这样说；我拜倒在她脚边，
　她给我的嘱咐我无不依从，

① “真正的罗马城”指天国。

我立即把心目转向她命令的地方。
浓厚的乌云中突射出来的火，
从那极遥远的穹苍下降时，
它那忽然一现的速度也不能胜过
我看见从树木中疾扫而下的
虬夫神的飞鸟，它撕去了树皮，[①]
也碰落了树枝上的花朵和新叶；
它用全部的力量扑击那车辆；
因此车辆旋转如暴风雨中的小舟，
被浪冲击，时而向右舷，时而向左舷。
然后我看见一头雌狐狸，仿佛[②]
因吃不到美好的食物而饿瘦了，
跳进了那辆凯旋的战车里。
我的夫人斥责它犯了众多的
卑污的罪恶，立即把它赶走，
那无肉的骨头用尽全力飞快窜逃。
然后我看见那只鹰从先前飞来的
地方，停落在那辆战车上，
在车上铺了一层它自己的羽毛。[③]
有一个声音从天上传来，
好像从伤心的胸中发出，说：
"嗳，我的小舟呀，你装上多坏的货物！"

---

① "虬夫神的飞鸟"指鹰，它在这里的行动代表教会受到罗马皇帝们的迫害。参看《旧约·以西结书》第 17 章第 3 节："主耶和华如此说，有一大鹰，翅膀大，翎毛长，羽毛丰满，彩色具备，来到黎巴嫩，将香柏树梢拧去。"

② "雌狐狸"大概代表异端者的背叛。

③ 鹰的第二次飞降，代表"康士坦丁的馈赠"；参看《天堂篇》第二十歌。

然后我仿佛看到在两个车轮之间，
　那土地突然崩裂，只见一条龙
　从中飞出，尾巴插定在车辆中；[①]
如同一只胡蜂缩回它的螫刺，
　那条龙缩回可憎的尾巴时，
　拉去了一部分车底，又去浪游了。
就像肥沃多产的地上留下的青草，
　那辆战车剩下的部分，又用那些
　也许以诚恳和仁慈的意图献上的
羽毛，遮盖起来，那车轮和车辕
　在不到一声叹息使嘴巴张开的
　那样短的时间内，立即盖上了羽毛。
这座圣洁的大建筑，这样变了形后，
　立即生出头来，盖在各部分之上，
　三个头在车辕上面，每只角各一个。[②]
那三个头生着像牛一样的角，
　那四个头却在额上只生一只角；
　这样的怪兽还从来没有见过。
安然坐在它上面，稳固得像峻山上的
　一座堡垒，一个丧尽廉耻的淫妇
　显现在我面前，灵活的眼观望四方。
还有，仿佛不让她被人抢走似的，
　我看见一个巨人直立在她身边，
　他们而且不时地互相接吻；[③]

① “龙”代表穆罕默德的宗派分裂。
② 七个头代表七大罪恶。
③ “淫妇”代表教会在善尼腓斯八世治下的腐败状况；“巨人”代表教皇与其勾结的法兰西的腓力普四世。

她把淫荡和游移不定的眼睛
　转过来向我看着，那个凶恶的姘夫
　因此将她从头到脚鞭打了一顿。
他这时心中充满了嫉妒，愤怒得
　残忍无比，放松了那个怪物，
　拖它到森林深处，于是森林的树荫[①]
把我遮掩起来，看不到那淫妇和怪兽。

---

① 这里指腓力普四世使教皇克雷门特五世从罗马迁到亚威农去（见《地狱篇》第十九歌）。

第三十三歌

诗人洁净后上登诸星天

“上帝啊，外邦人进入你的产业：”①
　仙女们流着泪，开始交互歌唱
　美妙的颂诗，时而三人，时而四人；
俾德丽采满怀着同情，叹着气，
　侧耳倾听她们歌唱，脸色大变，
　就是马利亚在十字架前也没有那样。
其他的处女让开了地方给她
　要她说话的时候，她直立了起来，
　脸上发出火一般的红光，说道：
“等不多时，你们就不得见我，
　我的亲爱的姊妹们啊，
　再等不多时，你们还要见我。”②
然后她要她们七人都走在前面，
　她仅点了点头，要我，要那夫人，
　并要那留下来的诗哲随她行走。③
她就这样往前走去，我相信
　她还没有在地上踏下第十步，
　她忽然用她的眼睛看着我的眼睛；
她露出沉静的颜容对我说道：
　“走得再快些，那么我要与你说话时，
　你就可以在我身旁听得清楚些。”
我一和她在一起时（因为这样做是

我的本分)，她就说："兄弟，既然你现在
和我走在一起了，为何不问我话呢？"
好像站在长辈面前的人，
说话总是过于毕恭毕敬，
因此把一半的言语留在嘴里：
我也遇到了这种情形，就开始
半吞半吐地说道："我的夫人，你知道
我的需要，也知道于我有益的话。"
然后她对我说道："我希望从此以后，
你不要因感到畏惧或羞愧而拘束，
说起话来别再像一个做梦的人。
你要知道，那被龙尾击碎的车辆
先前有，如今没有；④愿那犯这过失的人
要相信上帝报仇时不怕人吃小块面包。⑤
那留下羽毛在车辆上而因之
使那车辆成为怪兽，然后成为
掠品的鹰，不会永远没有后嗣；
因为我确然看见，所以就要说出，

---

① 《旧约 · 诗篇》第 79 篇："上帝啊，外邦人进入你的产业，污秽你的圣殿，使耶路撒冷变成荒堆。"

② 耶稣对门徒说的话："等不多时，你们就不得见我；再等不多时，你们还要见我，因我往父那里去"（《新约 · 约翰福音》第 16 章第 16 节)。

③ "那夫人"指马提尔达；"诗哲"指史泰喜斯。

④ 那时的教会虽然腐败，但丁还是用约翰在《启示录》里说的话用在它上面："你所看见的兽，先前有，如今没有"（《新约 · 启示录》第 17 章第 8 节)。

⑤ 在古代佛罗伦萨，一个杀人者若在杀人以后的九天内，能够在被杀者的墓前设法吃一小块面包和一些酒，就会避免那家族的报复；因此为了阻止这个，那家族的人就在墓前守望。

不受一切阻拦和一切障碍的星辰
早已临近，为我们带来一个时代，
在那时代里，一位由上帝派遣来的
‘五百十五’将要杀死那卑贱的淫妇，
连同那个如今和她一起犯罪的巨人。①
我的预言，像西密斯和斯芬克斯②
所说的那样隐晦，也许更不令你相信，
因为它像她们那样使你的心灵模糊；
但不久事实将要成为南底女神们，
用不到损失牛羊或是损失禾谷，
就会把这个难猜的谜语解破。③
你要记在心里；我现在怎样说出
这些话，你回到人间去时，也怎样
向那些活了一世不免一死的人预示；
也不要忘记在写出我的话来时，
决不要隐瞒你如何看到那棵树，
它如今在这里受到了两次的掠夺。④
凡抢劫或撕裂那棵树的人，
以行动上的亵渎触怒上帝，

---

① “五百十五”的罗马数字是DXV，或许这是DVX（意为“领袖”）一字的字谜。注释家关于这个“领袖”究竟是谁做了许多推测，但并无定论。可是这一点对于我们并不重要，因为但丁在这里所说的意思还是明白的：帝国和教会权力的分开。

② 西密斯是天和地的女儿，她被认为是一个说预言的神祇。斯芬克斯是一头女怪兽，向路过的人说谜语，若是解不出的，就被她杀死。

③ 据注家说，江河泉井女神南底们与猜破斯芬克斯的谜无关，应该是指挨提巴斯。在挨提巴斯猜破了谜后，西密斯听到了十分愤怒，就派出一头野兽到底比斯人的牛羊群中和田野上，乱叫乱踏。

④ 先为亚当掠夺，后为那巨人掠夺：因为车辕是由那棵树的木料做的，而那车辆是由那巨人拉走的。

上帝把那树造得圣洁以侍奉自己。
那第一个灵魂因为吃了那果子，
处于苦刑和欲望中有五千余载，①
渴念那为这罪恶自己受罚的‘人’。
你的智力，若是判断不出那棵树
为了特殊的原因才是那么高耸，
才那么上大下小，那准是在睡觉。
你的虚荣思想以往若不是像
挨尔萨河的水浸透你的心灵，②
人世的欢乐若是不玷污你如彼拉马斯③
玷污桑树，那你只要依这么多情况，
就会在道德意义上，从这棵树中
认识到上帝下这禁令的公正。
可是，因为我看见你的心灵
变成了石头，颜色也像石头一样，
以致我的言语的光芒使你眼花，
我也愿意你把这件事记在心里
带去，若是不详细写至少写个概略，
就如朝山者把手杖绕上棕榈叶带回。”
我说：“好像蜡上面盖了印，
因此那盖上的形象永远不变，
如今我的头脑上也被你盖了印。
可是你的久被渴慕的言语为什么

---

① 但丁依据的是攸西俾斯（约264—340）的年表：亚当在人世是930年，在林菩狱是4 302年，共5 232年。

② 挨尔萨是一条离佛罗伦萨20公里处流入阿诺河的小河流，据说有使事物变成石头的性质。

③ 彼拉马斯见木篇第二十七歌中的注。

飞得那么高远为我的目力所不及，
以致愈是注意着愈是看不见呢？”
她说道：“为了使你能够认清
你所遵循的那个学派，并且看
它的学说如何难于跟上我的言语；①
也为了使你可以看出你的道路
和那神圣的道路相距得那么远，
如运行极速的天离开地一样。”
我就回答她道：“我记不起来
我曾经对你生出过异心，
也不曾因这等事受到良心的苛责。”
“若是你记不起这件事来呢，”
她含笑答道，“你现在且想一想，
你如何就在今天喝了里西的水；
假使从烟里可以证明火的话，
那么你这样的善忘正可清楚证明，
你在你的欲望上就有旁骛的过失。
但是现在我要把我的话说得
赤裸裸的，说得那样的赤裸裸，
使你粗野鄙陋的眼光能够看见。”
如今发出更多光辉的太阳，
正在用较缓慢的脚步占领着
依方位的变换在两边变换的子午圈；②
那时候，正如一个走在人们面前
去找护送者的人，若是发现什么

① 指维吉尔的学派。
② 这是指正午。

怪异的事情或迹象，停下脚步一般，
那七位仙女在一片苍白阴影的边上
停下脚步，就像在绿叶和暗枝下面，
阿尔卑斯山投射在寒水上的阴影。
在她们的面前我似乎看到，
幼发拉底河与底格里斯河从
一个泉源涌出，像依恋的朋友般分手。
“哦光明啊，哦人类的荣耀啊，
在这里从一个源头灌注出来，
然后各自流去的是什么河呀？”
回答这个祈请的是这样的话：
“你可以请求马提尔达告诉你；”
那美丽的仙女像避免责骂的人那样，
当时立即回答道：“这件事情，还有
另外的事情，都一一由我告诉他了，
我深信里西河的水没有隐去这些。”
俾德丽采然后说道：“说不定
往往令人丧失记忆的更大关怀，
把他心灵的眼睛掩蔽得模糊了。
可是看那汩汩流去的攸诺河；
带引他到那边去，像你惯做的那样，
把他正在消衰的力量重新振起。”①
好像一个温文尔雅的人那样，
一见人家用手势表示意思的时候，
不加推诿，立即当作自己的意思，
那美丽的夫人，把我拉住了以后，

① 里西河使人忘记罪孽，攸诺河使人记起善事。

就像那样出发，并以王后般的仪容
向史泰喜斯说道：“你同他一起来。”
读者啊，若是容许我有更多的篇幅
来书写，我要歌唱，即使部分也罢，
那决不会使我感到足够的甘露；
但是正因为给这第二篇圣歌
规定好的全部篇幅已经写满，
艺术的嚼铁扣住我不许再奔放。
我从那无比圣洁的河水那里
走了回来，仿佛再生了一般，
正如新的树用新的枝叶更新，
一身洁净，准备就绪，就飞往“星辰”。

天堂篇

第一歌

但丁与俾德丽采同登天堂

万物行动之源——上帝，
　把荣耀渗透于全宇宙，
　在各地发光，或多或少，因地而异。①
我曾去过那受光最多的天体，
　看到了回到人间的人
　无法也无力重述的事物。
因为我们越接近想望的东西，
　我们的智力越是深沉，
　记忆再也无法追溯它的痕迹。
虽然如此，我要把在神圣的境界
　我有力量珍藏在我心中的一切
　组成我吟咏的题材。
仁慈的阿波罗啊，为这最后一件事业，②
　愿你让我吸取你的威力，
　配得上接受你心爱的桂冠！
到今为止，巴那萨斯的一座高峰
　已使我满足；但现在我必须在
　两座高峰下踏进这最后的决斗场。③
你进入我的胸怀，吐出灵气，
　像你把马斯亚的肢体
　从裹着的剑鞘里抽出时那样。④
神圣的力量啊，你若赐我帮助，

让我描绘铭刻在我脑上的幸福境界，
把那里的种种情景表现出来，
你就会看到我来到你宠爱的树下，
攀折树上的枝叶戴在头上，
这题材和你都会使我配受这荣誉。
父亲啊，由于人欲的迷误和卑贱，
为恺撒的凯旋或诗人的凯旋
往那里攀折月桂枝的人并不多见，
因此培尼阿斯的树叶
在激起追求它的欲望时，
应使快活的特尔斐神欢喜。⑤
星星之火可以燎原；说不定，
在我之后，有人会用更美的声音
说出西拉峰与之应和的祷告。⑥
那宇宙的明灯从一个个峡谷升起
照耀着人们；但循着那把四个环
连成三个十字的轨道，它却和⑦

---

① 上帝是一切行动的源泉，但自身不动，这是亚里士多德神学的主要概念。上帝"渗透"到一个事物的本质里，而在这事物的具体生命上或多或少地被反射出来。

② 据但丁在《飨宴篇》里所说的，阿波罗等于太阳，亦即等于上帝。

③ 到今为止，缪斯的灵感（"一座高峰"）已使他满足，但现在也要祈求"阿波罗"的援助。

④ 马斯亚向阿波罗挑战比赛吹笛，被阿波罗剥皮，所以这里用"剑鞘"的比喻。

⑤ 培尼阿斯的女儿达夫尼，为阿波罗所爱，后来变成一株月桂树。特尔斐神即阿波罗，因为他在特尔斐有一座神殿。

⑥ "西拉峰"即巴那萨斯山上的阿波罗峰。

⑦ 赤道、黄道和昼夜平分圈的三个环，各自与地平线圈形成一个十字。在昼夜平分时，它们在日落时都与地平线相遇，在同一点与地平线形成它们的十字。

一座更为吉祥的星辰结合在一起，①
　走上一个更为吉祥的行程，
　在宇宙的蜡上盖上更像自己的烙印。
太阳从这一个峡谷使那边
　成为早晨，使这边成为薄暮；
　使那半球明亮，这半球阴暗；②
我忽然看到俾德丽采转身过去，
　向着她的左边，正在凝望太阳，
　鹰隼从来没有像那样定睛观望。
正如第二条光线总是从第一条
　光线里反射出来，而回升上去，
　好像归心如箭的游子一样：
她的动作通过我的眼睛
　进入我的想象，而形成我的动作；
　我也以超出凡人的力量定睛观望。
在那边我们的力量能得到很多
　在人间得不到的恩赐，正由于
　那地方造得适于人类居住。③
我不能久久地逼视，可是，
　我已看到它向四周射出火光，
　好像通红的铁水从炉子里流出。
突然间，我似乎觉到白昼上
　又加上了白昼，仿佛万能的神

① 这星辰指白羊座。
② 现在是正午。
③“那地方”指地上乐园。

用第二个太阳把天空装点起来。[①]
俾德丽采站在那里，用她的眼睛
全神注视那些永恒的车轮，我掉过[②]
仰望天空的眼睛来注视她。
注视着她，我的内心也变得神圣，
正好像格拉卡斯吃了仙草，
变成了海神们的同僚。[③]
超凡入圣的事情无法用言语述说，
还要蒙受天恩才有这经历的人们，
就以我说的这个例子为满足吧。
哦，主宰天国的“爱”啊，你用你的光
把我提升到你那里，你知道
我是否只是你新创造的那一部分。[④]
那因渴望你而成为永恒的天体，[⑤]
用了你所调节和变换的音乐
把我的心灵吸引去的时候，
我仿佛觉得太阳的熊熊火焰，
燃遍了天空的极大部分，[⑥]
暴雨或山洪都没有使湖面如此广阔。

---

① 由于他们迅速靠近太阳。

② “车轮”在《天堂篇》里全部用来指运转的天体。

③ 渔夫格拉卡斯吃了使鱼活过来的草，就生出了对海的渴望，因此跳入海中变成一个海神。见奥维德《变形记》。

④ “新创造的那一部分”指灵魂，因为上帝在完成肉体后，才把灵魂吹入。但丁在这里问他是否只有灵魂，没有肉体。

⑤ 据亚里士多德说，上帝由于用爱和渴慕感动宇宙，才产生永不停止的宇宙运动。

⑥ 因为他们正在穿过地球和月亮之间的“火的天体”；“火的天体”好像以一个第二天体环绕“空气的天体”。

那新奇的声音和那巨大的光流，
　在我心中燃起要知道其原因的渴望，
　以往我从来没有感觉得如此强烈。
因此，那位知道我的心事，就像我
　知道自己心事的夫人，不等我询问，
　就启口回答，平静我激动的心情；
她开始说："是你自己以错误的想象，
　蒙蔽了你的眼睛，不让你看见，
　把这种想象丢开，你就能恢复眼力。
你并不在地球上，像你想象的那样；
　而在迅速飞回你所渴望的苍穹，
　速度之快，还超过云中射出的闪电。"
若是那含笑说出的简短话语
　解除了我的第一个疑窦，
　我又纠缠在另一个疑窦之中；
我说道："我已得到满意的答复，
　也已解除极大的惊异，但我还不懂
　我如何超越这些轻轻的天体而上升。"①
她随即怜悯地叹了一口气，
　把眼睛向我转过来，望着我
　就像母亲望着她欣喜欲狂的孩子；
就开始说道："无论什么事物
　都遵循一种相互的秩序；这就是
　使宇宙和上帝相似的形式。
那些被提举到高处的造物，②

① 亚里士多德认为气是相对地轻的，火是绝对地轻的。
② 这里的"造物"指天使，或许也指人。

就在这上面看到‘至尊者’的足迹，
设立这个秩序就是要达到这目标。
在我所说的秩序之内，自然的事物，
按照它们各自不同的命运，有的
接近它们的源泉，有的离源泉很远；
因此在生命的汪洋大海上，
向着各个不同的海港行驶而去，
每一个都赋有继续前进的本能。[①]
这本能，有的使火焰向月亮飞去，
有的是难免一死的生物心中的动力；
有的把泥土聚在一起使之紧紧粘合。
那张弓，不仅会像箭一般地射出
没有赋给智力的造物，就连那
具有理智和爱的造物也会射出。
把这一切分门别类的‘天命’，
用它的光使最高天静止不动，
那极速的宗动天就在那里面旋转；[②]
如今，那弓弦的力量正在把我们
送往那里，好像送往指定的地点，
它射出的箭总是指向欢乐的鹄的；
确然如此，艺术的形式
往往不能符合艺术的意向；
因为那迟钝的材料不得心应手，
就像这样，有时候造物会离开

① 上帝是万物的源泉，也是目标。

② 完全不属于空间的最高天，并不行动而且没有两极。它用爱和光围绕宗动天，宗动天是物质天体中最外面的和最迅速的天体。

这条轨道，它虽被送上正轨，
却有力量向其他部分越轨而行
（正如我们看到火从云中射下），
若是对虚幻的声色的迷溺
把他第一次的冲击扭向地上。
假使我没有想错，你对你的上升
不必惊讶，就像不必惊讶于一条江河
从高山之巅奔泻到山脚之下。
若是在去除了一切障碍以后，
你安然定居在下面，那才是奇事；
好像在人世那跳跃的火竟会静止一样。”
于是她掉过眼光向天国仰望。

第二歌

月 轮 天

哦你们乘在你们的小小的船上，①
　心中渴望倾听，紧紧追随着
　我的一边行驶一边歌唱的船艇，
请你们且回头，重访自己的故土；
　不要驶向茫茫的大海；说不定，
　见不到我，你们会在大海中迷途。
我走的水路以前从来没有人航行过；
　密纳发女神吹送我，阿波罗神引导我，②
　九位缪斯女神向我指出大熊星。
为数不多的另外几人，你们早已企望
　那人世间借以维持生命的天使之粮，③
　企望那永远吃不够的食粮，
你们确然可以跟随我的航迹，
　把你们的大船驶到海洋，
　航行于那复归平静的波浪之上。
那些航行到科尔奇斯岛去的
　光荣无比的人们，看到哲孙当场
　变成耕夫时，也不会像你们那样惊讶。④
那种对神一般的天国的渴慕，
　在我们生下时就已滋生，以后也永不减退，
　使我们上升，几乎像天体那样迅速。
俾德丽采仰望着上天，我仰望着她；

也许在一支箭搭在弓弦上
被射出而飞去的那么一刹那，
我发见自己飞到有一件奇妙的事
吸引我的眼光的地方；然后
那位洞悉我一切心事的夫人，
转身向我，她又是欢喜又是美丽，
对我说道：“把感恩的心朝向上帝吧，
他已使我们与第一颗星辰合在一起。”⑤
我仿佛觉得一朵云彩裹住我们，
又灿烂，又浓密，又坚实，又光滑，
如一块被强烈的阳光照耀的钻石。
这颗永恒的珍珠把我们收受进去，
就像水吸收了一道阳光，
而水的本身依然没有裂痕。
如果我是物体，如果我们在人世
想不出一个容积如何能被另一个包容，
——物体若钻入物内，那必然如此，——
那末渴望更应激发我们去看一看
那“本体”，在那里我们看到
我们自己的性质与上帝如何融合。
在那里，我们凭信仰坚信的事物

---

① 乘小船的指肤浅的人。

② “密纳发”是司智慧的女神。

③ “天使之粮”指哲学和神学。

④ 哲孙同希腊的英雄们一起去找寻金羊毛。他们到了科尔奇斯岛。科尔奇斯王爱依底斯答应把金羊毛给他，假使他把两头铜蹄喷火的公牛架在一只铜犁上，耕种土地，把龙牙播散在田里，并征服要从龙牙里生出来的披甲的战士。

⑤ “第一颗星辰”指月轮天。

将被看见，不是被证明，而是像
人类相信的初步真理将会自明。[①]
我回答道："夫人，我以最大的虔敬
向上帝表示我的感激之忱，
感谢他把我从人世带到了这里。
这座天体上的黑色斑点
曾使人间议论该隐的故事，[②]
请告诉我，这黑色斑点是什么？"
她微微一笑，然后说道：
"若是在感觉的钥匙未能开启的地方，
凡人的意见走上了错误的道路，
那末惊讶的利箭确然不该再射到
你的心里；因为，我想你一定懂得，
就是理性跟着感觉飞也无法赶上。
但是告诉我，你自己对这点怎么想法？"
我说："这高处显得明暗不一，
我想是由物体的或稀或密产生。"[③]
她说道："我反对你的这个论点，
你若好好倾听我所提出的论证，
定会看出你的思想深深陷入了错误。
第八重天体向你显示许多光体，
这些光体不论是质量或是数量，

---

① "初步真理"指矛盾律，即事物不能同时存在又不存在。

② 普通人民谈论这样的故事，说在月亮里可以看到该隐拿着一束荆棘，去作献祭。

③ 但丁在《飨宴篇》里说过这个见解："月亮上的暗影不是别的什么，只是它的物体的稀薄而已，这就使太阳的光线不能像在月亮的其他部分那样，终止在那里并被反射出来。"

都可以让你看到各种不同的形相。
假使这种现象单是由物体的浓密
或稀薄产生，那末它们里面只有
一种力量或多或少，或相等地分布。
不同的力量必须是不同形式原则
所产生的结果，若是依你的推理，
除了一个原则以外，其他都不存在。
再说，假使你问起的那种黑斑
是由稀薄产生，那么这座行星
不是在某一个部分上面完全
没有物质，就是像一个身体上
有瘦的部分，也有肥的部分，
这座行星的浓淡如书页的相叠。
假使是第一种情况，可以由日食
表示出来，那时候阳光应射过月球，
仿佛射过其他稀薄的物体一样。
既然并不如此，我们就得要看
那另一种情况；假使我把这说法
也驳斥了，那就证明你的想法错了。
假定这稀薄的物质不从这边
贯通到那边，那必然有一个界限，
它的障碍在那里拦住它的去路；
在这一点，那另一个物体的光线
就会被反射过来，像后面
涂有铅的玻璃反射颜色一样。
现在你也许会争辩，在这里
光线比其他部分要阴暗一些，

　因为它从一个较远的距离反射过来。
实验可以使你摆脱这个糊涂思想，
　只要你愿意做个试验，而实验
　永远是你们技艺之河的源泉。
你要拿来三面镜子，把两面镜子
　放在和你距离相等的地方；让第三面
　放得更远而在那两者之间向你照射。
你向着它们，把一盏灯放在你背后，
　这样灯光就把那三面镜子照亮，
　经过镜子的反射，那光又回到你这里。
虽然那较远的镜子反射过来的光，
　在数量上要少些，你却会看到
　它发出的光像其他两面一样亮。
如今，——正像被白雪覆盖的土地，
　受到了温暖的阳光的照射，
　它先前有的颜色和寒冷立即消尽，——
你在智力上消除了一切错误，
　我要用灿烂的光鼓舞你，
　你在看的时候，这光会烁烁闪动。
在那神圣而又宁静的天体，
　一个物体在不断地自己运转，
　它所包容的一切生命都受它支配。
在它之下的天体含有许多的光，
　把这生命分开在不同的本质之中，
　这些本质包含在它里面又与它不同；
其他运转的天体依着不同的差别，
　把它们所包含的各自的力量，

用在自己的目的上，使自己肥沃。[1]
如今你可以明白，这些宇宙的器官
一级一级地发生作用；因为
它们从上接受力量，而向下传达。
你现在好好注意，我如何曲曲折折
通过这道关口达到你渴望的真理，
你此后才可以学会单独守这河津。
这些神圣天体的行动和力量，
正如铁锤的挥动受到铁匠的指使，
不得不从幸福的原动者那里流出；[2]
由这么多光芒装点得美丽的天体，[3]
从那使其转动的‘深奥的神灵’，[4]
取得形象，而以此造成一个印章。
包含在你肉体内的那个灵魂，
通过那些各不相同，又与不同能力
相符合的身体各部，把自己分布开来；
那主宰一切的‘神力’就像那样，
把自己的至善分散在列宿中间，
但自己仍然保持着一致性转动。
不同的力量和它赋予生命的

---

① 依照我们诗人的体系，有十重天。“神圣的和平统治的”天体是最高天；那包含在它里面运转的“物体”是宗动天；“在它之下的天体”是恒星天；“其他运转的天体”即下面的七个天体，是土星天，木星天，火星天，日轮天，金星天，水星天和月轮天。

② “幸福的原动者”指天使们。

③ “天体”指恒星天。

④ “深奥的神灵”指上帝，或是指导恒星天的天使。

珍贵物体，结合成不同的混合物，[1]
这力量在物体内如生命在你身内。
这混合而成的力量，由于它的泉源
是欢乐的自然，从那物体中发出光芒，
正如喜悦之光从灵活的眼珠中射出。
仿佛存在于光和光之间的差别，
是从这里产生，而不是从密和稀里产生；
这个内在原则也依照自己的特点，
产生出混浊的或是清澄的区别。”

---

① “日有日的荣光，月有月的荣光，星有星的荣光。这星和那星的荣光，也有分别。”见《哥林多前书》第15章第41节。

第三歌

月轮天中的女精灵

那从前以爱情温暖我心胸的太阳，[①]
　如今用证明和反驳为我揭示
　真理的美丽而又可爱的面容；
我为了要在适当的程度上，
　表示我已经得到了纠正和保证，
　就抬起我的头来准备说话。
但是在我的眼前出现了一个景象，
　牢牢地把我吸引住了，我只想看，
　却把刚才要作的表示完全忘了。
就像透明洁亮，光滑无比的玻璃，
　或是清澈明莹，水波不兴，
　并不深得见不到底的湖水，
反映我们面孔的轮廓和光泽，
　但那么朦胧，就是白额上的珍珠
　也没有那么慢地映入我们的眼帘；
我就像那样看到许多渴望说话的脸；
　我因此陷入一个误会里面，
　正和那使人去爱泉水的误会相反。[②]
我发觉它们的时候，心中以为
　它们都是反映出来的形象，
　我就回过头来看是谁的影子；
我不见有什么人，又把眼睛转向前去，

直视我的娴雅淑静的导者的光彩，
　她微笑着，圣洁的眼里发着光。
她说道："我对你孩子般的思想
　微笑，你不要惊异；你的思想
　还没有能切实地抓住真理，
却还像从前那样使你转向虚无之乡。
　你所看到的那些人是真的本体，
　为了不守她们的誓约被谪于此。
所以同她们说话吧，要倾听，
　要相信；因为令她们满足的真光，
　绝不容许她们离开它的身旁。"
我就向那个显得最渴望谈话的精灵
　转过身去，然后像一个人
　因热望过切而惊惶失措，我说道：
"哦，被造得完美的精灵啊，
　你在永生的光芒中感受着
　那不经过品尝不能领会的甘美；
你若是肯把你的芳名和你们的命运
　告诉我听，这将令我喜悦万分。"
　她眼睛里含着微笑，渴切地说道：
"我们的仁爱，决不把公正的愿望
　拒于门外，正如天上的他，
　愿意全部朝臣都像自己一样仁爱。
我在人间是一个童贞尼；

① "太阳"指俾德丽采。

② 那西萨斯把自己的倒影当作真的生命。我们的诗人把他现在看到的真的生命当作倒影。

你若是好好搜索你的记忆，
我比从前更美不会使你认不出我，
你却会重新认出我是庇加达，①
同另外这些有福的人在一起，
我在这座转得最慢的天体里蒙庥。②
我们的情感只是依那‘圣灵’的喜欢
燃烧起来，我们能遵照他的命令
形成我们的感情，我们无比喜悦。
所以，派给我们这个仿佛很低下的
地方，是因为我们没遵守誓约，
而且在某一方面没有加以遵守。”
我就对她说：“在你奇妙的面容上，
仿佛有一种神圣的东西发出光彩，
改变了我们记忆中你昔日的面貌。
因此我就久久不能记起你来；
你对我说的话现在给我很多帮助，
使我能够较清楚的把你想起。
但是告诉我，在此蒙庥的你们，
你们是否想望一个更高的地方，
想看得更多，处在更亲切的地位？”
她先同另外的那些精灵一起
微笑了一下，然后回答我的问话，
喜悦得像燃起初恋的火焰一样：

---

① 庇加达是但丁的友人福累斯·杜纳底（见《炼狱篇》第二十三歌）和珂索·杜纳底（见同上第二十四歌）的姐妹。

② 月亮每日从东到西的运行是最慢，因为它与地球及整个天体运转的中心最接近；但在这个意义上是最速，就是它的特有的行动（从西到东）有着比任何其他天体更短的时间。

“兄弟，爱的本质平静了我们的意志，
　使我们只是恋慕我们已经取得的东西，
　而不使我们生出其他的渴望。
假使我们想望自己能达到
　更崇高的地方，我们的恋慕
　就不符合派我们在此的上帝的意志，
假如我们的生命必然处于爱里面，
　假如你再想想爱的性质，你将明白，
　在天上不允许有这些想望。
不但如是，我们这种幸福生活
　要求我们完全服从神圣的意志，
　我们自己的意志就与他合而为一。
因此我们这种生活，在各个天体内，
　使整个天国喜欢，也使天国的王
　喜欢，我们以他的意志为意志；
他的意志给予我们安宁；
　他像大海，不论是他创造的
　或自然造成的万物，都向他流去。”①
于是我就明白天上到处是乐园，
　虽然那“至高无上的善”并不
　依单一的样式在那里降下恩泽。
像有时会遇到的那样，一种食物
　使我们满足了，还是想另一种，
　因此一面道谢，一面却启口要求；
我就用姿势和言语那样表示，

① 上帝从“无物”中创造的，如天使和理性的灵魂；自然所造成的，是生殖出来的。

要求她告诉我，她不会把梭子
在里面引到尽头的是什么织物。
“完美的生命和崇高的功德，”
她说道，“把一位夫人超升得更高，①
尘世有人依她的教派穿上道袍，
戴上面纱，为了要和那位‘新郎’
终身同起同卧，凡是由于仁爱
而符合他的意旨的誓约，他无不悦纳。
我还是一个女孩的时候，就看破红尘
去跟从她，穿上和她一样的衣袍，
立下了誓约追随她，加入她的教派。
以后，惯于作恶甚于为善的男子们，②
把我从可爱的修道院里活活拉走了；
上帝知道当时我的生活变成怎样。
我右边的这个光辉的形体，
将她自己显露给你看，而又用
我们这座天体全部的光照耀自己，
她领会她的命运正和我的命运相同。
她生前是一位女修士，像我一样，
那圣洁的面纱之影从她头上被夺去。
可是，虽然违反她的意愿，也违反
良好的习俗，被拉回到红尘中去，
她从来没有解下她心上的面纱。
这就是伟大的君士坦士的光体，

① “一位夫人”指圣克雷尔（1194—1253），阿西西的圣方济的友人和门徒。

② 这里特别指她的哥哥珂索·杜纳底；他逼她嫁给罗萨里诺·达尔·托萨，一个性格粗暴、专事党争的人物。当时珂索正要和他结成联盟。

她和索比亚的第二个猛如狂风的君主
生了第三个也是最后一个暴君。”①
她这样向我说话，然后开始歌诵
“福哉马利亚”，一边唱一边消失，
如同重物在深水中不见一样。
我的目光尽可能地随她而去，
直到不能再看见她的影子时，
才回过来射向一个更可恋慕的鹄的，
全神贯注地集中在俾德丽采身上；
她那神光异彩射在我脸上，
我的眼光一开始就无法忍受；
我踌躇了，不敢立刻向她询问。

① 腓特烈·巴巴罗萨，他的儿子亨利六世，和他的孙子腓特烈二世，被称为“索比亚的三阵烈风”。君士坦士是亨利的妻子。

第四歌

疑难问题的解答

在两种放在同等的距离，发出
　同等的香味的食物之间，一个人
　纵然自由，也会吃不上食物活活饿死。
一只羔羊会在两只馋涎欲滴的恶狼之间
　站着不动，对它们抱着同等的恐惧；
　一只狗也会这样站在两只母鹿之间。
因此，由于疑难处在两可之间的我，
　若是保持沉默，我不责备自己，
　也不称赞自己，因为我不得不如此。
我保持沉默，但是我的欲望
　和我的疑问表露在我的脸上，
　比之用言语说明更为恳切。
好像但以理消除了尼布甲尼撒的怒气，
　让他不再因为怒气而变得残暴无理，①
　俾德丽采消除了我的疑惑，
她说道："正是这样，我看出你如何
　被两种欲望扯东扯西，心里愈急
　愈是纠缠在一起，因此说不出话语。
你心中议论着：'善的意志若是坚贞不屈，
　凭什么理由，另一个人的强力
　居然能减削我应有的功绩？'
还有一件事情也令你困惑不解，

那就是，灵魂仿佛在返回星辰，
这似乎足以证明柏拉图的学说。[②]
两个疑问以同等的重量
压在你的心头；因此我愿意
先谈一谈那含毒最多的一个。[③]
最高天使中道行最深的一位，
或是摩西，或是撒母耳，或是两位
约翰中的任何一位，甚至马利亚本人，
都没有在另外的天体里占有座位，
却和你刚看到的精灵在同一天体内，
他们生命的岁月也并不多些或少些。
他们都使最高天因他们
而变得美丽，并依感受灵气的多寡，
程度不同地分享甘美的生命。
这些精灵在这里显现出来，
并不是说这座天体是给了她们，
她们只是这最低天的标记而已。[④]
对你们凡人说话只能用这种语言，
你们仅凭感官所传来的事物

---

① 尼布甲尼撒得梦遗忘，迫令迦勒底人告诉他；他们回答他不能，他就大怒，要杀他们。后来但以理告诉他了，他才息怒。见《旧约·但以理书》第2章。

② 柏拉图在《泰密阿斯》对话录里说："造物主在创造了宇宙以后，把相等数目的灵魂分配到星辰里去，每个灵魂被派定在一个星辰里。"

③ 这里说柏拉图的学说有害，是因为给予天体的影响以太卓越的优势，以致对自由意志不利。

④ 她说，天使和有福的精灵大家永远住在一起，只是在最高层的天里或多或少地享受神圣的荣光；虽然，为了迁就人类的了解力，他们显得好像被派定在不同的天体里。

来感知，然后将它作理智的材料。
因此‘圣经’，按你们的理解力
降低一层，使上帝具有手足，
实际上，却另外含有深义；
神圣的教会也使加伯列和迈克尔
还有那位使托俾挨双眼复明的大天使，[①]
都具有人的形相在你们面前出现。
泰密阿斯里关于灵魂的论述，[②]
并不符合这里可以见到的情形，
他大概对自己说的话信以为真。
他认为自然赋予灵魂形状的时候，
曾把灵魂从星辰中分离出来，
因此，灵魂最后要返回自己的星辰。
可是，也许他关于灵魂的论述
不能从字面上理解，而含有
不能加以嘲笑的其他意义。
假使他的意思是说星辰的影响，
不论是功是罪，终将返回星辰，
那也许他的箭矢射中了某个真理。
这个原则曾经被人误解，
几乎使全世界离开正路，奔向歧途，
甚至呼叫虬夫，墨苟莱和马司之名。[③]
那使你烦恼的另一个疑难
含毒较少，因为隐在里面的恶意

① 使犹太人托俾挨双眼复明的，是大天使拉斐尔。
② 《泰密阿斯》：即柏拉图所著的一篇对话录。
③ 这些是异教的神祇。这里的意思是指偶像崇拜。

决不能使你离开我而转向别处。
你要知道，我们的公正在凡人
看来并不公正，正是加强信心的论证，
不是使你们走入歧途的异端邪说。
但是，既然你们人类的智慧
有能力理解这一条真理，
我要依你的愿望回答你的问题。
在横施暴力的时候，容忍暴力的人
纵使没有做出有助于暴行的事，
这些精灵也不能以此而获得谅解，
因为意志若不愿意，它就不能被粉碎，
纵使暴力把它扭向旁边一千次，
它仍会维持原样，就像烈火的本性那样。
因为，意志若是屈从，不论程度如何，
它都帮助了暴力；这些精灵就如此，
因为她们有力量回到那神圣的处所。①
若是她们的意志保持原样不动，
就像使圣劳楞斯在铁格上坚持、
使墨修斯把手放于火中的那种意志，②
那末一到她们不受拘束的时候，
就该使她们回到被迫离开的正路；
但这样健全的意志真是凤毛麟角。

① 以上关于自由的和被迫的行动的说法，都是根据亚里士多德的。

② 圣劳楞斯于258年在发利利安皇帝治下殉道。他被放在铁架上，下面用火烧烤而死。他在痛不可当的时候还是嘲笑他的刽子手，吩咐他们转动他的身体，那末两面都可以烤得平均。墨修斯是罗马的公民。他被波尔塞那王捉住时，波尔塞那下令把他活焚。他听到这命令，立刻把手放在火中，不稍畏惧。波尔塞那嘉其刚毅，把他释放。

假使你如应该的那样，细细听了我的话，
　那个一再使你烦恼的疑问，
　就会被我的这些话完全消除。
但如今，在你的道路上，另一条鸿沟
　横在你的眼前，你还没有能够
　跨越它独自走完行程，你就会疲乏。
我已使你坚定不移地相信，
　凡是蒙庥的灵魂决不会说谎，
　因为他们永远住在真理的源泉旁；
可是你也许从庇加达那里听说，
　君士坦士依然忠诚于修道生活，
　因此她似乎在这点上和我说的相反。
我的兄弟啊，从前常有这种情形，
　人们为了避免祸害，违反常理地
　做了其实是不宜于做的事情。
阿尔克美翁被他父亲的祈求
　打动了心，就这样杀了自己的母亲，①
　为了不牺牲孝道却成了不孝的儿子。
讲到这地方，我要你这么想，暴力
　从意志受到一些不纯的东西，一起行动，
　因此从中产生的罪行不能宽容。
绝对的意志不屈从邪恶的事情，
　可是有时也会屈从，那是因为
　怕退缩后会陷入更大的烦恼。②

---

① 请看《炼狱篇》第十二歌。

② 亚里士多德曾说过，由于恐惧做出的行为是从自愿和不自愿中产生的。有两种意志，一是绝对的意志，不屈从邪恶；一是有条件的意志，为了避免更恶的事屈从邪恶。

因此，庇加达说这句话的时候，
　指的是绝对意志，我指的
　是另一种；所以我们说的都是真理。”
这就是那条圣河泛起的涟漪，
　圣河发源于一切真理的“源泉”；
　因此，我的两个欲望都恢复了平静。
我说道：“哦仁爱的上帝的宠儿，
　哦神灵，你的言语给了我温暖、滋润，
　我愈加生气郁勃，但我的深情厚意
还不够深、不够厚，还不足以使我
　以恩报恩；但愿见到我这心意的
　万能的神代替我向你报恩。
如今我真切看出，我们的智力
　若不受到‘真理’的照耀，就无法满足，
　越出这唯一真理，一切真理无法存在。
我们的智力在那里安息，犹如一头野兽
　到了窝前就在里面安息；一定能到达；
　不然，一切的思慕都成了梦幻。
因此在真理的脚边冒出了疑问，
　像嫩芽冒出了地面；就是这东西推动着我们
　越过重重的山脊直登最高的顶峰。
夫人啊，就是这诱导着我、鼓舞着我，
　使我满怀着敬意向你询问
　我不理解的另一个真理。
我愿意知道，人们若是毁弃了誓言，
　是否能以另外的善行来作补偿，
　那善行在你们的天平上不太缺少分量。”
俾德丽采的眼睛神圣地闪耀出

　爱情的灿烂火花，凝望着我，
　我的被征服的力量只得转向他方，
我垂下了眼光，不知所措，万分惊惶。

第五歌

誓约与自由意志；上登水星天

“我若以爱情的温暖，把光芒
　照耀在你的身上，超过人间所见的度量，
　以致你的眼睛失去了原来的力量，
你不用惊讶；因为这种现象
　是从完善的视力中产生出来，
　它一开始领悟，就奔向那领悟的善行。①
我清楚看出，永恒的光已在你的心头
　发扬光大，永恒的光一旦被看见，
　就会永远燃起爱情的火焰；
若是另外的东西引诱你的爱情，
　那必然是这种光的一些痕迹，
　受到歪曲的理解而在其中发光。
你愿意知道是否能以其他重大的
　供奉，来偿还破坏誓约的债务，
　使灵魂免于受到自己的责问。”
俾德丽采这样开始这阕圣歌，
　像一个不中断自己说话的人，
　又把这神圣的主题继续下去：
“上帝在当初创造万物的时候，
　他那最大、最与他自己的美德相似，
　而且最为他自己珍爱的恩赐，
乃是意志的自由，他过去和现在

都把意志的自由赋给一切有灵的造物，
也唯独他们才有自由的意志。②
你若是从中得出应有的推论，
你如今就会看出誓约的价值，
如果在你立誓的时刻上帝也曾允纳；
因为上帝和人之间，一旦订立契约，
从我所说的宝藏中就要拿出牺牲，
而且要出于意志的自愿。
那末还有什么可以把它赎回呢？
你若想使用你已献奉于神的祭品，
你就像用不义之财来做善事。③
你对那比较重大的要旨已确信无疑；
但神圣的教会既在这上面有恩赐特免
（这似乎违反了我向你说的真理），
你还是需要在这酒席上稍坐一会，
因为你所吃下的坚硬食物，
需要进一步的帮助才能消化。

---

① 在上一歌末，我们看到但丁受不住俾德丽采的光辉，如今她告诉他要把她光辉的增加归因于他们所在的地方。

② 但丁在《帝政论》第1卷第12章里也这样说："如果判断力完全支配食欲，而丝毫不为它所阻碍，那末这判断力是自由的。但是如果判断力被食欲支配而受其阻碍，那末就不能是自由的：因为它并不凭自己行动，却被另一个俘虏。因此禽兽不能有自由的判断力，因为它们的判断总是被食欲阻碍的。因此也就可以明白，意志不能变动的理智物体，以及与肉体分开的，而且良善圣洁地离开肉体的灵魂，由于意志的不变，并不失去选择的自由，却是无上完善、无上有力地保留着它。看到了这点，又可以明白，这种自由，或我们一切自由的原则，是上帝赐给人类本性的最大的善；因为就凭这东西，我们作为人时在人间被造得幸福；我们作为仙灵时，在别处被造得幸福。"

③ "虽然一个盗贼从他盗窃来的东西里拿出一些来给穷人，可是这还不能被称为施舍。"见但丁《帝政论》第2卷第6章。

袒开你的心胸，迎受我的阐述，
　　把它牢记心头；因为理解以后
　　若不牢牢记住，就不能成为知识。
这种牺牲的本质是由两个东西
　　组合而成：第一，是那牺牲
　　所由构成的东西，其次是契约本身。①
这后者除非予以遵守，决不能
　　加以取消；因此，关于这一点，
　　我在上面的谈话里讲得那么明确；
所以，希伯来人不得不在任何场合
　　奉上祭品，虽然如你应该知道的，②
　　那被奉上的东西有时可以变换。
那另一件东西，我已对你说过
　　是誓约的内容，事实上是这样的，
　　若和其他的内容互换，并不算违约。
但人们不要凭自己的判断，
　　没有经过金银两种钥匙的使用，③
　　就把这负担移放在自己的肩上；
让他们相信一切变换都是蠢事，
　　除非那换下的东西包含在
　　换上的东西内，有如四包含在六内。
因此，无论甚么由于自己的价值
　　而重得使一切天平都无法衡量的东西，

---

① 一个是誓约的实质，如守独身生活，或斋戒等；另一个是那契约，即誓约的形式。

② 见《旧约·利未记》第27章。

③ “金银两种钥匙”见《炼狱篇》第九歌。金的钥匙代表知识，银的钥匙代表权威。

就决不能用任何其他东西来顶替。

愿世人决不要以玩笑的态度许愿；

要忠诚，在这样做的时候不要盲目，

像耶弗他在许他第一个愿时那样；

他说一声‘我做错了’，比守了誓言

却做了更糟的事，更为合宜；[①]

你能看到，那希腊人的首领同样愚妄，

使依菲及尼亚为自己的美貌哀悼，[②]

而且使愚者和智者听到了

那样的一种仪式，都为她哀悼。

你们这些基督徒啊，在行动时

要慎重，不要像随风飘摇的羽毛；

也不要以为一切的水都会把你们洗净。

你们有《新约》和《旧约》，还有

教会中的牧师来引导你们；

愿这一切足够使你们得到救赎。

假使可恨的贪欲向你们宣示什么，[③]

你们要做人，不要做无知的羊，

免得受到住在你们中间的犹太人的嘲笑。

你们不要做那样的羔羊，放下

母亲的奶，而毫无意思的东蹦西跳，

---

① 耶弗他向耶和华许愿，若是他能从亚扪人那里平安回来，他就将第一个出来迎接他的人献上为燔祭。当他回家时，出来迎接的却是他的独生女，他只得把她献上。见《旧约·士师记》第11章。

② 阿加孟农由于杀死了阿提密斯圣林中的鹿，触了神怒，因此阿提密斯使希腊军队中发生了瘟疫。为了息神怒，他许下愿把那一年内他的国境中生下的最美丽的东西献祭，而这最美丽的东西却就是他自己的女儿依菲及尼亚。

③ “可恨的贪欲”指出卖免罪符的教皇。

跟自己角斗，作为自己的娱乐。”
俾德丽采对我说了我记下的这些话语，
然后怀着无限的恋慕转过身去，
向着宇宙显得最有朝气的那一部分。①
她说话的停止，她容貌的神化，
命令我急切的心灵保持沉静，
我心灵前早已摆着新的疑问。
就像一支发出的箭，弓弦的颤动
还没有停止，却已射中了鹄的，
我们就像那样飞向第二重天。②
我的夫人沉浸在这座天体的光芒之中，
我看到她是那样的喜气洋溢，
给这座行星也增添了光辉。
若是星辰也起了变化而且欢笑，
那末天性生来在一切情形下
都容易变化的我，当时又该怎样！
好像在平静而清澈的鱼池里，
鱼群游向外面投来的任何东西，
认为是可以充饥的食物，
我看见千万个光辉灿烂的形影
向我们游近过来，听到每一个在说：
“看那个将使我们的爱增加的人。”③
每一个精灵向我们走来的时候，
因自身发出的灿烂光芒，

---

① 指一切生命的源泉，太阳。
② 好像在不知不觉中进入了水星天。
③ “我们的爱”指这些精灵所受到的爱。

都显得充满着无限的喜悦。
读者啊，我如今开头的诗篇
若不继续下去，你将感到痛苦、饥渴，
急于要知道诗篇的下文，
你自己可以想象出，这些精灵
一出现在我的眼前时，我如何渴望
听他们叙述他们的境况。
“生来幸福的人啊，神明赐恩于你，
使你在抛弃你的战斗生涯以前，
就望到那些永远凯旋的‘宝座’！[①]
我们被那遍布于整个天界的光照耀；
因此你若希望从我们汲取光明，
你随自己的意志满足自己吧。”
那些虔敬的精灵中的一个这样
向我说话，俾德丽采说道：“说吧，
放心说吧，相信他们如相信神明。”
“确然，我看见你如何栖宿在
你自己的光里，从眼中汲取这光，
因为你微笑时你的眼睛闪闪发亮；
我却不知道，高贵的灵魂啊，你是谁，
也不知道你因何被列入这座星里，
另一座的光把它遮起不让世人看到。”[②]
我说了这话，转过身去向那第一个
对我说话的精灵；看到了我这样，
他发出了比刚才明亮得多的光。

---

① 教会在人间被称为“战斗的教会”，在天上才被称为“凯旋的”。
② 水星天因为最近太阳，故为太阳所遮掩。

好像热气把浓雾的屏障
　一块一块地啃去了以后，[1]
　太阳由于光的强烈令人不能逼视，
那个神圣的形相由于欢乐的焕发，
　就像那样隐藏在自己的光里，
　而且在这样被光裹住，裹住时，
如下一歌中所歌咏的那样回答我。

① 太阳把遮住它的光辉的雾气吸干。

第六歌

罗马在救赎人类上的功能

“在古代，鹫鹰曾随拉文尼亚的夫君
　顺着天体的行程向西飞翔；
　自从君士坦丁使它飞回东方以后，[①]
已有二百多年，这只上帝的鸟，
　栖宿于欧罗巴洲的边境之上，
　靠近它最初从那里飞出的群山；
它使世界处于它神圣翅膀的
　阴影之下，一代一代统治下去，
　后来因朝代的改换停在我的手上。[②]
我生前是恺撒，现在是查士丁尼，
　我依我现在感到的‘圣灵’的意志，
　对于法律做了去芜存菁的工作；
在我把我的心专注于这工作之前，
　我认为基督只有一个性质，[③]
　而我就以这样的信心为满足；
但是那位有福的阿加彼塔斯，
　当时他是至尊的牧师，用他的谈话
　指导我走向那没有杂念的信心。[④]
我相信他，我现在看出他的
　信心的内容，如你看出一切矛盾
　又是虚假又是实在的那样清楚。
一等到我的脚步和教会同行，

上帝就赐我宏恩，感动我去作
那崇高的事业，我完全献身于上面；
把军事交给了我的贝利撒留；⑤
上天的股肱和他密切联合，
这是我应该从事文治的标记。
对于你的第一个问题我的回答
如今已在这里结束；但是
问题的性质需要我加以补充。
为了你可以明白，把这神圣的大纛
篡为已有的人以及加以反对的人，
他们两方这样做有什么正当的权利，⑥
你先要想一下，从巴拉斯为了⑦

---

① 君士坦丁把帝国的中心地从罗马移到拜占庭去时，把鹫鹰，帝国的旗帜，从西带到东去了。相反，伊尼阿（“拉文尼亚的夫君”）从特洛伊到意大利去时，却循着太阳的行程移动。

② 发言的是罗马帝国的皇帝查士丁尼。君士坦丁皇帝于324年进入拜占庭；查士丁尼于527年开始他的统治。君士坦丁堡位于欧洲的极端，亚洲的边界，靠近特洛伊附近的群山，罗马的缔造者就从那里移民而来。

③ 只承认基督的神性，不承认他的人性。这在当时被认为是一种异端邪说。

④ 查士丁尼改信基督教。

⑤ 贝利撒留（505—565），查士丁尼的著名将军。

⑥ 把帝国的旗帜当作党徽的基伯林党，以及用法兰西的百合花旗来反对它的归尔甫党，在这里都受到但丁的谴责。

⑦ 从这一行起是关于古代罗马史实的长段叙述，现在作一个摘要以便读者了解，凡是见于诗中的字句，下面加重点。

根据维吉尔的《伊尼特》，特洛伊的伊尼阿为命运所驱，在意大利的海岸登陆，为了求得与希腊的伊凡得联盟，与拉丁人的王忒奴斯作战。伊凡得在七座山上已建立了一个王国，以后就将成为罗马的遗址。伊凡得的独生子和后嗣巴拉斯，率领了一队志愿军，为忒奴斯所杀，伊尼阿替他复了仇。可是伊尼阿的王国并不建立在七座（转下页）

使它发扬威力以致丧身的时候起，

（接上页）山上，而是建立在拉文尼阿姆。他的儿子阿斯开尼阿斯把王国从那里移到阿尔巴隆伽，在那里停留了三百多年。到了塔勒斯，荷斯提留司（公元前670—前638）的朝代，荷拉底家族三个罗马战士战败了三个珂拉底家族的阿尔巴战士，阿尔巴亡于罗马。那时候阿尔巴的游民罗牟拉斯在巴拉泰山（七座山之一）上建立了一个难民营，抢了参加节日庆祝的萨宾妇女，给聚集在那里的亡命之徒为妻。在罗牟拉斯和他的六个继位者的治下，罗马逐渐扩张了权力，直到最后一个王帝的儿子绥克司都奸污了琉克利霞，引起了人民的极大愤慨，帝政就被推翻（公元前510年）。

共和国时期很长，一直到恺撒开始征讨高卢人（公元前58年）。这一时期但丁迅速地略过，没有提到宪法的和社会的斗争；但用简单扼要的叙述谈到了当时历史的概况。在这时期中，罗马已建立了对其他拉丁民族的霸权，扩大了版图。琉喜阿斯·昆齐俄·星西内塔斯（拉丁字“星西内斯”义为鬈发）从庄稼汉一跃为独裁者，征服了伊夸人（公元前458年）；法俾家族的一人和托夸托以反对布楞那斯（公元前390年）和他的高卢人而著名。台西家族——父亲，儿子和孙子在反对拉丁人（公元前340年），反对萨姆奈人（公元前295年）和反对希腊侵犯者彼拉斯（公元前280年）时，壮烈牺牲；而法俾家族中最伟大的人物，昆塔斯·法俾阿斯·马克西马斯，把罗马从公元前218年越过阿尔卑斯山，胜利地侵犯意大利的汉尼拔那里救出来；同年，西彼俄·阿非利加那，一个十七岁的少年，在提赛那斯战败时，以救了他父亲的性命，而取得了军事上的威名。后来向非洲组织了反侵犯而使汉尼拔从意大利撤退的，也就是他。但丁在这里把北非洲人误称为阿拉伯人。

但丁跳去了一大段时间，讲到庞培的成就。庞培曾征服许多东方王帝，平息美利阿斯内讧。他还不到二十五岁时就举行了一次凯旋的仪式（公元前81年）。但丁在略略提到了罗马人在神话时代开拓危临在佛罗伦萨之上的飞亚索勒以后，叙述了恺撒准备缔造罗马帝国的生涯。他在高卢作战（公元前58—前50）；他横渡在拉温那和里米尼之间的卢比孔河（公元前49年），他没有得到元老院的命令擅自离开他的省区，这样就正式开始了内战。同年，他镇压了西班牙的规模庞大的反抗，次年在提累基阿姆围困庞彼未成，然后在帖撒利的法赛利阿完全击败庞培。庞培逃到埃及，为托雷美出卖而被杀。恺撒横渡赫勒斯滂，到了特罗阿德。他从托雷美那里拿下埃及，把它给了姑娄巴，战败了在法赛利阿战役后保护他的敌人的努米底亚王周巴，然后回到西班牙（公元前45年）。庞培的儿子们在那里成立了一支军　（转下页）

伟大的美德如何使它值得尊敬。
你知道它在阿尔巴隆伽城
驻留了三百多年之久，直到最后
为了它的事业三人还和三人作战。
你知道从萨宾妇女的受辱
到琉克利霞的悲痛，它如何
通过七个帝王征服了四周的民族。
你知道高贵的罗马人如何
举起了这面大纛反对布楞那斯，
反对彼拉斯，反对其他的王子和政权；
托夸托，昆齐俄（因他不加梳理的头发
得此别号），台西家族和法俾家族，
从中取得我乐于这样赞美的荣名。
这面大纛压倒了随着汉尼拔越过
阿尔卑斯山的阿拉伯军队的骄横；
坡河啊，你就从那群山中发源。
在这旗帜下面，西彼俄和庞培

（接上页）队。恺撒被害以后，他的侄儿奥古斯都在摩得那战败了马克·安东尼（公元前43年）；然后以安东尼为他的同盟，在腓力比战败了杀他叔父的凶手，勃鲁多和加西阿（公元前42年），以后又在培卢查战败了安东尼的兄弟琉喜阿斯（公元前41年）。公元前31年，他在亚克兴最后战败了他的劲敌安东尼；安东尼不久即自杀，他的情妇克娄巴特拉用毒蛇把自己咬死。这使奥古斯都成为整个罗马帝国的主人，这帝国伸展到埃及的最远的边疆，因此哲那斯的神庙在战时一直开着的大门，在罗马历史上第三次重又关闭，以标志普遍的和平。“按照天意，把人间变得和天国同样宁静，”一切都为基督的诞生准备好了。基督是在奥古斯都的后继者提庇留的治下被钉死在十字架上的，因此但丁认为人类在堕落时的罪恶被报复了。耶路撒冷在泰塔斯的治下沦亡了，杀基督的罪恶在犹太人身上被报复了。

在尾声中提到，查理曼大帝于774年使伦巴底王底塞德逊位，因此保护了教会。

　　还在他们青春时代就高奏凯歌，
　　你在那下边出生的山感到辛酸。
然后，在按照天意，将把人间
　　变得和天国同样宁静的时刻，
　　恺撒奉罗马之命拿住了这面大纛；
它从发尔河到莱茵河完成了什么业绩，
　　伊塞尔河和阿拉尔河都知道，
　　森河和伦河灌注的流域都知道。
他从拉温那出来，飞渡卢比孔河，
　　它所成就的事业进展得那么神速，
　　不论舌头或笔墨都无法追随。
它指挥全军向西班牙疾驰而去，
　　然后驰向提累基阿姆，狠狠打击了
　　法塞利阿，炎热的尼罗河也感到创痛。
它再度看到它的诞生地安丹特洛
　　和西摩伊斯，也看到了赫克多长眠的地方；
　　它又抖擞羽毛，使托雷美遭殃；
此后像闪电一般下降，扑向周巴，
　　于是回过来飞向你们的西方，
　　它在那里听到了庞培的角声。
这大纛在那后继的将军手中的作为，
　　使勃鲁多和加西阿在地狱中为之号叫；
　　它使摩得那和培卢查悲哀烦恼。
那无比可怜的克娄巴特拉还在为之痛哭，
　　她在大纛前面，没命奔逃，
　　让毒蛇咬嚼自己的胸膛，猝然暴死。
它随着他行进到红海的边岸，
　　它随着他使世界处于深深的和平，

哲那斯神看到自己的庙宇向他关门。
但这面使我叙述了历史的大纛，
以往的勋业，以及在它统治的人间
它将完成的种种丰功伟绩，
若是用明亮的眼睛和纯洁的心灵
去看第三位恺撒手中的作为，
就将显得微不足道，黯然失色；
因为赋予我灵气的鲜明‘正义’，
把替他的愤怒复仇的荣耀，
交给了我所说的那一个人手中。
有一件双重意义的事，将使你们大为惊异！
以后，在泰塔斯的治下，它奔驰而去，
在那古代罪孽的复仇上复了仇。
等到伦巴底人的狠毒的牙齿
咬进了神圣的教会，查理曼大帝
在鹫鹰的卵翼下胜利地挽救了她。
现在你可以判断我指责的那些人，
也可以判断他们犯下的罪恶，
这些罪恶是你们的一切祸患的根由。
一党用黄金色的百合花旗反对
帝国的旗帜，另一党把它据为己有，①
因此难以看出哪一党作恶更大。
让基伯林党人在另外的旗帜下，
使出，使出他们的阴谋诡计吧；
使这旗帜与正义分开的，都要遭殃；

① 归尔甫党用法兰西的军队和势力来和帝国对抗。基伯林党为党争的目的窃取帝国的名字，却白费心机。

愿这个年轻的查理王不要
　用他的归尔甫党人摧折这面圣旗，
　让他惧怕把更猛的狮子剥皮的利爪吧。[①]
在此以前，也曾有孩子们时常为父亲
　造下的罪孽而痛哭，愿他切莫设想
　上帝会用兵器来调换他的百合花。
这座小小的星辰以善良的精灵
　装饰自己，他们生前忙忙碌碌，
　都为了追求自身的荣誉与名望；
因此，欲望这样越出了常轨，
　寄托在这些东西上，真正的爱
　上升时却只能发出晦暗的光芒。
把我们的报酬去和我们的功绩
　互相较量，却是我们欢乐的一部分，
　因为我们看见那报酬不多也不少。
凭了这个，天上的鲜明的正义
　使我们心中的情感变得美妙，
　我们决不会越出常轨去为非作歹。
各个不同的歌喉在人间合成妙曲，
　我们在天上的种种不同的座位，
　也在星体中间演奏出和谐的仙乐。
看啊，在我们眼前的这颗珍宝，
　罗曼莪的光彩在闪闪发亮，

---

① 安如的瘸者查理，耶路撒冷的名义上的王（见本篇第十九歌），那不勒斯的实际上的王，是意大利归尔甫党的首领。许多比瘸子查理更强大的狮子，曾被帝国的鹫鹰从背上撕去了皮。

他的瑰丽伟大的功绩得不到报答。①
但是设计陷害他的普罗封斯人，
没有从中得到乐趣；把人家的美事
视为自己的损失的人，未必走了聪明的路。
拉蒙·培隆热有四个女儿，后来每一个
都做了王后；这四头婚事
都由贫穷的外邦人罗曼莪促成；
事后，出于嫉妒说出的谗言
使培隆热要和这位公正的人清算，
其实这人总以十二报答他的十；
罗曼莪一贫如洗，白发苍苍，

---

① 关于罗曼莪，维拉尼记下了一个如下的传奇式的故事：——

“一个叫做罗曼莪的来到了他的（拉蒙·培隆热的）朝廷。罗曼莪刚从圣詹姆士教堂朝拜回来，听到培隆热伯爵的善良，就住在他的朝廷里，而且十分贤明和英勇，极受伯爵的宠爱，故而成为他的家宰……伯爵有四个女儿，没有儿子。善良的罗曼莪先谨慎小心地替他把他的长女嫁给了法兰西的路易王，给了她钱带去，对伯爵说道，‘这事让我办吧，不要吝惜这些钱，因为你如果把第一个嫁得好，因为亲戚关系，其余三个会嫁得更好，而且花钱也要少些。’事情果然这样发生了；因为英格兰王为了与法兰西王攀亲戚，不要多少奁资立即娶了第二个；后来他的兄弟，罗马人的被选的王，同样地娶了第三个；第四个还在待嫁中，罗曼莪说道，‘为这一个我希望你有一个勇敢的男子做你的快婿，也可以做你的承继人，’——他也这样做了。找到了法兰西王路易的兄弟，安如的伯爵查理时，他说道，‘把她嫁给他吧，因为他大概会成为世上最好的人，’这样替他预言；事情就这么办了。后来由于那败坏好事的忌妒心，发生了这样的事：普罗封斯的男爵们控告善良的罗曼莪滥用朝廷的财物，并且要和他清算。高贵的罗曼莪说道，‘伯爵，我已侍奉了你一个长时期，使你的财产由小变大，你听信了下人的谗言，并不为此感激：我到你朝廷来时是一个贫穷的巡礼者，我在这里过了廉洁的生活；把我的驴子、我的手杖和我的布袋还给我，像我来时那样，我就辞去我的职务。’伯爵不愿他离去；但是无论如何留不住他；他就像来时那样去了，没有人知道他从何处来，往何处去。但是许多人坚信他是一位圣徒。”

　　离他而去；若是世人知道
　　他沿途乞食时心中的滋味，
虽然已赞不绝口，还会加倍地赞美。”

第七歌

人类的赎罪

“和散那！神圣的万军之主啊！
　你从天上用你的丰盈的光辉，
　使这些王国的幸福火焰更为灿烂！”
这样，按着他自己的歌声旋转，
　我看到那个精灵在载歌载舞，
　两重光明互相交叠在他身上：①
他同其他的精灵一起开始舞蹈，
　如同消隐得最为迅速的火花，
　他们因突然远去而隐匿不见了。
我踌躇着，说道：“对她说话，对她说话，”
　我在心中说道：“对她说话吧，
　我的夫人会用甘露给我止渴；”
但是只要一听到“俾”或是“采”
　就会使我全身战颤，无比敬畏，
　又使我低下头去，像瞌睡的人。
俾德丽采看见我这样，没有多久，
　就向我投来一个粲然的笑容，
　使人在烈火中也觉得幸福，她说：
“依我不会错误的判断来看，
　对公正的复仇怎能公正地施行复仇，②
　这个问题在使你深深思索；
我却要迅速消除你心中的疑窦；

你要好好倾听，因为我的言语
将要向你作一个庄严的宣告。
那个不是被生下来的人，因为没有[③]
为了自己的利益而忍受意志上的约束，
使自己获罪时也使他全部子孙获罪；
因此，人类有好多年代生着疾病，
躺卧在那下面，蒙着极大的错误，
直到‘上帝的言语’惠然下降人间，[④]
然后完全出于他的永久的仁爱，
在那里把那从‘造物主’那里
迷离开去的性质，结合在自己身上。[⑤]
现在仔细领会我立刻要说的话：
这个和‘造物主’结合起来的性质，
仍像当初创造时那样纯粹、良善；
但由于自己的错误，却从乐园中
被放逐出去，因为它离开了
真理的道路和自己独具的生命。
至于由十字架所施加的刑罚，——
若是以它采取的‘性质’来衡量，

---

① 查士丁尼身上披着立法者和皇帝的两重荣光。

② 在上一篇中，查士丁尼皇帝讲述罗马历史时谈到：“以后在泰塔斯的治下，它奔驰而去，在那古代罪孽的复仇上复了仇。”但丁的疑问由此产生。亚当犯下了那古代的罪孽，耶稣代人类赎罪被犹太人钉死在十字架上，这是公正的复仇，后来，犹太人在泰塔斯的治下又受到复仇，这也称为公正的复仇。但丁的疑问是：对公正的复仇施行的复仇，怎能也称为公正的复仇?

③ 亚当是上帝所造的第一个人，所以说“不是被生下来的”。

④ “上帝的言语”即耶稣。

⑤ 耶稣把人性和他的神性结合起来。

没有其他的苦刑比这更公正；
同样地，若是我们看那忍受
这刑罚的‘人格’（这个性质在他身上
结集），任何刑罚也没有如此残暴。
因此从一个行为产生了两种效果；
上帝和犹太人对同一个死感到喜悦；
大地因此震动，天阙因此开启。①
现在，我想，你不会觉得难懂，
若是我向你说，一个公正的法庭
往后对那公正的复仇施行了复仇。②
但是现在我看到你的心灵，
给一个一个思想打成了结，
正怀着极大的欲望等候解开。
你心中说，‘是呀，我听到的我都懂；
为什么上帝命定只用这个方式
救赎我们，我却如蒙在鼓中。’
我的兄弟啊，凡是其智力
在仁爱的火焰中没有成熟的人，
他的眼睛就无法看见这个天命。
但是，既然这个目标常被瞄准，
却不常被认清，我愿意说一下
为什么这样的方法较为高贵。

---

① 耶稣的死使上帝喜悦，因为满足了神圣的正义；同时也使犹太人喜悦，因为满足了他们的恶意；天为了人类的救赎而欣然开启时，地却因怜悯它的造物主而震动了。

② 犹太人加于耶稣的刑罚，按耶稣所取的人性来说是公正的，故而是对于人类罪孽的一个公正的复仇，可是按耶稣的神性来说是不公正的，因此上帝毁灭了耶路撒冷，在犹太人身上又施行了公正的复仇。

神圣的仁爱把一切妒恨从它周围
　踢开，在自身内部熊熊燃烧，
　火花四射，展露出永恒的美丽。
不假媒介从中蒸馏出来的一切，
　都没有终极；因为它的印记
　一旦打下，就永远不能磨灭。①
不假媒介从中淋洒下来的一切，
　是完全自由的，因为它不受到
　一切无常事物的中间影响。
它和神圣的仁爱更密切相似，
　因此令它更为喜悦；照射一切的灵光
　在最和它相似的物体上，最为灿烂。
人类具有这一切卓越之点，②
　若是失去其中任何一件，
　人类将会堕落，失去高贵的地位。
只有罪是剥夺他这特权的东西，
　使他和那至高的善不再相似，
　至善的光也不再使他和以前一般；
他再不能恢复他以往的庄严形相，
　除非他再填满由过失所造成的空虚，
　把公正的责罚加于邪恶的欢娱。
在你们的始祖犯下大罪的时刻，
　你们的性质就脱离了这些尊严，
　就如脱离了天上的乐园一般；
若是你用敏锐尖利的眼光探寻，

---

① 凡是不用媒介而直接从上帝产生的，是不朽的。

② 即上面讲到的不朽，自由，以及和上帝相似。

这些尊严不能由任何途径复得，
除了涉过下面的任何一个浅滩：
不是上帝完全出于好意，
把这罪赦免了；就是人类
出于自动为自己的蠢事赎罪。
如今用你的眼睛全力注视
永恒的天意之深渊，像你倾听
我的谈话一样，全神贯注。
人类在他们自己的范围内，
没有赎罪的能力；因在事后服从时，
他们在谦卑的态度上无法降得那么低，
好像在违抗天命时把自己提得
那么高一样；这就是人类
所以没有能力自行赎罪的原因。
因此上帝必需依他自己的途径，
使人类复得他们完美无缺的生命，
或一条途径，或两条途径都用。①
但是，因为行事者的行为
愈是显示出自心地的良善，
就愈使我们觉得它的可贵，
那把自己的形象印在宇宙间的
神圣的‘至善’，仁慈地使用他
所有的途径重新把你们提举起来；
在最后的黑夜和最初的白昼间，
对于赐恩的上帝或受恩的人类，
不曾有也不会有更崇高庄严的行为；

① 或者单用慈悲，或者慈悲和正义并用。

因为上帝拿出自己的身体，
　使人类能够重新提举自己，
　比仅是颁赐一纸赦罪令更为慈悲；
而且一切其他的方式都不足以
　表示正义的伟大，除非神之子
　降低他自己，使自己成为血肉之躯。
如今，为了充分满足你一切的欲望，
　我要回头说明某一段话，①
　使你可以像我一样看出那里的真理。
你说：‘我看到水，我看到火，
　看到气和土，以及这一切的混合物
　历时不久，都不免遭到解体；’②
可是这些东西都是造物，
　因此我向你说的话如果实在，
　它们应该没有腐朽之虞。
我的兄弟啊，天使们以及你如今
　所处的洁净无瑕的仙界，可以说
　在当初创造时就像现在这样完整；
但是你刚才所提的那些元素，
　以及以它们合成的一切事物，
　都由被创造的力量赋以形体。
它们所包含的物质是造物，’
　在它们的周围疾速运转的星辰，
　其中所包含的造形力也是造物。

---

① 就是她上面讲到凡是直接从上帝产生的东西是不朽的那段话。
② 但丁的疑问是：这些上帝的造物（元行以及由元行合成的事物）为什么消灭？

一切动物和一切植物的生命，
　都由神圣的星体的光芒和运行
　从具有潜能的混合体中汲取而来。
你们的生命却由至尊的‘慈爱’，
　不假媒介而赋给的，上帝使它产生爱，
　因此它此后永远思慕上帝。①
从这里面你可以进一步得出
　关于你们的复活的结论，
　若是你再想一下上帝如何
造了肉体赋给人类的两个始祖。”②

---

① 她告诉但丁说，那些元行，虽然他知道它们是创造出来的，可是他看到它们消灭，这是因为那些元行并不是直接从上帝那里取得它们的形体，而是从一个为上帝所创造的力量里取得的；动物和植物的灵魂同样是由星辰和那些元行的结合汲取出来的；但是天使和天体可以说是不用媒介而被造得像它们如今存在的样子。

② 亚当和夏娃的肉体是直接由上帝造成的，当人类的赎罪最终结束时（即最后审判以后），人类的肉体会恢复仅由于犯罪而失去的尊严。

第八歌

金 星 天

当人世处于危难的时代，人们相信，[①]
　在第三个周转圆中转动的[②]
　那美丽的居伯罗女郎射下了痴情；
因此沉溺于古代错误的古代的人，
　不仅奉上祭品，许愿祈祷，
　膜拜美丽的居伯罗女郎，
也膜拜她的母亲代俄尼，
　膜拜她的儿子叩彼德，
　人们都讲叩彼德坐在黛多膝上；[③]
我曾以她的名字作为我歌唱的开端，[④]
　人们以她的名字称呼太阳时而从后、
　时而从前向之求爱的星辰。
我没有觉到我已升入这颗明星，
　但我的夫人却这样使我相信，
　因为我看见她变得更加美丽。
如我们在一个火焰内见到一粒火花，
　又如在一片歌声内辨出一个歌声——
　别的声音都在唱，这声音却断断续续；
就像这样，我看出在那光明之中，
　另外的火炬结成环形正在转动，
　按看到天启的多少或疾或徐。
神圣的火焰突然一哄而散，

离开崇高的大天使发起的环形，
向我们飞来，迎接我们的来临，
谁若看见他们飞奔的速度，谁将认为：
从寒冷的乌云降下的狂风或闪电
和他们相比，都显得缓慢而停滞。⑤
从那些最前面的火炬中间，
发出了那么美妙的和散那歌声，
从此我再也摆脱不掉再听一次的渴念。
于是其中一个向我们再走近一步，
说道："我们大家听候你的吩咐，
你可以从我们这里取得喜悦。
我们和天上的王子们在同一个圈子，⑥
同一个轮回，带着同样渴慕转动，
你们从人寰有时向这些王子们说：
'你们用思想使第三重天行动，'⑦

---

① 诗人在到达第三重天时告诉我们说，在异教的黑暗时代，世人相信情欲的影响是从他们以维纳斯（"美丽的居伯罗女郎"）的名字来崇拜的那个星辰中产生的；他们崇拜维纳斯，就像他们以代俄尼和卬彼德的名字崇拜维纳斯的被假想的母亲和儿子一样。

②《飨宴篇》第2篇第4节："在我们如今讲到的金星天里，这个环的背上有一个在那天体里自行运转的小天体，星宿家把这小天体的环称为周转圆。"

③ 维吉尔《伊尼特》第1卷第718行起："黛多用她的眼光，用她的整个灵魂，依恋着他，有时候把他抱在膝上抚爱他，她没有想到坐在她身上的是一个怎样有力的神明，这个不幸的人儿呀。"

④ 但丁《飨宴篇》第2篇第1首歌曲以这样的一行开端："你们用思想使第三重天行动。"

⑤ 依照亚里士多德的说法，风是因寒冷而起的，若是风燃上了火，就变成闪电或流星。

⑥ "王子们"指金星天里的那一个等级的天使们。

⑦ 这就是但丁《飨宴篇》第2篇第1首歌曲的第1行。

我们心中充溢着爱，为了令你喜欢，
片刻的静止也一样会使我们幸福。”
我眼睛向上看去，恭恭敬敬凝望
我的夫人，我的眼睛满意地
看到了她亲切的肯定支持，
我就把眼光掉回来，看那给了我
巨大希望的神灵，对他说道：
“请说你是谁，”我的言语里带着深情
嗳！我看到我的言语把新的喜悦
加在他已有的喜悦之上，他变得
比以前更为巨大，更为光辉！
一变了形，他就说道：“我在人世[①]
只过了短促的岁月；假使长一些，
就会看到许多那时还没有发生的不幸。
我的喜悦隐起了我，不给你看见，
喜悦的光芒在我四周焕发，
藏匿我如蚕蛾被自己的茧包住一般。
你曾爱我极深，你这么做不是没有[②]
充分的理由；我若是还在人间，
我向你表示的将不止是爱的嫩叶。
伦河与索加河汇合在一起以后
所灌溉的那左岸的一片地土，[③]

---

① 如今说话的精灵是查理 · 马泰尔。他是匈牙利加冕的王，那不勒斯和西西里王查理二世的儿子；因为他在他父亲活着的时候就死了，所以不曾继承这两块国土。他若是活得长一些就会看到的不幸事，是指他的兄弟西西里王罗柏特抵抗亨利八世。

② 查理 · 马泰尔于 1295 年曾到过佛罗伦萨，也许他在那里认识了但丁。马泰尔于同年去世。

③ 这是指普罗封斯。

等待我有一天做它的君主；
奥索尼亚的那一隅也是如此，
一直到脱伦多河和弗特河的入海处，
那里耸立着巴利，加厄大和喀托纳三城。①
多瑙河在离开了它的日耳曼的
两岸以后而迤逦流过的国土，②
那国家的王冠早已在我额上闪耀；
在巴乞诺和彼罗勒两个海角之间，
在那最为东南风所苦的海湾之上，
硫磺雾而不是挨特那火山的爆发
使美丽的脱利那克里变得暗淡无光，③
若不是永远使被奴役的民族
心痛如割的暴虐统治使‘杀杀’的喊声
在巴勒摩京城中响彻云霄，④
美丽的脱利那克里还会被我那
由查理和卢多尔夫传下的后代主宰。⑤
假使我的兄弟及时地早有预见，
为了免得对己不利，他定会避开
贪心而贫穷的加达鲁尼亚家臣；⑥

---

① 脱伦多河和弗特河以南的奥索尼亚，即那不勒斯王国(或名亚浦利亚)。三座城都是标志那不勒斯王国的边界的。

② 这是指匈牙利。

③ 脱利那克里是维吉尔和其他罗马诗人称呼西西里的名字，由于这座岛三角形的地势。

④ 这是指由于他的祖父查理一世的统治不良而引起的大屠杀，因此西西里的统治权转到了亚拉岗王室，由彼得三世为王了。

⑤ 查理一世是马泰尔的祖父；日耳曼皇帝卢多尔夫一世是他的岳父。

⑥ 罗柏特在西班牙被俘了七年以后，带回来了贫穷困难的加达鲁尼亚人当他的家臣。

并且，实在说来，他本人
　或是那另外一人必需作好准备，
　不让他的满载的小舟再装上重物。①
他的吝啬天性却是宽宏的祖先的后代，
　凭他的天性，他周围极其需要
　心思不在积聚钱财上的卫士。
“阁下，我相信你像我一样，
　在一切善所发端和终结的地方，
　看到了你的谈话灌注在我心中的
至高无上的喜悦，我心中感到
　格外的感激；而且你在仰望上帝时
　看出这个喜悦，我也深爱这一点。
你已给我喜悦，如今开导我吧；
　因为你在说话时使我怀疑，
　甘蜜的种子怎么会结出苦果。”②
我这样问他；他就向我说：“我若能够
　向你说明某一条真理，我会把如今
　在你脑后的疑问放在你眼前。
‘至善’使你正在爬登的全个天国
　转动和满足，并以他的意旨
　在这些巨大的天体里发出力量；
那本身完美无瑕的神灵不但
　预见到了性质不同的造物，
　也预见到了与他们有关的幸福。

---

① 1301 年夏，罗柏特和卢哲里 · 狄 · 洛里亚运粮到被占领的西西里堡垒时，在海上船只遇险。

② 但丁的疑问是：一个好父亲怎么会生出一个坏儿子来？

因此从这张弓上发出的任何箭矢，
　都被命定射在预定的目标上，
　就像一支箭射中了自己的鹄的。
若不是这样，你正在走过的天体
　会产生这种效果：这天体不是
　艺术的作品，而是一片废墟；
事情不会如此发生，除非转动
　这些星辰的天使都有缺陷，
　而不能使天使完美的上帝也有缺陷。
你希望这条真理再加以阐明么？”
　我说道：“不必要了，因为我看出
　自然在做必要的事情时决不疲倦。”
因此他又说道：“现在你说，
　人在世界上不做公民是否会更糟？”
　“正是如此，”我答道，“我对此毫无疑问。”
“除非人们在人间有不同的生活，
　有不同的职务，他们能这样么？
　不能的，若是你的先师写的是真理。”①
到这点为止他用的是演绎的方法；
　然后作出结论：“因此你们的
　作用的根源必然是各不相同的；
因此有的生下来是梭伦，有的是

① 指亚里士多德。《共和国》第3卷第4章：“既然一个国家是由各不相同的成员组成(就像动物首先由灵魂和肉体构成；灵魂由理性和欲望构成；家庭由男女构成；财产由主仆构成；同样，一个国家由这一切，以及此外不同的东西构成)；因此必然要说，国家一切人员的长处不会是一律的。”

瑟克西斯，有的是麦基洗德，[1]
或是在飞越天空时失去了儿子的人。[2]
运转的天体决定人类的天性，
犹如以它的形象在蜡上打下印记，
它正确运用技术，对各家族不加区别。
因此，就有这样的情形发生，以扫和雅各[3]
虽是双生却是那样不同，魁赖那斯的[4]
父亲那么卑贱，人们都说他由马斯神所生。
若是神圣的天意不用权力取消
这种情形，那末被生下的天性
会永远走一条和他父母相似的道路。
如今隐在你背后的显在你前面了；
但是为了使你知道我喜爱你，
我要用一条必然的结论把你装备。
自然若是一发现命运和她不相和谐，
那末，就像种子离开了本土，
她一定不会繁荣昌盛。
若是那下面的人间善自注意
自然所奠下的基础，服从自然，
那末自然将对人类感到满意。
但你们把一个生来要佩剑的人
硬要他遁入空门，把一个应该
讲道的人硬要他戴上王冠；
你们的足迹就越出正道之外了。”

---

① 梭伦代表立法者，瑟克西斯代麦兵士，麦基洗德代表祭师。

② 这是指神话中的提达拉斯，代表工匠。详见《地狱篇》第十七歌。

③ “以扫和雅各”，见《旧约 · 创世记》第 25 章。

④ “魁赖那斯”即罗牟拉斯，神话中罗马城的缔造者，出身不详，据说他是利阿 · 西尔维亚和战神马斯所生的儿子。

第九歌

一个贵妇和一个诗人作了预言

美丽的克雷门斯啊，你的查理[①]
　在开导我的时候，他告诉我
　他的后代命定要遭遇到的篡夺；[②]
但他又说："你要闭口不说，让岁月流去；"
　因此我不能说什么话，除了说
　你们受到灾祸之后必将哀哀号哭。
那个圣洁的光明的颜容早已[③]
　回转过来向着那照耀他的太阳，
　好像向着使万物不感匮乏的"至善"。
唉！受骗的灵魂啊，唉！渎神的造物啊，
　你们竟把心扭转，背着这种至善，
　却使你们的额角正对浮华的事物！
看哪，那些光辉的精灵中
　又有一个向我走近，向外射出
　更多光芒，以表示愿意使我喜悦。
俾德丽采的美丽的眼睛，
　依然像先前一样凝望着我，
　亲切地答允满足我的愿望。
我说道："哦，幸福的精灵啊！
　请从速满足我的欲望的饥渴吧，
　证明我的思想我不说你也知道。"[④]
听了这话，那个陌生的精灵，

从它歌唱时所处的光的深处，
如一个乐于为善的人继续歌唱：
“在那堕落腐败的意大利国境，
在布伦他与比亚佛两河的发源地
和利阿尔托岛之间的那个地区，⑤
有一座山丘，山并不很高，
从前曾有一个火把从那山上下降，
使那地方遭受他悲惨可怕的蹂躏。
我和他从同一个根株里生出；
我生前名叫姑尼柴，我在此发光，⑥
因为这座星的光明征服了我。
我却喜悦地抱着容忍的态度，
听凭命运的摆布，我并不悲伤，
这在你们俗人看来也许有些奇怪。
现在同我靠得最近的这一个，

---

① “克雷门斯”是卢道尔夫皇帝的女儿，查理 · 马泰尔的妻子。

② 马泰尔死后，他的儿子查理 · 罗柏特成为那不勒斯王位的合法继承者；但是他的叔父罗柏特夺取了他的继承权。

③ 指查理 · 马泰尔。

④ 这里是说，不待我问就回答我。

⑤ 在威尼斯领土上的利阿尔托岛，和布伦他河与比亚佛河的发源地之间，坐落着一座名叫罗马诺的城堡，著名的暴君阿左利诺的诞生地，他就是如今说话的姑尼柴的哥哥。他生下时，他的母亲梦见她生下了一个火把，把整个地区都烧光了。

⑥ 姑尼柴，在金星(爱神)的影响之下，生前有过不少风流事。 她离开她丈夫，和诗人索得罗私奔，在她结婚之前她就和索得罗同居过，然后和一个特累维琪的兵士同住，这个兵士被她的哥哥暴君杀死以后，她又被她的哥哥嫁给一个布拉干萨的贵族；最后，贵族也被暴君杀死，她在她的哥哥死后，又在味罗那结了婚。

我们天体中的灿烂和亲爱的珍宝，①
在人间还留着极大的名声，这名声
要待五百年过去以后才会消失。
想一想，一个人是否应使自己卓越不凡，
让第一次的生命留下千载的名声！
塔利阿门托河与阿的治河
目前环绕的芸芸众生并不想这个；②
他们虽然受了惩罚，却没有悔改。
但在不久的将来就可以看到，
巴丢阿人会使味晋萨血流成河，
因为他们顽固反抗帝国的权力。③
在西里河与卡那诺河合流的地方，
有一人在那里统治，趾高气扬，
如今已有人编结天网把他捕住。④
一片哭声还将在番尔脱洛升起，
因为它的不敬神的牧师犯下了罪，⑤
没有人犯这么卑污的罪关进玛尔泰。⑥
这位百依百顺的牧师为了表示
忠于自己的党派，不惜大量献出

① 这是指马赛的甫尔珂，著名的行吟诗人，他作为一个诗人活跃于1180至1195年之间，后来弃俗作僧。

② 这是指特累维索边境，意大利从前的一个省份，包括近代威尼西亚省的大部分。

③ 她预言味罗那的甘·格朗德约于1314年在味晋萨击败巴丢阿人。

④ 特累维索的长官李嘉图·达·卡明诺。他于1312年被杀害。

⑤ 亚历山特洛·诺凡罗1298至1320年间当番尔脱洛的主教。1314年他把从非拉腊逃来避难的基伯林党人献给比诺·台拉·托萨，这些基伯林党人就此被杀。

⑥ 玛尔泰狱是教皇在菩尔塞那湖上所设的监狱。

非拉腊人的鲜血，盛血的桶
一定巨大无比，若是一两一两称
一定会令人不胜疲劳；但是按照
那地方的生活这正是合适的礼物。
你们称之为‘宝座’的明镜在高空照耀，[①]
把施行审判的上帝在我们眼前显现，
因此可以知道，我这些话都完全真实。”
她讲到这里沉默了，我看她的样子
好像一个把心思转到别处去的人，
因为她像先前一样回到队伍中去。
那欢乐的精灵，我早已注意到[②]
它光明灿烂，在我眼前闪烁，
犹如最瑰丽的红宝石，受到阳光的照耀。
在天上欢乐表现为光明，就像在人间
表现为微笑；但是在阴间，鬼灵
在心灵沉郁的时候外表却变得晦冥。
我说道：“幸福的精灵啊，上帝明鉴一切，
你自己的眼光深深沉浸在他里面，
因此我的愿望逃不出你的眼睛。
那末你和那些用六个翅膀做成僧巾的
圣火一起，以自己的声音不停地使天国
无比喜悦，你为何不以同样的声音[③]
满足我心头的渴慕？若是我能
看到你的内心，像你看到我的一般，

① “宝座”是某一等级的天使。
② 指甫尔珂。
③ 《旧约 · 以赛亚书》第 6 章第 2 节：“其上有撒拉弗侍立，各有六个翅膀。”

我不会等到现在，等你问我。”
于是他这样开始说道：“从花环般
围绕大地的海洋流出大量海水，
伸展开去，构成那最大的流域，[①]
在对峙的两岸之间，逆着太阳[②]
所走的方向，奔流了那么多里程，
使先前的地平线变成了子午线。
我生前住在这流域，在厄波罗河
与马克拉河之间。把热那亚
和多斯加纳隔开的正是一小段马克拉河。[③]
在波其亚和在我的生身之地，[④]
差不多同时能看到日落和日出，
我故乡的血曾使海港的水温暖。[⑤]
知道我的名字的人在人间
叫我甫尔珂，如今这天体带着我的影响，
就像我在人世时受它的影响一样；
俾拉斯的女儿在干既对不起西丘斯
又对不起克柳索的勾当时，她的爱情[⑥]
还不如我年青时代的爱情那样炙热；
那个受到提摩封背约之苦的

---

① “那最大的流域”指地中海。

② “对峙的两岸”指欧洲和非洲。

③ 指马赛。

④ “波其亚”是非洲的一个地方。

⑤ 指公元前恺撒的舰队战胜庞培的时候。

⑥ 黛多的爱伊尼阿，对不起她已死的丈夫西丘斯和伊尼阿已死的妻子克柳索。

罗多彼山中的少女，或是爱上了[①]

爱俄尔的阿尔西提也没有那样炙热。[②]

可是在这里我们并不忏悔，只是微笑；[③]

不是因为罪恶，罪恶已不再在心中出现，

而是因为安排和预见一切的神而微笑。

在这里我们凝望把这么巨大的工程

加以美化的‘天工’，我们又观看

把下界带回到上界来的‘至善’。

但是为了使你在这座天体里

生出的欲望能得到充分满足，

我还是必须继续给你解说。

你愿意知道是谁在那个光明里面，

在我旁边闪闪烁烁地发出亮光，

就像太阳的光芒射在清澈的水上。

如今你要知道喇合平安的在那里；[④]

她当初来到我们的队伍中间，

使我们的队伍实在受益匪浅。

在基督的凯旋声中，她先于一切

其他的灵魂，被迎接到这天体中来，

地球投射的黑影到这天体为止。

---

① 非利斯是色累斯王西同的女儿。罗多彼是色累斯境内的一座山，因此她被称为罗多彼山中的少女。她为提摩封所爱。据奥维德说，提摩封最后是回来守他的盟誓的，但是她因他长期的离别感到绝望，已经自杀了。

② “爱俄尔”是赫叩利斯（即阿尔西提）的最后一个情人。他的妻子地若尼拉听到这件事时，把内萨斯的魔衣送给他，他就此丧命。

③ 在天堂里没有忏悔。

④《新约 · 希伯来书》第11章第31节：“妓女喇合因着信，曾和和平平的接待探子，就不与那些不顺从的人一同灭亡。”

这样做法诚然十分合宜，
　　把她安置在某一重天，以资纪念
　　上帝之手为人取得的伟大胜利；
因为她帮助了约书亚在圣地
　　耶利哥获得第一次荣耀，
　　如今这件往事已不能引起教皇们的记忆。
你的城市，原是那第一个背叛造物主，
　　以自己的忌妒造成无数灾难的天使①
　　所亲手建造，如今你的城市
铸造并流通了那万恶的花朵，②
　　它使牧羊人变成了豺狼，
　　把绵羊和羔羊都引入了歧途。
为了这花朵，福音书和伟大的长老
　　都被抛弃，只有教令才被仔细钻研，
　　可以从写满字迹的页边看出。③
教皇和大主教们专心注意那花朵；
　　他们的思想从不转向加伯列
　　展开翅膀的地方——拿撒勒。
但是梵蒂冈，以及罗马城内
　　其他神圣的地区，那曾是
　　追随彼得的士兵们葬身的陵园，
不久都将被洗去这个奸淫的污点。”

---

① 这个“天使”指背叛上帝的撒旦。但丁咒骂佛罗伦萨是恶魔建造的。
② 佛罗伦萨的金币名佛罗林，上面印有百合花的图样。
③ 研读教令可以得到钱。

第十歌

日轮天：哲人的星环

那不可名状的最初的“权力”，
　怀着他和圣子永远挥发出来的
　“仁爱”，一面凝望着他的“儿子”，
一面把心灵或空间中行动的万物
　造得秩序井然，看到这种秩序，
　无论是谁，都不会不对上帝赞美。①
因此，读者啊，同我一起把你的眼光
　举向那些至高无上的天轮，正视那
　一种运动和另一种运动交叉的部位；②
然后要怀着深情细察那“大匠”的艺术，
　他心中那么地热爱他的工程，
　他决不把他的眼光从那里移开。
你想一想那负载行星的环带
　略微倾斜，从这一点枝分出来，
　以满足向它们嚣然叫嚷的人世；
若是它们的轨道不那样倾斜，
　那末苍穹里的好多力量都将白费，
　地球上的几乎一切的潜力早会死亡；③
若是离开那笔直的行程
　更远或更近，那末，整个宇宙
　不论在上或在下，都不会秩序井然。④
如今，读者，若是你愿意在疲倦之前

得到极好的享受，你且坐在长凳上，
细细咀嚼我预先替你准备的玉食。
我已把它摆在你前面；你自己享用吧，
因为现在我要写下来的事物，
需要我集中精力，全神贯注。
大自然的至高无上的代理者，
把天国的能力印在世界上面，
又用它的光为我们计算时间，
它同那刚才提到的部分结合起来，
正在那螺旋形的行程上环行，
使每天的黎明出现得愈来愈早。⑤
我已同它在一起了；但是我没有
觉到自己已经上登，就像一个人
不能感到没有生出来的念头一样。

---

① 这里表示万物由三位一体共同创造的神学学说，三位即圣父（“权力”），圣子（“儿子”）和圣灵（“仁爱”）。

② 这是指昼夜平分点，在那里黄道（即“那负载行星的环带”）和赤道交叉。太阳每日的运动是从东到西，和赤道平行；但它每年的运动是从西到东，和赤道形成某一角度而循着黄道带的。

③ 假使没有这样的角度（假使黄道带，即行星的轨道，和赤道平行），那末赤道地带会被烧焦，现在的温带会没有夏天，北极地带会永远是冬天。

④ 反之，假使黄道的斜度大些或小些，那末结果会稍微扰乱阳光的固有的分布，也扰乱人类的生命所依靠的季节。

⑤ 事情并非如此。但丁用形象的语言说：从春分起，太阳一天比一天上升得早，一直到达它的最高点为止，然后开始下降，就像螺丝的螺旋形。它在赤道以北，沿着这些螺旋形每天升得早些，一共九十一天和稍多一些。然后这螺旋形的运动在同样长的时间内被颠倒了过来，太阳每天升得晚些。然后同样的情形在赤道以南发生。但丁说，正由于这个为黄道的斜度所引起的太阳每年的螺旋运动，地球的各部分在全年中才受到光和暗的均匀的分配。总之，这三行明确指出太阳是在春分点。

把我这样从善引到更善的
　正是俾德丽采，可是那样的突然，
　她的行动简直没有花费什么时间。
我已进入太阳，在那里
　不是凭颜色，而是凭光芒向我
　显出的东西，其本身定是多么辉煌！
纵使我把天才，艺术，传统全部召来，
　我也无法描绘它的鲜明形象；
　但人们可以信它，让他们渴望它吧。
若是我们无力的想象不能飞到
　那样的高处，那是不足惊异的事，
　因为眼睛从来不能超越太阳。
那里就是至高无上的“天父”的
　第四个家族，他永远使它满足，①
　显出“圣子”和“圣灵”如何从他生出。
于是俾德丽采说道：“感谢，感谢
　天使们的太阳吧，他出于恩典
　把你提升到这真实的太阳上来。”
从来没有凡人的心像我听到
　这些话时那样地皈依于信仰，
　而且渴切地以它全部的意志
把自己献奉于上帝；我把我
　心中的爱完全无余地交给了他，
　以致我暂时把俾德丽采遗忘了。
这并没有令她不悦，反而使她微笑，
　她欢笑的眼睛发出光彩，把我那

① “第四个家族”指住在第四重天即日轮天里的神学家和哲人。

先前专一的心灵分散在许多事物上。
于是我看见许多光芒逼人的精灵，
以我们为中心围成一个圆圈，
光辉灿烂，但歌声更令人喜悦。
有时候，当含有水分的空气留住了
拉托娜的女儿编宝带的丝线，①
她也像我们这样，被光带环绕着。
在我曾一度逗留的天庭里面，
有许许多多珍贵美丽的宝石，
却不能把它们运出那个境界，
这些精灵所唱的歌曲就是这种宝石；
凡是不能展开翅膀飞往天庭的人，
只得从哑巴那里期望天国的消息。
那些熊熊燃烧的太阳，像靠近
不动的两极的星辰，一面歌唱
一面在我们四周环绕了三匝，
他们仿佛像一些贵夫人一样，
没有从舞蹈中抽身出来，只停下舞步，
默默倾听，直到听见重又扬起的曲调。
我听到其中的一个开始说道：
“真正的仁爱最初都由天恩燃点，
然后在爱的时候逐渐发扬光大。
既然天恩的光芒在你里面灼耀发光，
引导你登上这座天国的梯子
（除非要重新登上，没有人从上面走下），
谁也不能不用他金樽里的美酒

① “拉托娜的女儿”即月神代安那。这里指的是月晕。

止住你的干渴，正如每一条河川
最后都不免流入汪洋大海。
你想知道这个花环用什么树上的
花朵扎成，这花环以无限的深情
围绕着这位助你上天的美丽的夫人。
我是那神圣的羊群中的一只羔羊，
多密尼克领导我们走上一条道路，①
若是不迷途就会很好地长肥。
在右面与我靠得最近的这一位，
是我的兄长和师长，他是
哥伦的阿尔柏，我是阿奎那的托马斯。②
若是你也要同样地确切知道
一切其余的人，那末用你的眼光
随着我的话向上环视那幸福的花圈。
这第二个火焰从格累喜安的微笑里
射发出来，他对两种法庭都给予
极大的帮助，以致从天国得到恩宠。③
再过去一个，也装点了我们的合唱队，
他就是那位同贫穷的寡妇一起，

---

① 关于多密尼克，参阅下面第十二歌。

② 阿尔柏 · 马格那斯（1193—1280）和托马斯 · 阿奎那（1225—1274）"使亚里士多德基督教化"意指使亚里士多德的著作成为基督教学说的哲学基础。他们在世俗学问这方面很渊博。从托马斯 · 阿奎那的著作里，尤其从他的《神学大全》里，但丁取得许多神学上的学问。阿尔柏 · 马格那斯在哥伦和巴黎教学，托马斯是他的得意门生。他们同属于多密尼克教派，所以托马斯又称他为兄长。

③ 格累喜安，教堂法法学的缔造者，约 1090 年生于意大利。他的巨著《教堂法大全》于 1140 至 1150 年之间出版，在这著作中他使教会法和世俗法一致起来。

把珍宝奉献给神圣教会的彼得。①
第五个光，在我们中间最为灿烂，
他由无比的仁爱激发着，那下面的
全个人世都急切要知道他的命运；
在那里面就是那崇高的心灵，他赋有
极其深奥的智慧，若是经文不错，
没有第二人窥到那样完全的天启。②
现在你再看那支圣烛的光，
他在人间带着肉身的时候，
最深地看出天使的性质及其使命。③
在他旁边的那个小小的光芒里，
那位基督教时代的辩护者欢笑着，
奥古斯丁用他的拉丁著作巩固自己。④
现在你若是把你的慧眼随着
我的赞美的言辞，从一个光移向
另一个光，你就已渴望那第八个了。

---

① 彼得·伦巴底(约1100—1164)，曾于巴黎当神学教授多年；1159年被任命巴黎的主教。他最著名的著作是《箴言录四卷》。在该书的序言里，他把自己比作《新约·路加福音》第21章里讲到的“投了两个小钱”的穷寡妇。

② 指所罗门王。在中世纪，关于他被罚入地狱还是上天堂，曾有过争论。《旧约·列王纪上》第3章第12节：“我就应允你所求的，赐你聪明智慧，甚至在你以前没有像你的，在你以后也没有像你的。”

③ 这里指《新约·使徒行传》第17章第3、4节里提到的“亚略巴古的官丢尼修。”他是雅典人，他听了保罗的传道而改信基督教，约于公元95年殉道而死。归于他名下的著作如《天国的圣秩制度》等，现在被认为是5世纪或6世纪新柏拉图学派的著作。

④ 保卢斯·阿罗修，历史家，4世纪末生于西班牙。他是圣·奥古斯丁的门徒。由于后者的建议，他写了《以七部史书驳斥异教徒》一书，作为圣·奥古斯丁的著作《上帝之城》一书的补篇。在这一书中，他用历史事实证明，基督教并不如异教徒所说的那样毁灭了罗马帝国。

在那里面的是那因看到一切的善
　而喜悦的神圣的灵魂，他向好好
　倾听他的人揭露尘世的欺诈虚伪。
他那灵魂已经被逐走的肉躯，
　如今在人间葬在‘金顶’教堂内，
　而灵魂从殉道和流放中来到这仙界。①
如今再往下看那些熊熊发光的形象，
　它们是伊西多的，比德的，和在默想上
　超过常人的理查的炽热的精灵。②
这一位，你看过了他眼光
　会回到我身上，是一个精灵的光，
　他作严肃的思考时觉得死来得太慢；
那是西基尔的永恒的光，
　他在巴黎‘麦秸之街’演讲的时候，
　用三段论法推论出真理，引起了憎恨。”③

---

① 第八个是菩伊修斯(475—525)。他对于但丁有深刻的影响。他被西俄多利克判死刑后，在巴维亚的监狱中写了他的《哲学的慰藉》一书。这是一本异教的道德和宗教的书。他在书中主张，就是在人世，有德行的人也是依人类的理性比邪恶的人更受喜爱的，而且上帝对人所行的可以被认为公正的。这样他就补充了基督教著作家单独倚赖来世的补偿那种说法。他死后葬于巴维亚的金顶教堂。

② 塞维尔的伊西多(560—636)，一个博学的西班牙人，著有20卷的百科全书。尊者比德(673—735)，一个盎格鲁撒克逊的僧人，英国历史学之父，著有《英国教会史》5卷。圣维克多的理查(1173年卒)，据说是苏格兰人，著名的经院哲学家和神学家，著有《默想录》一书，但丁受他的影响极深。

③ 布拉班特的西基尔(约卒于1283年)，巴黎大学哲学博士和教授(“麦秸之街”为该大学附近的街道名，就在如今还著名的“拉丁区”)。他参加了该大学和多密尼克教派之间发生的关于教学自由的争论，托马斯·阿奎那就是他的反对者。在他的文集《不可能性》中，他怀疑神明的存在，因此被判为一个异端者。 他在教皇法庭中被一个疯狂的教会书记刺死。

于是好像在上帝的新娘从床上起身，①
　向她的新郎唱她的晨歌要他
　爱自己的时候，那唤醒我们的时辰仪，
一部分机构在里面牵引和推动另部分，
　发出一种那么荡人心魄的叮当声，
　以致安静平稳的心灵情思洋溢；
我就像那样看到那荣光辉发的天轮
　旋转运行，声音与声音互相应和，
　那音调的融洽和甘美非人间所有，
只应在欢乐成为永恒的天上听到。

---

①“上帝的新娘”指教会。

第十一歌

圣托马斯·阿奎那赞美圣方济

芸芸众生的愚妄无知的烦虑啊！
　使你在人间拍击翅膀
　往下飞翔的理论，是多么虚伪！
有的从事法律，有的研究格言，
　有的追逐教士的职务，有的想
　用暴力或是用诡辩获得统治权，
又有的追求掠夺，又有的追求官职，
　有的被纠缠在肉体的快乐中
　使自己疲劳，有的耽溺于安逸；
可是从所有这些事情里面
　解脱出来的我，却如此光荣地
　同俾德丽采一起，正在天上受到接待。
等到每个精灵重又来到
　光环中他自己原来的位置，
　他停在那里如蜡烛插在烛台上。
在那第一个向我说话的光里面，①
　我听到开始含笑说话的声音，
　在说话时光变得越来越辉煌：
“就像它的光芒把我照得通亮，
　我凝望着那永恒的光明，
　看出你的思想来自什么地方。
你心中有了疑问，十分希望

我用可以令你立即理解的言语
明白晓畅地给你解释一下
我说过的这句话：‘就会很好地长肥，’
和另一句话：‘没有第二人窥到；’②
我们在这里需要作明确的辨别。
那支配人世的至高无上的‘天意’，——
作了巧妙的安排，一切造物的眼光
没有探到它的全部奥秘就会遭到失败，——
为了使‘他的新娘’（他高声叫喊着，
以宝贵的鲜血娶她为妻），
在向她的欢乐走去的时候，③
可以心中安稳，对他更为忠诚，
就为她的缘故立了两个‘王子’，④
他们要在她的左右作辅佐。
一个无比热忱，完全像大天使，⑤
另一个赋有智慧，在人间
是发出第二位天使之光的光彩。⑥
我将谈论一个，因为赞美其中任何一个
就等于把两个都一齐赞美；
他们两人的工作只有一个目标。
在图彼诺河和那从有福的乌巴尔杜
所择定的山丘上流下的溪水之间，

① 即托马斯·阿奎那，以下是他说的话。
② 这两句话都见上一歌。
③ 指上帝派基督到人间，去为教会流血。“她的欢乐”即指基督。
④ “两个王子”：指下面就要讲到的圣方济和圣多密尼克。
⑤ “大天使”象征仁爱。这里指的是圣方济（1182—1226）。
⑥ “第二位天使”象征知识。这里指的是圣多密尼克（1170—1221）。

一座肥沃的斜坡从一座崇山上悬下，
培卢查由‘朝阳门’从那里受到寒冷
和炎暑的影响，在山阴的
诺彻拉和瓜尔杜为那重轭而悲号。①
在这斜坡上，就在这斜坡使陡度
锐减的地方，一个太阳诞生到人世，
就像这个太阳不久前从恒河上升。
因此凡是提到那地方的人，不要说
‘我上升’，这个名字不确切，
若要给它正确的命名，该叫它‘东方’。②
他离开自己上升的时候还不久，
他就开始使大地从他的
巨大力量里感到某种鼓舞；
因为在他年轻时代，他为一位夫人
与他的父亲发生斗争。对这位夫人，③
如对死神一般，无人袒开欢乐的心胸；
在那支配他的精神上的法庭里，

① 以上六行，但丁用他惯用的手法描写了圣方济的诞生地，阿西西。阿西西是意大利中部的一个城镇，位于培卢查和福林约两座城镇的大路上。这座城镇是在苏巴西俄山的西南坡上，东边是图彼诺河，西边是契亚西河（古俾俄的主教乌巴尔杜曾择定苏巴西俄山作他的退隐处，但未果，故云“择定”）。“朝阳门”是培卢查的东门，从山上的积雪受到寒气，从阳光的反射受到暑气。诺彻拉是阿西西东十五公里的亚平宁山麓下的城镇；瓜尔杜是诺彻拉北八公里的村庄。亚平宁的海拔五千尺的高峰压在这两个地方上面，好像“重轭”一样，使它们不胜负担而呻吟。

② 阿西西的旧名可译为“我上升”。但丁说，说“我上升”不确切，应该说“东方”才对，东方当然指太阳了。

③ 圣方济早年时挥霍无度，到了二十五岁生了一场重病后，开始严肃起来，把他父亲的钱财施舍给贫人（“夫人”即贫穷）。

他当着他父亲的面和她结合，①

于是把她爱得一天比一天强烈。

有一千又一百多年之久被剥夺了

第一个丈夫的她，在他来到以前，

受人轻视，默默无闻，得不到款待。②

据说那使全世界恐怖的人高声

叫门的时候，发现她和阿迈克拉

在一起毫不惊骇，这传说也于她无用；③

当马利亚留在下面时，她却和基督

一同登上那十字架，甚至她的

这种忠诚和不屈也于她无用。④

但是，唯恐我说得过分隐秘，

我现在就明白地告诉你，

这一对情人就是圣方济和‘贫穷’。

他们的融洽无间与喜悦的模样，

---

① 他的父亲到主教面前控诉他，他当场脱下了全部衣服，交还给他的父亲，用一根绳子束在身上。

② “贫穷”的“第一个丈夫”指基督。基督诞生了1182年后，圣方济出生，所以这里说“一千又一百多年”。

③ 恺撒和庞培作战紧急的时候，需要一条船，因此在夜间敲一个穷渔人阿迈克拉的门。那渔人见了恺撒并不惊讶，还是安然睡在他用海草铺成的床上。这是拉丁诗人卢甘在他的《法萨利亚》里讲的故事，并使恺撒说了下面一段话：

“幸福的贫穷啊！你是上天所赐的
至大的善，却难得为人所领悟！
这里残忍的掠夺者不来找他的掠夺品，
这里也不会有凶恶可怕的军队光临。”

《法萨利亚》第5卷。

④ 圣方济自己有一段话可以解释这一节：“在你受难时，只有她（指‘贫穷’）不抛弃你。你的母亲马利亚停在十字架的脚下，但‘贫穷’却同你一起登上十字架，并且抱住你。”

使他们的仁爱，神奇和温柔的容颜，
成为圣洁思想的不竭的源泉；
因此年高德劭的柏纳特第一个
光着两只脚跑去追随这么大的幸福，
这样跑的时候还认为跑得太慢。[①]
无人认出的财富啊，丰饶的善啊！
挨吉丢斯和西尔维斯忒都是光着脚，[②]
追随那新郎，那新娘使他们那么欢喜。
这位父亲和这位大师，他就带着
他的夫人，又带着已经束上
‘谦卑之绳’的家人，登上了征途；
他虽是彼得洛·柏那同之子，
他虽蒙受难以置信的轻视，
心情却不沮丧，也没因此抬不起头。
他万分庄严地向因诺孙特
吐露了他的坚定不移的意向，
从他得到了他教派的第一个钤印。[③]
以后追随他的足迹的贫穷人民
人数更为众多，——他的奇妙的生平
应该以天国光荣的歌声来颂扬，——
荷诺留斯得到了永恒的灵感，
就把第二个王冠赐给这位为首的

---

① 柏纳特，阿西西地方的一个富商，是圣方济的第一个门徒。起初，虽然被圣方济所吸引，他还不信任；但是对他的诚实确信无疑后，就听从他的指点，卖掉了全部财物施给贫人，信从了这个教派。

② 挨吉丢斯，圣方济的第三个门徒，卒于 1262 年。西尔维斯忒也是他的最早的门徒之一。

③ 1214 年教皇因诺孙特三世正式承认了他的教派。

牧师，以承认他的圣洁的意志。[①]
以后，心中怀着对殉道的渴慕，
他在骄气横溢的苏丹王面前，
宣扬基督和他的门徒的言行；[②]
他发现那里的人民还太粗野，
无法改变信仰，为了不白耽下去，
他回去从意大利的树木上采集果实；
在台伯河与阿诺河之间的荒山上，
他从基督那里受到最后的烙印，
他的身体随带这烙印有二年之久。[③]
那赐给他这样的善的上帝，
愿意引他上天，让他获得
他的谦卑应得的报酬，这时候，
他把他那最亲爱的夫人交托给
他的信徒，如交托给合法的后嗣一般，
谆谆嘱咐他们要忠诚地爱她；
这个光辉灿烂的灵魂决定离开
她的胸怀，回到它自己的国土，
不愿为自己的肉体找另外的棺柩。[④]
如今想一想他是怎样的人，

---

① 1223 年教皇荷诺留斯三世颁布训谕，确认他的教派。

② 1219 年，他到埃及去想使苏丹王改宗，并在达米伊塔城前他的营帐内向他传道，但未成功。

③ 1224 年 9 月，他在亚平宁山脉拉浮纳山的修道院内，在异象中，手足和身上受到了"圣痕"（即象征基督钉死在十字架上的钉痕和枪痕）。两年后去世。

④ "他祝福了他的教友以后，要他们脱去他的衣袍，把他赤着身体放在地上"（见旧的传记）。

竟配与另一位一起把彼得的小舟[1]
保持在深海之上驶向正确的目标!
我们的大主教就是如此;因此,
你一定看出,凡是依他的命令
和他同行的人,都装载了良好的货物。
但是他的羊群却变得那样贪求
新奇的食物,在各式各样的草原上
它们迷途徜徉,是势所必然的;
结果,他的羊群从他那里
离开得愈是远,在回到羊栏时
它们的乳囊中愈是空无所有。
固然也有些人惧怕这样迷途,
紧紧与牧羊者靠拢,可是为数那么少,
只要不多的布就可做成他们的僧衣。[2]
如今我的话若是讲得不暧昧,
你倾听的时候若是专心一意,
你若是回想一下我说过的话,
那末你的愿望一定满足了一半,
因你将看到他们与本株分裂开来,[3]
你也将看出这句话里的非难之意:
'若是不迷途就会很好地长肥。'"

① "另一位"指圣多密尼克,另一个教派的缔造者。
② 托马斯·阿奎那斥责他自己所属的多密尼克教派的日趋衰微。
③ 意思指多密尼克教徒不遵守教规。

第十二歌

圣菩那文图拉赞美圣多密尼克

等到那蒙受至福的火焰
　正要把那句最后的话说出时，
　那圣洁的磨石就开始旋转起来，
在这转动中还没有走完一圈，
　就有第二个旋转的磨石和它配合，
　以运动配合运动，以歌声配合歌声；①
这歌声远胜过我们的诗神，
　远胜过我们的笛声悠扬的海妖，
　如第一个光辉远胜过它的反光。
如同朱诺吩咐她的婢女出外时，
　两道颜色相同的并行的彩虹
　横贯在稀薄的云雾之上，
外面的一道从里面的一道中生出——
　好像那彷徨的宁芙的说话声，
　她被爱情消灭，像雾气被阳光消灭，——
使我们世上的人凭那上帝同挪亚
　所立的盟约，预先知道了
　大地决不会再被洪水泛滥；②
就像这样，这两个用那些不谢的玫瑰
　编扎成的花环绕着我们旋转，
　就像这样，外面的环应和着里面的环。
它们舞蹈，兴高采烈地庆祝，

缭绕的歌声四起，闪闪的光芒
互相辉映，又是喜悦，又是慈祥，
它们在同一个时间、以同一个意志
静止下来，就像两只眼睛听从
意志的指挥必然同时开阖一般，
这时，新的光明中有一个光体，
发出了一个声音，使我转向它
如同罗盘中的磁针转向北极星；③
那声音开始说："使我美丽的爱
催促我谈论那另一位首领，为他之故，
在这里说出了颂扬我的领袖的赞语。

---

① 在《飨宴篇》第 3 篇第 5 节里，但丁曾把车轮直的转动跟磨石横的转动对比。那一段文字如下："当太阳进入白羊宫时，住在北非洲极南部的加拉玛人在这地球上住在其中的圈环，会看到太阳就在头顶上面旋转，不像磨石那样，而像车轮那样，从任何一点只能看到它的一半。"但丁在这里把这些教会的光明的盘绕比作一座磨石的转动。

② 这一段时常被引用来证明但丁爱好把一个明喻隐藏在另一个明喻里。那两个仙灵的环好像一道双重的霓虹（朱诺的婢女爱利斯），一道霓虹好像另一道霓虹的回声，而"回声"仙女被爱神消灭有如雾气被太阳消灭。当爱神像太阳般吸干了"回声"身上的潮气时，"回声"变为一座悬岩，以后她的声音就永远绕着它彷徨。以上但丁用的是异教的神话；往下用的是希伯来的传说，见《旧约 · 创世记》第 9 章第 13 节以下："我把虹放在云彩中，这就可作我与地立约的记号了。我使云彩盖地的时候，必有虹现在云彩中。我便纪念我与你们，和各样有血肉的活物所立的约，水就再不泛滥毁坏一切有血肉的物了。"

③ 这个第二环里的精灵，使但丁转向他像磁针转向北极似的，是圣方济教徒圣善那文图拉（1221—1274），他在人间的名字是乔凡尼 · 费丹扎。他生前是托马斯 · 阿奎那的密友和同事。作为圣方济教派的教长，他写了圣方济的正式的传记，但丁在上一歌里就完全根据这部传记。在他逝世前不久，他由教皇格里高列十世任命为亚尔巴诺的红衣主教。他关于神秘的和经院的神学写了卷帙浩繁的著作。仿效阿奎那的榜样，他如今开始赞扬圣多密尼克，斥责他自己圣方济教派的腐败。

一个在那里，另一个也应该在那里，
因为他们生前既然在一起作战，
他们的荣耀也应该一起发出光芒。
要花极大代价才能重加装备的
基督的军队，正在追随那大纛，
但进展迟缓，心惊胆战，队形零落；
那时候，永远统治的‘皇帝’，
就扶助他那遭到灾难的军队，
这只是出于他的恩典，不是因为他们高贵；
就如上面所说，带了两个战士
走来救助他的新娘，他们的言行
使那流离失散的队伍重又集合起来。
就在芬芳和暖的西风阵阵吹来，
使一切树木长出嫩绿的新叶，
因此欧洲又披上艳装的那个地方，
离开大西洋的汹涌的波涛不远，——
由于波涛的辽阔无边，有时候
太阳隐匿在那后面不让人看到，——
那座受命运宠爱的卡拉豪拉城，
安坐在那威武的盾牌的庇护下，
盾牌上画的是驯服和倔强的狮子。①
在那城里生下了对基督教信仰
深情脉脉的修道士，那神圣的壮士，②
对自己人仁慈，对敌人毫不容情；

① 卡拉豪拉，近加斯科尼海湾，在卡斯提尔历王的统治下，他们的纹章上，那狮子时而在城堡之下（“驯服”），时而在它之上（“倔强”）。

② 圣多密尼克，1170 年生于卡拉豪拉，1221 年卒于波伦亚。

他刚创造出来，他的心灵中
　就那样地洋溢着充沛的德性，
　他在母胎中使他的母亲看到异兆。
等到他和信心之间的婚约，
　在那圣洁的泉水边订立完毕，
　他们又互相赠送了共同的拯救，
那位替他施洗礼的夫人在梦中
　看到了命定要从他本人，从他的
　后嗣产生出来的奇妙的果实；①
为了在文法分析上也能表明他是谁，
　这里就有一个仙灵去感动他们
　用他造物主的占有格形容词称呼他。
他被命名为多密尼克；依我说，②
　基督选中了他，要他做园丁
　帮助基督一起在园子里工作。
他很好表明自己是基督的信使
　和心腹，因为他显出的第一个爱
　是遵守基督所给予的第一个诫命。③
有好多次，抚育他的乳母看到他
　默默地醒着，躺在地上，
　仿佛在说：‘我是为这个而来的。’

---

① 在他诞生之前，多密尼克的母亲做了一个梦，她要生下一只狗，狗嘴里衔着一支要使世界焚烧的火炬。他的教母也做了一个梦，看见他的额上有一颗星照耀全地球。

② “多密尼克”的原文 Dominicus 是 Dominus（上帝）一字的占有格形容词，意即“属于上帝的”。

③ “耶稣说，‘你若愿意作完全人，可去变卖你所有的，分给穷人，就必有财宝在天上；你还要来跟从我’”（《马太福音》第 19 章第 21 节）。因此，“第一个诫命”是贫穷。

哦，他的父亲真的是腓利彻！

　哦，他的母亲也真的是佐凡娜，[①]

　若是这些名字译出后确是这意义！

人们为了世间的利益，辛辛苦苦，

　学着那俄斯提阿人和泰提乌的榜样，

　他却不然，他渴慕那真正的吗哪，[②]

他在短时间内成为伟大的导师，

　而且确实绕着那葡萄园行走，

　若是不加护养，那园子就会衰败；

于是向那宝座——它由于那坐在宝座之上

　而日益腐朽的人，而不是由于职位本身，

　对正直的穷人已不像先前那样慈悲——[③]

提出了要求，不要求分配

　掠夺品的一半或三成，不要求[④]

　空缺，也不要求属于上帝的

贫人的什一税；而是要求准许

　为那种子让他跟走入邪途的人世作战，

　这种子长出的二十株树正环绕着你。

于是他的学说同他的意志合在一起，

---

① 多密尼克的父亲名腓利彻，有“幸运”的含义；他的母亲名佐凡娜，有“神恩”的含义。

② 苏萨的亨利于1261年当俄斯提亚的红衣主教，是《教令集》的注释者。泰提乌是一个闻名的医学著作家，卒于1303年。这里的意思是，多密尼克的钻研不是为了取得资格以从事一种获利的职业，而是为了获得真理。

③ 这是但丁把理想的教皇制度与实在的教皇分开的一个例子。教皇制度本身还是像从前一样对穷人慈悲；但那腐败的教皇（菩尼腓斯八世）却使这制度显出另外一副面目。

④ 向教皇请求进行劫掠财物的准许，条件是以后把掠夺所得的一半或三成作为所谓宗教的用途。但多密尼克决不为此而信宗教。

他担负着使徒的职务出外了，
犹如一支巨大的水脉涌出了洪流，
他那一往直前的急流冲倒了
异端邪说的树桩，在抵抗力
最顽强的地方也就最为活跃。①
然后各个不同的小溪从他那里流出，
大量地灌溉了天主教的果园，
因此里面的灌木获得更充分的生命。
假使这是一个轮子，属于那神圣的教会
用以自卫，而且在内讧的公开战场上
赢得胜利的那一辆战车，
那末你就应该明白无遗地看出
那另一个轮子的卓越，关于他，②
在我来以前，托马斯已多礼地讲到。
但是这轮子轮缘的最高部分
所留下的车辙已完全被抛弃，
先前有酒垢的地方现在长了霉。③
他的家族先前踏着他的足迹
勇往直前，现在却完全掉过身来，
脚趾所踏的却是脚跟的痕迹；④
不久以后必将看到耕种不良
所产生的后果，那时候稗子
将要为自己不能入仓而哀哭。

---

① 多密尼克一生主要的努力是反对异端者，尤其是亚尔比教派（12 世纪发生于法兰西南部亚尔比地方的异端教派）。

② 多密尼克和圣方济被比作教会的左右两轮。

③ 圣方济的教规已被丢弃不顾；酒渣已变得霉烂。

④ “脚趾所踏的却是脚跟的痕迹”是指倒退了。

我完全承认，凡是把我们的书卷
　一页一页翻阅的人，还可以找到
　写着‘我像从前一般’字样的一页；
但是这个人决不是从卡乍尔
　或阿奎斯巴达来的人，前者严格遵循，
　后者却规避我们教规的明文。①
我是班诺里攸的菩那文图拉的生命，
　我在担负重大职务的时候，
　总是把穷凶极恶的打算置于脑后。
伊勒密纳多和奥古斯丁都在这里，
　他们是最初脱了靸鞋的穷教徒，
　他们腰束绳子成为上帝的友人。②
圣维克托的雨果同他们一起在这里，
　还有彼得·孟若杜莱，以及在人世
　以十二卷书发出光芒的伊斯巴诺；
先知拿单，大主教克立索司托姆，
　还有安山尔姆，还有孜孜不倦
　研究第一种学问的那位杜纳脱斯；③
拉巴诺斯也在这里，那里在我身旁
　闪闪发光的是喀拉布里亚的高僧

---

① 还是有若干圣方济的忠实的门徒，但是在阿奎斯巴达的马泰俄（但丁时代教皇菩尼腓斯八世的红衣主教之一，使教规松懈的人）和卡乍尔乌勃蒂诺（他领导严格遵守教规的一派）的附和者里面却找不到这样的人。

② 伊勒密纳多（他曾陪同圣方济参谒圣地）和奥古斯丁于1210年加入圣方济教派。

③ “杜纳脱斯”：著名的文法家，文法是七种学问的第一种。

乔乞姆，他有预知未来的天赋。[①]
托马斯师兄的热情洋溢的礼节，
以及他的字斟句酌的谈话，感动我
热心模仿他的言辞来赞美这伟大骑士，[②]
也感动了同我在一起的这班伴侣。”

---

① 圣维克托的雨果(1096—1142)，巴黎圣维克托学派代表之一，中世纪神秘主义者；彼得·孟若杜莱(又名“吞书者彼得”，1170年卒)也属于这一派，他写过一部从《旧约·创世记》到《使徒行传》的教会史。西班牙的彼得(“伊斯巴诺”)写过一部12卷的逻辑论；他做过几个月的教皇，名约翰廿一世，1277年从教皇宫殿坠楼而死。先知拿单(见《旧约·撒母耳记下》第12章)和君士坦丁堡的主教约翰·克立索司托姆(407年卒)，在旧的法律和新的法律之下，都斥责过窃据高位者的罪恶。坎特布里主教圣安山尔姆(1033—1109)写过关于三位一体和基督下凡的书。4世纪的伊留斯·杜纳脱写过一本拉丁语文法初步。本尼提克里特教派的拉巴诺斯·玛勒斯(856年卒)，在他的浩繁的著作中，包括22卷的百科全书。乔乞姆(1202年卒)是一个西斯迪显教派的僧徒，曾在喀拉布里亚建立一座修道院。他宣扬新的神约，即第三个时代，已在眼前，这将是一个完美的爱和精神自由的时代。这就是《新约·启示录》第14章所说的“永远的福音”。

②“伟大骑士”即圣多密尼克。

第十三歌

阿奎那的谈话配上天乐

谁要正确领会我如今看到的景象，
　让他听我讲，把我描绘的形象
　牢记心头，犹如铭刻在磐石上：
让他想象十五颗明星在四面八方
　迸射光芒，穿透密结无缝的大气，
　使整个天空更为活跃欢畅；
让他想象那北斗七星，我们的天空
　无比宽广，能让它们日夜不停
　永远在它们自己的轴上转动；
让他想象那只号角的大口，
　号角开始的地方就是第一天轮
　永远环绕着它运转的一根轴；
所有这些星辰在天空中使自己
　形成了两个星座，迈诺斯的女儿
　在感到死的寒栗时就变成那样的星宿；
一个星座的光交融在另一座里，
　两个星座使自己那样地行动，
　一个在前领先，另一个在后追随；①
那样他就能够依稀揣摩到
　那真正的星座以及那双重的舞蹈，
　正在环绕着我所站的一点旋转；
因为这一切都远远超过我们习见的事物，

如同那运转最迅速的天体的运动，
超过那缓缓而流的乞挪河一样。[②]
他们在那里歌唱，不是歌唱酒神或日神，
而是歌唱那神性里的三“人”，
以及那一“人”里的神性和人性。
歌曲和舞蹈已完毕了一阕，
神圣的火炬把注意力移向我们，
他们变换使命时无不欢悦异常。
于是在这些融融穆穆的天人中间，
一个光明打破了沉默，上帝的
穷人的奇妙生平曾由他向我讲述，[③]
他说道：“既然一捆麦秸已经脱粒，
而且脱下的麦粒已经藏入仓库，
甜蜜的爱邀请我再脱另一捆的麦粒。[④]
你认为创造亚当和基督的造物主，
把人类的性质所能接受的光明
同样地注入到亚当的胸膛里，

---

① 这个宏伟的天文学的形象比较复杂。简单说来是这样的：凡是要领会呈现在我眼前的景象的人，一定要自己在脑中想象天空中十五颗最灿烂的星，连同大牧夫座的七颗星和小牧夫座的两颗星，排列为两个环，互相渗透在一起，每个环类似阿利亚特尼的皇冠，而且各以相反的方向旋转。“号角”指小熊星座，这“号角”的尖端就是北极星。北斗七星的两颗星是在那开始于北极星的那只“号角”的口那边。“迈诺斯的女儿”阿利亚特尼死后被置在星辰中，作为皇冠座的星宿。

② 这第十三歌的开头到此为止，共八节廿四行，这一句，是《神曲》中最长的一句，像长江大流，一气贯注到底。在但丁的时代，乞挪河穿过瘴气弥漫的沼泽地向南缓缓流到台伯河。它被当作最慢的运动的典型，如宗动天（“最迅速的天体”）的旋转是最速的运动的典型一样。

③ “一个光明”指托马斯·阿奎那，他讲过圣方济的生平。

④ 他已回答了但丁关于乞食教派的理想的第一个疑问，现在就要解答关于所罗门的智慧的第二个疑问。

——从这胸膛造物主曾抽出肋骨
　来造那美丽的面颊，正是她
　偷尝了禁果使全世界付出了代价；
也注入到那个人的胸膛里，
　——那胸膛被枪矛戳通，赎清了过去
　和将来的罪，这赎款大于一切罪孽。
因此你就对我上面说过的话
　觉得奇怪，我那时说第五重天里
　所包含的善，决不会有第二个与它匹敌。①
如今张大眼睛，看我回答你吧，
　你就将看到你所信的和我所说的，
　正击中真理，就像击中圆圈的中心。
那不死的东西和那必死的东西
　不是什么，只是我们的‘父’在‘爱’的时候
　所产生的那个‘神子’的回光而已；②
因为这个活的‘光明’从它的‘源泉’流出，
　却永远不和它分离，也不脱离
　使它们与之成为三位的‘神爱’；③
这个‘光明’出于自己的善意，
　把自己的光线集中于九个天体，④
　仿佛被反射似的，本身永恒如一。

---

① “亚当和基督必然有人性的一切完美。那末，那个第一环的第五个光明里的仙灵所罗门怎能是没有匹敌的呢？”这是但丁心中的疑问。

② 一切的造物，不论是不朽的还是必死的，是“神圣观念”，即“上帝之道”的反光。

③ “神爱”即圣灵。“圣子”从“圣父”生出后并不与他分离，也不与“圣灵”分离。

④ “九个天体”意即“九个存在”，不是指九重天体，就是指九级天使，译文取第一义。

它就从那里一个行动一个行动地，
　向下降到那些最渺远的能力，[①]
　变成了那些现在成为暂促的偶然物；
我把这些全然暂促的偶然物，
　了解为从种子里产生，或是，
　没有种子，由运动的天体产生的生物。
这些事物的蜡，以及把蜡造型的印，
　并不处于一个形态而不变，因此，
　在那理想的印下，透明的程度不同；[②]
从中发生这种情形，同一株树木
　结出的果子，却有好坏之分；同样，
　你们生下来，各人的天赋也都不同。
若是蜡的质地纯洁优良，
　若是天体的影响至高无上，
　那末那印章必然发出全部光芒；
但自然决不造出这种完美的事物，[③]
　它创造万物，犹如一个艺术家，
　艺术虽熟练，手却不免发抖。
因此，若是'第一权力'以炽热的爱
　和明亮的双眼，作好安排，加盖印章，

---

① "最渺远的能力"：即最低的植物和有感觉的生命。

② 把生命给予事物的那实体的形式，是印在物质上的一个"神圣"观念的形象。但那把形体给予不直接由上帝创造的事物的本初物质（"这些事物的蜡"），以及星辰的影响（"把蜡造型的印"），并不是一色相同和处于它们最佳的性质中的；因此，那神圣观念是多少有些不完美地被表现出来的。材料的质地愈佳，那末在那印底下时，它愈是完全地让那理想用光透过它。

③ "自然"是上帝运用次因时的上帝的媒介。

那里就能产生完美无缺的事物。①
就像这样，泥土最初造得
那么高贵，充分具备动物的完善；
就像这样，圣母怀了身孕。②
因此，我承认你所持的那个见解：
人类，不论以前还是以后，
都不会有和那两个人一样的性格。
如今，若是我不再继续说下去，
‘那末怎么会没有人和他匹敌呢？’
将是你要说的第一句话。
但是，为了使现在不明白的变得明白，
且想想他是谁，被吩咐‘你可以求’时，
又是什么原因感动他提出要求的。
我没有明白说出来，你也会知道，
他是一位王帝，他所求的是
能使他做一个称职的王帝的智慧；
不求知道这里天上一共有多少
运动的星辰，也不求知道必然的
和偶然的前提能否产生必然的结论；
也不求知道是否一定要假定一种‘原动’；
也不求知道在一个半圆里能否
构成一个没有直角的三角形。③

① 这三行的意思是：“假如神明直接准备好蜡并且盖印，随着来的将是完美无缺的结果。”

② 指亚当和基督。

③ 所罗门所求的并不是使他能够理解一切神学的、形而上学的或是科学的问题的那种聪明智慧，却单求那使他宜于做一个王帝的那种聪明智慧。（见《旧约·列王纪上》第3章）

因此，你若注意我说的话，你会看出，
　我的意向的箭矢瞄准这样的鹄的：
　那没有匹敌的真知灼见就是王者的审慎。
你若用你明察的眼睛看‘窥到’一词，
　你会知道讲到的只能是帝王们，
　帝王们多的是，而好的却不多。
这样辨明了，你接受我的言语吧；
　如此就可以符合你对第一个父亲
　和我们欢喜的人所抱的意见。①
让这个永远做绑在你腿上的铅，
　使你行动迟缓，如疲乏的人；
　是非黑白你都分辨不清；
凡是对各种场合不加辨别，
　而轻易肯定轻易否定的人，
　都是愚妄得无以复加的蠢汉；
因此时常发生这样的事情，
　仓促形成的意见流于错误，
　狂妄自大又把智力束缚。
没有本领而到海上去捕捉真理，
　结果不止是一无所得，空手而回，
　因为他回来时不像出发时那样；
关于这点世上尽有明白的证据，
　如巴门尼提斯，美利萨斯，布赖松，②
　以及还在走路但不知走往哪里的众人。

---

① “第一个父亲”指亚当；“我们欢喜的人”指基督。

② 这三个希腊哲学家，亚里士多德把他们举为虚假推理的榜样。

萨培利阿斯和阿利阿也这样，[1]
　还有操着利剑指向《圣经》的愚人，
　把正直的面貌弄得歪曲不堪。
判断任何事物，不能过于自信，
　犹如有人不等麦子成熟，
　就在麦田里估计长多少麦穗一样；
因为我见过玫瑰树，整个冬天
　满身荆棘，坚硬而不许人触碰，
　后来却开出朵朵诱人的鲜花；
我以前也看见过一条船在大海上
　笔直而迅速地驶完了全部航程，
　正在进入港口时却终于覆没。
褒泰老太太和马丁老先生若见到[2]
　一个人偷窃，另一个人献祭，
　别就此认为在这两人身上看到了天意；
因为前者也许会上进，后者也许会堕落。”

---

① 这两人是3、4世纪时出名的异端者。

② 指普通人。

第十四歌

所罗门谈灵体。火星天里十字形的银河

盛在一只圆形器皿里的水，若从外
　受到打击，水波从周围振荡到中心，
　若从内受到打击，则从中心到周围。
正当托马斯·阿奎那的光辉精灵
　停止说话，保持沉默的时候，
　这样的思想突然来到我心头，
因为他和俾德丽采的说话，
　和上面的比喻有相似之处；①
　他说了以后，她欣然接下去说道：
“这个人有需要，要把另一个真理
　探究到它的根源，可是没有
　用言语告诉你，甚至还没有想起。
请你告诉他，像千紫万红的花朵
　纷纷披复在你们灵体上的光芒，
　是否像现在一样永远依附于你们，
如果这光芒永远驻留，请你也告诉他，
　等到你们再变得有形的时候，②
　你们的眼光如何能逼视而不受损伤。”
如同绕着圈儿轻步曼舞的人们，
　为突如其来的喜悦所鼓舞和吸引，
　都一起提高歌声，加快动作；
听到了那恳切和虔敬的祈请，

那两个神圣的光环都以迅速的转动
和神妙的歌声显示出新的欢乐。
有人悲叹我们要在人间死去，
然后才能升天，进入天堂，
他们见不到这永恒的甘霖给人的清凉。
那在一体三位里面永远存在、
永远施行统治的三位一体，
本身不受限制却限制万物，
受到每个神圣精灵的三次颂扬，
神圣精灵的颂歌，其本身
就足以给任何功德以报偿。
在那小光环的最神圣的光芒里，
我听到一个谦恭的声音回答，③
也许天使向马利亚说话就像那样：
“只要天堂里的欢庆还在继续，
我们的爱将继续把灿烂的衣袍
给我们披在身上，让我们放射光芒。
衣袍的光辉随着我们的热忱增长，
我们的热忱跟着我们的视力加强，
我们的视力将因蒙殊恩而强大异常。
等到灵魂重新披上那蒙受荣光的
圣洁的肉体，我们的人格
将更臻完美而更蒙悦纳。
那‘至高的善’完全出于慈悲

---

① 因为精灵们包围着但丁和俾德丽采，阿奎那的声音来自周围，俾德丽采的声音由中心到周围。

② 在身体复活的时候。

③ 所罗门从内环的最灿烂的光里说话，谈论身体的复活。

赐给我们使我们能见到
他的慈颜的光明，就将增长；
因此我们的视力，还有那
为视力所点燃起来的热忱，
和热忱发出的光辉也将增加。
但是好像发出火焰的煤炭，
以其本身白热的光压倒火焰，
因此它自己的形状被保持不坠，
这已经把我们围裹起来的火光，
也要像那样在形状上
为那如今埋在泥中的肉体所压倒；
这种巨大的光辉也不会损伤我们，
因身体的器官也随之强大，
足以接受赋予我们的一切欢乐。”
我似乎感到，那两个合唱队
都急于要高声呼喊“阿门”，
他们诚然显出对他们尸身的渴慕；
依我想来，他们渴慕，不但为了自己，
而且为了他们的父母，以及他们
成为天上的灵焰以前所心爱的人。
看哪！一片同样耀眼的灿烂光芒，
围绕着原来的光环赫然显现，①
像黎明时的天际，越来越亮。
又仿佛，在黄昏初降的那个时分，

① 这是第三环的精灵，在原来围绕着但丁和俾德丽采的两个光环以外出现，先是朦朦胧胧的，后来逐渐亮得令人眼花。这一环代表“圣灵”，因此就完成了三位一体的象征。

新奇美丽的事物开始在天空出现，
那景象又像是真的，又像是空幻的；
在那里我开始看到，刚出现的无数仙灵，
就在那另外两个光环的外圈，
结连成了一个新的光环。
哦，奇妙的圣灵啊，奇妙的闪烁啊！
只一瞬间在我眼前就显得多么辉煌啊，
我的昏眩的眼睛无法向之逼视！
但俾德丽采在我面前显得如此美丽，
如此微笑盈盈，我简直无法说出，
也只得列在我不能记忆的景象里。
从她身上我的眼睛又恢复了视力，
能够向上观看，我发见我和我的夫人
两人都已登到更高的幸福境界。①
我确然看到那颗星辰的灿烂微笑
把我举到更高的地方，我似乎觉得
那颗星辰显得比以前更为灼红。
我用大家所共有的那种语言，
全心全意地向上帝奉献
与这刚赐给我的恩典相称的燔祭；
献上燔祭的无比热忱还没有
从我的胸中发出，我就知道
这祷告已被幸运地接纳；
因为在两条光线内，出现了
如此灿烂，如此灼红的光彩，
我叫道：“神啊！你使他们多么美丽！”

① 上登到第五重天，即火星天。

如同撒满大大小小星辰的银河
　架在宇宙的两个天极之间，
　发出白亮的光，使哲人也茫然起来，
那两条镶嵌着星辰的光线，
　像把圆形分为四个象限的交叉线，
　在火星天深处画下那古老的记号。
我的记忆在这里压倒了我的才能，
　因为基督从那个十字上光芒四射，
　我简直无法找到与之相称的比喻。
但是，背起十字架而追随基督的人，
　看见基督在那红光中放光，
　将会宽恕我没有说出的思想。
从十字架的一臂到一臂，从顶到底，
　有无数光辉在上下左右地行动，
　在相逢和越过时都瑰丽地闪闪发光。
就像我们在这里看到，有时候
　从人们以巧技和艺术搭成、
　使自己不受炎热侵袭的凉棚缝里，
斜射下一条条的阳光，无数的尘粒
　在里面游动，有的直行，有的回旋，
　或疾或徐，或长或短，不断变动形状。
然后如同提琴和竖琴把好多弦索
　调节得和谐悦耳，向不能清楚辨别
　音色的人，弹奏出琤琮激越的韵律，
从那出现在我面前的光辉里发出的
　一阵歌声，就那样汇合在十字架上，①

---

① 这些是在旧法律中（即《旧约》）为选民，在新法律中（即《新约》）为基督的教会而作战的人们的灵魂。

使我听得入神，虽然我听不懂那歌词。
我十分明白那是崇高的颂歌，
因为“你且起来，去征服吧”这句赞词
向我传来，如同传向听而不懂的人。
于是我是那样地被迷住在那里，
直到那时为止，从未有过一件事情
以如此无比甜蜜的链索把我捆住。
说不定我这句话说得过于夸张，
忘掉了那一双明媚的眼给我的喜悦，
凝望着那一双眼，我的思恋就会平静。
但假使有人知道，这一切美的活印章[①]
愈是向天堂上登，力量愈是强大，
而我在那里却还没有观望那双眼睛，
那末他可以原谅我，因为我责骂自己；
他还可以看出我说的是实话：因为在这里
这圣洁的欢乐还没有充分显现，
这欢乐愈是往上登变得愈是纯粹。

---

① “美的活印章”：指那使俾德丽采显得美的眼睛。前面曾描写过在离开日轮天时俾德丽采的微笑。但在这新的境界里，但丁感到星的十字架的异象和天国颂歌的狂欢超过任何先前的经验，却忘了到这一境界前，他还没有回头看过她的眼睛，而俾德丽采的美丽随着他们的上升而变得更美丽。

第十五歌

卡嘉归达回忆佛罗伦萨的英雄时代

善良的意愿产生正常的仁爱，
　犹如邪恶的欲念滋生出贪婪：
　正是那产生仁爱的善良意愿
吩咐那美妙悦耳的竖琴沉默下来，
　并使那由天国的右手拨弄
　而一张一弛的神圣琴弦停止颤动。
那些仙灵为了引起我祈祷的意愿，
　已一致保持了沉默，对公正的祈祷
　他们怎么会充耳不闻呢?
若是为了爱好过眼云烟的事物，
　而使自己永远丧失了这种仁爱，
　这样的人应该永远后悔无穷。
如同黄昏时分宁静明彻的天空中，
　不时有突然而来的火光掠驰而过，
　使先前不动的眼睛惊跳起来，
看来仿佛一颗星变换了位置，
　但是发光的地方没有落下星，
　而且火光本身只一瞬间随即陨灭；
就像这样，在那里灼灼发光的星座里，
　有一颗星从那十字架的右臂，
　忽然飞掠到十字架的脚下；①
这颗晶莹的宝石并不离开系住

它的缎带，却缘着辐射的光线行走，
如同在雪花石膏后面燃烧的火。
若是我们最伟大的诗神可以置信，
安吉西斯的阴灵在极乐国里
看见他儿子时，显出与此相似的温存。②
“哦我的骨肉啊！哦你所沐受的
上帝的恩典啊！天国的门曾经
向谁，如向你那样，开过两次呢？”③
那个光明这么说；因此我就注意他。
于是我掉回眼光看我的夫人，
两边的景象都叫我感到惊异；
因她的眼睛内射出微笑的光芒，
我认为我的眼睛已窥到了
我的天恩和我的天堂的底蕴。
于是，在声音和外貌上都显得喜悦，
那个仙灵在他先前的开头语上，
加上了我不懂的话，说得那么隐晦；
他把话说得叫我不懂，不是愿意那样，
却是不得不然，因为他的思想
远远超过人类能射中的鹄的。④
等到他那热烈的仁爱之弓矢
经过极度的松弛，他的言语

① 但丁最伟大的祖先卡嘉归达的光，像一颗流星似地从那神秘的十字架的柱身上射下。

② 关于安吉西斯的阴灵和他的儿子伊尼阿相会，请看维吉尔《伊尼特》第6卷第679行以下。

③ 这一次但丁带着肉体到天国，将来他死后还要第二次进天国，所以这里说天国的门向他开两次。

④ 超出人们的理解力。

下降到我们理解力的鹄的时，[1]
我能领悟的第一句话是，“愿你有福，
你这三位一体啊，你对我的子孙
显出了你的无比宽宏的礼遇。”
又接下去说道：“阅读了那本
黑白分明永远不变的‘天书’，
曾产生了一种渴念，我的儿啊，
在我说话时包围着我的光明里，
你已消除了那亲切而久抱的渴念，
感谢那给你翅膀让你高翔的夫人。[2]
你认为，我从那原始的思想上面
看出了你脑子里的思想，
就如一切的数都从一产生；
因此你并不要求知道我是谁，
也并不要求知道在这欢庆的众灵中，
为什么我比其余的人更为喜悦。
你所想的一点没有错；这里的精灵
不管是大是小都观望那天镜，
你的思想没有成形已照在上面。[3]
神圣的爱曾使我一停不停地观望，
在我心中引起甜蜜的渴望，
为了更好地满足那神圣的爱，
愿你用坚决，大胆，愉快的声音

---

① 等到他的情绪不那么紧张，言语也因之平易的时候。

② 在看那上面呈现出过去、现在和未来的“神镜”时，卡嘉归达知悉了但丁这次梦游来世是由上帝命定的，而且会不可避免地实现，这一切都亏俾德丽采引导了但丁。

③ 圣灵们在上帝里面看到一切需要知道的。

说出你的意愿，说出你的想望，
我对它们的答复早已由天意命定。”
我转身向俾德丽采，我还没有说
她已经听到，又向我示意了一下，
这使我的欲望的翅膀更想飞动。
我于是这样开始：“对于你们大家，
一等到你们得到那根本的平等时，
仁爱和智慧早已成了相等的东西，
因那用光明使你们耀亮，用热力
使你们温暖的太阳就有这种平衡，
一切的比喻都不足以形容它。
但是对于凡人，为了你们
清楚知道的原因，意志和言语
这两者的翅膀并非生有相同的羽毛。①
因此，只是一个凡人的我，深感到
这种不平衡的压力，所以我只能
从心底里感谢你那慈父般的接待。
哦你这镶嵌在这个珍宝里的
鲜艳的黄玉啊，我衷心恳求你，
说出你的名字来以慰我的渴望。”
“哦我的枝叶啊，在盼望你时，
我的心中就感到喜欢，我是你的根，”
这就是他回答我时的开头语。
然后接着说：“我的儿子

① 上帝（“太阳”）是至高的“平等”，那就是说，万物在他里面实现他们的绝对的比例的完美；他以等量的爱和真知灼见充满蒙庥的精灵，因此他们的言语是他们的情绪的完美表现，但我们凡人却发现我们的意志超出我们言语的力量。

是你祖父的父亲，你的同族
以他的姓为姓，他在第一飞檐上
已经绕着那座山走了一百多年；[①]
你应当用你的工作，替他减轻
他那拖延得已经长久的辛勤。
在那古代的城墙内，佛罗伦萨的人民
曾过着清静和贞洁的和平生活，
如今依然在那里听到晨祷和午祷钟声。[②]
那时颈上不挂项圈，头上不戴花冠，
也没有艳装异服的少女，也没有腰带
使大家只重衣衫，不重人。
那时，生下了女儿还不至于
令父亲担忧；因为出嫁的日期
和妆奁的数目都不超过常度；[③]
那时广厦里不会没有人家居住；[④]
那时萨达那培拉斯王还没有生下，
来显出他能把房间装饰得如何华丽。[⑤]
那时，蒙马洛山的景象，还没有
被你们乌采莱托约山的景象超过，
但兴盛得快的衰败得也快。[⑥]

---

① 亚历盖利一世，卡嘉归达的儿子和但丁的曾祖父，据说在炼狱的第一环里已有百余年；但也有文件证明他在 1201 年还在人世。

② 这是指佛罗伦萨旧的（即罗马人的）城墙内的“大寺院”（建于 978 年），从这寺院的钟楼内敲出晨祷（晨七时）和午祷（中午十二时）的钟声。

③ 那时女子出嫁还不过早，要的奁资还不过多。

④ 家庭衰败，或是流亡在外。

⑤ 亚述王萨达那培拉斯在这里被视为奢华的典型。

⑥ 蒙马洛山或蒙马里俄山是行人在维忒菩来的路上看到罗马的第一个地点，而乌采莱托约山是循旧道从波伦亚来的行人望到佛罗伦萨的第一个地方。

我看到过培林西翁·褒悌束着[①]
　用兽骨做扣子的皮带出外，我也看到过
　他的夫人离开镜子时没有涂脂抹粉；
我看到纳尔洛氏和樊启俄氏，
　穿了外面不套什么的皮短衣悠然自得，
　他们的夫人只以纺麻织布为乐。
哦幸福的妇女啊，她们每一个
　都知道死后要葬身在何处，还没有一个
　因法兰西的缘故而独守空床。[②]
有的守在摇篮边留心着婴孩，
　她的催眠歌用的是使做父母的
　眉开眼笑的那种喁喁的语言；
又有一个，一边从卷线杆上
　引出麻线，一边向她的家属讲述
　特洛伊，飞亚索勒和罗马的掌故。
那时一个契安若拉，或一个
　拉坡·萨尔泰莱罗，会像现在
　星西内塔斯或姑乃丽使人惊异一样。[③]

---

① 培林西翁·褒悌是“良善的瓜尔特来达”的父亲。见《地狱篇》第十六歌。

② 在但丁的时代，意大利人常到法兰西去经商或作其他的事，或被流放到那里。

③ 契安若拉·达拉·托萨是一个悍妇，她嫁给一个伊摩拉人。拉坡·萨尔泰莱罗和但丁一起被放逐，曾积极参加抵抗菩尼腓斯八世侵占的爱国事业。但在日常行为上并不显得高尚。星西内塔斯为古代罗马共和国的英雄之一；姑乃丽为罗马皇帝提庇留和开雅斯的母亲。全句的意思是：“在我那时候，像契安若拉和拉坡那样的腐败女人和腐败律师会显得奇怪，就像佛罗伦萨出现像姑乃丽和星西内塔斯那样的贤母和英雄一样显得奇怪。”

马利亚应我母亲分娩时的祈召，[①]
　使我诞生在爱国的公民中间，
　过着那么安静，那么美好的生活，
生在那么忠心的城里，那么温暖的家里；
　于是在你们古老的洗礼堂里，[②]
　我同时成为基督徒和卡嘉归达家的人。
摩隆托和挨利索是我的兄弟；
　我的妻子从坡河流域来到我家，
　你的姓就是从她那里传来的。[③]
于是我追随在康拉特皇帝左右，
　我的英勇行为使我受到他的
　极大的恩宠，他封我为他的骑士。[④]
我在他的军旅里向那邪恶的'宗教'
　进军，追随这宗教的民族由于
　牧师的过错，篡夺了你们的合法权益。
在那里我受到那卑鄙民族的毒害，
　离开了诡诈变幻的人间，[⑤]
　为了迷恋于它，不少人因此堕落，
我殉道以后就来到这幸福和平之境。"

---

① 孕妇在分娩的时候，意大利的风俗总是向马利亚祷告。
② 指佛罗伦萨圣约翰洗礼堂。
③ 但丁的姓是亚历盖利。
④ 他在第二次十字军时随康拉特三世出征，因有功被封为骑士。
⑤ 最后约于 1147 年，他因与异教徒作战而殉身。

第十六歌

佛罗伦萨的四十个高贵家族

唉，我们微不足道的血统的高贵啊！
　在人间，尽管感情都是病态的，
　人们却往往以你来自我夸耀，
这对于我将不再是惊异的事情；
　因为在那欲望不受到歪曲的地方，
　在天堂里，我曾以此而自豪。①
可是你诚然是一件迅速缩短的衣袍，
　因此，若是上面不天天增添什么，
　时光就会拿着剪子在你四周奔忙。
我又用“你们”一词来开始说话，
　最早的时候罗马容许这种用法，
　但如今她的人民已极少沿用；②
俾德丽采站在一旁，和我们稍稍隔开，
　听到了这话就微微一笑，仿佛像看到
　归内维尔首次犯罪时咳嗽的宫女。③
我开始说：“你们是我的祖先，
　你们给我十足的信心说话，
　你们提举我，使我远远超过自己。
这么多的河流把欢喜注入
　我的心灵，因此它深自庆幸
　能抵住这些巨流而不破裂。
所以，孕育过我的亲爱的根株啊，

请告诉我你们的祖先是谁，
　在你们年轻时时光记载了什么大事。
请告诉我关于圣约翰的羊栏，④
　当时它有多大，在它的里面
　是哪些高贵的人占据最高的职位。”
如同一块燃着的煤经风一吹
　立即发出熊熊的火焰，我看到
　那个光明听到我亲切的话而灼红；
就像他的模样在我看来变得更美丽，
　他用一种更悦耳更温和的声音，

---

① 在《飨宴篇》第4篇第14章里，但丁曾详细论到血统的高贵问题。现在引其中的一节，来阐明这六行诗，以及本歌的主题思想："第三个不合理是：被生下的东西常在生的东西之前，这是全然不可能的。这一点可以证明如下。让我们假定该拉杜·达·卡明诺(一个高贵的人，参阅《炼狱篇》第十六歌)是历来饮过西里河和卡那诺河(参阅《天堂篇》第九歌)水的最低微的农民的孙子，他的祖父也还没有被人遗忘，有谁敢于说该拉杜·达·卡明诺是一个低微的人呢？有谁不会同意我说他是高贵的呢？当然没有这样的人，不管他是如何傲慢自大；因为该拉杜是高贵的，而且垂之于后世也是如此。假使，如反对者所设想的那样，他的卑微的祖先不曾开始被遗忘，该拉杜依然是伟大而高贵的，而高贵的性质十分显著地在他身上被人见到的话，那末这种高贵的性质在产生它的东西存在之前就存在了：而这是极度荒谬的。"

② 但丁为了对他的祖先表示恭敬，用"你们"称呼他，据说这种复数的第二人称代名词最初是罗马人称呼朱理·恺撒时用的。但事实上，在但丁的时代罗马人还是保持旧式的"您"。

③ 俾德丽采站在一旁，因为这个谈话与"神圣的哲学"没有很大关系，但是对但丁热心于这样的事情给以宽容的一笑。但丁联想到归内维尔的故事。在《兰塞罗特传奇》中有一段说："听到了王后(即归内维尔)对他(即兰塞罗特)说的话，马尔豪妃故意咳嗽一声，并抬起了她低垂的头来。"

④ 佛罗伦萨的护神是施洗者约翰。"圣约翰的羊栏"即佛罗伦萨的另一种说法。

可是并非用我们这近代的语言，①
说道："从说出了'福哉马利亚'的那天，
直到我的如今已成为仙灵的母亲
把怀在她胎中的我生下的那天，
这座行星回到自己的狮子座下面，
在狮子的脚掌底下反复燃烧，
已有了五百次，再加上八十次。②
我的祖先和我自己的诞生地点，
就在你们举行一年一度的比赛时，
赛跑的人在最后一区最先达到的地方。③
关于我的祖宗就说到这里为止；
至于他们是谁，从何处来到那里，
隐去不说比明白谈及较为合宜。④
那时候，所有在战神像
和施洗堂之间能执兵器的人，
只有如今活着的那些人的五分之一。⑤
但是如今从卡姆彼，从塞泰尔杜，

---

① 这里并不是说卡嘉归达全部用拉丁话说下面的话，而是说他用他那时代的古代的佛罗伦萨土语。但丁清楚感到，当时的口语还没有被一种标准文学固定下来，变化很迅速。参阅他的《俗语论》第1篇第9章第60至77行。

② 从基督降生(说出"福哉马利亚"的那天)到卡嘉归达的诞生，火星回到狮子座有580次。把狮子座运转的时期当作687日，这就把1091年给我们作为卡嘉归达生下的年份。

③ 佛罗伦萨分成六区。在一年一度的赛跑时，圣彼得是进入的最后一区，进入该区后，首先看到的就是亚历盖利家族与之有亲族关系的挨利赛俄家族的住宅，靠近"旧市"那里。

④ 但丁出身于贵族，此处隐去不说是为了免得犯骄傲之罪。

⑤ 施洗堂和马斯神像，在这里标志佛罗伦萨城南北两界。"能执兵器的人"指壮丁。

从费基南来的人弄污了市民身份，
那时却下至最谦卑的匠人也是纯粹的。①

哦，假使我提到的这些人民
做你们的邻居，假使你们的边界
设在加鲁佐和脱莱斯比亚诺，

而不要他们到你们城内，那多好啊！
那样你们就不必闻那阿格里昂
和那还在徇私舞弊的雪格纳的臭气！②

如果那在人世间堕落得最甚的人们
不像一个后母一般对待恺撒，
而像亲生母对待亲生子那样仁慈，

那末如今已为佛罗伦萨所接纳
并以钱币和货物做买卖的人，
将回到他祖父行乞之地西密封脱。③

蒙茂洛城堡会依然属于康悌家族，
塞尔乞家族会依然在阿康纳教区，
蓬台尔蒙悌家族也许还在淮狄格莱甫。④

---

① 在卡嘉归达的时代，佛罗伦萨的人口是但丁时代的五分之一，但都是纯粹的佛罗伦萨人，还没有被从附近诸乡镇移来的新家族所玷污。

② 在 11 世纪，加鲁佐和脱莱斯比亚诺是佛罗伦萨的南北边界，因此并不包括阿格里昂和雪格纳，从后面这两个地方将要移来巴尔杜和菩尼腓寿，但丁时代的轻狂的律师和腐败的归尔甫党政客。巴尔杜曾于 1311 年草拟召回流放者的命令，但明白把但丁除外。

③ 假使罗马教会继续顺从皇帝，而因此避免了归尔甫和基伯林两党的纷争的话，那末佛罗伦萨就不会为一群暴发户所玷污，也不会损失她的最可尊敬的古家族。西密封脱是一座被佛罗伦萨人所拆毁的城堡。这里提到的人已无法查考。

④ 康悌 · 归提家族因为不能防守受彼斯托雅人攻击的蒙茂洛城堡，就将它出售给佛罗伦萨城邦。若是教会和帝国间没有不睦，塞尔乞和蓬台尔蒙悌两个家族（他们在 1215 年和 1300 年的党争中，曾分别扮演主要的角色）还会在他们乡间的屋里，不会到城里来引起分裂。

这个城市遭受的一切灾祸，
  都起源于人口的混杂不清，
  就如身体的疾病起源于暴饮暴食。
而且一头瞎眼的公牛比一头
  瞎眼的羔羊跌得更重，一把剑
  砍起来比五把剑更快，更多。
假使你看看卢尼和欧俾萨里
  这两个城镇如何覆灭，再看看
  丘西和西尼茄里又如何随之覆灭；①
那末许多家族日趋凋败零落，
  就不再是新奇难解的事，
  因为城市也有其存在的期限。
你们人世的事物都有死亡之日，
  就像你们自己一样；但能经久的事物，
  因你们生命短促就看不到它死亡。
而且，如同太阴的转动运行
  永远不停地使潮水在海滩上涨落，
  命运也像这样使佛罗伦萨兴衰。
因此你不应该感到惊奇，
  若是我讲到那些高贵的佛罗伦萨人，
  他们的名声如今已被时间淹没。
我见过乌琪家族，见过喀台里尼家族，
  费里比，格莱乞，俄曼尼和阿尔培里乞，
  都是煊赫一时的公民，如今都已败落；
我见过门第又显贵又古老的

---

① 四座已经凋亡或正在凋亡的意大利城市。实际上，丘西和西尼茄里都还存在。

萨纳拉族人，阿尔加族人，
苏尔达尼里，阿尔亭琪和菩斯悌乞。①

那座城门如今负载着
极其沉重的新的罪恶，
不久就会像遇险的船只一样倾覆，

在当时，城门附近住着拉维挪尼
家族，从他们传下了归多伯爵，
和以高贵的培林西昂为姓的后裔。②

台拉·泼莱萨家族早已知道了
怎样统治，加里该莪在他的广厦里
也早已有了镀金的剑柄和刀把。③

披复着毛皮纹章的圆柱早已屹立着；④
萨乞悌，裘莪乞，费范悌，巴勒乞，茄里，
和听到蒲式耳要脸红的家族，都已显贵。⑤

那喀尔甫乞家族的祖先
早已显贵，雪齐和阿里哥乞
都早已被吸引去任显要的官职。⑥

哦，我曾见过，如今因傲慢
而衰亡的家族，曾经如何煊赫一时啊！⑦

---

① 这两节里提到的，都是卡嘉归达时代的佛罗伦萨的古家族。

② 在1300年之前不久，塞尔乞家族(见前)从拉维挪尼家族购得了圣彼得城门附近的房屋。从培林西昂·褒蒂的女儿归尔特拉达所出的康悌·归提家族，是拉维挪尼家族的后裔。

③ “镀金的剑柄和刀把”：是爵士位的勋章。

④ 彼彼里家族的纹章。

⑤ 指住在圣彼得区的嘉尔蒙台西家族，他们出售盐时曾进行欺诈，在《炼狱篇》第十二歌里已提到过。

⑥ 指杜纳蒂家族，喀尔甫家族是它的支系。

⑦ 指乌勃提家族，一度是佛罗伦萨的有权势的家族。他们特有的傲慢在伟大的法利那太身上还可以看到(见《地狱篇》第十歌)。

‘金球’纹章以丰功伟绩装饰了佛罗伦萨。[1]
那些人的祖先也是一样，如今
　他们一见到教皇的宝座空缺无人，
　就往宗教法庭里去大吃大喝。[2]
在一个逃跑的人后面装得像龙，
　而对露出凶牙——或奉上钱袋的人，
　做得像羊的那个蛮横无理的家族，
那时已开始兴旺，但出身贫穷，
　因此乌褒丁·杜南托不愿意
　岳父使自己变成他们的姻亲。[3]
那时喀本萨珂已离开飞亚索勒山城
　住进市场；裘达和英范茄托[4]
　早已成为佛罗伦萨的良好公民。
我要告诉你一件难以相信、
　可是实在的事情，这座小小的围城，
　竟有一座城门以彼拉家族命名。[5]
圣托马斯的欢宴节还使
　伟大的男爵保持不败的名声和门第，

---

① “金球”是兰勃蒂家族的纹章，莫斯加是这家族的人员（见《地狱篇》第二十八歌）。

② 指维斯杜密尼家族，他们与台拉·托萨，都是主教的施主和保卫者。因此但丁责他们在主教职位空缺的时候，以扣押的赋收自肥。

③ 指阿提马利家族。乌褒丁·杜南托，但丁的妻子的祖先，娶了培林西昂·褒蒂的一个女儿（因此是归尔特拉达的一个姐妹）为妻，而且强烈反对他的岳父把他的第三个女儿嫁给阿提马利家族的一人。

④ 裘达和英范茄托是两个基伯林党家族，他们分受他们的党派的灭亡命运。

⑤ 这里说彼拉是一个古老的门第，该城第一道围城的门是以他们为名的。

如今还佩带他的美丽纹章的人，
都从他承袭了爵位和特权；①
虽然那给盾牌饰上金边的一族，
已有人和庶民合在一起。②
那时已经有了古尔台洛悌家族
和英朴忒尼家族；若不是
来了新邻居，那市镇还会比较清静。③
由于公正的愤怒杀死了你们，
使你们的欢乐生命有了期限，
给你们带来无限灾祸的那个家族，④
其本身和他们的盟族那时都被尊敬。
哦，蓬台尔蒙脱啊，你听了别人的唆使，
而逃避和他们缔姻，做得多不智啊！
假使你第一次来到这城里，
上帝就命定把你投入埃玛河里，
如今悲痛的许多人就会快活了。
但佛罗伦萨在和平将遭破坏的时刻，
向那座守卫桥梁的残缺不全的石像，
奉上一个牺牲品，那是合适的。⑤

---

① 乌哥，多斯加纳的男爵和俄托三世的王室牧师，封了几个佛罗伦萨的家族，并给他们戴他的纹章之权。他死于 1101 年 12 月 21 日圣托马斯节，葬在他母亲创建的教堂里，在那里他每年在那一天被纪念着。

② 约诺 · 台拉 · 培拉戴这男爵的金镶边的纹章；他是站在佛罗伦萨的人民事业那一边的。

③ 蓬台尔蒙悌家族离开淮狄格莱甫而定居于靠近古尔台洛悌和英朴忒尼两个家族的圣徒镇，妨碍了佛罗伦萨的安宁。

④ 指阿米台家族。

⑤ 关于蓬台尔蒙脱被杀这一件事，见《地狱篇》第二十八歌。蓬台尔蒙悌家族的人从淮狄格莱甫到佛罗伦萨时，必须渡过埃玛河。

我看到佛罗伦萨跟这些家族，
　和其他家族在一起相处得极为安静，
　还没有遭到可以令人悲痛的事情；
我看到佛罗伦萨的人民跟这些家族
　在一起，显得那么光荣和公正，
　那百合花从不曾倒挂在敌人枪尖上，
也还没有被党派之争染成红色。”①

① 佛罗伦萨的旧旗帜是红底白百合花。基伯林党保持了这个图样。在1251年，归尔甫党人把它改为白底红百合花。

第十七歌

但丁的放逐和辩白

使父亲们不对儿子轻于许诺的腓挨顿，
　走向他的母亲克来密尼，向她打听，
　人家诋毁他的话是否确有其事；①
我也像这样；俾德丽采和那圣灯②
　也都这样看出了我的意向，后者早已
　为了我的缘故，变换了他的位置。
因此我的夫人说道："不要压住
　你的欲望的火焰，让它带着
　准确的内心的烙印射发出来吧；
并不是我们的知识可以因你的谈话
　而增长起来，而是你可以学会
　说出你的渴望，人家好替你准备答案。"
"我在里面生根的亲切的泥土啊，
　你被提举得那么高，像尘世的心灵
　知道一只三角形不能容下两只钝角，
你在凝视一切时间都向之会集的
　那'终极点'的时候，就明白看出
　还没有存在的偶然性的事物；③
当我在维吉尔的陪伴之下，
　一步步登上医治灵魂的高山，
　并且向下走过冥国的全境时，
已有沉痛的言语向我预示

未来的生命，虽然我觉得自己④
对命运的打击在各方面都处之泰然；
因此我听到向我逼近前来的将是
什么样的灾祸时，心中无所怨恨；
预先见到的箭矢射来时较不突然。”
我向那先前对我说话的辉煌的精灵
这么说，而且，遵照俾德丽采的意旨，
把我心中的愿望和盘托出。
不是用那种暧昧的谜语——它曾在
为我们赎罪的上帝的羔羊被害以前，
常常使古代愚民困惑不解，⑤
而是用明白的字句，和确切的言语，
那个凭借自己的微笑隐起自己，
又显露自己的仁慈的祖辈答道：
“偶然性虽不能超出你们书籍
狭窄的物质范围，却纤毫毕露地
描绘在永恒的上帝的面容上；
虽然从这里面并不产生必然性，
正如一只顺流而下的小舟，
并不从看着它的眼睛里得到动力一样。⑥

---

① 腓挨顿到他的母亲克来密尼那里要知道自己是否是阿波罗的儿子。

② “那圣灯”指卡嘉归达。

③ “偶然性的事物”指倚赖人类意志的自由行动的事物。

④ 参阅《地狱篇》第十、十五和二十五歌；《炼狱篇》第十一歌。

⑤ 指基督被害以前的难解的神谶。

⑥ 与必然事物对立的偶然事物，包括一切可能发生也可能不发生的事物，也包括一切由人类意志自由决定的事物。它在人类的物质界限以外没有地位，而且虽然“神圣的眼光”看到一切，并不因此变成必然的。菩伊修斯在他的《哲学的安慰》第5章里说，上帝的预见不是对未来事物的预知，而是对决不消逝的现在的知识。

从那里，如同一架风琴的美妙音调[1]
　传进耳朵一般，那就要临到
　你身上的时间呈现在我的眼前。
好像希坡利忒由于他残忍背信的
　后母的诬陷，走出了雅典城，[2]
　你也要不得不和佛罗伦萨分离。
这是天意如此；这计谋已经议定，
　那个在基督整日被买卖的地方[3]
　计议此事的人就要把它执行。
那罪过必将归之于在名誉上
　受损害的一方，那是由来如此；
　但复仇必将公正地使真相大白。
你必将抛弃一切最可宝贵，
　最可珍惜的事物；这是‘放逐的弓弩’
　必将向你射来的第一支毒箭。
然后你必将体味到吃人家的面包
　心里是如何辛酸，在人家的楼梯上
　上去下来，走的时候是多么艰难。
把你的双肩压得最沉重的，
　必将是那些和你一起沉沦到
　这苦海中去的邪恶不良的同伴，
因为他们反对你时将全然不顾信义，
　全然疯狂，全然悖逆；但不久后，

---

① “从那里”：就是指从上帝的面容上。

② 希坡利忒是西修斯的儿子。他的后母非德拉向他求欢，希坡利忒不从，非德拉反在他父亲面前诬陷他向她求欢。西修斯咒诅他的儿子，希坡利忒不得不逃离雅典。

③ 在罗马教皇菩尼腓斯八世的朝廷里。

是他们，不是你，将为此羞愧不已。
他们以后的行径将使他们的兽性
暴露无遗，为了保持你的名节，
你要远离他们而独善其身。①
你的第一个藏身处和第一个寄居处
将是那位高贵好客的伦巴底人之家，②
他的纹章就是梯子上停着神鸟，
他将要给你无比慷慨的眷顾，
在你们之间，正和在别人之间相反，
将是帮助别人，而不是求助于人。
在他那儿，你将看到另外一人，
他在诞生时受到这颗星的强烈影响，
他的业绩必将声闻遐迩。③
由于他年纪还幼，这些天轮
环绕他运行还只有九年的时间，

---

① 但丁在《飨宴篇》第1章第3节里，有如下的一段叙述自己被放逐的话："自从罗马的最美丽和最闻名的女儿——佛罗伦萨的公民，把我从她最心爱的胸怀里抛弃出去以后(我在这胸怀中生下并被扶养到我生命的盛年，而且我全心全意想望在这胸怀中休息我疲倦的心灵，了我的余生)，我几乎在我们这言语所达到的全境，像一个外邦人一般，几乎像一个乞丐一般到处漂流，违反本愿，把命运的打击任人观览，而这种打击人家往往归咎于受难者。我诚然是一只没有帆没有舵的船，被悲痛的穷困吹出的燥风飘送到不同的海港、海湾和海岸。我在许多人的眼中显得似乎十恶不赦，他们相信一些传闻，说不定把我描绘成另一种模样；在他们的眼中，不但我的人身被看得轻贱，而且我的工作，已经完成了的和还要完成的，也变得无足轻重了。"

② 巴托罗米欧·台拉·斯卡拉，味罗那的君主，甘·格朗德的哥哥。他的纹章是梯子("斯卡拉"即梯子意)上停着一只鹰。

③ 即甘·格朗德(1291—1320)，将命定为他那时最伟大的意大利战士，和意大利北部皇家事业的首要支持者。在《神曲》的理想时代，他年九岁零一个月。

人们对他还没有给以应有的注意。
但在那高贵的亨利皇受到
加斯科尼人的欺骗以前，他的美德
将闪烁在对金钱和劳苦的漫不经心上。①
他的慷慨的行为将要尽人皆知，
关于这些行为，即使他的仇人们
也不能使自己的舌头保持缄默。
指望他，也指望他的赐予吧；
许许多多的人要被他改变，
富人和乞丐要互换他们的地位；
你一定要在你的心中把他的事情
深深铭记，但不要说出；”——他还告诉我
甚至将来会目睹的人也不信的事情。
于是他又说道：“儿啊，这些话
是我向你说过的话的注解；你看
岁月只运行几周，就藏着这么多陷阱。
可是我不愿你忌妒你的邻居们，
因为你的生命将要延长下去，
远超过他们的邪恶行为受罚的日子。”
那圣洁的灵魂以他的沉默，
表示他已经把他的纬线
织进了我捧在他面前的经线，
我就像一个怀着满腹疑窦的人，
向一个眼光锐利，意志正直，

---

① 教皇克雷门特五世，加斯科尼人，起初似乎宠幸亨利七世（1308—1313），鼓励他出征意大利，但后来秘密反对他。在1313年以前，甘·格朗德以收复布里西亚和占取味鲁萨（1311年）显出他的气概。

心地仁爱的人请求忠告，说道：
“我的父啊，我看得十分清楚，
无情的时间向我疾驰，给我带来
使最自暴自弃的人觉得最重的打击；
因此用先见之明武装我是好的，
他们若是剥夺了我最心爱的地方，
我不至于因我的吟咏失去一切地方。[①]
在那下面的痛苦无边的冥国，
循着那座崇高的圣山，我的夫人
用眼光使我从那美丽的峰顶上登，
并使我从星球到星球穿过天空，
我知道了一些事情，若是再说出，
会使好多人感到无比辛辣；
假使我成为真理的瞻前顾后的友人，
我担心我的生命，我的名字，将不会
垂之于那要把我们称为古人的后世。”
我发见我的珍宝正在那里微笑，[②]
那包围着它的霞光闪闪烁烁，
如同黄金的明镜反射出太阳的光芒；
然后回答道：“由于自己的羞耻，
或别人的羞耻，而变得晦暗的良心，
的确会觉得你的说话异常刺耳。
但虽然那样，还是拂开一切谰言，
把你看到的全部天启叙说出来，

① “我已被逐出了我的祖国，但愿不要因我在我的诗篇里暴露了人类的罪恶，一切国家都不容我。”

② 指卡嘉归达。

生有痂癣的人自己会搔痒；
因为，你的声音若是在初尝时
有辛辣之味，但在消化之后，
它会留下富有生命的营养。
你的这个呼号将如烈风一般，
愈是吹向高山峻岭风势愈猛；
这对你将是一个不小的荣誉。
因此，在这些天体，在那座圣山，
在那个阴惨悲痛的深谷，显给你看的
只是那些闻名于世的阴灵；①
因为在人间倾听你说话的人，
单凭你那根源并不明显的例子，
他的灵魂不会就此安宁，不会深信，
对其他隐晦的理由也不会折服。”

① 指天堂、炼狱、地狱里的精灵。

第十八歌

温和的木星天里正义的象征

那有福的明镜独自一个在欣赏
　自己说出的言语，我也在玩味
　我自己的说话，用甜蜜冲淡辛酸；①
那引我谒见上帝的夫人说道：
　“变换一下你的思路；你要想到，
　我在靠近使人类释去一切重负的‘他’。”
我转身向着我的安慰者的美妙声音，
　当时我在那圣洁的双眼里看到
　什么爱，我不想在这里描写；
不全然因为我不信任我的言语能力，
　而是因为我的记忆若没人提醒，
　就无法重新想起当时的情景。
关于这一点，我只能这样叙说：
　我在凝视她的时候，我的情爱
　把一切其他的思恋都完全抛弃，
而那直射在俾德丽采身上的
　永恒的欢乐，用它从那美丽的脸上
　反射出来的光辉使我心满意足。
她用光辉的笑容使我五体投地，
　然后向我说道：“转过身去听吧，
　因为天堂不仅在我的双眼中呀。”
我们在人间有时从颜容上

看出情爱，倘若那情爱强烈得
使整个心灵溶化在那里面，
就像这样，我转身向他的时候，
在那神圣光辉的火焰里，我看出[②]
他还有和我继续谈话的愿望。
他开始说："在这棵从自己的顶端
汲取生命，永远结出果实，
永远不落叶的圣树的第五处，[③]
住着有福的精灵，他们在来到
天堂之前，在人间都有极大名声，
一切诗神会从他们取得丰富的素材。
所以你凝视那十字架的横木吧；
我将提到名字的人会射出光芒，
像闪电在一片乌云中一样。"
在提到约书亚的名字时，[④]
我看到一片光芒横闪过十字架；
我还没有听清名字就已看到那人。
又在提到那崇高的麦喀比的名字时，[⑤]
我看到另一个火焰一面行动一面旋转，

---

① 卡嘉归达的灵魂被称为"明镜"，因为它是"神圣智慧"的反光，就像俾德丽采的眼睛是"神爱"的反光一样。这里的"言语"一词的原文，有"思想"或"概念"的意思。

② 指卡嘉归达。

③ 但丁总是把天体比作树木，而和人间的树木成为对比。这里指的是第五重的火星天。

④ 约书亚是摩西的继承者和迦南地的征服者(见《旧约·约书亚记》)。

⑤ "麦喀比"即犹太·麦喀比，犹太战士，最初在他的父亲的领导下，后来自己作为领袖，与叙利亚王安泰俄卡斯·挨彼腓尼斯及其后继者德密特留斯作战，而且成功地抵抗了他们要毁灭犹太宗教的企图。

鞭打这陀螺使之旋转的是欢乐。
犹如猎人的眼光追随着飞翔的鹰，
我的锐利的双眼紧盯着两个火焰，
一个是查理曼，另一个是奥兰杜。①
然后我的眼光沿十字架巡视，
接连看到威廉和里那尔杜，②
高弗莱公爵和劳伯脱·归斯卡特。③
那向我说话的英魂就离开了我，
到其他的光体中间去来往行动，
在天国的歌者中显出自己的造诣。
我就向我的右边转过身去，
要从俾德丽采那里凭她的言语，
凭她的姿势，看出我下一步的行动，
我看见她的眼睛那么明澈，
那么欢悦，她的模样远远超出
她以往的和最近的一切美态。
然后，好像一个人由于做了善事
感到愈来愈多的快活，因此觉察到
自己的力量一天一天在增加；

---

① “查理曼”（742—815），西方帝国的恢复者，又是佛罗伦萨的重建者。奥兰杜，或作罗兰，查理曼之侄，卡罗林朝传奇中的主要英雄，于778年战死于隆斯佛（见《地狱篇》第三十一歌）。

② 奥兰治的威廉，法兰西传奇中的一个英雄，查理曼的骑士之一，他和萨拉森人出力作战，812年死时是一个僧人；里那尔杜，他的连襟，他的战场上和修道院里的同伴，是一个纯粹神话的人物。

③ 部云的高弗莱，查理曼的母系方面的后裔，率领第一次十字军于1099年占领耶路撒冷，作为王而统治，直到他于次年死时为止。劳伯脱·归斯卡特，荷维尔的坦克累特之子，在意大利南部和西西里创建了诺曼王朝（见《地狱篇》第二十八歌）。

我也这样觉察到，我跟天体一起
　环绕运行，其弧形逐渐增大，[①]
　我那夫人的容颜也就显得更为美丽。
正如一位美丽的少女的脸，
　先前染上的羞惭的红晕一旦褪去，
　刹那间就会起完全的变化，
我一转身过去，在我的眼前
　就呈现了这样的变化，接我进去的
　那柔和的第六颗星发出了洁白的光。[②]
我在这支虬夫大神的火炬里，[③]
　看到了仁爱的火花闪闪发亮，
　在我眼前用我们的字母形成记号。
如同从河岸上飞起的群鸟，[④]
　寻到了新的田野在一起欢庆作乐，
　时而围成圆形，时而列成长队，
那些圣洁的神灵在那光明里，
　也一边飞翔一边歌唱，把自己排成
　D 的字样，I 的字样，或 L 的字样。
他们先按自己歌声的节拍行动，
　然后，每把自己排成一个字样，
　就停止一刻工夫，保持沉默。
哦，你灵泉的女神啊，你把荣耀[⑤]

---

① 因为他和俾德丽采升得更高了。

② 据托雷密的天文学，木星是一颗温和的星，介乎寒冷的水星和灼热的火星之间。它在众星中也显得洁白，像白银一样。

③ 木星是奉献给虬夫大神的星。

④ 尼罗河岸的鹤。

⑤ 指由天马的蹄踢出的希波克林泉。

给予天才，使它享有长久的生命，
如天才凭你之助使城市和国家长存，
请你照耀我，我才能轮廓鲜明地
把他们留在我心中的形象表现出来；
愿你的力量显现在我这简略的韵语里。
他们于是用五七三十五个母音字母
和子音字母排列自己，我一个个注意，
仿佛听它们用声音向我叙述。
Diligite justitiam 是这整个图形
装饰着的第一个动词和实名词；
在末端的是 qui judicatis terram。[①]
然后他们挨次停止在第五个
单字的 M 上面，因此那木星[②]
在那地方显得像嵌着金纹的白银；
我又看到其他的光体下降，
停止在 M 的顶峰那里；我认为
他们在歌颂那引他们到怀中的“至善”。
然后，如同敲击烧得通红的木块，
发出数不清的火花，愚蠢的人
惯于要从这些火花中占卜运气，[③]
我似乎看到从那里射发出了

---

① 这些精灵排成了“Diligite justitiam qui judicatis terram”（爱正义吧，你们这大地的审判者），共 35 个母音字母和子音字母。这是拉丁语译的《圣经》（The Vulgate）里所罗门箴言的开头语。

② 他们停在第五个词 terram 的 M 上面，M 是“monarchia”（帝政）一词的第一个字母，这个词在但丁是“帝国”的同义词。

③ 占卜的方法是这样的：先问“我将得到多少头羔羊，多少枚金币，或别的什么？”，然后敲击一块燃烧的木块，计算发出来的火花作为答案。

一千余颗火光，按照点燃他们的

太阳所命定的，有的升得高，有的低；

每个光静止在自己的位置上，

我看到那一点一点射出来的火光，

在我眼前形成了一只鹰的头和颈。①

在那里描绘图形的他没有人指导，

而是自己指导自己，从他那里②

生出那使鸟儿筑巢的本能；

先前，其余的那些有福的神灵

仿佛用百合花绕住那 M 就已满足，

如今只轻轻一动又完成了那图形。③

哦，你这美丽的星啊，多么美好，

多么众多的宝石使我明白看出，

我们的正义来自你镶成的天体！

因此我祈求你那行动和力量的泉源，

那“至尊的心灵”，俯望那

发出烟雾遮暗你的光彩的地方；

祈求他再一次燃起他神圣的愤怒，

责罚那些在圣殿里做着买卖的人，④

那圣殿的墙是用异象和殉道建成。

---

① 古体的 M 是这样写的——ᗰ，若稍加改动就会变成一只鸟的身体和翅膀，头在中心的上面。

② 指上帝。

③ 这里的含义很晦涩。有的注家这样解释：百合花环绕 M，是指帝国属于法兰西人（以“百合花”来代表）的那个短促的时期，于是 M 变成鹰的纹章，罗马帝国的象征，这在但丁看来是代表法律和正义的。

④《新约·马太福音》第 21 章第 12、13 节：“耶稣进了上帝的殿，赶出殿里一切做买卖的人……对他们说：‘经上记着说：我的殿必称为祷告的殿，你们倒使它成为贼窝了。’”

哦，我仰望的天国的军队啊，

　为那些在人世仿效那不良的榜样，

　都走入了迷途的人们祷告吧。

古时候的习惯是用刀剑作战；

　如今的作战方法，却是把上帝赐给

　一切人的面包，到处扣住不放；①

而你，写下人名只是为了以后涂掉，

　你要记住彼得和保罗虽死犹生，

　他们为葡萄园殉难，你却把它摧毁。②

虽然你确实可以辩解："我的心思

　已全部属于那住在旷野中的人，

　他以欢跃的脚步走向殉道之路，

因此我不知那渔人，也不知保罗。"③

---

① "逐出教会"被用为政治斗争的武器。

② 这是向约翰二十四世说的，他是但丁在写《神曲》时的在位的教皇。他写下被逐出教会的人的名字，为了在受到贿赂以后再涂去，逐出教会成为他搜刮钱财的手段。

③ 佛罗伦萨的金币的一面印着圣约翰像。这个教皇如此沉醉于金钱之中，以致把圣彼得("那渔人")和圣保罗都忘却了。

第十九歌

象征的鹰谈论神圣的正义

那些交织在一起的灵魂为自己
　甜蜜的幸福欢欣鼓舞，他们构成的
　美丽形象，在我面前展开了翅膀。
每个灵魂显得像一颗红宝石，
　上面仿佛有强烈的阳光在燃烧，
　为了使反射的光映入我的眼帘。
如今我一定要讲述的事情，
　是声音从没有说过，笔墨从没有写过，
　人类的想象从没有理解过的；
因为我看到也听到那鹰嘴说话，
　用它的声音说出“我”和“我的”，
　但在概念上是“我们”和“我们的”。
它开始说道：“我过去做得公正，
　也尽了我的本分，所以我如今
　达到这个不容欲望超过的光荣；
我在人间留下了身后的名声，
　连邪恶的人们也在那里赞美，
　虽然他们并不继续我的事业。”
从好多燃烧的煤炭里我们只感到
　一股热气，从那构成那个形象的
　好多仁爱里，也只发出一个声音。①
我一听到了就说道：“哦，有着

不朽欢乐的永不凋谢的花朵啊，
你们把你们所有的芳芬合而为一，
你们在散发芳芬时，请你们
满足我忍受已久的巨大饥饿，
因为我在人间找不到疗饥的食物。
我完全明白，若是神圣的正义
能在天国的任何其他境界被照出，
那末你们的天体也能使它纤毫毕露。
你们知道我多么急切地准备倾听；
你们知道在那么长的日子里，
使我感到饥饿的问题是什么。”
一只从自己的窝巢里钻出的鹰，
摇摇它的头儿又拍拍它的翅膀，
以表示心中的迫切并使自己整洁，
我看到那面旗帜也像那样行动，
织成那旗帜的是对圣恩的赞美，
以及只有天上的仙灵懂得的歌声。
它于是开始说：“上帝在宇宙的周围
画出圆圈，而且在里面构造了②
那么多隐秘的事物和明显的事物，
即使他已经把他那光辉的形象
印在全部的宇宙上，他的智慧
依然是无穷无尽，无限丰富。

---

① 组成鹰形的公正的王帝们作为一个人说话，正如许多木炭发出一股热气一样，因此表示一切公正的统治者的业绩是同一的，他们大家的声音是正义的同一的声音。

② 《旧约 · 箴言》第8章第27节：“他立高天，我在那里；他在渊面的周围画出圆圈。”

这可以由那第一个骄傲的天使[①]
　证实，他是创造物中的顶峰，
　因不愿等待光明，没有成熟就坠落；
从中可以明白看出，次一等的创造物
　就像一只太小的器皿，容不下
　那只能自己度量自己的无穷的善。
因此我们的理智的眼光
　（它不得不是那充满一切事物的
　“至高心灵”的无数光芒中的一种），
依其本质必然具有巨大的力量，
　能领悟到那产生它的根源
　远远超过了它所能看到的范围。
因此你们凡人所具的眼力，
　看不到那永恒的正义的底，
　正如眼睛看不到海底一般；
因为，纵令在海岸边能看到海底，
　一到辽阔的海面就无法看到，
　虽然还是在那里，只是深不可见。
除了从那决不被遮暗的‘晴朗’里
　发出的光以外，没有光；只有肉体的
　黑暗或阴影，不然就是肉体的毒液。[②]
如今已向你指明那座迷宫了，
　它曾藏起神圣的正义不让你看到，
　因此你不断对之提出了疑问；
你曾说过：‘在印度河的岸上，

---

① 指琉西斐，即撒旦。

②“无知的黑暗或阴影”指罪恶的毒液。

一个人生下，没有人能讲基督，
没有人能读，也没有人能写；
依人类的理性所能看到的，
他的想望和他的行为都是善的，
他的生平或他的言谈都毫无罪过。
他没有受洗，没有信仰而死去；
就此定他的罪，正义在哪里呢？
他没有信仰，他的罪过在哪里呢？’
且问你是何等样的人呢，竟然
高高坐在审判者的位子上，
从千里之外，用短浅的目光判断？
若是没有经文为你们指出方向，
一个同我争辩这样微妙问题的人，
他的确会有极妙的理由来怀疑。
哦，尘世的动物啊，愚昧的心啊！
那本身是善的‘第一意志’，①
决不离开自己，它自己就是至善。
凡是与它和谐相称的都是公正的；
被创造的善不能把它吸引，
它总是用射发的光创造了那善。”
白鹳喂哺了她的雏鸟以后，
在她的巢顶之上盘旋飞翔，
那被喂哺的一只向她仰望；
我也那样抬起头来仰望天空，
那个有福的形象也那样振起
被那么多智慧推送的翅膀。

① 正义是“第一意志”，即上帝的意志。

它载飞载歌，说道：“好像我的曲调
　你不能理解一样，你们凡人
　也不能理解那永恒的审判。”
等到那圣灵的光芒四射的火焰
　一一静止下来以后，在那使罗马人
　得到全世界尊敬的旗帜中间，①
那声音又开始说：“从来没有过
　一个不信基督的人上登到天国，
　不论在他被钉上十字架以前或以后。
但要注意，在最后审判的日子，
　许多口中叫基督基督的人，②
　比不信基督的人更不靠近基督身边；
等到这两派人各奔前程的时候
　（一派是永远富有，一派一无所有），
　爱西屋皮亚人将定这种基督徒的罪。③
波斯人会向你们的帝王们说什么呢，④
　若是将来看到那本一一记载了
　他们全部罪行的案卷被展开的话？⑤
在那案卷里将看到，在阿尔柏的
　许多事迹中，有一件事迹将飞速

---

① 就是那代表罗马帝国的鹰的旗帜。

② 《新约·马太福音》第 7 章第 21 节：“凡称呼我主阿主阿的人，不能都进天国；惟独遵行我天父旨意的人，才能进去。”

③ 《新约·马太福音》第 12 章第 41 节：“当审判的时候，尼尼微人要起来定这世代的罪，因为尼尼微人听了约拿所传的，就悔改了。”

④ “波斯人”：代表非基督徒。

⑤ 《新约·启示录》第 20 章第 12 节：“我又看见死了的人，无论大小，都站在宝座前。案卷展开了；并且另有一卷展开，就是生命册。死了的人都凭着这些案卷所记载的，照他们所行的受审判。”

使布拉格全境成为一片荒芜。[①]
在那案卷里将看到，那个因遇到野猪
将死于非命的人，贬低币值，
给森河流域带去灾难。[②]
在那案卷里将看到，那使人干渴的骄傲，
煽惑了苏格兰人和英格兰人，
使他们不能守在各自的境界内。[③]
在那里将看到，那个西班牙王，
和那个波希米亚王的淫荡和奢靡生活，
他们不知道廉耻，也没有这个意图。[④]
在那里将看到那个耶路撒冷的
跛子，他的好处只有一桩，
但是他的坏处却数也数不尽。[⑤]
在那里将看到另一个人的贪婪
和卑鄙，他守卫那火山之岛，
安吉西斯就在那里终结长长的一生；
为了使人知道他的鄙贱多么骇人，

---

① 这鹰飞遍欧洲的地图，那里的王侯们"没有把哲学的权威与他们的统治联起"（《飨宴篇》第4篇第6章中语），而且在所有的国土上发见世俗的统治者使正义的光晦暗，正如但丁发见灵界的统治者也是如此一样。第一个犯罪者是哈普斯堡的阿尔柏（参阅《炼狱篇》第6歌），他就要进行对波希米亚的非正义的侵略战争。

② 指法兰西的美丽的腓力普，于1314年因一头野猪攻他的坐骑而跌死。他把钱币贬值三分之一，以弥补他出征法兰德斯的军费。这里我们看到，作为欧洲最大商业中心的公民，但丁对变更币制有怎样的憎恨。

③ 指1300年统治英国的爱德华一世所进行的苏格兰战争。

④ 指斐迪南四世，卡斯提尔和雷翁的王（1295—1312）和波希米亚的文塞斯劳斯四世（1278—1305）。后者参阅《炼狱篇》第七歌。

⑤ "跛子"即那不勒斯的查理二世（1285—1309），耶路撒冷的名义上的王，他稍瘸，故名跛子。

他的记录要用蝇头小字来书写，
好使不大的篇幅容下更多的劣迹。①
大家也将明白看到，他的叔父
和他的兄弟所做出的龌龊行为，
使他们的高贵门第和两个帝王蒙羞。②
在那里也将知道那葡萄牙王，
那挪威王，还有那拉西亚王，
他在不祥的时辰看到了威尼斯钱币。③
哦匈牙利是幸福了，若是不让自己④
再受到虐待！那瓦也幸福了，⑤
若是她边境上的崇山能成为屏障！
而且大家都该相信，为了给她警告，
尼珂西亚城和发玛哥斯泰城，
已因它们的畜生而在哀号痛哭，
那畜生总不甘落后于其他畜生。”

---

① 指腓特烈二世，西西里王（1296—1311）。参阅《炼狱篇》第三及第七歌。

② “两个帝王”即詹姆士，巴利阿利群岛的王（1276—1311），亚拉岗的彼得三世的兄弟，所以是腓特烈的叔父；詹姆士二世，亚拉岗王（1291—1327），彼得之子，腓特烈之兄。参阅《炼狱篇》第七歌。

③ 葡萄牙王代俄尼修斯（1279—1325）；挪威王黑科五世（1299—1319）；塞尔维亚王士提反·俄卢斯二世，也被称为拉西亚王。他曾发行伪造的威尼斯钱币。

④ 在1300年，安德卢是匈牙利王。他篡夺了应属于卡罗柏的王位。匈牙利曾受到王位继承的纷争和可怕的战争的痛苦。

⑤ “那瓦也幸福了”意思是说：若是庇里尼山脉能保护那瓦，不让法兰西侵占就好了，事实上却于1314年割让给法国。作为对她的一个警告，居伯罗的城市（尼珂西亚和发玛哥斯泰）正在因法兰西王律雪云的亨利二世（1324年卒）的罪恶统治而悲号。

第二十歌

鹰继续谈话

当那照耀全世界的太阳
　从我们这个半球降落下去，
　因此日光在四方消尽的时候，
不久前单单由它照亮的天空，
　如今立刻又呈现在我的面前，
　繁多的星星反射一个光线。①
当象征世界及其领袖们的旗帜
　闭紧有福的鹰喙，保持沉默时，②
　我心中想到了天空的这种变动；
因为所有那些活跃的光明，
　远比先前辉煌,并开始歌唱，
　我的记忆却留不住这些歌声。
哦，披上笑容的甜蜜的爱啊，
　你在那些笛洞里显得多么晶莹，③
　只有神圣的思想在上面吹奏!
等我看到镶嵌在第六重天中的
　又可爱又明亮的宝石，
　停止敲动他们的天上的钟声时，④
我似乎听到一种淙淙的流水，
　清澈见底地在岩石之间漩洄，
　显出它的源泉的无比丰盈。
又好像拨动琵琶，吹奏笛管，

琵琶的颈部，笛管的洞口

形成美妙动听的乐声，

那只鹰可也没有什么迟延，

从它的颈项里发出喁喁声，

好像那颈项是空的一样；

那喁喁声在那里成为声音，

以言语的形式从鹰喙里说出，[⑤]

正如我一心期待的，因此我一一写下。

它开始向我说：“你一定要注视

我身上的那一部分，就是人间的鹰

用以观望或忍受日光的那一部分，[⑥]

因为构成我的图形的无数火光，[⑦]

若以他们的等级排列，都不如

我头部的眼睛闪出的光芒重要。

像眼瞳一般在最中心发光的他，

就是那位歌唱圣灵的人，

把约柜从一城运到一城的就是他；

如今他明白，以所得的报酬衡量，

他的歌唱有多大的功绩，

---

① 但丁假定其他的天体从太阳的光里取得它们的光。

② 第六重木星天里蒙庥的精灵停止歌唱以后。

③ “爱”指上帝，“笛洞”指那些火花似的精灵：上帝的爱在蒙庥的精灵身上灿烂发光。

④ 诗人既诉诸视觉，又诉诸听觉。

⑤ 这些公正的精灵的声音，在鹰的颈项内混和在一起以后，像流水声或音符一般发出。

⑥ 即眼睛。

⑦ 即构成鹰的图案的精灵。

只要是以他自己的智慧唱出。[①]
在那形成弯弯的眉毛的五人中间，
那和鹰喙靠得最近的人，
曾替一个寡妇为她的儿子雪冤；
如今他明白，不追随基督要付出
多大的代价，因他已经体验过了
这里的幸福生活和与之相反的生活。[②]
还有那个在我所说的弧线上
列在前一人之后，在拱形上端的人，
凭他真诚忏悔推迟了他的死亡；
如今他明白，一个虔敬的祷告在人间
把今天的命运改成明天的命运时，
那永恒的审判并不因此变动。[③]
那在旁边的一个，他带着法律和我
一起让位给教皇，自己成为希腊人，
他意图虽好，却产生恶劣后果；
如今他明白，从他的善良行为中
产生出来的灾祸并不损害他，
纵令世界因此之故而被毁灭。[④]
还有你看到在那向下倾斜的

---

① 处在鹰眼的眼瞳那里的是大卫王。关于大卫王，参阅《旧约·撒母耳记下》第6章及《炼狱篇》第十歌。

② 即罗马皇帝图拉真，参阅《炼狱篇》第十歌。据说，他的灵魂是从地狱中救出来的。

③ 希西家病得要死时，向耶和华祷告，耶和华听了他的祷告，增加了他十五年的寿数。见《旧约·列王纪下》第20章。

④ 指“康司坦丁的馈赠”，即把罗马帝国赠给教皇，但丁认为这贻害无穷。参阅《地狱篇》第十九歌及《天堂篇》第六歌。

拱形上的是威廉，那因查理和腓特烈
活在人世而悲痛的两个国家，还在悼念他；
如今他知道，上帝如何喜爱
以正义为怀的帝王，这一点
他还在用辉煌的颜容显现出来。①
在那下面的走入歧途的人间，
有谁会相信特洛伊人利弗司，
在这天体里竟列为圣光的第五位呢？②
如今他已十分清楚地明白了
人世没有力量看到的天恩，
虽然他的眼力不能探测其深浅。”
如同在天空中奋翼高飞的云雀，
先是欢跃歌唱，然后寂然无声，
满足于已使它喜悦的最后歌音，
那永恒的欢乐所显示出来的图形
在我看来也仿佛在那样行动，
每个事物都因思慕上帝而成形。③
虽然我的惊异从我里面透露出来，
就像玻璃从彩绘在上面的颜色里
透露出来，可是还不愿保持沉默；
“这些都是什么东西啊？”这句话
凭自己的重量之力从我口中发出，

① 贤王威廉(1166—1189)，坦克累德王室的最后的王帝，他统治了两个西西里。查理二世治下的那不勒斯王国，和腓特烈治下的西西里王国，都哀悼他。

② 维吉尔在《伊尼特》第2卷里，称利弗司为“特洛伊人中间唯一最公正并最遵循正道的人”。

③ 永恒欢乐的图形大概指正义。

接着我就看到一片闪光的欢乐。
于是那有福的图案从眼里
发出了更多光彩，立刻回答我，
使我不至于长久处于惊异的心情中：
“我看出你相信这些事情，因为
我向你说了，但你不知怎么会如此；
所以，虽然相信，却还未能领悟。
你好像是只会依名字领会事物，
但看不出事物的本身，
除非有另一人把它表明出来。
炙热的仁爱和活跃的希望，
可以用暴力来袭击天上的王国，
而且征服那神圣的意志；
但不是以人战胜人的那种样式，
却是征服，因为它愿意被征服，
被征服后，仍以本身的慈悲来征服。
那鹰眉上的第一和第五个生命①
使你心中感到惊讶，因为你看到
他们使天使的境界添上了色彩。
他们脱离肉体时并非如你想象的
异教徒，而是有坚定信仰的基督徒，
一个信基督未来的受难，一个信过去的。②
一个从地狱里重归于自己的骨头，
这就是活跃的希望得到的报酬，

---

① 指图拉真和利弗司。

② 利弗司和图拉真各凭爱和希望之力，怀着对救世主的信心而死的；救世主（即基督）将来要代人类受难，以往已经代人类受难。

因为没有人曾从地狱回到良善的意志；
这活跃的希望加强了祈求上帝
把他从地狱中超拔出来的祷告，
使上帝的意志能够受到感动；[①]
我谈到的那个光辉的灵魂，
回到他的肉体中居住了不久，
信仰了有力量帮助他的上帝；
从他的信仰中，发出了仁爱的
熊熊的火焰，因此在第二次死亡时，
他被允许来到这一个欢乐的境界。
那另一个，凭着从深泉中
喷涌出来，以致没什么创造物
窥探到它第一个源头的宏恩，
在人世把所有他的爱放在正义上，
因此上帝恩上加恩地启开他的眼，
使他预见到我们未来的得救；
他对此深信不疑，从此以后
不能容忍异教的泥污沾上他身体，
责骂那些对此执迷不悟的人们。[②]
你看在那车辆的右轮旁边，
有三位仙女，早在洗礼存在以前
一千余年，她们已给他施行洗礼。[③]

---

① 据传说，圣格列高里向上帝祷告，使图拉真的灵魂从地狱里回复生命。在地狱里从来没有灵魂回到善良的意志的——永劫不复者里面的自由意志永远固定在罪恶上面。

② 这是指异教徒利弗司。他是特洛伊的英雄，在特洛伊受围攻时被杀。

③ “三位仙女”：代表信心、希望和慈悲。利弗司有此三者，才进了天堂。

哦，预定的命运啊，你的根源
　是隐藏得多么深远，多么奥秘，
　看不到整个第一推动力的人无从见到！
你们凡人啊，你们要严格克制自己，
　不要妄作判断；因看到上帝的我们，
　也还没有知道上帝所有的选民；
这个缺陷对于我们是甘美的，
　因为我们的善在这善里受到提炼，
　上帝的意志也就成为我们的意志。”
这个神圣的有福的形象，
　就这样给了我甘美的药物，
　使我变得衰弱的眼光重又明亮。
于是，好像一个出色的竖琴家
　拨动琴弦，为一个出色的歌手伴奏，
　使那歌声又增多了一重美妙，
在他说话的时候，我清楚记得
　我看到那两个有福的光明，①
　就像眼睛的眨动那样融洽无间，
使他们的火焰跟那言语一起颤动。

① 图拉真和利弗司。

第二十一歌

土 星 天

我的眼光已经又凝聚在我的
　夫人的颜容上面，我的心呀
　也随之而去，远离一切其他欲望；
她并不微笑，却开始说道：
　“若是我向你微笑，你就会像
　塞美利一样，立刻变成灰烬；①
因为，如你所看到的那样，
　我在那永恒的宫殿的阶梯上
　登得愈高，我的美色就燃烧得愈旺，
若是不加以节制，会射发出
　强烈无比的红光，你人间的力量
　在它闪光之下，会像被雷殛的树叶。
我们已上升到第七重天体，
　它在熊熊发光的狮子座的胸怀下，
　同它的热力混在一起，射下光芒。②
使你的心灵紧紧追随你的眼睛，
　然后使你的眼睛照映出
　要在这面明镜上显给你看的形象。”③
谁要是能够懂得，当我把我的心思
　转到另外的事情上时，我的眼光
　在那蒙庥的脸上得到多大的满足，
他只要把两方面的情形比较一下，④

　就会清楚地看出，遵从我的
　天上的导者，在我是怎样的喜悦。
这颗环绕世界运行的水晶球，
　是以那人世的光辉领袖的名字为名，
　在他的治下一切的邪恶灭亡，⑤
我在其中看到一座梯子，颜色像
　反射出万道光芒的黄金，耸入云霄，
　我的眼光简直看不到它的尽头。
我又看到有那么多的光辉
　降落在那梯子的梯级上，
　仿佛天上所有的星都落了下来。
于是，好像在破晓的时刻，
　无数的穴鸟依着自己的本能，
　结队飞出，重温冻僵的翅翼；
然后，有的飞出去了不再回来，
　有的重又飞到它们出发的地方，
　又有的在空中盘旋，作暂时的停留；
在我看来，那些成群飞来，
　闪闪发亮的精灵就像那样，
　各个停落在梯子的某一级上，
而离我们最近的那个精灵，
　变得那么辉煌，我不禁想道：

---

① 塞美利，卡德马斯的女儿和巴卡斯的母亲，为朱庇特的圣颜的光辉所毁。

② 土星当时在狮子座里。

③ 让他观望要在这天体里向他显出的形象。

④ 把默想的欢乐跟服从的欢乐相比较。

⑤ 土星名萨忒恩。萨忒恩在黄金时代为王，古典诗人把黄金时代视为绝对纯朴和节制的时代。参阅《地狱篇》第十四歌。

“我确实感到你向我表示的仁爱。
但是我应该怎样并应该在什么时候
说话和沉默，都要听她的吩咐，
她却不作声，我只能忍住不问。”
她看到了我在那洞见一切的
精灵面前，默默地不发一言，
就向我说：“说出你热烈的愿望吧。”
我开始说：“我没有一点功德
使我值得从你那里听到回答，
但是她已允许我发问，为了她，
哦，深深隐藏在自己欢乐中的
蒙庥的生命啊，请你告诉我
什么原因使你停在这么近的地方；
请你也说一下，天上美妙的交响乐
为什么在这座天体里沉默下来，
在下面其他天体里却演奏得那么虔敬。”
“你有的还是凡人的听觉和眼力，”
他回答我说：“这里没有歌声，
其原因与俾德丽采所以不笑相同。[①]
在那神圣梯子的梯级上，我向下
走得那样低，只是为了要用言语
和我身上披着的光彩令你喜悦；
我飞得更快，不是因为有更大的爱；
别人有一样多和更多的爱在燃烧，
你从发出的光就可以看出；
但是如你看到的那样，派定我

① 考虑到但丁是凡人，还没有力量忍受这样的荣光。

在这里的是那深不可测的爱，
他使我们服从那支配宇宙的天命。”①
“是呀，哦神圣的明灯，我明白，”
我说道，“自由的仁爱在这天庭里，
已足够使你们遵循永恒的命运；
但是使我似乎难于理解的，
是这一点：为什么在你的同辈中，
独有你预先被派到这里呢？”
我也还没有说到那末一句话，
那个光明已把他的中心点作中心，
像飞快的磨盘，使自己旋转起来。
于是那藏在里面的爱回答道：
“神圣的光明把焦点集在我身上，
直透进我隐藏在里面的光芒；
从中产生的力量跟我的眼力
合在一起，使我远远超过自己，
竟能看到那哺育我的‘至尊的本源’。
那使我发出光焰的欢乐从中产生；
因为我的眼光在变得发亮的时候，
我也能用那火焰的光辉与它匹敌。
但是那在天上被照得最亮的灵魂，
那把上帝看得最仔细的大天使，

---

① 这说话的精灵是彼得·达弥安，他的父母因为贫穷，在彼得还是婴孩的时候就把他抛弃；但是他被救活，经过好多艰险终于由他的哥哥达弥安教养成人。为了表示感激他哥哥，他特取名为“达弥安的彼得”。他于1058年任俄斯提阿的大主教。他以毫不容情斥责他当时的僧士的道德腐败而著名。

都不能满意答复你的疑问；[①]
因为你所问的那件事情，
是那样深地藏在‘永恒律法’的渊底，
凡创造物的眼光都无法窥测。
等你回返到人间去的时候，务必
把这消息带去，告诫他们不要再向
这么巨大的目标移动他们的脚步。
在这里发光的心灵，在人世间，
还处于迷雾之中，有些事物
在天上也无法看到，人间又怎能窥见？”
他的言语把这限制加在我身上，
我放下了这问题，约束我自己，
只是恭恭敬敬请问他本人是谁。
“在意大利的两个海岸之间，
离开你的故乡不远，有崇山耸起，
高得只听见雷声远在下面轰鸣，
那里形成一座高峰，名叫卡德里，
在那高峰底下建立了一座寺院，
从前的时候只作献奉祷告之用。”[②]
他就这样又向我开始了第三次
谈话，然后继续下去，又说道：
“在那里我一心一意侍奉上帝，
我每天只吃用橄榄汁渍过的食物，

---

① 最光荣的圣徒，或是最受神爱照耀的天使，都不能窥测命运的奥秘。

② 靠近古俾俄的亚平宁山脉中的卡德里山。山下有阿未雷内泉的圣克罗采修道院，他在那里当过一个时期的住持。据说，在亨利七世死后，但丁曾避难于此。

就轻轻快快度过山中的寒暑，
以终年向天国作默想为满足。
那寺院以前向这些天体献奉了
丰多的果实，如今变得如此空虚，
不用多久这情形必然会暴露。
我在那个地方名叫彼得·达弥安；
在那亚得里亚海岸边的
圣母教堂里，人们叫我罪人彼得。
我人间的生命留下不多的时候，
我被叫去，硬给戴上红衣主教的帽子，
戴这帽子的人变得愈来愈坏。
矶法来了，那‘圣灵’的伟大器皿
也来了，他们都瘦削而赤足，①
沿途在每家宿店里乞讨食物。
而今日的牧师，他们的左右两边
都必须有人扶住，前面要有一人拖，
由于笨重得厉害，后面还要人抬。
他们的僧袍披复在他们的坐骑上，
因此两头畜生蒙着一张皮赶路；
哦耐心啊，你也容忍得太甚了！”
我在听到这声音时，立刻看到
更多的火焰一级一级降下和旋转，
旋转一次使他们增加一层美丽。
他们走来围在这一个火焰的四周，

---

①“矶法”指圣彼得；“圣灵的伟大器皿”指圣保罗。

停留在那里，发出一片在人间[1]
不能听到的深沉的叫喊声；
当时我也不懂，那雷声已完全把我怔住。

① 他们走来围在彼得 · 达弥安的周围，以证实他对近代教会的牧师所作的指责。

第二十二歌

圣本尼提克里特；但丁降生时的星宿

依然目瞪口呆的我回过身来，
　望望我的导者，好像一个小孩
　总是向他最信任的人求助；
而她呢，好像一位母亲，
　用往往给孩子压惊的声音，
　赶快援助她苍白而喘气的孩子，
向我说道：“你不知道你在天上么？
　难道你不知道天国是完全神圣的，
　在这里行的事情出自正直的热忱？
既然这喊声这样使你震惊，
　那末你可以想一想，先前的歌声
　和我的笑容怎样使你起了变化；
假使你懂得了他们的祷告，
　你将在死以前看到的复仇，①
　已经在那喊声里显给你看了。
从这里天上向下砍去的宝剑，
　砍得既不太迟也不太早，迟和早
　只是在渴慕或恐惧中等着的人的感觉。
但如今你且看其他的事物；
　若是你再依我的话放眼看去，
　你必将见到许多光辉的精灵。”
我用我的眼光依她的意思看去，

见到一百个小火球，他们在一起
以互相射出的光芒显得更美丽。
我站在那里好像那样的一个人，
压下心中欲望的催促，生怕
说话过多，不敢贸然发问。
不久后，这些珍珠中的最巨大，
也是最灿烂的一颗，走上前来，
满足了我心中对他的渴望。②
于是我听到这珍珠里有声音在说：
“若是你像我一样看到我们中间
燃烧的爱，你就已表达你的思想了；
但是，唯恐你因等待而耽误了
你的崇高目标，我将只回答你
这样顾虑重重而不敢提出的疑问。
那座在斜坡上坐落着喀西诺的
高山，以前在峰顶上居住着
被人欺骗和行动乖戾的人民。
我是第一个把上帝之名传到
那山上去的人，就是他把真理
带到了人间，使我们知道了天国；
这么宏大的天恩照耀在我身上，
我把那里四周的人民从那诱惑
人世的邪恶的信仰引回来了。③

---

① 但丁大概不是指他在写《神曲》时已经发生的事情(例如菩尼腓斯八世的死)，而是指未来或许发生的事，如灵猩的降临等。

② 指圣本尼提克里特(480—543)，本尼提克里特教派的创建者。

③ 在528年，本尼提克里特在罗马和那不勒斯之间的康巴尼亚地方一座山上，建立了著名的喀西诺山修道院，那里原来有一座阿波罗的庙。他在这里使周围的人民改信基督教，又建立了本尼提克里特教派，也于543年死在这里。

其他这些火焰都是默想者，
　他们都是由那热力点燃起来，
　就此产生了圣洁的花朵和果实。
这里是玛喀留斯，[①]这里是罗摩杜斯，[②]
　这里是我的教友们，他们在各处
　寺院里驻他们的行脚，修他们的心。”
于是我向他说：“你跟我说话，
　表示出你的仁爱，我还在你们
　光辉的颜容上感到和看到了慈祥，
这使我把埋在心头的话吐露出来，
　就好像阳光照耀下的玫瑰花，
　尽情怒放，吐露出全部的芳香；
因此，父亲啊，我祈求你，也请你
　给我保证，我是否能蒙受这样的宏恩，
　可以不隔一层遮掩看到你的形象。”
他就此说道：“兄弟啊，你这宏愿
　必将在最后一重天里得到满足，[③]
　其他一切愿望都如此，我的也如此。
在那里，每个愿望是圆满的，
　成熟的，而且完整的；仅仅在那里，
　一切的部分才永远存在，
那座天体并不存在于空间之内，
　也没有两极；我们的梯子
　也直达到那里，因此你无法看尽。

---

① 埃及人玛喀留斯(301—391)：圣安东尼的门徒。

② 圣罗摩杜斯(死于1027)，原为拉温那俄内斯蒂家族的一个贵族，卡马杜尔西教派的创建者。

③ 即最高天，或名净火天，在那里但丁将看到这些圣徒的人间的模样。

族长雅各看到天使们在上面
　上去下来的时候，就看到这梯子
　把上面的部分直伸到那上面。①
但是如今没有人使自己的双脚
　离开尘世来登上这梯子，我的教规
　留在人间，只是白费了羊皮纸。
那向来是一座圣殿的四壁内，
　如今却变成了盗贼充塞的兽窝，
　所有僧衣都是装满烂肉的麻袋。
甚至以高利贷勒索得来的利息，
　也不比僧侣们的灵魂为之发疯的
　果实，更与上帝的意旨相悖逆。
因为教会所掌管的一切钱财，
　都属于以上帝的名义祈求的人；
　并不属于亲族，或其他更脏的东西。
人类的肉体是那么易受诱惑，
　人间良好的开端不能持续到
　像橡树从种下到结果那样长久。②
彼得传道以没有金银开始，
　我用祷告和斋戒开始，
　而圣方济用谦卑的行为开始。
若是你细察每个人的开端，
　再细察一下后继者往哪里走入歧途，
　你必将看到白的已被染成黑的。

---

① 雅各“梦见一个梯子立在地上，梯子的头顶着天，有上帝的使者在梯子上，上去下来。”见《旧约 · 创世记》第 28 章第 12 节。

② 人类生命的一代。

上帝的意志曾使约旦河倒流，
使大海分开，但这些景象
都还比上帝援救人类更要奇妙。”
他这样向我说话，然后退回到
　他的伙伴中去；众精灵集在一起；
　然后像一阵旋风向天上飞去。
那位美丽的夫人只用一个眼色，
　就把我在他们之后向那座天梯
　推送上去，她的力量那样左右着我；
在我们这里按照自然的法则
　上升和下降的人间，从来没有
　能和我的飞翔相比的迅速的行动。
读者啊，我一心希望重新获到
　那神圣的凯旋，我曾为了它
　痛悔我的罪孽，捶击我的胸膛；
我凭这个希望起誓：就在你
　伸手入火又急忙抽回的一刹那，
　我已看到并进入追随金牛星的星座。①
光荣的星辰啊，哦孕育着
　巨大力量的光啊，从你们那里我获得
　我所有的天才，不论是怎样的天才；
当初，我刚生下，第一次呼吸
　多斯加纳空气的时候，一切生命之父
　正和你们一起上升，一起降落；②

---

① 即双子星座。

② 但丁诞生的时候，太阳是在双子星座内。这就可以推定但丁的生日是在 5 月 18 日和 6 月 17 日之间。

后来，等到我蒙受了天上的恩惠，
　登上那使你们转动的崇高天轮，①
　我被派定要经过你们的境界。
如今我虔敬地把我的灵魂
　奉献给你们，为了要得到力量
　走完那吸引我的灵魂的艰难路程。
“你如今已那么靠近至高的幸福，”
　俾德丽采开始说道，“你应该
　使你的眼睛变得明晰而且锐利。
因此，在你再向那里面走去以前，
　且俯望一下，看看多么大的
　一块宇宙我已搁置在你的脚下；
你可以怀着一颗喜悦到极顶的心，
　被带到那凯旋的众仙灵面前，
　他们都欢欣鼓舞地降临到这个天体。”
我就回过头来，让我的眼光
　经过那七座天体，看到了
　我们这人寰的可怜模样，我笑了；
认为人寰最微不足道的那个人，②
　我认为是最大的贤哲；凡是把思想
　转向别处去的人，才算真正地刚直。
我看到拉托娜的女儿全身发光，
　没有一点黑影，不久以前，我还认为
　那黑影是由稀薄和密厚不同而形成。③

---

① 指第八重天，或名三垣二十八宿天。
② 菩伊修斯也同样地说过人类渺小的话，由于居住在渺小的地球上；因为与宇宙的广阔比起来，地球不过是一个黑点，简直不占什么空间。
③ 见《天堂篇》第二歌。

海彼利翁啊，我在那里能逼视
  你的儿子太阳的面貌，又看到①
  水星和金星如何环绕着他运行。
其次，我看见了温和的木星，
  它正出现在他的父亲和儿子之间；②
  我清楚看出它们的部位的变动。
所有的七座天体在我眼前展示出：
  它们是如何的巨大，如何的迅速，
  它们所居的地方相距得如何遥远。
当我跟那永恒的双子星一起转动时，
  使我们变得那么凶恶的打谷场，③
  从山脉到河口，全部显在我面前；
于是我又回眼望那美丽的眼睛。④

---

① 奥维德描述太阳是海彼利翁的儿子。

② 木星的父亲指火星，木星的儿子指土星。

③ 但丁把地球比作打谷场，一块平而圆形的场地，可是人们却为之争夺不已。

④ 指俾德丽采的眼睛。

第二十三歌

被救赎者群的幻象

如同一只母鸟在幽静的树叶丛中，
　同她心爱的子女一起伏在窝中，
　度过了把万物掩盖的漫漫长夜，
心中急于要看到他们的面貌，
　也急于要寻找哺育他们的食物，
　从事这种最使她愉快的辛勤劳动，
就迫不及待飞上外面的树梢，
　怀着炙热的爱等候着太阳升起，
　眼睛一动不动地凝视着黎明来临；
我的夫人就那样怀着一颗急切的心，
　昂然地站在那里，身体转向
　太阳移动得最慢的那一境界；①
因此，当我看到她期待渴望的时候，
　我就变成这样的一人，虽因不断渴求
　别的东西而痛苦，却以希望安慰自己。
但是，从我全神贯注的时候，到我看见
　天空变得愈来愈辉煌的时候，
　这两个时候之间，只相隔一刹那
俾德丽采立即说道："且看那
　基督的凯旋的军队，以及这些天体
　在运行中所采集的全部果实吧。"②
我似乎觉得她的颜容全部发光，

她的眼睛是那么喜气洋溢，
我无法加以描写，只得略过不提。
如同澄静的天空里悬着一轮圆月时，
脱丽维亚在不朽的仙女中间[③]
盈盈微笑，她们在天空各处涂上彩色，
我看到千万盏明灯向上升起，
一个太阳把所有的明灯一一点亮，[④]
就像我们的太阳照耀天空的星辰；
而且从这活跃如火的光明里，
那闪闪发亮的物体向我射来
那么辉煌的光芒，我简直无法逼视。
哦俾德丽采，美丽可爱的导者！
她向我说道："那使你怔住的，
是没有东西能向之抵抗的力量。
那里面，隐藏着开辟人间
和天堂之间的道路的智慧和能力，[⑤]
人类久久渴望的就是这道路。"
就像云层里的火，不断扩大，
以致云层无法容纳，于是

---

① 向着南方，太阳的行程在那里显得比它在东方或西方时要慢些。也就是说，俾德丽采转身向着巨蟹宫，即夏至的区域，在他们所在的双子星座之东。

② 但丁在七座行星里看到不同等级的仙灵，各各代表"许多的广厦"。如今在三垣二十八宿天里，他看到创造和历史的全部果实分成不同的集团集合在一起，以代表"一个家庭"。"这些天体在运行中"代表整个宇宙的演进，以及上帝的精神在人的上面所起的作用。

③ "脱丽维亚"是月神代安那的另一个名字。"不朽的仙女"指众星辰。

④ 这是指基督。

⑤《新约 · 哥林多前书》第 1 章第 24 节："但在那蒙召的，无论是犹太人、希利尼人，基督总为上帝的能力，上帝的智慧。"

就违反自己的本性向大地射下，①
我的心灵在这些欢宴之中，
逐渐扩大，就从本身内冲出，
以后变成什么如今已无法回忆……
“张开你的眼睛看看我；
你所看到的这些事物已使你
有力量来逼视我的微笑的光芒。”②
好像一个人刚刚从梦中醒来，
梦已忘怀，不管作怎样的努力，
也无法把梦中的情景回想起来，
我听到她的吩咐时也就那样，
我心中感到无限的感激，绝不能
把这件事从记录往事的卷册中抹去。
若是吮吸过司颂歌的缪斯波丽尼亚
同她的姊妹们的最甘美的乳汁，
而变得善于歌颂的全部舌头
都来帮我歌颂那神圣的微笑，
歌颂那微笑使神圣容颜更为纯净，③
我也无法唱出那真实的千分之一。
因此，这篇神圣的诗歌在描绘
天堂的时候，不得不跳越一步，
就像一个发现道路被阻断的人。
但是，只要想一想这有分量的主题，

① 火的本性是向上，可是闪电却往下射。
② 但丁的眼睛已被给予了力量来看俾德丽采的微笑。
③ “神圣容颜”指基督的容颜。俾德丽采的微笑使基督的容颜显得更为纯净。

想一想把它挑起的又是人的双肩，
就不会责备这双肩在这担子下发抖。
我这毫无顾忌的船在破浪前进，
那航行不是一条小舟所能担当，
也不是一个懒惰的舟子所能胜任。
“为什么我的脸使你这样迷恋，
你不回眼观望那在基督的光芒下，
变得万紫千红的美丽花园？
那边是‘玫瑰’，‘神圣的语言’
在它里面成为肉体；那边是‘百合花’，
它的香气引导人们走上善路。”①
我正怀着迫切的心情等待俾德丽采
给我忠告，听了这番话语，
我迫使自己以衰弱的眼光去经受搏斗。②
以前在云缝中射出的明洁阳光下，
我的被阴影掩盖着的眼睛，
曾经看到一片鲜花盛开的草原；
我也像那样看到了一大片光辉，
披着从上面射下的如火的光线，
却看不见这些红光的源流。
哦，这样感印他们的仁慈的力量啊！
你已在那里使自己渐渐地高升，
让我缺乏力量的眼光能够逼视。③

---

① “玫瑰”是圣母马利亚，“百合花”是基督的穿着白袍的军队，《新约·哥林多后书》第 2 章第 14 节：“感谢上帝常率领我们在基督里夸胜，并借着我们在各处显扬那因认识基督而有的香气。”

② 指回头去看基督，由于基督的光芒很强，衰弱的眼光像在经受搏斗。

③ 神圣的光向上退去，使但丁的眼睛更能逼视呈现在他面前的景象。

我日夜祈召的美丽花朵的名字[①]

已深深吸引住我全部的心灵，

让我去观望那最大的火焰。

那在天上胜过一切，就像以前

在人间胜过一切的光辉的星辰，

把她的本质和伟大映入了我的眼帘，

从那天空的里面，降下了一个

圆形的火炬，像一顶皇冠一样，

把她环绕起来，又在她四周旋转。[②]

不论哪一种最为美妙悦耳，

最为动人心魄的人间曲调，

都会令你感到像雷声撕破云雾，

若是你听到了那像王冠一样

环绕伟丽碧玉的竖琴所发出的乐声，

这碧玉使最灿烂的天也变成碧玉。[③]

“我就是那天使一般的仁爱，

绕着那从子宫中发出的‘至乐’旋转，

那子宫就是我们‘欲望’的归宿；

天国的夫人啊，我要绕着你旋转，

直到你跟从你的儿子，走进了

那最高的天体而使它更为神圣。”[④]

那不断旋转的曲调这样终了；

在结束以后，所有其他的光明

---

① “美丽花朵的名字”即圣母的名字。

② 天使加百列的光辉和音乐。

③ 天使加百列被比作“竖琴”，圣母被比作“碧玉”。

④ 这是天使加百列向圣母的说话。

都接续下去，叫出马利亚的名字。
那宇宙的一切衣袍中最富丽的大袍
燃烧得最为灼热，而且从
上帝的气息和行为中汲取最多的活力，
它隐藏在高处，它的内缘
远远离开我们，在我所站的地方，
它的容貌还没有映入我的眼帘。①
因此，我的眼睛没有力量追随
那戴上荣冠的火焰，那上升的玫瑰，
跟她去见她的自己的儿子。
就像一个婴孩在吃了奶以后，
举起双臂向他的母亲扑去，
要把心中的热爱形之于外；
这里的每一个光明也都那样
同自己的火焰一起上升，因此②
我清楚看到他们对马利亚的深爱。
于是他们留在那里，我还是看到他们，
他们那么美妙地歌唱“哦天国之后”，
这个欢乐自此以后没有离开我。
哦，在那些最为富有的宝柜之中，③
装着多么巨大的财富，
在人间曾是播种的良好地土！
他们居住在这里，而且享受他们
流放在巴比伦时流泪求得的财宝，④

---

① 指宗动天，它把下面的八重天体围裹起来，也使它们运行。

② 天使们和马利亚一起上升。

③ “宝柜”指使徒们。他们曾经在人间播种善。

④ 指使徒们居住在人间的时候。

他们在那里时视黄金如粪土。
那掌管如此光荣的钥匙的圣徒，
在上帝崇高的儿子和马利亚之下，
同旧的和新的众圣贤在一起，①
在他的胜利中，高踞那凯旋的宝座。

① 指圣彼得，和其他《旧约》和《新约》中的圣人。

第二十四歌

圣彼得考试但丁关于信心的问题

“被选参加蒙庥‘羔羊’的盛宴的[1]
　圣徒们啊，你们所获的粮食
　将永远使你们的欲望得到满足；
假使这个人凭上帝的宏恩，
　在死亡结束他在人世的寿命以前，
　预尝到从你们桌上落下的食物，
请照顾他的不可度量的渴慕，
　稍微滋润他一下；他一心一意
　想望的东西流自你们所汲饮的泉源。”[2]
俾德丽采这么说：那些欢欣的灵魂
　构成个球形绕着固定的两极旋转，
　射出伟丽的光芒如天空中的彗星。
正好像钟表里的许多齿轮，
　互相协调，各自转动，在人家看来，
　第一个轮子似乎不动，末一个像飞，
这些歌舞队也那样各不相同地
　旋转，有的迅速，有的迟缓，
　使我能看出他们幸福的程度。
从我认为最美丽的一队里，
　我看到走出那么幸福的一个火焰，
　其余的火焰都没有他那么辉煌；
然后他绕着俾德丽采旋转，

转了三次之多，唱出那么神圣的歌曲，
我的想象无法向我重述一遍；
因此我的笔把它略过不写：
因为我们的语言，甚至我们的想象，
色彩都太鲜艳，不能描绘这种褶痕。③
"我的圣洁的姊妹啊，你虔诚地
向我们祷告，你用你的灼热的爱
使我离开了这个美丽的球体。"
那个蒙庥的火焰一停下来，④
就把他的声音转向我的夫人，
说出了我上面写下来的言语。
她就说道："你这伟人的永恒之光啊，
我们的主交给了你那些钥匙，
使你掌管他带给人间的这个至福，
你曾怀着信心在海上行走，
请你随你的欢喜，在重要的问题
和次要的问题上，考验一下这个人的信心。
他的爱、希望和信仰是否正当，
都不能瞒过你，因为你的眼光
能看到显示万物的那个地方。

---

① 蒙庥的羔羊指耶稣，这里的盛宴指最后的晚餐。

② 俾德丽采代但丁祈求。

③ 据英国艺术批评家罗斯金说，乔托的鲜艳的色彩又随之以对大面积的爱好，因此他对于织物的处理，由于终端的线条过于单纯，就显得累赘；可是拜占庭画派在苍灰色彩的早期，也在 12 世纪后期和 13 世纪庄严和深邃的体系中，惯于用许多精细的褶痕来"割裂"他们的织物。但丁认为人类的语言，甚至人类的想象也太为粗犷，无法描绘他极愿描绘的画幅的精微褶痕。

④ 指圣彼得。

既然真正的信心使这一个境界
　有了它自己的公民，那末为了光耀它，
　应当给他一个机会来说一下。”
正好像一个学子做好一切准备，
　只等老师把论题提出后立即发言，
　用理由来论证，而不是结束它；
我在她说话的时候，就暗暗准备，
　想出各种论点，为了使自己能够应付
　这样的考试官和这样的问题。
“良善的基督徒，说吧，表白自己吧；
　信心是什么东西？”我听了这句话，
　抬头看那发出这些话来的光明；
然后回头看俾德丽采，她向我
　使了一个急切的眼色，要我立即
　把水从我内心的泉源里倾倒出来。
我于是开始说道：“愿那允准我
　向那位前辈战士忏悔的恩典，
　使我能表达出我的思想来！”
然后我接下去说：“哦父亲啊，
　你那曾同你一起使罗马走上正轨的
　亲爱的兄弟，曾用有力的笔写下定义：
信心就是所望之事的实底，
　是未见之事的确据；①
　我认为这就是它的要义。”
然后我听到说：“你的领会不错，

① 但丁关于信心的定义，直接取自圣保罗的话，见《新约 · 希伯来书》第 11 章第 1 节。这里用旧译。

若是你透彻了解他为何先把它
列在实底之内，然后列在确据之内。”①
我接着就说道：“承蒙天的宏恩
在这里显现在我面前的深奥事物，
在下界的人类却无法见到，
因此在人间只存在于信心中，
在这信心上建立崇高的希望；
这样信心就包含了‘实底’的意义；
既然我们不能再看到什么，
我们不得不从这信心中推论；
因此它也包含了‘确据’的意义。”
于是我听到说：“若是在人世间
从学说中得到的一切都这样被了解，
就再用不到诡辩家的才智了。”
从那辉煌的爱里发出了这些话；
然后他又说道：“这个货币的成分
和重量如今都很好地通过了检验；
但告诉我它是否在你的钱袋里。”
我说道：“是呀，它在我钱袋里又光亮
又浑圆，也没有给我刻上‘也许’字样。”
于是，从那发出红光的深奥的光明之中，
又传来了下面这样的话语：
“一切美德都建立在上面的这块宝石，

---

① 在经院哲学里，“实底”的惯常意义是存在于其本身中的事物。因此，阿奎那曾反对圣保罗的定义，他说：“质不是实底；但信心是一种质……因此它不是实底。”但丁却取“substance”的另一个意义来解决这个困难，即“在底下的”意义；就是他在下面所说的，信心是在上面建立希望的东西，而且从信心中作出推论，也就有了“确据”。

你是从哪里得来的?”我就说道:

“那倾注在《旧约》和《新约》上面的

圣灵的充沛丰盈的甘霖,

就是那推论式,是它使我达到

这个明确的结论,与此相比,

一切证明在我看来都是钝拙的。”①

然后我听到说道:“使你达到

这种结论的那旧的和新的命题,

你为何认为它们是神圣的言语?”

我就说道:“那把真理显给我看的证明,

在于那些继之而来的奇迹中,

自然从未为这些奇迹烧铁打砧。”

答语这样传到我的耳朵:“你说,

谁向你保证曾经发生这些奇迹?

向你作证的正是要被证明的经文。”②

“我曾说过,假使不用奇迹

人世信仰了基督教,这就是奇迹,

其他的奇迹不能及到它的百分之一;

因为你当初忍受着饥饿和贫穷

踏上战场,种下了美好的树木,

但以前的葡萄树,如今却变成荆棘了。”

话刚说完,那神圣的天庭齐声欢唱,

“我们赞美上帝”响彻各个天体,

这种乐曲只有在天上才能听到。

---

① 但丁认为信心是读了《圣经》以后获得的。

② 圣彼得这句问话的意思是:“奇迹本身必须要被证明的:你怎么知道这些奇迹不是寓言呢?”

那位考试我的贵人已经把我
　从一根树枝引到另一根树枝，
　我们如今将达到顶端的树叶；
他又开始说道："同你的心灵
　作亲热谈话的天恩，已使你
　刚才张口说出了应说的话；
你所说的一切我都赞同；
　但如今你必须说出你信什么，
　你从哪里取得这个信心。"
"神圣的父亲啊，你如今看到
　你从前只是相信的东西，因此那时
　你比那个年轻人更快地走近那坟墓，"①
我开始说道："你要我在这里
　明白说出我恳切的信仰的形式，
　你也问我这信仰从哪里产生；
我这样回答：我相信一个上帝，
　唯一而永恒的上帝，他自己不动，
　却用仁爱，用欲望，使诸天行动。
对这个信仰我不单有形而上
和形而下的证据，而且也是由
那个真理给予我的，这真理从这里
流到摩西，流到先知们和诗篇，
流到福音书，也流到你身上，
在你受到圣灵的感动而写作的时候。

---

① 《新约 · 约翰福音》第 20 章第 3 至 6 节："彼得和那门徒就出来，往坟墓那里去。两个人同跑，那门徒比彼得跑得更快，先到了坟墓。低头往里看，就见细麻布还放在那里，只是没有进去。彼得随后也到了，进坟墓里去，就看见细麻布还放在那里。"

我相信那永恒的三位，
我又相信他们是一体的，
因此一体和三位同时是复数和单数。
那圣洁的福音书里的许多章节，
　把我所说的那奥秘而神圣的性质，
　不止一次地印上我的心灵。
这就是那根源；这就是成为
　燎原之势的那颗星星之火，
　像一颗天上的星一般在我心中发光。”
一位主人听到了令他喜悦的话，
　一等到那仆人说完了话以后，
　因那消息心中欢喜，就把他拥抱；
就像这样，我遵他的命令谈话的
　那位光辉的使徒，一等到我说完后，
　一边唱一边祝福，把我绕了三匝；
我的那些说话如此令他喜悦。

第二十五歌

圣雅各考试但丁关于希望的问题

若是这首使天地都参预其事，
　我也因之而消瘦了好多年的
　神圣的诗篇，竟然战胜了
那摒我在那美丽的羊栏之外的[①]
　残酷行为（我曾睡在那里像头羔羊，
　为对之作战的狼群所仇恨）；
我将带着另一种声音，披着
　另一种羊毛，作为一个诗人归去，
　在我受洗的泉边戴上我的桂冠；[②]
因为我在那里走进了使灵魂
　为上帝所知的信心之门；随后，
　彼得为此之故环绕我的眉额。
然后一个光明从那球形花环里[③]
　向我们移动过来，基督留下的
　牧师中的第一批果实从中发出。
我的满怀着欢喜的夫人向我说：
　“看呀！看呀！看那位伯爵，
　人间为他之故朝拜加里西亚。”[④]
好像一只鸽子停在他伴侣的身旁，
　环绕着他的伴侣慢慢行走，
　喁喁低语，互相吐露衷情，
我看到这一个伟大的首领受到那一个

伟大首领的盛情接待，他们一同赞美
那在天国里款待他们的食物。⑤
但是那相互的问候完毕以后，
他们各自默默地站在我面前，
他们发出的光辉掩盖了我的容光。
于是俾德丽采含着微笑说道：
“灿烂的生命啊，我们的
天庭里的仁慈是由你记载的，⑥
愿你使希望在这高空响彻各处；
你知道基督把更多的光明照耀
那三人的时候，你总是象征希望。”⑦
“抬起你的头来，再坚定你自己，
因为既已从人间来到天堂，
一定已在我们的光芒之中锻炼成熟。”
这个鼓励从第二个火焰里向我说出；⑧

---

① “那美丽的羊栏”指佛罗伦萨。

② 在1318年，乔凡尼·台尔·维琪里俄曾邀请但丁至波伦亚，为诗人举行加冕礼，但诗人婉辞不去。但丁在《牧歌第一篇》中，有这样的一段话：“等我万一回到我故乡的阿诺河边的时候，在我头上戴起桂冠，把我一度是金色的白发藏在交织的树叶下面，这不是更好么？”

③ 指圣雅各。

④ 据传说，雅各葬于西班牙的加里西亚省，因此该地成为朝拜的中心，有“西方的耶路撒冷”之称。

⑤ “伟大的首领”指圣彼得和圣雅各。

⑥ 指《新约·雅各书》第1章第5节：“你们中间若有缺少智慧的，应当求那厚赐予众人、也不斥责人的上帝，主就必赐给他。”

⑦ 耶稣准许彼得、雅各和约翰比其他的门徒得到更多的亲密和熟悉。雅各在《新约·雅各书》的最后一章里，三次提到了耐心的希望。

⑧ “第二个火焰”指雅各。

于是我举起眼来瞻仰那些“崇山”，[①]
他们先前却把我压得抬不起头来。
“我们的皇帝出于他的恩典，
既已命定你在死亡以前可以
同他的伯爵们在他最深的厅堂里相见；
那末你看见了这个朝廷的真相，
可以以此使你自己和他人，
加强那在人间为善人所喜爱的希望；
请说希望是什么，你的心灵上如何
开出希望之花，它从什么地方
来到你的心上”；那第二个光明接着说。
那引导我的翅膀上的羽毛
作如此崇高飞翔的温柔人儿，
已跑在我的前面，代我回答：
“在整个战斗的教会里再没有
一个比他怀着更大希望的孩子；
这已写在那照耀全军的‘太阳’里；
因此上帝恩准他，在他结束
他战斗的一生以前，从埃及
到耶路撒冷来瞻仰这座圣城。[②]
那其他的两点——你并不是为了自己
要知道才问，而为了他可以回到人间时
告诉人们，你如何喜爱这个美德，——

---

① 《旧约·诗篇》第 121 篇第 1 节：“我要向山举目。我的帮助从何而来。”

② “出埃及”象征灵魂解脱肉体的束缚；“耶路撒冷”代表天国的生活。俾德丽采代但丁回答雅各所问的第一个问题，为了不让但丁显得矜夸。

我让他自己回答；因为这对于他不是
　艰难，或可矜夸的事情；所以让他回答，
　愿上帝的恩典赐给他这个特权。”
好像一个学生在他所专攻的问题上，
　露出急切而欢喜的面色，一句不漏
　听着老师说话，为了要表示自己的能耐；
我立即欣然答道：“希望就是对于
　未来光荣的某种期待，也就是
　神圣的恩典和已往的功绩之产物。[①]
这个光明从许多星辰里照耀我；
　但把这真理第一次带到我心里的，
　是那最大领袖的最大歌颂者。[②]
他在他神圣的歌曲里唱道，
　‘认识你名的人要倚靠你’；[③]
　与我一样有信心的人，谁不知道？
你在你的‘书信’里把这真理[④]
　连同他的真理淋洒着我，使我满足，
　我再把你的甘霖转降于他人。”
我回答的时候，有一闪光芒
　在那火焰的熊熊发光的胸怀里
　颤动，像闪电一样地迅速和强烈。
于是发出声音：“爱还在使我

---

① 但丁关于希望的定义，直接取自彼得·伦巴底的《箴言录》：“希望是对于未来幸福的某种期待，来自上帝的恩典和以往的功德。”

② 指《旧约·诗篇》的作者大卫王。

③《旧约·诗篇》第 9 篇第 10 节：“耶和华阿，认识你名的人要倚靠你，因你没有离弃寻求你的人。”

④《新约·雅各书》第 1 章第 12 节：“忍受试探的人是有福的，因为他经过试验以后，必得生命的冠冕，这是主应许给那些爱他之人的。”

　热烈地向往美德，这美德曾伴随着我
　获得胜利的荣誉，直到战斗的结束；[①]
爱，命令我向你说话，而你也是
　珍惜爱的，因此我愿意听到
　你说出希望应许你的是什么东西。”
我就说道：“那新的和旧的‘经文’
　立下了标记，向我指出那福音。
　关于那些成为上帝的友人的灵魂，
以赛亚曾经说过，他们每一个
　都要在天国里穿上两件衣袍，
　这里的幸福生活就是那天国。[②]
而你的兄弟在讲到那白的衣袍时，
　他说得更为详尽精确，
　把这个启示放在我们面前。”[③]
在这些言语结束以后，从上面
　立即响彻着“他们要倚靠你”的歌声，
　所有的那些歌舞队也应声歌唱；
于是从他们中间，闪出一个光明，[④]
　那么灿烂，若是巨蟹宫里有这么

---

① 指他的殉道和死亡。

② 《旧约·以赛亚书》第61章第10节：“我因耶和华大大欢喜，我的心靠上帝快乐；因他以拯救为衣给我穿上，以公义为袍给我披上，好像新郎戴上华冠，又像新妇佩戴妆饰。”

③ 《新约·启示录》第7章第9节：“此后，我观看，见有许多的人，没有人能数过来，是从各国各族各民各方来的，站在宝座和羔羊面前，身穿白衣，手拿棕树枝。”

④ 这个“光明”是约翰。

一块水晶，冬天会有不夜的一月。[①]
好像一位快活的少女站起来，
走过去，同大家一起翩翩起舞，
只是向新娘致敬，不是为了虚荣，
我看到那一个灿烂的光明
同那另外两个在一起旋转起来，
他们的旋转正适合于他们热烈的爱情。
他加入了他们的舞蹈和歌唱；
我的夫人把眼光注视着他们，
正如一位新娘一样，沉默而不动。
“横在我们鹈鹕的胸膛上，[②]
又从十字架上被选来担当
这伟大职务的人就是他。”
我的夫人这么说；但在说话以后，
像在说话以前那样，她没有
让她的眼光离开她注视的地方。
好像一个人尽量张大他的眼睛，
要稍微观望一下日蚀，而由于
这样观望，逐渐失去了目力；
我就那样观望那第二个火焰，[③]

---

① 在冬至后的一个月内，巨蟹宫在日落时出现于东方。若是巨蟹宫里那时有约翰那样亮的一颗星，那末光就会不间断，这个月份就会像白昼一样。

② 据说用自己的血来喂幼鸟的鹈鹕，常常用作基督的象征。在最后晚餐时，约翰靠在耶稣的胸膛上（见《新约·约翰福音》第 13 章第 23 节）；在十字架上时，耶稣把他的母亲交托给约翰（见同上书第 19 章第 27 节）。

③ 有一个传说，说约翰没有死就进天国，但丁要看这是不是真的。

直到那火焰里说出一句话来：“你为何
看这里不存在的东西看得眼花？
我的肉体是在尘土里的尘土，
它同其余的肉体将留在那里，
直到我们的数目符合于永恒的天意。
只有那两个上登天堂的光明，
才穿着两件衣袍在这幸福的寺院里；①
你就把这消息带到你们人间去吧。”
那火光熊熊的花环听了这声音
就静止了下来，那用三人的声音
交织成的美妙歌声也一同沉默，
就好像一直在海上划着的桨，
为了避免疲乏或是危险，
听到一个哨子的声音立即停止。
唉！当我回首望俾德丽采的时候，
我的心灵是多么的激动，
一心担忧着我不能看到她的颜容，
虽然我在她的近身，又在幸福的天堂里！

① 这两个光明指基督和马利亚，只有他们带着肉体和灵魂(即“两件衣袍”)进入天国(“幸福的寺院”)。

第二十六歌

圣约翰考试但丁关于爱的问题

我正为失去了视力惊惶失措，
　那使我目眩的灼红火焰[①]
　发出了一阵气息，引起了我的注意，
我听到说道："在你恢复那
消耗在我身上的眼光以前，
最好用谈话来补偿受到的损失。
那末开始吧，说出你的心灵
　集中在哪一点；你要确信你的眼力
　只是一时迷乱，并非永远消失；
因为那引导你走过这神圣境界的
夫人在她的颜容上，有着
亚拿尼亚的双手所有的力量。"[②]
我说道："愿她挽救我这双眼睛，
　迟早随她喜欢，她曾怀着烈火[③]
　从这门里进来，使我燃烧不息。
爱情用或轻或重的声音对我诵读
全部的经文，它自始至终
都是使这天庭满意的善。"[④]
使我消除恐惧，不再害怕
　突然的目眩眼花的那个声音，
　使我的心思重新放在谈话上，
它说："是呀，你要用精细的筛子

把这事筛一下；你必须对我说，
是什么使你的弓箭瞄准这个鹄的。”
我说道：“凭着哲学的论据，[⑤]
凭着这里向下界显示的权威，
这种爱必然铭刻在我的心上；
因为由心灵领会了的善，作为善，
燃起了爱，爱在其本身里能包容
多少优越性，就表现出多少来。[⑥]
凡是清楚看出这个证明建立在
上面的真理的人，他的心灵
必然怀着爱倾向于那‘本质’，
而不倾向于任何其他的事物：[⑦]
那‘本质’就有那样的特权，
在他之外的一切善都是他射出的光。
使我的智力能领会这条真理的，
就是那个人，他曾向我启示
一切永恒生命的‘最初的爱’。[⑧]

---

① 指圣约翰。

② 《新约 · 使徒行传》第 9 章第 17、18 节：“亚拿尼亚……把手按在扫罗身上……扫罗的眼睛上，好像有鳞立刻掉下来，他就能看见，于是起来受了洗。”

③ 俾德丽采总是带着爱映入但丁的眼帘。

④ 上帝是一切爱的对象。

⑤ “哲学”指亚里士多德的学说，他认为世界是由万物对上帝的渴望所推动的。

⑥ 爱是意志对于由理智认为善的事物的自然的倾向；所认识的善愈大，这倾向愈强烈，爱也愈挚热。

⑦ 凡知道上帝是至高的善的人(上帝是爱的至高的对象这个证明就建立在这个真理上)，是不会不全心爱他的。

⑧ 指亚里士多德。 这里讲的是他在《形而上学》里的一段话，他在那段话里说，上帝是“爱的第一个对象，在这爱里欲望和理性统一了起来。”

使我能够领会的，就是那有力的
　造物主的声音，他讲到他自己时
　曾向摩西说：‘我要显我一切的恩慈’。①
使我能够领会的也就是你，
　就在你作那崇高的宣言的地方，
　你那句话向人间阐明了天上的奥秘。”②
我又听到说：“由于人类的智力，
　由于与这智力相应的经文的权威，
　你把你至尊的爱留给了上帝。
但是还要告诉我，你是否感到
　其他的绳索把你向他拉去，
　这种爱用多少牙齿咬住你。”
基督的飞鹰所抱的圣洁的目的，③
　并不是隐匿不见的，我看出
　他决定把我的忏悔引往何处。
因此我又开始说道：“一切有力量
　使我的心转向上帝的牙齿，
　全都联合起来在我的爱上发生作用；
诸如世界的生命和我自己的生命，
　那为了使我活而忍受的死亡，④

① 《旧约·出埃及记》第33章第18节：“耶和华说，我要显我一切的恩慈，在你面前经过宣告我的名。我要恩待谁就恩待谁，要怜悯谁就怜悯谁。”

② 《新约·启示录》第1章第8节：“主上帝说，我是阿拉法，我是俄梅戛（阿拉法和俄梅戛乃希腊字母首尾二字），是昔在今在以后永在的全能者。”

③ “基督的飞鹰”指约翰。《新约·启示录》第4章第7节里说：“第一个活物像狮子，第二个像牛犊，第三个脸面像人，第四个像飞鹰。”

④ 指耶稣的死亡。

以及每个信仰者像我一样希望的天国，
连同上面说到的那种生动的意识，
这一切都把我从歪曲的爱的大海里救出，
放在正直的爱的海岸上。
那永恒的‘园丁’的花园里的绿叶，①
我全都爱好，而爱的多寡
决定于这些树叶从上帝受到多少善。”
一等到我说完了话，整个天空
就响彻着最美妙的歌声，我的夫人
同其余的仙灵高唱：“圣哉，圣哉，圣哉！”
好像熟睡的人受到强光的照射，
他的视觉的精灵奔去迎接
那透过一层层薄膜射来的光芒，
使他突然醒来，他弄不清看到的事物，
在他的判断力恢复以前，
他的觉醒还处于朦胧状态；
俾德丽采就这样用她眼睛的光芒
从我的眼睛里除去所有的鳞片，
她的眼睛能把光芒射在千余里之外；
因此我以后比先前看得更清楚，
我像一个惊呆的人，询问我看到
同我们在一起的第四个光明。②
我的夫人说：“那第一个‘权力’
所创造的第一个灵魂，在那光芒内
同他的造物主作亲密的交谈。”

① “绿叶”指生物。
② “第四个光明”指亚当。

好像树枝在大风的吹拂下，
　低下头来，然后凭借自己的力量
　重又挺身起来，屹立不动，
在她说话的时候，我惊讶不已；
　然后急于要把心头的话
　一吐为快，因此又稳定下来；
我开始说道：“哦，唯一生下来
　就成熟的果子啊，古老的父亲啊，
　每个新娘是你的女儿又是你的媳妇；①
我用全部的虔诚向你恳求，
　恳求你向我说话；我的愿望，你已看出，
　我不必再说，为了早些听你说话。”
有时候一头动物在罩住的东西下
　乱撞乱动，它的冲动必然显露，
　因为那裹住它的东西随它一起移动；②
那第一个灵魂也像这样从那裹住他的
　光芒里，显露出来，兴高采烈地
　向我走近前来，满足我的欲望。
他发出这样的声音：“虽然你没有
　向我诉说，我已看出你的愿望，
　比你看出你确信的东西还要清楚，
因我在那真实的‘明镜’里看到它，
　他反映出一切其他的东西，
　却没有东西能把他反映出来。③

① 但丁向第一个人类亚当说话。

② 对这形象有不同的解释，有的认为这是动物本身的皮毛，有的则认为是从外面罩上去的东西，但是都讲得通。

③ 这三行的意思是：“一切事物完全地被反映在上帝里面，因此凡是观望上帝的人能完全地看到一切事物。但是没有单独的事物或是单独的真理是上帝的完全的反映。”

你想知道，自从上帝把我安放在
　那崇高的花园以后已有多长时间？
　在那里这夫人使你能适应这次飞升；[①]
还想知道我看到那里的欢乐有多久？
　那巨大的愤怒的真正原因何在？
　我所使用，我所造的是什么言语？
告诉你吧，我的儿啊，那大放逐的原因，
　并不在于吃了那树上的果子，
　而在于越犯了那定下的界限。[②]
在你的夫人把维吉尔遣走的地方[③]
　我渴望升到这里的天堂，等待期间
　太阳已转动了四千三百又两次。
而我居住在地球上的时候，
　我看到太阳有九百三十次
　在它路上的星辰中间运行而过。[④]
我所说的语言，在宁禄的民族
　还没有开始那个决不能完成的
　工程以前，就早已湮没无闻了；[⑤]
因为理性的产物还从来不能
　使自己永远保存，这是由于

① 指但丁和俾德丽采在那里相逢的地上乐园，那伊甸园。

② 但丁认为亚当被逐出伊甸园并不是因为吃了禁果这件事本身，而是因为违反了上帝的命令。

③ 指林菩狱。 参阅《地狱篇》第二歌及第四歌。

④ 亚当在人世活了930年，在林菩狱住了4 302年。

⑤ 但丁在《飨宴篇》第1卷第6章里说：“这个形式的语言是亚当所用的；这也是所有他的后代所用的，一直到建造巴别塔的时候为止。”

人类的喜爱随星辰的影响而变动。①
人应该说话，这是自然所起的作用；
但是自然允许你们自由选择
最合适的方式，这样说，或那样说。
在我陷于地狱的痛苦之前，
人间把那‘至善’称为‘耶’，
我如今得到的幸福就从他而来；
后来他被称为‘以尔’；②
这也不足为怪，因为人间的习俗
就如树上的绿叶，一张脱落一张生出。
在那从海浪中耸立得最高的
炼狱山上，我过着纯洁的
和蒙羞的生活，从第一个时辰，
到太阳成四分圆时的第六个时辰。”③

---

① 在《飨宴篇》第1卷第9章里，但丁有一段与此相似的话：“因此，既然所有我们的语言，除了那和第一个人类同时由上帝创造的语言，都按我们的意志和喜欢被修改过了，就是在那语言混乱以后，这种混乱不过是以前的语言的遗忘而已；而且既然人是最不稳定最众多的生命，我们的语言既不能持久也不能连续；却像其他属于我们的东西，如风俗和服装一样，必然因地方和时间的相距而变化。”

② 据希伯来语辞典编纂家说，意为“能者”的“以尔”，是神明的最古最一般的名称。

③ 亚当说他在地上乐园里从日出耽到日中，只耽了七个时辰。

第二十七歌

飞向水晶天

整个天堂唱起了这支曲调，
　“荣耀归于父，归于子，归于圣灵！”
　这美妙的歌声使我沉醉。
如今我看到我眼前的景象，
　仿佛是整个宇宙披上了一个笑容；
　所以我的听觉和视觉都使我沉醉。
快活啊！不能言传的欢喜啊！
　由爱情与和平织成的生命啊！
　使人不再有所渴望的稳当的财富啊！
那四支火炬直立在我眼前燃烧，①
　先前第一个接近我的那一支，
　开始发出更为灿烂的光辉；
他的容貌变得和朱彼忒一样，
　假使朱彼忒和马斯都是鸟，
　而互相交换他们的羽翮。②
在天上指派他们一定的职务
　和地位的天意，颁下命令，
　要周围的蒙庥的合唱队沉默下来，
那时候我听到说：“我若变色，
　你不用惊讶；因为，在我说话时，
　你将看到他们大家都要变色。
那个在人间篡夺在上帝的

儿子面前空着的我的地位，
我的地位，我的地位的人，③
已使我葬身的地方成为一条
容纳鲜血和污水的阴沟，从天上
坠落的那个背教者正以此自慰。”④
我当时看到整个天空都渲染上了
那种色彩，就像在黄昏或早晨，
从对面射来的阳光渲染一朵云彩；
好像一位温文的少女对自己
确有把握，但对于别人的过错，
虽然只是听说，却感到害臊不已，
俾德丽采也那样改变她的颜容；
而且我把这认为，像至高的“权力”
在受难的时候，天空中的变色。⑤
于是他的谈话进行下去，那声音
与原来的大不相同，甚至于
他的颜容也没有变得这样厉害：
“基督的新娘用我的血，
用利纳斯或克利德斯的血育养长大，
并不是为了用她来获得金钱；
西克斯塔斯和庇护，克利克斯塔斯
和乌尔班，在流了许多眼泪后

① 三个使徒和亚当。
② 这里是说圣彼得像木星一样明亮，但这个木星和火星换了羽毛，如果他们是鸟。也就是说，圣彼得由于神圣的愤慨，从银白色变成血红色。
③ 圣彼得斥责菩尼腓斯八世篡夺教皇的职位。
④ 指撒旦。
⑤ 指耶稣受难时天地变色。

流了血，都是为了获得这欢乐的生命。[1]
我们的目的并不是把基督教的人民分开，
一部分坐在我们继承者的右手，
一部分坐在他们的左手；
那些由上帝交托给我的钥匙，
也不应该成为大纛上的标记，
去向受洗者进行战争；
我也不应该成为印章上的戳记，
去盖在被出卖的和虚伪的特权上，
我为这事时常脸红并射出怒火。[2]
从这高高的天堂，看到所有的牧场上
都有穿着牧羊人衣袍的贪心豺狼。
上帝的援助啊！你为何伏而不起？
加和尔人和加斯科尼人都在准备[3]
喝我们的鲜血！哦美丽的开端啊，
你一定要陷于什么邪恶的结局呢！
但我确信，那曾和西庇阿一起[4]
为罗马保卫了世界荣誉的
至高天命，不久就会带来援助。
而你，我的儿啊，为了你肉躯的重负，

① 这些都是从1世纪到3世纪的教皇。据罗马的传统说法，他们都为信心而死。

② 圣彼得的意图并不是要他的继承者（即教皇）宠幸一个基督教教派而迫害另一个教派，要他的两把钥匙出现在一面军旗上，或是要他的形象当作一个印记盖在教皇宫廷的腐化的买卖上面。

③ 教皇克雷门特五世（1305—1314）是加斯科尼人，教皇约翰二十二世（1316—1334）是加和尔人。

④ “西庇阿（公元前234—前183）”：著名的罗马将军之一；他曾战败汉尼拔，而凯旋回到罗马。

你被命定要重回人间，要畅所欲言，
不要隐去我并不隐去的话语。”
好像天上的摩羯宫的角
被太阳碰到的时候，我们在尘世[①]
见到凝结的雾气一片片从天上降落；
我看到在那里和我们留在一起的
那些凯旋的闪光像无数的雪片，
把太空点缀得绚烂无比，向上飘飞。
我的眼光紧紧追随他们的光辉，
直到中间的距离隔得那么巨大，
使我的眼光无力再看入远处。
我的夫人看到我如今不再
用力向上望的时候，就向我说道：
“向下望吧，看你运行得多远了。”
我看到自从我初次下望的时辰，
我已经行完了那整个弧形，
从第一纬度地带的终端到了中心；[②]
因此我越过卡提斯看到了尤利西斯
所走的疯狂的行程，而紧靠这边的，
是欧罗巴在上面成为可爱的负担的海岸。[③]

---

① 仲冬的时候，太阳在摩羯宫。

② “纬度地带”同样可以用于天体和地球。中世纪的地理学家有一些不同的用法，但丁大概认为他所在的双子星座是在第一纬度地带的上面的区域里。因此，这段的意思是，“我和第一纬度地带一起运转了整整的一个四分圆。”也就是，我们的半球的一半，和天体的四分之一。

③ 他现在能看到的地球上的区域，是从东地中海到尤利西斯经过大西洋所航行过的地方。“海岸”即指腓尼基；在希腊神话中，朱庇特因爱上了腓尼基王的女儿欧罗巴，就变了一头牛，把她背在肩上，从腓尼基带到克里特岛去。

我们这打谷场会把更多的表面
　呈现在我的眼前，若不是太阳
　在我脚下前行，隔着一个多星座。[①]
我的充满情思的心灵一直
和我的夫人多情地娓娓交谈，
如今使我更为热切地想要看她；
自然或是艺术为了要吸住眼光
　和支配心灵而备下的欢乐盛宴，
　不论是人身上的，或是图画上的，
即使完全合在一起，跟我转身向着
　她微笑的脸容时她朝我露出的
　那神圣的欢悦相比，也算不了什么。
那个颜容赐给我的巨大的力量，
　把我从里达的美丽的巢里提出，
　向那运转得最迅速的天体送去。[②]
它那无比活跃、无比崇高的
　各个部分看来都很相似，我说不出
　俾德丽采选定哪个部分安置了我。
但是她看到了我的渴望，
　就笑了一下，笑得那么欢乐，
　仿佛上帝对她的颜容也感到喜悦；
她开始说道："那使中心静止不动
　而使四周一切天体运行不息的宇宙秩序，
　从这里开始，这里是它的起点。

---

① 但丁是在双子星座里，而太阳是在白羊座里。因此，他们之间隔着这两个星座的一部分和金牛座的全部。

② 离开双子星座，升到水晶天。双子星卡斯托和波拉克斯是里达和朱庇特所生的孪生子。朱庇特曾变成了一只天鹅向里达求爱。

这座天体并不存在于其他的地方，
　只存在于神圣的心里，在那里燃起
　使它转动的爱和它所发出的力量。
光和爱合成一环把它合抱，
　像它本身合抱其他的天体一样，
　只有环绕它的上帝懂得这种环绕。
它的运行不为其他的运行标志出来；
　它却能测量一切其余的天体，
　好像十为它的一半或五分之一所显出。
如今你可以明白地看出，
　时间就在这只器皿里有它的根，
　而在其余的器皿里有它的枝叶。①
贪欲啊，你使凡人沉沦得那么深，
　没有一个人有力量抬起头来
　不再耽迷于你的浊浪里！
人们的意志固然还有生气；
　但是连绵不断的雨水的浸淫，
　会使良种的李子变成虫蛀的硬块。
信心和无辜只能在小孩身上找到；
　但是不等他们脸上长出髭须，
　信心和无辜就已消失无遗。

---

① 自然，在托雷密系统里使地球在中心不动而使诸天体绕着它运转的那个动和静的第一原则，在这第九天体即宗动天里有它的起点，而这个天体本身只是被上帝在那里直接主宰的最高天的光和爱所围绕。使宗动天运行的爱，以及它倾注在宇宙上的力量，都是在“神圣的心”里点燃起来的。一切的行动都是由它的行动所引起和测量的，因此在这座天体里有着时间的第一个度量。 时间的根是在这座天体的看不见的行动里，而它的叶显出在下面的诸天体里，那些天体的行动是我们看得见的时间的度量。

许多还在牙牙学语的孩子
能够遵守斋期，但一待发音清晰，
  就要从一切人的口里抢夺食物，
许多牙牙学语的孩子又爱又听从
  他们的母亲，但以后一待说话
  能说完全，就想望看她被埋掉。
那早上来临和晚上离开的太阳，
  他的美丽女儿初看时显得
  雪白的皮肤也像这样变得黝黑。①
为了你不至于感到惊讶，你要想一下，
  如今在人间没有人在治理，②
  因此人类的家室走入了歧途。
但是，由于人间忽略了一天的
  百分之一，正月在春季之前出现，③
  这些上界的星球将要高声吼叫，
那被期待已久的命定的季节，
  会使船尾掉到原是船首的地方，
  因此那船队能够重新顺流而行；
美丽的花朵必将结出真正的果实。”④

---

① 太阳的“美丽的女儿”就是人类。人类幼年时期的洁白，后来被罪恶染污而变黑了。

② 说“没有人在治理”，因为牧羊人(即教皇)都已变成了贪心的狼。

③ 依照朱理安历，一年要长 11 分 14 秒(毛算起来，约为一天的百分之一)。因此，在但丁的时代，正月的出现，按照历本计算要比按照真正的季节计算来得迟；这样，在无数年代内，正月会出现得很迟，历本达到新年时，冬季已经过去了。但丁这个曲折的语法，其意思不过是说“在一个短时期内”。

④ 但丁在这里又隐指灵猩的降临。

第二十八歌

天上的天使们

使我的心灵进了天堂的她，
　把那与邪恶人类的现世生活
　正相反对的真理阐明以后；
好像一个人还没有觉到或想到，
　却在一面镜子里忽然看到了
　点燃在他后面的一支烛炬的火光，
就回过身去看一看那面镜子
　所反照的是否实在，然后发见
　与事实相符就像歌词与曲谱相符；
我记得凝视着那一双爱情在那里
　设下罗网把我捕住的美丽眼睛时，
　我遇到的正是同样的情形；
我回过身去，我自己的眼睛
　遇见了只要眼光放得准确
　就会在那书卷上显出的东西，①
我看到了有一个圆点射出
　锐利的光芒，受到照耀的眼睛
　由于那强烈的光芒，必得合起；②
凡是从尘世看来显得最小的星，
　若是像星与星并列一样，
　放在它的一旁，小星也会像个月亮。③
每当在雾云最浓密的时候，

一个明亮的物体会被一圈
朦朦胧胧的晕轮紧紧包围；
就像这样，这一个圆点被一圈火光
紧紧环绕，火光转动的速度
甚至超过那环绕宇宙最迅捷的运行；④
这个圈环外面还有第二个圈环围绕，
第二外面还有第三，第三外面还有第四，
第四外面还有第五，第五外面还有第六。
随后紧接着来的是第七个，
它已扩展得那么广远，即使长虹
拉长了成为圆形也不能把它包容。
那第八个和第九个也是那样；
它们中每一个若是在数目上
离开第一个愈远，就运行得愈慢；
跟那纯青的火花相距最近的一个，
它所射出的火焰也最为明洁；
我想是因为沉入真理最深的缘故。
我的夫人一看到我深深纠缠于
疑虑和困扰之中，就向我说道：
“天和一切自然都悬于那一点。⑤

---

① “那书卷”指第九重天。

② 但丁在俾德丽采的眼睛里，最初看到了那光辉的没有空间的圆点——神明的象征；正像在她的眼睛里，看到了基督的双重的性格。参阅《炼狱篇》第三十一歌。

③ 亚里士多德说神物无大小，无可分析，所以小星看上去像月亮一样大，而这圆点只是一圆点。

④ 第一个圈环与圆点相隔的距离，等于圆晕与把它投射在雾上的月亮相隔的距离。环绕宇宙最迅捷的运行指原动天的运行。

⑤ 但丁这里引用了亚里士多德的话：“天和一切自然都从那个原则（即宗动）垂挂下来的。”

看那和它最接近的一个圈环，
　你要知道，它所以运行得那么快，
　是由于那透射它的灼热的爱。”
我就向她说道：“假使宇宙的安排，
　完全依照我在这些圆轮里看到的秩序，
　那我已满足于我所见的事物。
但是在那感官的宇宙里，
　我们可以看到，一切旋转
　若是离开中心愈远，就愈神圣。
因此，假使在这座仅以爱和光
　作为边界的奇妙神圣的庙里，①
　我的欲望必得要找到自己的目标，
那末我一定还要知道一下：
　为何那原型和复本并非一样；
　因为我尽管看也看不出原因何在。”
“若是你的手指无法解开
　这一个结，这也不足为怪；
　从来没有试过，就变得难解了。”②

---

① 即不存在于空间中的。

② 关于但丁在这里提出的疑问，和俾德丽采在下面所作的解答，卡莱有这样的一个注释：“物质的世界和天使的世界(即‘复本’和‘原型’)在但丁看来有这样的不同，即后者的轨道离中心愈近则愈迅速，而前者的轨道却正相反(即离中心愈近则愈缓慢)。这个仿佛的矛盾是由俾德丽采这样说明的。在物质世界里，物体愈广则能接受的善愈大；假定一切的部分是同等完美的。但在天使世界内，那些圈环愈是靠近中心点，即上帝，则愈是卓越有力。因此，第一圈环，即上等天使的圈环，与第九天体，即宗动天，相符合；第二圈环，即小天使的圈环，与第八天体，即三垣二十八宿天，相符合；第三圈环，即宝座的圈环，与第七天体，即土星天，相符合；其余两组三个圈环和天体与此类似。”

我的夫人这么说；然后又说道：

“你若要得到满足，并使用你的聪明，
那末，你要相信我将要向你说的话。
那些有形体的圈环是广大
还是狭小，要看铺展在它们
各部分上的力量是多还是少。
较大的美德产生较大的幸福；
较大的物体若是它的各部分
相等地完善，就包容更多的幸福。
因此那带着宇宙中其余天体
一起运行的圈环，和那个
爱得最多，知得最多的圈环相符。
因此，假使你用你的尺
去量那以环形呈现在你眼前的物体，
量它的力量，而不量其外形，
那你将看到各天和它的智慧
有一种神妙的相合，就如大的
和多的相合，小的和少的相合。”
当东北风从它较温和的地带
吹来的时候，那大气的半球
在我们看来显得晶莹而澄净，
那先前使它昏冥晦暗的云翳
已被吹去而消散，因此天空
从各个角落露出美丽的笑容；
当我的夫人把她清晰明亮的回答
向我说出的时候，我也显得那样；
我看到那真理像看到天空中一颗明星。
等到她的话说完之后，那些圈环

闪闪地发出光芒，一如熔铁
在滚沸的时候射出粒粒的火花。
他们每燃旺一次就迸射一批火花；
他们的数目真是成千上万，
是棋盘格加无数倍后的总数。①
我听到一个个合唱队向那固定的圆点
歌唱“和散那”，那圆点现在和将来
把他们包含在他们原来的“地方”；
她看到了我心中的怀疑的思想，
就说道：“那些最初的圈环
向你显出大天使和小天使。②
他们迅速地随他们的圈环旋转，
为了要尽量使自己跟那圆点相似，
为了要在数量上变得和眼力一样崇高。
那些绕着他们运行的其他的爱，
是被命名为神圣仪容的‘宝座’，③
在他们里面结束了第一个三元。
你必须知道，他们每一个的眼光，
愈是深入到那一切心灵
从中取得安宁的真理，他们愈是欢欣。
从这里就可以看到，幸福的根源

① 有一个古代的传说，棋戏的发明人在王帝要他挑选一个报酬时，他只要求第一格一粒麦，第二格两粒麦，第三格四粒麦，第四格八粒麦，依此类推，一直到第六十四格为止。王帝原以为这个要求很小，但是后来全王国的田也供给不出这么多的麦。

② 天使分成三个教阶，每个教阶包含三个等级，根据他们在“神圣的完美”里所参与的程度不同而分。大天使依他们仁爱的丰富而被命名，小天使依他们知识的广博而被命名。

③ 宝座是上帝的判断的明镜，并特别代表他的坚定。

存在于看的行为，而不存在于
那随后而来的爱的行为；
而视力的尺度又在于上帝的恩典
和正当的意志所产生的功德；
那进度就这样一层一层深入。
那边的第二个三元同样地
在这不为每夜的白羊宫所摧残的①
永恒的春天里，开出繁盛的花朵；
他们一停不停地用三个曲调
歌唱‘和散那’，这三个曲调
表达出三元中三个等级之神的欢乐。
在这一教阶里有三级天使：
第一级是‘统治’，第二级是‘美德’；
这两者之后的第三级是‘权力’。②
在那两个倒数第二的圈环里，
‘君权’和‘天使长’在绕行旋转；
那最后一圈都是欢欣鼓舞的‘天使’。③
这些等级的天使都向上观望，
而向下观望时又有如此的征服力量，

① 从秋分经过整个冬季到春分，白羊宫在傍晚时可以在天空看到。因此这一行的意思是：“在那没有秋天也没有冬天的地方。”

② 第二个教阶包括统治、美德和权力，这些等级的名字表示一种共同的治理或意向。统治是上帝真正统治权的形象；美德模拟神圣的力量和刚毅；权力代表神圣的权力和威仪。

③ 第三个教阶包括君权、天使长和天使，这些等级特别关心于人世的事物，默想圣灵的爱，把上帝的恩赐传达给人类。最后的名称可用于所有这些天使身上。

他们吸引一切，自己又为上帝所吸引。[①]
丢尼修以前曾怀着无比的热忱
对这些等级作过深刻的思索，
像我一样地命名他们，辨别他们。
但后来的格列高里跟他的意见不同，[②]
因此等他一到这天体，张开眼睛，
就不禁对自己哑然失笑起来。
若是人间有凡人说出了如此
奥秘的真理，我愿你不必惊讶；
因为在这里看到过这真理的某一位
向他启示，还论及这些天体的真理。”[③]

---

① 这里是说圆点吸引邻近的圈环，而这些圈环又吸引外面的圈环，所以使它们同时处于吸引和被吸引的地位。

② 格列高里（教皇在位期590—604）在天使的分级上和丢尼修不同处，只是把美德和君权的位置互换罢了。

③ 这里指曾到过第三层天的圣保罗使丢尼修信了主（见《新约 · 使徒行传》第17章第34节），以及他自己所得到的启示的事（见《新约 · 哥林多后书》第12章第2至4节）。

第二十九歌

天使的创造和性质

当拉托娜的两个孩子，太阳和月亮，
　一个在白羊座下，一个在天平座下，
　在同一刹那把地平线作为腰带时，
天顶使它们两个保持了平衡，
　但刹那之间它们就互相调换所处的半球，
　离开了那腰带而打破了平衡：①
就像那短暂的一刹那，俾德丽采，
　脸容上露出微笑，沉默不语，
　定睛望着那使我目眩的圆点；
然后她说道："我要说出你想听的话，
　我不问你，因为我已经看到，
　你的欲望在那'空间'和'时间'聚合的地方。②
　那永恒的爱在他超越时间，
　超越一切其他界限的永生里，
　愿意使自己显现在新的爱里，
并不是为了要使自己获得任何的善
　（那是不可能的），而是为了要使
　他的光辉在耀亮时可以宣称'我存在'。③
他以前并不躺在那里像睡着一样；
　因为上帝在水面上向外流注，
　这过程，不在'以前'也不在'以后'。④
复合和单纯的形式和物质，⑤

同时被形成无瑕的生命，
如同一张三根弦的弓发出三支箭；
好像镜子上，琥珀上，或水晶上，
照到的光线，从它的到达
到它的渗透一切，其中没有间歇；
万物之主的三重的行动，
也像这样，同时渗入它的生命，
它的开端并没有先后之分。⑥
等级和实底，这两者同时被创造，
同时被织成；两者都是
宇宙中的高峰，从中产生纯粹的行动。
而纯粹的潜能居于最低的地位；
在这之间，权力和行动交扭在一起，

---

① 这是指在昼夜平分时的落日和上升的圆月，太阳在白羊座下，月亮在天平座下。太阳在落下时，月亮正在升起，两者同时处在地平线上，但刹那间一个上升，一个下降，打破了平衡。但丁这里所说的就是这保持平衡的一瞬间。

② 俾德丽采已经看到，但丁要知道天使为什么被创造。

③ 上帝创造天使（“他的光辉”）的动机不是要表示自己的荣耀，为了已获的善，因上帝已有无穷的善，而是要把生存的意识（“我存在”）加在他的创造物上。

④ 时间本身就是上帝的创造物之一，在上帝创造万物的时候，“时间”才开始，从那时起才有“以前”和“以后”，所以问“他在创造以前做什么”是无意义的。《创世记》中说：“上帝的灵运行于水面上。”

⑤ “复合”指物质的天体。“单纯”：指天使和“第一物质”。这两者为上帝同时所创造。

⑥ 在亚里士多德的物理学中，这是被公认的一点，就是光在半透明体里散布自己时并不占时间。因此俾德丽采就宣称，天使、第一物质和物质天体（也包括时间和空间）的创造是即时的。《旧约 · 创世记》里所记载的先后相继的创造，是在时间中发生而且通过天使的媒介发生的以后的演变过程。

它们决不会从这扭结中解开。①
哲罗姆曾向你们这样写下，
天使在宇宙的一切事物造成以前，
早已被创造，但已经历长长的时代；②
但是我所说的真理曾写下在
受圣灵感动的许多章节里，③
你若是好好留心必然会看到；
从理性上也可以看到一点，
理性决不会承认：那些天使
会长久耽搁而不完成自己的功能。④
如今你已知道这些‘爱’
在何处，在何时，并如何被拣选，
因此三支火焰已在你的渴望中熄灭。⑤
一个在计算的人还没有能够
数到二十，一部分的天使
就已降下来扰乱你们元行的底层。⑥
其余的就留了下来，开始了

---

①“纯粹的行动”指天使的德性，能动他物而不被他物所动。“纯粹的潜能”：指第一物质，能被他物所动，而不能动他物。不能分开地结合在一起的“权力和行动”：指物质的天体，既能动他物又被他物所动，处于二君之间。

②“圣哲罗姆”(340—420)，拉丁教会的著名神甫，曾把《旧约》从希伯来文译成拉丁文。他在他的李维罗马史注释第1卷第2章里说出这里的意见。

③《旧约·创世记》第1章第1节：“起初上帝创造天地。”这就是说，在这以前并没有创造天使。

④既然天使的职务是支配天体，那末就不能想象他们没有活动的地盘而能存在。

⑤“这些爱”指天使。“三支火焰”指三个疑问。

⑥“元行的底层”指地球。

你看到的这种技艺，这给他们
极大的喜悦，以后决不停止旋转。
你看到的那个被宇宙全部的重量
所压倒的天使，他的可诅咒的
骄傲是堕落的真正的开端。[①]
你在这里看到的那些天使们，
谦虚地承认‘至善’使他们产生，
也使他们迅速地大彻大悟；
因此由于令人明亮的天恩，
由于自己的功德，他们的视力高超，
使他们具有完全和坚定的意志。
我不要你怀疑，却要你深信，
向天恩袒露你心中的情爱，
然后接受天恩，那是一个美德。
如今，假使你领会了我的话，
关于这里的天庭有好多事情，
你可以不用其他帮助加以思索。
但既然在你们人间的学校里，
人们教导说，天使具有那样的性质，
他们能理解，能记忆，能想望，
我要继续阐释，你才可以看到
纯洁的真理，不像在下界那样
被那种含糊不清的谈话所搅乱。
这些神灵因为最初从上帝的脸容上
得到了欢乐，从不使他们的眼光
离开它，一切事物都在那里显出；

① 指琉西斐。参阅《地狱篇》第三十四歌。

因此他们的眼力从来不被
　一个新鲜事物间断，他们不必
　因思想被割裂而回忆什么事情。①
尘世的人们虽然没有睡去，
　却在做梦，相信或不相信这个真理；
　但后一种信念更为错误，更为可耻。
你们下界的凡人作哲学思考，
　不走正道，因为爱好炫耀，
　偶有所得，就使你们得意忘形。
可是对于这一点我们天上
　所感到的愤慨，也没有像经文
　被忘记或被歪曲时所感到的那样大。
他们没有想到，把经文散播于人间
　花了多少血的代价，念念不忘
　遵守经文的人又如何令上帝喜欢。
人人都用尽聪明，来卖弄，来兜售
　自己的创见；传教师们居然也宣扬
　这些东西，而‘福音’却沉寂无声。
有人说，在基督受难的时候，月亮
　自行后退，把她自己间隔在中间，
　因此太阳的光不照耀于地上；
又有人说，光自行隐藏起来；
　因此西班牙人和印度人都能看到
　那同一日蚀，像犹太人看到的一样。②

---

① 天使们不需要记忆力，因为没有东西使他们的眼光离开“神圣的本质”而发生间断。有了间断，才需要回忆。

② 这些指的是无益的说教。

每年从这里和那里的教坛，
　　都有这样的神话传播，数量之多，
　　多于佛罗伦萨城里的拉波和平度；①
因此那些一无所知的羊群，
　　从牧场上回来，只吃了一肚子风，
　　不能以见不到自己的损失原谅他们。
基督并没有向他第一批门徒说：
　　‘去吧，向人世宣说琐屑的事；’
　　却是把真正的基础给予他们；
他们所宣说的是这一点，只有这一点；
　　因此在他们燃起信心的战斗中，
　　他们的矛和盾都得自福音。
可是如今的那些人，却用打诨
　　和怪相传教，若是引得哄堂大笑，
　　僧帽就扩大起来，此外再不需要什么。
但那帽顶里有这样的鸟在做巢，②
　　若是众人看到，定会知道
　　他们所信任的是什么样的赦罪券；
这样的蠢事在人间与日俱增，
　　人们不用任何文件的证明，
　　都会拥去接受任何的约许。
圣安东尼就用这办法喂养他的猪群，
　　以及其他比猪还不如的人们，
　　他们伪造赦罪券，以此为生。③

---

① “拉波和平度”是佛罗伦萨城中人们所用的最普通的名字。

② 这里的鸟指恶鬼。

③ 圣安东尼教派的僧侣以出售伪造的赦罪券喂养他们的猪和比猪还不如的东西。这教派的标记是猪。

但是我们闲话已说得太多，
　还是回转你的眼光，再看那正路，
　使我们的行程能缩短时间。
这些天使的性质，其等级的数目
　是那样众多，人类的言语
　或是思想都不能把它们估量；
假使你看一看但以理的启示，
　你将知道，他所说的千千万万的天使，
　他们并没有一定之数。①
那‘光的源泉’用光照耀大家，
　但他们接受的方式各不相同，
　有多少被照耀的天使就有多少方式。
因此，既然情爱跟着视觉的行为
　而产生，爱的甜蜜和喜悦，
　其挚热的程度在他们里面各不相同。
如今你且看一看那永恒的‘价值’
　是多么崇高和广大，他使自己
　分裂开来而成为这么许多的明镜，
而他本身还是像先前那样浑然如一。”

① 《旧约 · 但以理书》第 7 章第 10 节：“从他面前有火象河发出，事奉他的有千千，在他面前侍立的有万万。”但以理不想说出天使的数目，而是要表明他们比人能想象的更要众多。

第三十歌

天上的蔷薇

在离开我们大约六千里路的东方，
　第六个时辰正在发光，这个世界
　把阴影仿佛向放平的睡榻倾斜，
那时，在我们头上面深邃的穹苍，
　开始变化，只见这里那里
　一颗颗星失去向地球照耀的力量；
当太阳的最光辉灿烂的侍女
　向前行进时，天空把一只只眼睛
　先后闭起，只留下那最美丽的一只。[1]
与此相同，在那使我目眩的圆点四周，
　欢欣歌舞的凯旋的天使们，
　似乎被他们所环抱的上帝所环抱，
一点一点在我的眼前熄灭了；
　因此我的茫然不见和我的热爱，
　逼使我回过眼来凝望俾德丽采。
假使把在这以前一切有关她的话
　收集起来，压缩为一番赞美，
　它仍然太轻微，不合乎现在的目的。
我所看到的美超出一切尺度，
　不但我们不能估量，而且我确信
　只有造它的上帝才能完全欣赏。
在这关头我全然无能为力：

没有一个喜剧诗人或悲剧诗人，
曾这样被他主题的冲击力压倒。
因为就像颤抖得最厉害的眼睛
凝视着太阳一样，回忆那
美丽的微笑，会使记忆本身消失。
从我在这人间第一次看见她的那天
直到这次相见，我一直以我的歌曲
紧紧追随她美丽的容颜，从不间断；
但现在我的追踪必须中止了，
不能再在诗歌中紧随她的美丽，
因一切艺术家总有技穷的一天。
我就这样把她留给比我的号角
更为洪亮的声音去颂扬，
因为我正要把这艰巨的题材结束；
她用谨慎的导者的口吻和姿态，
又开始说道：“我们已从最大的
天体出来，踏进纯粹光明的天，
那是充满着爱的理智的光明，
那是充满着欢喜的真善之爱，
那是超越了一切甜蜜的欢喜。②
你在这里将看到天堂的一队
和另一队战士，那一队的形貌

---

① 在我们是黎明，我们之东六千里的地方是正午，而地球为太阳所投射的影子与我们的地平线所在的地方一样高的时候，群星一个接着一个隐去。

② 他们从最后的物质的天体，从理智准备的最后阶段出来，而进入真正的天堂，光、爱和欢喜的最高天。

就是你要在末日审判时看到的。”①
好像一支突如其来的闪电
把视觉的能力完全剥夺，使眼睛
甚至无法看见最为清晰的物件；
这样在我四周发出一片晶莹的光，
把我紧紧裹在它白热的网里，
因此我什么东西都无法看到。
“那使天空静止不动的爱，
永远发出这样的光来迎接，
使那烛炬也能发出适当的火焰。”②
一等到这几句简短扼要的话
传到我的耳朵里，我立刻感到
身内升起一种以前没有的力量；
使我具有以前没有的眼力，
因此我自己的眼睛发出的光辉，
能抵挡任何没有浊质的光辉。
于是我看到了一股光明，那形状
像一条河流，在给奇妙的春天染得
五彩缤纷的两岸之间，闪出金光。
从这河流里射出闪烁的火花，
纷纷的向四面八方跌落在花朵中间，
如同一颗颗红宝石镶嵌在黄金里面。
于是仿佛被花香熏得醉了，
那些火花又纷纷投进那奇妙的漩涡，
一个投进，另一个又飞出。

---

① 一队是被救赎者，另一队是天使。前者仿佛又披上了肉体。
② 这样使精灵能受到自己的幸福的光。

“你那崇高的愿望使你燃烧，
　迫使你多知道你看到的事物，
　这个愿望愈是强烈，愈使我喜欢。
但你必须先喝了这里的水，
　你心中的巨大干渴才能消除。”
　我的心目中的太阳这样向我说话；
然后又说道：“这条光的河流，
　这些跃进跃出的黄玉，这碧草的欢颜，
　都不过是其实体的朦胧的影子。
这些事物本身并不难于领会；
　那缺点是在你的那方面，
　你的眼力还及不到这样的高度。”
一个小孩若是醒来的时候
　比惯常迟得多，他会迫不及待
　把自己的脸转向母亲的乳房，
但不会像我那样迫切，我为了
　使我的双眼变成更好的镜子，
　我俯望那使我们更幸福的河水。
等我从这河流里喝了水以后，
　我的眼皮的边缘仿佛立刻
　从长长的两条变成圆圆的一圈。
然后好像戴假面具的人们，
　拉去了遮掩自己的面具，
　他们的模样和先前完全不同，
那些花朵和火花在我面前
　变得比以前更为欢欣鼓舞，
　我看到天国的两个朝廷出现。①

---

① 这些花朵和火花各自显露为圣徒和天使。

上帝的光辉啊，我凭你的光
　看到了真理的国境的凯旋，
　请赐给我力量说出我如何见到它！
在那里高处有一片光明照耀，
　使造物主能被创造物清楚看到，
　创造物在看到他时才感到安乐；
这片光明远远地，远远地扩展开去，
　成为一个圆形，它的圆周即使
　给太阳作腰带，也会显得过于宽大。
它的全部外貌是由宗动天的顶端
　反射出来的光线构成，宗动天
　就从那里汲取自己的生命和潜力。
就好像一座山坡把自己的倒影
　投在山边的水上，仿佛要俯望
　自己满身披着的碧草和鲜花，
我看到那些有幸回到天堂的人，
　在那片光明之上，围成一圈又一圈，
　射下成千上万的宝座的倒影。
假使处在那最低一级的人们，
　已在自身聚集那么大的一片光辉，
　那蔷薇的最外边的花瓣将有多么广大？
我的眼光并没有在那阔度
　和高度里面迷失了自己，
　却抓住了那欢欣鼓舞的范围和性质。
在那里，远和近并不能增减什么，
　因为在上帝不用媒介统治的地方，
　自然的法则并不能产生作用。

我像一个愿意说话却保持沉默的人，
　被俾德丽采引进天上的黄色蔷薇，
　那蔷薇正在一级一级向外扩大，
向那造成不谢的春天的太阳
　吐出赞美的芳香；她然后向我说道：
　“看那穿着白袍的会众是多么广大啊！
看我们的城市是多么辽阔无边啊！
　看我们的宝座几乎已经坐满，
　如今那里只等待不多的人了。
在那个伟大的宝座上放着一顶皇冠，
　你的眼光完全被它吸引过去，
　在你本人来赴这婚筵之前，
那高贵的亨利的灵魂将要坐上那宝座，①
　他在人间是王，意大利还没有
　做好准备，他将走去把她整顿。
那迷住你们心窍的盲目的贪欲，
　使你们都像饥饿至死，
　还把自己的乳母赶走的小孩一样；
然后在那神圣事物的朝廷里
　将要有那样的一个人来主宰，
　他公开和秘密地拒绝和他同行。②
但上帝不容许他久留在那圣职上；
　因为作为他的报应，他将被抛到

① 指卢森堡的亨利，即亨利七世，死于 1313 年，那时但丁还在人世。
② 指教皇克雷门特五世(死于 1314 年)。亨利七世到意大利来后，克雷门特曾和他合作了一个短时期，以后即感于他的势力的扩张而秘密反对他。

魔法师西门在那里受罚的阴间，
把阿纳耶纳的那人压到更下一层。”①

① 克雷门特于1305年被选为教皇，而死于1314年。但丁把克雷门特置于地狱的第八圈第三断层里。“阿纳耶纳的那人”指教皇菩尼腓斯八世，他死于1303年，先于克雷门特。参阅《地狱篇》第十九歌。

第三十一歌

俾德丽采派遣圣伯纳特到但丁那里

基督用自己的鲜血使之成为
　他的新娘的那支神圣的军队，
　像一朵白蔷薇般呈现在我眼前；①
但那另一队在飞翔的时候，
　看到爱他们的上帝，歌颂他的荣耀，
　歌颂把他们造成那样的至善；
像一大群忙忙碌碌的蜜蜂，
　一会儿飞入花丛，一会儿
　飞回它们辛勤酿蜜的处所，
他们永远停落在那朵由许多叶瓣
　衬托的巨花上，又从那里升到
　他们的爱不断驻留的地方。②
他们的脸都像熊熊的火焰，
　他们的翅膀都像黄金一般，
　而其余部分，甚至比白雪还要白。③
等到他们停落在那花朵中间，
　他们一级一级地奉上了他们
　在扇动羽毛时所获得的安宁与热爱，
这么一大群飞翔的天使，
　隔在那朵巨花和上帝之间，
　并不妨碍那视力，也不减少那光辉，
因为那神圣的光明依照它应得的分量，

大量地渗透了整个宇宙，
任何东西都没有力量把它阻止。
这个安泰和欢乐的国境，
里面聚集着古代和近代的人民，
他们把眼光和热爱集中于一个目标。
三重的光明啊，你合成一颗星，
照耀他们的颜容使他们欢喜，
愿你俯望一下我们人间的风雨！④
若是在拉泰朗宫超过人间繁华的时代，⑤
野蛮的人们从那大熊星带着她
喜爱的儿子小熊星一起运行，
一起照耀人间的北方来到罗马，
看到了罗马和那里的宏伟建筑，
个个都会惊讶得目瞪口呆；
那末我呢，我从人来到神，
从暂时来到永恒，从佛罗伦萨来到
住着公正和清醒的人民的境界，
我心中必然充满着怎样的惊异啊！
诚然，我又是惊叹又是欢喜，
我只能充耳不闻和哑然无言。
好像一位朝山进香的人瞻仰着
他许愿的神庙，感到欣喜万分，
迫不及待要回去讲述他看到的情景，

---

① 由基督的血救赎的蒙庥者的灵魂。
② 这些天使像蜜蜂一般，在蒙庥的灵魂和天堂之间来回飞翔。
③ 这三种颜色象征仁爱、知识和纯洁。
④ 在天堂是安泰和欢乐，在人间是狂风和暴雨。
⑤ 在但丁的时代，拉泰朗宫是教皇的宫殿，这里指罗马一般而言。

我也这样，横越过那熊熊的火光，
　用我的眼光沿着那些层次看去，
　时而向上，时而向下，时而环绕。
我看到令人生出仁爱的脸容，
　饰着上帝的光辉和自己的笑颜，
　也看到具有一切妙相的姿态。
天堂的总的形状已毫无遗漏地
　映入了我的眼帘，我的眼光
　不曾有一次停留在局部上面；
我怀着重新燃烧起来的欲望，
　回身向我的夫人，询问她
　在我心中悬而未决的疑问。
我想问的是这一位，回答我的
却是另一位；我原想看到俾德丽采，
我却看到一位圣徒般装束的长者。①
他的眼睛和脸颊都流露出
仁慈的喜悦，姿态也是那么和善，
那神情和一位温存的父亲十分相称。
我突然之间叫道："她到哪里去了？"
他就说道："为了把你的愿望带到
它的目的地去，俾德丽采把我召来；
若是你抬头望那从最高一级
　以下的第三圈，你将再看到她，
　她在那因她的功绩被派给她的宝座上。"
我不作回答就举起我的眼来，

① 圣伯纳特(1091—1153)是12世纪著名的牧师。他的著作《思考论》曾给予但丁很多影响。

看到了她，她把那永恒的光线
反射出来，形成一个光圈。
假如一个人被投入海底，他的眼光
离开那隐雷在隆隆作响的最高空，
也没有我的眼光离开俾德丽采
那样遥远，但这距离对我不起影响，
因她的形象直接照耀着我，
我和她中间不隔着任何媒介。
“夫人啊，我的希望在你那里获得鼓舞，
你为了使我得救，不惜惠然下降，
在地狱里留下你的神圣的脚迹；
凭了你的力量，也凭了你的美德，
在我所看到的一切事物里，
我认出了上帝的恩典和全能。
你在你的权力范围以内，
走尽了一切道路，用尽了一切方法，
把我从奴役状态引到了自由境界。
请保持你所赐给我的大量恩典，
让你已使之健全的我的灵魂，
从肉体中摆脱后，仍令你喜悦。”
我这样祷告；她离开我
虽然好像很远，却向我微笑，向我观望，
然后回过身去向那永恒的泉源。
那神圣的长者说道：“为了你
可以把你的行程圆满地结束——
真诚的祷告和神圣的爱催我前来，——
让你的眼光飞遍这座花园吧；
因为把它观望会使你的眼光

能更好地凭那神圣的光线上升。
我为她全身燃烧起仁爱之火的
天国的王后，将赐给我们一切恩典，
因为我就是她的忠诚的伯纳特。”
或许好像一个人从克罗地亚
远道而来瞻仰我们的未罗尼卡，①
因熟悉古代的传说而未能满足，
在看的时候，心中却在思忖：
“我的主基督耶稣，真正的神啊，
难道这就是你以前的圣容么？”
我也像这样，凝视着那位圣徒的
熊熊发光的爱，他在这人间
曾凭着默想尝到了神圣的平安。
他开始说道：“沐受天恩的儿啊！
你若只把眼光注视这下面的底层，
那这里的欢乐生活你就无法知道；
你要看那些圈环，一直到最远，
看到那坐在宝座上的王后，
全个天国都服从于她，忠诚于她。”
我举起我的眼睛；如同在早晨，
那地平线的东方的天空金光灿烂，
远远胜过太阳西斜的那一部分天空，
就像这样，我抬起眼来，仿佛从山谷
登上山顶，在最远的边缘，看到

① 克罗地亚在现南斯拉夫北部。圣未罗尼卡在耶稣钉在十字架上时，拿一条手帕借给他擦额角，当他把这条手帕还给她时，上面已印上了他的面容。 这条手帕每年在新年和复活节时在罗马展览。这里未罗尼卡就代表这条手帕。

一个境界，它的光辉超过了其余的山岭。
好像在人世，我们等待腓挨顿
不善于驾驶的日车出现的地方，[①]
最为辉煌，而两边却逐渐暗淡；
那面红色王旗也像那样在中央[②]
光芒四射，而在左右两旁，
以同等的程度减弱它的火焰。
在那中心的一点，我看到了
一千多个天使展开了翅膀在庆祝，
每个天使的光辉和艺术各不相同。
我在那里看到一位美丽的王后，
向他们的欢跃，向他们的歌唱微笑，
她使一切其他圣者的眼中露出喜悦。
若是我在诗的词藻上
像在诗的构思上一样的丰富，
我也不敢妄想绘出她喜悦的万一。
伯纳特看到了我的双眼渴切地
注视着他自己的光辉的源泉，
就把他的眼睛转向她，满怀着爱，
因此我更想再一次瞻仰王后的面容。

---

① 就是说，太阳即将在那里升起的一点。

② 据说“红色王旗”是天使加百列给法兰西的古代王帝的，这面旗是金底子，上面是火焰。在这面旗下作战的，不会被战败。天堂里的金光不是战争的，而是和平的不可战胜的旗帜。

第三十二歌

神秘的圆形剧场里的级位

那位热恋着他幸福的源泉，
　仰望着的圣者自愿地负起
　导师的职务，开始说这些神圣的话：
“由马利亚抹膏和医好的创伤，
　是由那坐在她脚边的美丽夫人
　弄开裂痕，加在人类的身上的。①
在那第三排座位所形成的
　圈环里，就像你所看到的那样，
　拉结同俾德丽采一起坐在她下面。
接着是撒拉，利百加，犹滴，②
　和那位新妇，为自己的罪孽悲痛时
　叫出‘怜悯我’的歌者就是她的第三代。③
你若是一级一级向下望去，
　就可以看到她们，只要你听着我
　把那蔷薇向下一瓣瓣说出名字；
从那第七级向下数去，就像从下
　数到那里一样，坐着希伯来的妇女，
　把那花朵的全部花瓣分成两半；
因为，依照信心对基督的看法，
　她们就好像是一道隔墙一般，
　把那座神圣的梯级对半分开。
在这一边，那朵蔷薇所有的花瓣

都已成熟，在那里面
坐着那些相信基督会降临的人。
在那一边，有空的座位间隔着，
成半圆形地坐着那些把眼光
望着已经降生的基督的人。
就像在这一边，天国王后的
荣耀的座位，以及在它之下的
其他的座位，形成了一条分界线，
在她对面，那位伟大约翰的座位
也一样作为分界线，他圣洁地忍受了
沙漠，殉道者的死，两年的地狱；④
在他下面被派定坐在分界的座位上，
有圣方济，本尼提克特，奥古斯丁，
以及一级级顺次下来的其他的人。
如今且惊叹上帝神妙的预见吧；
因为那神圣信心的两个方面相等，
都要使这座花园中的宝座坐满。
你要知道，从那一级向下，
那在中间的一线分开那两个部分，
他们取得座位不是凭自己的功绩，
而是在一定条件下凭他人的功绩；
因为这些仙灵从肉体里解脱时，

---

① 指夏娃的犯罪。

② 撒拉是亚伯拉罕的妻子，在《彼得前书》第 3 章里被说为顺从丈夫的典型。利百加是以撒的妻子，见《旧约 · 创世记》第 24 章。“犹滴”是《次经 · 犹滴传》中的女主人公，她是虔敬，美丽，勇气和纯洁的理想典型。

③ 这是指路得。“她的第三代”指《旧约 · 诗篇》的作者大卫王。

④ 指约翰殉道和基督下降林菩狱之间的两年。参阅《地狱篇》第四歌。

他们还没有能够作真正的选择。
你可以凭他们的面孔，也可以
凭他们的稚气的声音知道，
只要你好好地看，好好地听。
如今你感到困惑，困惑而保持沉默；
但我要为你解开那难解之结，
正是你微妙的思想把你纠缠在里面。
在这座王国的宽阔的境界内，
一丝一毫的偶然性都不存在，
就像不许悲哀，或饥渴存在一般；
因为你所看到的一切事物
都是由永恒的法则建立，因此
它们互相适应正如戒指和手指一样。
这一群过早获得真正生命的人们，
所以来到这里，并非毫无原因，
他们都依功绩的多少挨次分级。
使这座王国在这么伟大的仁爱
和这么伟大的喜悦中安息着，
再不敢有其他欲望的这位‘帝王’，
依自己欢乐的颜容创造一切心灵时，
随自己的喜欢各各不同赋给他们
以恩典：这里就以事实为满足吧。
这一点在《圣经》里已给你们
写得又清楚又明白，就得讲到
双生子在母腹内相争的那段经文。[①]
因此按照这个恩典的不同发色，

① 见《旧约 · 创世记》第 25 章第 22、23 节。

这一位至高无上的光明
依他们的价值给他们加上冠冕。
因此他们被列在不同的阶级上，
并不是酬报他们自己的功绩，
而是看他们的眼力的强弱。
所以，在最早的那些年代里，
天真无邪的孩子，要取得救恩，
只要父母所具有的信心就已足够；
等到最初的年代结束了以后，
男孩子们必须举行割礼，
才能使他们无罪的翅膀取得力量。
但是等到赐降神恩的时期，
没有经过基督的完善的洗礼，
这些无罪的孩子就留在那底下。①
如今且观望那个和基督的脸
最为相似的脸吧：因为只有
它的光辉才使你能够看到基督。”②
我看到在那崇高的境界中
各处飞翔的神圣的天使们，
把他们带着的欢欣洒在她脸上，
我以前所看到的一切事物，
都不曾使我感到如此的惊讶，
也不曾使我看到如此和上帝相似。

① 在中间横切那分界线的是一个圈环，这圈环把那些在运用自由选择以前就已死去而为他们父母的信心和守礼所拯救的婴孩，从那些以自己的信仰行为或功绩帮助自己得救的婴孩分开来。这些孩子是按上帝在赐给他们天赋时候所作的公正判断而分成等级的。

② 指马利亚。

那先前降临在她身上的“爱”，[1]
　如今在她的面前张开他的翅膀，
　歌颂着：“福哉马利亚，充满着恩惠！”
那无上幸福的天庭从四面八方，
　应和着这一支神圣的歌曲，
　因此所有的脸从中取得了宁静。
“神圣的父啊，你为了我的缘故
　答应到我这下面来，离开了
　你依永恒的命运坐着的地方，
请问那位天使是谁啊，他怀着
　那样的喜悦望我们‘王后’的眼睛，
　他爱慕得仿佛全身都是火光？”
我又这样回身向那位导师说话，
　他从马利亚那里取得光彩，[2]
　好像晨星从太阳取得光彩一样。
于是他向我说道：“天使或灵魂里
　可以有的一切的狂喜和欢跃，
　在他身上都有；我们也愿意他这样，
因为上帝的儿子决定把我们的
　罪孽负在身上的时候，把棕榈叶
　带到人间给马利亚的就是他。[3]
但是在我把谈话继续下去，提到
　这最公正和虔敬的帝国的伟大臣民时，
　你且用你的眼睛紧紧跟随吧。

---

① 指天使加百列。
② 但丁又回头向圣伯纳特说话。
③ 指天使加百列奉上帝的差遣到拿撒勒去，向马利亚说她要怀孕生子。

那两个高高坐在那上面的人，
　因和皇后靠得最近，享有最大的幸福，
　他们是我们这朵蔷薇的两个根株。
靠近她，坐在她左边的那一个，①
　就是那位父亲，由于他大胆
　吃了禁果，人类才尝到这种痛苦。
在那右边，且看那神圣教会的
　年高德劭的父亲吧，基督曾把
　这座美丽花园的钥匙交托给他。②
坐在他旁边的是那一位，在去世以前
　就已经看到基督用枪矛，用钉子
　获得的美丽新娘将度过悲痛岁月；③
在另一边是一位领袖，在他率领下，④
　那忘恩负义、易变和叛乱的民族
　正用吗哪当作充饥的食物。
你且看安那坐在彼得的对面，⑤
　她那么满意地望她的女儿，
　在唱‘和散那’时也不移动她的眼光。
坐在人类的父亲对面的是
　琉喜霞，当你在灭亡的边缘
　垂头丧气时，是她派遣了你的夫人。⑥
但使你神游的时间已在飞逝，

---

① 指亚当。

② 指彼得。

③ 指传福音者约翰。这里指的不是他的长寿，而是指《启示录》里所记录的异象，这些异象是被认为教会将来受难的预言。

④ 指摩西。

⑤ 安那是马利亚的母亲。

⑥ 圣女琉喜霞坐在亚当的对面。琉喜霞见《地狱篇》第二歌。

且让我们在这里停顿一下，
就像小心的裁缝根据布裁制衣服；
再让我们转眼向那‘至尊的爱’，
因此你在凝望他的时候，
可以尽量看到他的光明的深处。
但是——唯恐你在振起你的翅膀
以为在向前飞的时候，会向后落下，——
必须用祷告才能取得恩典，
那有力量帮助你的她会赐给你恩典；
你要满怀着热爱紧紧追随我，
你的心才不会和我的言语分开。”
于是他就开始作这神圣的祷告。

第三十三歌

最后的幻象

“童贞的母亲啊，你儿子的女儿啊，
　你卑谦而崇高，超过任何的生物，
　这是永恒的天意所定的目标，
你使人类的天性变得那么高贵，
　甚至连那创造人类的上帝
　也愿意成为他自己的创造物。
在你的子宫里那爱重又燃起，
　爱的热力生出了这朵美丽的花，
　使它在永恒的和平中这样盛开。
在天上你对我们就像仁爱的
　中午的阳光，在尘世你对于
　人类就像希望的活的源泉。
圣母啊，你是那么伟大，那么崇高，
　若是想望天恩的人不向你求助，
　那就等于他的渴慕想不用翅膀飞翔。
你的仁慈的胸怀不仅把援助
　赐给向你恳求的人，而且时常
　宽宏大量地不待祈请已先答允。
在你里面是温柔，在你里面
　是怜悯，在你里面是大度，
　世上的一切美德都在你里面结合。
如今这个人从全宇宙的

最低的深渊一直到这里，
一个一个看到了精灵的生活，
他在向你恳求恩惠，恳求你
赐给他那么多力量，使他能够
把眼睛举得更高，以观望那最后的幸福；
我从来不曾为自己恳求过天启，
像为他恳求这样迫切，我向你奉上
我所有的祷告，但愿这已足够
使你用你的祷告，为他驱散
他的肉体上的所有的云雾，
让至高的欢乐能呈现在他眼前。
我还要祈求你，万能的王后啊，
请你使他在这伟大天启之后
能够继续保持爱情的纯洁。[①]
愿你的保护消除尘世的情欲；
你看俾德丽采，还有多少圣徒，
都为我的祷告合起手掌。"
那双为上帝所爱，所尊敬的眼睛，
一动不动望着那个祷告者，
可以看出虔诚的祷告如何令她喜悦。
然后那双眼睛凝视永恒的光明，
我们认为，任何造物都不可能
以那么清晰的眼光向那里观望。
而我呢，我已在渐渐靠近我的
一切渴望的目标，思慕的热忱
在我的胸中消止是应当的。

---

① 他祈求马利亚赐给但丁以不屈不挠的精神。

伯纳特微笑了一下，又向我示意，
　我应该向上面观望，但是我
　已经做了他吩咐我要做的事情；
因为我的已经变得洁净无垢的眼光，
　如今正在愈来愈多地直射到
　那本身是真实的至深的光明里。
自此以后我的眼力比我们的言语
　更为强大，言语无力表达这种景象，
　记忆对如此巨大的剧变也无能为力。
好像一个人在梦中看到异象，
　在梦醒了以后，印上的激情还是留下，
　而其他的事情却一点不能记起；
我正好是这样；因为我见到的幻象
　几乎完全消失，但从中诞生的芳香
　依然一点一滴落在我心中。
雪就像这样在阳光的下面
　一点一滴消融，写在树叶上的
　西俾尔的谶语也如此轻轻随风飘散。①
至高无上的光明啊，你那么远远
　超出在人类思想之上，让我记起
　你当时仿佛的模样的一小部分吧，
请你给我的言语以这样的力量，
　至少让我能够把你万丈光芒中的
　一小颗火花传给将来的人们；

---

① 女预言家西俾尔把她的谶语写在一张一张的树叶上，然后把它们排列好了放在石洞里，若是有一阵风把它们吹乱了，她决不再把它们整理起来。见维吉尔《伊尼特》第3卷第441行以下。

因为只要稍微恢复一下我的记忆，
　只要在这些诗行里稍微加以吟咏，
　你的胜利就可以更多地被想象出来。
我相信，我那时用力受住的
　那强烈的熊熊火光会使我迷失，
　若是我的眼睛从它那里移开。
因此，我现在想起，我那时曾壮着胆子
　尽量久久地观望那光芒，
　使我的眼光跟那无限的善结合。
无比宽宏的天恩啊，由于你
　我才胆敢长久仰望那永恒的光明，
　直到我的眼力在那上面耗尽！
我看到了全宇宙的四散的书页，
　完全被收集在那光明的深处，
　由仁爱装订成完整的一本书卷；
实物和偶然物，以及其间的关系，
　仿佛糅合和融化在一起，
　使我所讲的只是一个简单的模样。
我如今以为我那时看到了
　这混合体的宇宙的形式，
　因为我在说时我感到更大的欢乐。
只一瞬间就使我陷于麻木状态中，
　更甚于二十五个世纪使人淡忘了
　那使海神见阿哥船影而吃惊的壮举。①

---

① 这是指哲孙乘了一条名阿哥的船，漂海寻金羊毛的故事。但丁说，当那幻境破灭的时候，只一瞬间就使他所看到的实在事物投入于遗忘之中，更甚于在二十五个世纪中人们遗忘了哲孙的事迹。阿哥是第一条船，对于海神是新鲜事物，因而说他吃惊。

我的完全在休止状态中的心灵，
　就这样固定不动，专心致志地
　凝望着，而在凝望时辉煌起来。
因为人在那辉煌灿烂的光明前，
　会变成这样，他永远不可能
　从那里移开眼光去看另外的景象。
因为善，那意志所追求的目标，
　完全集中在那光明里，在它之外
　有缺陷的东西，一到里面就成完整。
如今我的言语甚至无法表达
　我能记起的事情，简直比不上
　一个还在用乳汁滋润舌头的婴孩。
并不是我所观望的熊熊火光，
　有着不止是一种的外貌，
　它的确和先前的模样没有不同；
可是由于在我看的时候眼力在增强，
　那唯一的颜容就在我变化的时候，
　也在我的眼光里发生变幻的作用。[①]
在那又澄澈又崇高的幽光的生命里，
　我看到了三个圈环，三个圈环
　有三种不同的颜色，一个容积；
第一个圈环仿佛为第二个所反映，
　如彩虹为彩虹所反映，第三个像是
　相等地从这两者里面发出的一片火光。
哦，但是这种言语跟我的构思比较，
　是多么薄弱无力！跟我看到的相比，

---

① 指但丁的眼力逐渐完善，所看到的景物随着眼力的变化而变化。

这种言语还不仅是微不足道而已。
哦，只存在于你自身中的永恒的光啊，
你只是把爱和微笑转向自身，
你为自己所领悟，你领悟自己！
那个在你里面显现出来的圈环，
仿佛只是为反射的光所形成的，
当我用我的眼睛稍加注视的时候，
我似乎看到用它自己的彩色，
在它本身上，绘成了我们人的面貌，
因此我就用全部的眼光注视。
如同一个几何学家用了全力，
要把圆形画成面积一样的正方形，
绞尽脑汁，也找不到他缺少的原理；
我对于那新出现的景象也像那样；
我愿意知道那形象如何同那圈环
相符合，它如何定居在那里面；
但是我的翅膀不能作这个飞翔；
只是一阵闪光掠过我的心灵，
我心中的意志就得到了实现。
要达到那崇高的幻想，我力不胜任；
但是我的欲望和意志已像
均匀地转动的轮子般被爱推动——
爱也推动那太阳和其他的星辰。

Dante Alighieri
DIVINA COMMEDIA

图书在版编目(CIP)数据

神曲：插图珍藏本/(意)但丁著；朱维基译. —上海：上海译文出版社，2021.2(2022.4 重印)
书名原文：Divina Commedia
ISBN 978-7-5327-8554-4

Ⅰ.①神… Ⅱ.①但… ②朱… Ⅲ.①诗歌—意大利—中世纪 Ⅳ.①I546.23

中国版本图书馆 CIP 数据核字(2020)第 262125 号

译文版插图珍藏本世界文学名著
总策划／冯涛
技术总监／朱奇　设计总监／张志全

神曲

〔意〕但　丁/著　朱维基/译　插图/George Grosz
责任编辑/冯　涛　装帧设计/张志全工作室

上海译文出版社有限公司出版、发行
网址：www.yiwen.com.cn
201101　上海市闵行区号景路 159 弄 B 座
南京爱德印刷有限公司印刷

开本 889×1194　1/32　印张 24.25　插页 8　字数 288,000
2021 年 4 月第 1 版　2022 年 4 月第 2 次印刷
印数：5,001—8,000 册

ISBN 978-7-5327-8554-4/I·5269
定价：458.00 元